Teoria da Decisão Tributária

Teoria da Decisão Tributária

2018

Cristiano Carvalho

TEORIA DA DECISÃO TRIBUTÁRIA
© Almedina, 2018
AUTOR: Cristiano Carvalho
DIAGRAMAÇÃO: Almedina
DESIGN DE CAPA: FBA
ISBN: 9788584932825

Dados Internacionais de Catalogação na Publicação (CIP)
(Câmara Brasileira do Livro, SP, Brasil)

Carvalho, Cristiano
Teoria da decisão tributária / Cristiano
Carvalho. -- São Paulo: Almedina, 2018.

Bibliografia.
ISBN 978-85-8493-282-5

1. Direito tributário - Brasil 2. Direito
tributário - Filosofia 3. Processo decisório
I. Título.

18-15778   CDU-34:336.2(81)

Índices para catálogo sistemático:

1. Brasil : Direito tributário 34:336.2(81)

Cibele Maria Dias - Bibliotecária - CRB-8/9427

Este livro segue as regras do novo Acordo Ortográfico da Língua Portuguesa (1990).

Todos os direitos reservados. Nenhuma parte deste livro, protegido por copyright, pode ser reproduzida, armazenada ou transmitida de alguma forma ou por algum meio, seja eletrônico ou mecânico, inclusive fotocópia, gravação ou qualquer sistema de armazenagem de informações, sem a permissão expressa e por escrito da editora.

Maio, 2018

EDITORA: Almedina Brasil
Rua José Maria Lisboa, 860, Conj.131 e 132, Jardim Paulista | 01423-001 São Paulo | Brasil
editora@almedina.com.br
www.almedina.com.br

Para minha mãe, Leila, com amor.

AGRADECIMENTOS

A Paulo de Barros Carvalho, pelos ensinamentos de ontem, hoje e sempre, e pela perene inspiração, intelectual e pessoal.

A Robert D. Cooter, cujo trabalho e obra tiveram grande influência neste livro e pela orientação no pós-doutorado, Law and Economics Program, Boalt Hall School of Law, University of California, Berkeley.

À Raquel Sztajn, pela pioneira aplicação no direito brasileiro de várias das teorias e instrumentos metodológicos constantes desta obra, e pelo privilégio de ministrar conjuntamente a disciplina *Instituições de Direito e Economia*, no programa de pós-graduação stricto sensu em Direito Comercial, Faculdade de Direito do Largo São Francisco, Universidade de São Paulo.

A banca do concurso à livre-docência em direito tributário, faculdade de direito do largo São Francisco, Universidade de São Paulo, pelas críticas e observações que muito contribuíram para o aprimoramento desta obra: Luis Eduardo Schoueri, Paulo de Barros Carvalho, Francisco Queiroz Cavalcante Bezerra, André Ramos Tavares e Nelson Nery Junior.

A John R. Searle, pelo privilégio de participar de seu grupo de estudos *Berkeley Social Ontology*, University of California, Berkeley.

À minha mãe, Leila Carvalho, e minha irmã, Fernanda Carvalho Jaconi, pelo eterno apoio incondicional.

À Editora Almedina, pela honra de ter essa segunda edição por ela publicada.

Ao Professor Fernando Araujo, Catedrático da Universidade de Lisboa, o maior nome do Direito e Economia na língua portuguesa, pela amizade, pela inspiração e pelo convívio.

À Gisele Bossa, pelo empenho e ajuda na publicação deste livro.

À Karen Abuin, pela acurada revisão e editoração desta obra.

Aos caríssimos amigos, que de várias formas influíram e contribuíram para o desenvolvimento e publicação desta obra: Alex Raskolnikov, André Elali, Carla de Lourdes Gonçalves, Celso Campilongo, Eduardo Jobim, Ely José de Matos, Eurico de Santi, Fernando Zilveti, Flavia Vera, Giácomo Balbinotto, Juan Javier del Granado, Heleno Torres, Luciano Benetti Timm, Marcos Nóbrega, Marcelo Magalhães Peixoto, Paulo Ayres Barreto, Rafael Bicca Machado, Reuven Avi-Yonah e Ronald Hilbretch.

Finalmente, a todos os meus alunos, pela leitura atenta e exame crítico dessa obra.

APRESENTAÇÃO

O belo e límpido texto de Cristiano Rosa de Carvalho evidencia a importância da interdisciplinaridade na análise e discussão de temas próprios do Direito. Combinando de forma perfeita, aspectos filosóficos e morais com comportamentos estratégicos adotados pelas pessoas, o autor demonstra que o ser humano, ao tomar decisões, na medida em que afetam seu bem-estar, ou em que defenda uma posição ou interesse, pode vê-las "contaminadas" por elementos de natureza subjetiva.

Assim os magistrados, tanto quanto os legisladores, podem ser involuntariamente capturados por valores prevalecentes no meio em que foram criados e pelas instituições sociais que respeitam, o que pode interferir na tomada de decisão. Da mesma forma o contribuinte e o agente fiscal agem de forma estratégica ao formular suas escolhas. Daí a relevância de uma discussão voltada para a formulação de políticas públicas no campo tributário.

É o que faz Cristiano Carvalho associando modelos desenhados em teoria dos jogos para avaliar as decisões em matéria de interesse geral, sejam do Estado, sejam do particular. Ao primeiro, a quem compete a atribuição de direitos legais, é devido estimular a criação de riqueza, sem deixar de atender pleitos assistenciais em casos específicos. Ao último, prover os recursos necessários à própria função estatal, por intermédio do pagamento de tributos.

Pensando a tributação como instrumento de distribuição de bem-estar, o recurso à teoria da decisão facilita antecipar tanto comportamentos oportunistas quando outras formas indesejáveis de imputação que tenham impacto negativo nos estímulos dos particulares para criarem riquezas.

A clareza com que põe as bases de áreas não jurídicas facilita a leitura do texto aos pouco afeitos às temáticas extralegais, ao mesmo tempo em que nos convence de que, no atual estágio de desenvolvimento sócio econômico, é preciso que o dogmatismo, usual na doutrina jurídica, recorra a ferramentas novas para o operador do direito, porém testadas em outras áreas do conhecimento, de sorte a que se cumpra a função promocional do direito, como entende Norberto Bobbio.

Apresentar obra que reúne tais características é motivo de enorme satisfação, de que muito me orgulho.

Rachel Sztajn
Professora associada de Direito Comercial, na Faculdade de Direito da Universidade de São Paulo.

NOTA DO AUTOR

Quando a Teoria da Decisão Tributária foi publicada pela primeira vez, em 2013, ainda não existiam obras jurídicas de autoria nacional que aplicassem métodos como a Análise Econômica do Direito e a Teoria dos Jogos ao fenômeno da tributação. Porém, já havia um cenário acadêmico receptivo a essa abordagem, visto que o movimento do Direito e Economia, no Brasil, havia surgido cerca de uma década antes, por meio da iniciativa e esforços de um grupo de estudiosos gaúchos e paulistas, tanto juristas como economistas, que germinaram os primeiros cursos, congressos e publicações na área.

Tive o privilégio de ter participado deste grupo pioneiro, ajudando a fundar a primeira organização dedicada a estudar e divulgar o tema, o Instituto de Direito e Economia do Rio Grande do Sul – IDERS, em 2004 e, posteriormente, a Associação Brasileira de Direito e Economia, em 2007.

Entretanto, a história desse livro retrocede um pouco mais longe no tempo.

Em 1996, ao iniciar o Mestrado em Direito Tributário na PUC-SP, sob a orientação do Professor Paulo de Barros Carvalho, deparei-me então com o "estado da arte" em filosofia analítica do Direito, experimentando uma miríade de ferramentas epistemológicas potentes, que até então nunca havia visto. Não apenas as aulas do curso, mas – talvez principalmente – o fantástico grupo de estudos do Professor Paulo, que foi como uma descoberta do Eldorado acadêmico, em termos de conhecimento filosófico e técnico jurídico. Pela primeira vez tomava par de instrumentos capazes de descortinar profundamente as estruturas do Direito, decompondo normas, relações, institutos e o ordenamento, para depois remontá-las de forma mais clara e lógica.

TEORIA DA DECISÃO TRIBUTÁRIA

Até os dias de hoje não vi nada que supere a potência analítica de Paulo de Barros Carvalho, bem influenciada pelo grande jusfilósofo pernambucano, Lourival Vilanova, e seus ensinamentos seguem sendo de valia inestimável. Diria até que mesmo todos os caminhos alternativos que trilhei após ser orientando de "PBC", como carinhosamente seus alunos o chamam, se devem a ele. Caminhos alternativos que, acredito, não divergem, mas são complementares e só foram tomados por algo que sempre tive, mas reencontrei em Paulo de Barros Carvalho: a incessante curiosidade científica.

Todavia, por volta dessa mesma época, por mais impressionado que estivesse com as poderosas lentes daquilo que viria, anos mais tarde, chamar de *estruturalismo jurídico*, senti que o meu foco de investigação era um pouco diferente. Utilizando de analogia, imagine um engenheiro envolvido em um projeto de automóvel. Pouco adianta se ele souber onde se encontra cada porca e parafuso daquele veículo se não for capaz de projetar um veículo para a *função* a qual foi idealizado. Se o automóvel é um carro esporte, cuja velocidade é sua principal qualidade, ou se é um utilitário para a família, onde espaço e economia são os mais importantes, seja qual for, o projetista deverá aliar o conhecimento da estrutura do veículo para que possa então cumprir a sua finalidade. Da mesma forma, apenas pensar a função sem conhecer a estrutura fará com que o veículo seja mal projetado. Portanto, as duas visões não são antagônicas, mas necessariamente complementares.

A visão tradicionalista típica da Dogmática Jurídica brasileira, especialmente a tributária, é positivista epistemológica, o que significa dizer, limita-se a análise das estruturas do direito posto, seguindo a divisão que Max Weber propôs para as ciências jurídicas. A Ciência do Direito *stricto sensu* deve se ocupar do exame das normas, enquanto a Sociologia do Direito deve examinar como as leis operam na sociedade, se as normas são cumpridas ou não, e à Política do Direito cabe propor alterações legislativas.

Essa visão, no entanto, sempre me pareceu reducionista, nitidamente insuficiente para a solução de problemas jurídicos complexos, em uma sociedade cada vez mais dinâmica e globalizada. Uma abordagem interdisciplinar, que enxergasse a floresta e não apenas a árvore era o que eu verdadeiramente procurava, mas onde encontrar? Surge, então, a Economia.

Para alguém com formação jurídica, a ciência econômica, com toda sua formalização matemática, parecia algo intransponível. Como compreender todos aqueles gráficos, equações e modelos? A porta de entrada para esse fascinante mundo naturalmente ocorreria então pela Escola Austríaca de Economia, livre de matematizações e majoritariamente conceitual, inicialmente pelos escritos de Friedrich von Hayek e de Ludwig von Mises, e logo em seguida, Carl Menger, Eugene von Böm-Bawerk, dentre outros.

Simultaneamente, passava a me intrigar a Teoria dos Sistemas. Inicialmente, o trabalho do sociólogo alemão Nicklas Luhmann, derivado da Autopoiese biológica dos chilenos Maturana e Varela, foi o que mais me interessou, dada a sua aplicação direta aos sistemas sociais e, dentre eles, ao sistema jurídico. Naquela época, final dos anos 90, o Professor Celso Campilongo era o principal divulgador dessa linha, na PUC-SP. Logo em seguida, pareceu-me, no entanto, que a teoria luhmaniana era pouco viável, aplicando o que era literal na biologia de forma por demais metafórica nos sistemas sociais. Descobri então uma Teoria dos Sistemas muito mais científica, técnica, realista e aplicável, que unia Cibernética, Teoria da Informação e Teoria do Caos, e era capaz de explicar mais eficazmente as interações comunicacionais entre subsistemas sociais. A influência de autores como Ludwig Bertallanfy, Norbert Wiener, Talcott Parsons, Edgar Morin, dentre outros, foi fundamental para a dissertação de mestrado em 2001, cuja publicação, alguns anos mais tarde, se daria sob o título "Teoria do Sistema Jurídico. Direito, Economia, Tributação" (São Paulo: Quartier Latin, 2005).

Após ingressar no Doutorado da PUC-SP, necessitava decidir sobre o qual tema iria desenvolver a tese. Percebi que o instituto das ficções jurídicas, não obstante ser tão antigo quanto o Direito Romano, havia sido pouco desenvolvido teoricamente. A razão poderia a falta de uma sólida teoria da verdade, uma vez que as ficções são intimamente ligadas a ela. Mas onde encontrá-la? Nem sequer na Teoria geral ou Filosofia do Direito havia, e a solução foi procurar na filosofia pura. Na época, primeira metade dos anos 2000, a influência do pós-modernismo no Direito era crescente, com suas linhas relativistas epistêmicas. Procurei o tema da "verdade" em diversos autores, filósofos de todas as nacionalidades, encontrando ideias interessantes em Tarsky, Russel, Kripke, Putnam, dentre outros. Mas faltava ainda encontrar uma teoria que fosse ainda mais sólida para embasar a minha tese. Ao conversar com um amigo, Alberto Oliva, filósofo e professor na UFRJ, tive dele a seguinte indicação: "você precisa ler John Searle. Ali está as respostas para as suas indagações".

Já conhecia superficialmente Searle como filósofo da linguagem, assim como outros tantos dessa linha, e possuía um ou dois livros dele. Mas a obra recomendada por Alberto, "Mente, Linguagem e Sociedade. Filosofia no mundo real" foi o *turning point* da minha formação intelectual. Dizem que todo mundo tem um livro que muda a sua vida – se isso é verdade, então este foi o meu.

A partir dali, estudei toda a sua bibliografia (com ênfase na que considero a sua *magnum opus, The Construction of Social Reality*), assim como, em autêntico fenômeno inter-textual, outra miríade de obras e autores que encontrava citados nos escritos searlianos, construindo a base teórica que resultaria na minha tese de doutoramento, em 2006, posteriormente publicada com o título "Ficções Jurídicas no Direito Tributário (São Paulo: Noeses, 2008).

Nesse meio tempo, meus estudos econômicos haviam progredido da Escola Austríaca em direção ao mainstream, principalmente pela linha denominada *Law and Economics,* calcada na *Chicago School of Economics,* de influencia neoclássica, mas também na *New Institutional Economics,* na *Public Choice Theory* e afins. Após coordenar o pioneiro curso de extensão acadêmica em Direito e Economia que se teve notícia no país, na Unisinos, em 2004, juntei-me com dois colegas, sócios de escritório, Luciano Benetti Timm e Rafael Bicca Machado, além de dois economistas da Universidade Federal do Rio Grande do Sul, Giacomo Balbinotto e Ronald Hillbretch, e fundamos a primeira instituição dedicada a estudos de Análise Econômica do Direito, o IDERS (Instituto de Direito e Economia do Rio Grande do Sul).

Por meio do IDERS, passamos a promover publicações e eventos na área, e a interagir com os então poucos acadêmicos dedicados ao tema, principalmente em São Paulo, sendo a Prof.a Rachel Sztajn, do Largo São Francisco, o principal nome. Logo em seguida, o IDERS já havia arregimentado um bom número de membros, da área jurídica e da área econômica, além de ter promovido o seu primeiro congresso (2005) e a primeira publicação conjunta (Direito e Economia, coordenado por Luciano Benetti Timm, pela Livraria do Advogado, 2005). Certo dia então, recebo uma ligação no celular, de uma professora de Brasília, que havia recentemente concluído seu doutoramento na Universidade da California, em Berkeley, e havia tomado conhecimento do IDERS e de outras iniciativas, e queria estabelecer contato com pessoas interessadas em L&E. A professora se chamava Flavia Vera, e a partir da amizade que todos cultivamos, formou-se um grupo que iria fazer presença maciça no congresso da ALACDE (Latin American and Iberian Association of Law and Economics), em Buenos Aires, no ano de 2006.

Dentre várias autoridades internacionais presentes no evento, sediado duplamente na Universidade de Buenos Aires e na Universidade Torcuato di Tella, encontrava-se Robert Cooter, professor "Herman F. Selvin" de Direito em Berkeley, e Diretor do *Law and Economics Program*, na *Boalt Hall School of Law*. Cooter, uma das maiores lendas vivas do Direito e Economia, mostrou-se um verdadeiro *gentleman* com todos os brasileiros ali presentes, sequiosos de seu conhecimento. Comigo não foi diferente, e ao aplicar para o pós-doutorado, no mesmo ano, por ele fui aceito para o ano letivo de 2007, em Berkeley!

Em fevereiro de 2007, recém chegado ao Visiting Scholar and Post Doctoral Program, em Berkeley, California, após me instalar em minha pequena sala, e a frequentar o *Law and Economics Seminar* promovido semanalmente pelo Professor Bob Cooter, resolvi modestamente enviar um *email* a outro professor da universidade, porém da faculdade de filosofia: John R. Searle.

O grande filósofo que havia sido a inspiração principal de minha tese de doutorado era professor em Berkeley e prontamente respondeu o meu email, não apenas convidando-me a assistir a suas aulas na graduação, como também a participar de seu seleto e fechado grupo de estudos *Social Ontology*, reservado a poucos alunos de *graduate school* (termo americano para pós-graduação, que inclui *Masters* e *PhD*). Com esse privilégio incrível, pude não apenas intensificar meus estudos e aprendizado na filosofia da linguagem, mente e consciência de Searle, como, melhor ainda, comprovar "in loco" a minha tese sobre as ficções jurídicas.

Mas os meus estudos sobre teoria econômica e análise econômica evoluíam. No intervalo (*summer break*) do período letivo, retornei ao Brasil, e junto com os colegas e amigos do Rio Grande do Sul, São Paulo, Minas e Brasília, trouxemos o congresso da ALACDE para a capital brasileira, em outubro de 2007, com a participação de luminares como Cooter e outros, sendo parte do evento inclusive sediada no Supremo Tribunal Federal.

Aproveitando a presença de acadêmicos de diversas partes do país, fundamos a ABDE (Associação Brasileira de Direito e Economia), da qual, nos seus agora dez anos de existência, fui um dos presidentes, assim como no IDERS. Graças a ABDE, o IDERS e outras associações regionais que surgiram pelo Brasil afora, o movimento intelectual do Direito e Economia se solidificou.

Cursos de pós-graduação *lato sensu*, disciplinas em graduações, mestrado e doutorado nas melhores instituições do pais, dezenas de artigos, dissertações e teses publicadas, revistas dedicadas ao tema, seminários e congressos periódicos por todo o país, fizeram por remover pecha de "outsider" da Análise Econômica do Direito e torná-la o movimento acadêmico interdisciplinar com maior crescimento e influência, brotando em decisões judiciais nos tribunais estaduais, federais e superiores.

Nesse meio tempo, aos estudos de teoria econômica *mainstream* e de Análise Econômica do Direito foram adicionados novas linhas de pensamento, como Heurística e Vieses, *Behavioral Economics*, Teoria dos Jogos, Neurociência e Biologia evolutiva, além dos clássicos da Filosofia Moral e da Filosofia Política.

Como disse no começo dessa introdução, há muito tempo o meu interesse em pesquisa não se mais satisfazia com o estruturalismo jurídico, sendo a *função* do Direito o que mais me intrigava. Para tanto, pensava lá no final da década de 90, era necessário trazer para o Direito Tributário brasileiro aquilo que ele não possuía: uma *teoria do comportamento*.

Todas as linhas mestras que havia me dedicado até então eram ligadas ao comportamento. A Teoria dos Sistemas examina o comportamento dos sistemas complexos, que no final das contas, são cortes epistemológicos de interações entre agentes racionais, não obstante os sistemas guardem propriedades que não se reduzem aos indivíduos. A Teoria dos Atos de Fala igualmente aborda a pragmática da comunicação humana, e investiga a forma pela qual os atos performativos não apenas descrevem ou comunicam, mas por vezes constituem realidades, ou como disse Austin: "How to do things with words". Por fim, a Análise Econômica do Direito busca principalmente na Microeconomia, a melhor teoria do comportamento que há, as ferramentas para analisar a escolha racional em um mundo onde as demandas são ilimitadas, porém os recursos são escassos.

Após mais de uma década estudando essas teorias, decidi, no ano de 2010, inscrever-me no concurso para livre-docência em Direito Tributário, na Faculdade de Direito do Largo São Francisco, Universidade de São Paulo. A tese produzida e defendida no ano de 2011 foi a que deu origem ao presente livro, publicado em 2013.

NOTA DO AUTOR

A primeira edição do Teoria da Decisão Tributária, lançado por uma das grandes editoras do país, esgotou em pouco tempo, não obstante o conteúdo ser voltado para a pós-graduação. O intervalo entre a primeira edição e esta que apresento agora aos leitores foi talvez um pouco longo, mas teve o benefício que o tempo provê: o de dialeticamente poder testar as hipóteses e ferramentas apresentadas na obra, seja em palestras e cursos de pós-graduação, seja no exercício da prática jurídica. Felizmente, parece-me que os instrumentos para tomada de decisão racional efetivamente funcionam, cumprindo a finalidade a que a obra se destina.

Durante o intervalo entre as edições em língua portuguesa, o Teoria da Decisão Tributária foi traduzida para o espanhol, sendo primeiro publicada no Peru (2013), e, em 2017, na Argentina e Espanha. Uma edição para a língua inglesa também está em produção. A edição que agora se apresenta, pela tradicional e prestigiada Editora Almedina, foi aumentada e devidamente revisada.

Entretanto, este não é o fim do percurso acadêmico brevemente contado nesta introdução, longe disso. A Teoria da Decisão Tributária pode e deve ser vista como a síntese de um longo aprendizado, porém o início de um novo trajeto de investigação, que, espero, venha a render novos frutos no futuro. Para tanto, conto com a crítica sempre bem-vinda de meus mestres, colegas e alunos, pois apenas o exercício constante, racional e saudável da troca de ideias é capaz de manter a marcha do conhecimento.

PREFÁCIO

O processo de positivação do direito pressupõe o tempo e o papel intercalar do sujeito aplicador, justamente aquele que movimenta as estruturas jurídicas para que elas cumpram sua missão de reger as condutas intersubjetivas, implantando os valores que a sociedade anela.

O tempo, com todos os mistérios e dificuldades que a reflexão filosófica reconhece existir, é marcado por seus três aspectos fundamentais: a) a continuidade, isto é, sua marcha sequencial é inexorável, acontecendo sem paradas e interrupções; b) a unidirecionalidade, significando que o avançar compassado progride numa única e imutável direção, projetando-se sempre para o futuro; e c) a irreversibilidade, como a característica que torna impossível cogitar-se de qualquer espécie de retorno.

A participação do sujeito aplicador conduz-nos às complexidades inerentes ao processo de decisão, expresso invariavelmente por um ato de fala. Aliás, ali onde houver comunicação, e o direito pode ser tomado como um grande processo comunicacional, haverá, por certo, o ato de fala que o inaugura.

Eis o momento escolhido pelo Professor Cristiano Carvalho para colher a substância do excelente livro que dá à edição: analisar o processo decisório, em termos de racionalidade, no contexto da tributação. Numa visão interdisciplinar, o Autor produziu obra em muitos aspectos pioneira, empregando métodos sofisticados, como a teoria dos jogos, presente nos comportamentos estratégicos dos indivíduos, uma teoria dos atos de fala, alicerçada em sólida filosofia moral e política, uma teoria analítica do direito, além de modernas contribuições da neurociência e das teorias da racionalidade: tudo para investigar o fenômeno da tomada de decisão no âmbito do Direito Tributário.

No capítulo primeiro, o Autor apresenta os pressupostos que sustentam o discurso, vale dizer, a Teoria dos Atos de Fala, a Teoria da Escolha Racional, a Teoria dos Jogos, Filosofia Política e Filosofia Moral, tudo isso aliado à Teoria Analítica do Direito, como os dados que fundamentam o trabalho. O capítulo introduz, também, os conceitos básicos de segmentos de pesquisa mais recentes, como a Neurociência e a linha conhecida como Heurísticas e Vieses.

O capítulo II trata da "decisão do legislador", a partir das premissas indicadas no capítulo inaugural, aplicando conceitos fundamentais para enfrentar problemas, dilemas e trilemas com que nos deparamos na construção do sistema jurídico tributário, espaço em que alia estruturalismo e funcionalismo para bem compreender esse subconjunto do direito positivo brasileiro.

Dedica o capítulo III à análise da "decisão do contribuinte", observando seu comportamento em face dos contornos do fenômeno tributário. Examina com que providências o sistema incentiva o particular, no sentido de que cumpra suas obrigações tributárias, seja por meio de sanções punitivas, seja mediante sanções premiais. Ao lado disso, ocupa-se de outras questões como a elisão fiscal e custos de conformidade, sempre sob a óptica do contribuinte.

Reserva o capítulo IV para estudar a "decisão do agente administrativo", figura imprescindível na configuração do liame jurídico tributário. Na verdade, a aplicação das normas tributárias, na cadeia de positivação do direito, é prerrogativa e dever do agente administrativo, utilizando-se das fontes previstas nos vários escalões da ordem jurídica positiva. Inscreve, também, no quadro das proposições desse capítulo, questões como a "norma geral antielisiva", a "transação tributária", assuntos intimamente atrelados à dicotomia vinculação/discricionariedade da Administração Pública.

O capitulo V é decisivo. Nele, o autor focaliza a "decisão do juiz", aquele que enfrenta os problemas mais agudos e difíceis a serem tratados pela moderna Teoria do Direito, tais como conflitos entre regras e a colisão entre direitos fundamentais. As funções das normas jurídicas e sua análise por meio da linguagem, da comunicação, da teoria dos preços e da teoria dos jogos, além de uma apresentação do "protocolo decisório", construído especificamente para a tomada de decisão do juiz/tribunal em face do direito tributário, é outro instante em que vibra o espírito de Cristiano, oferecendo-nos tópicos preciosos de uma visão de horizontes largos sobre a matéria.

E conclui o livro com referência a caso concreto, colhido no próprio chão da experiência brasileira, para mostrar a difícil questão da colidência de direitos fundamentais e o modo como as ferramentas recomendadas nesta obra, incluindo o "protocolo decisório", podem propor encaminhamentos apropriados à prestação jurisdicional.

O volume que tenho a imensa satisfação de prefaciar, já o disse no ensejo do brilhante concurso para livre-docente que o Autor prestou na Faculdade de Direito do Largo de São Francisco, não é, simplesmente, um livro para ser lido, antes para ser estudado ou, como sempre lembrava o Prof. Lourival Vilanova, para ser lido como quem estuda.

Paulo de Barros Carvalho
Professor Emérito e Titular da PUC/SP e da USP

PRÓLOGO

Talvez você ache que ler este livro sobre tributos é quase tão desagradável quanto pagá-los. Se for o caso, prepare-se para ser positivamente surpreendido pela "Teoria da Decisão Tributária" do Cristiano Carvalho. O código tributário não é apenas um conjunto de regras arcanas criadas para tomar o seu dinheiro. Também é um relato do poder e das aspirações de uma nação manifestados através de suas políticas. Você provavelmente já viu livros escritos por professores de tributário que codificam os tributos. Pelo contrário, este livro descodifica os tributos, o que exige a explicação do comportamento das pessoas que redigem o código tributário e que o obedecem.

A abordagem desse livro é a de analisar quatro tomadores de decisão diferentes – o legislador, o contribuinte, a autoridade fiscal e o juiz. A análise é, ao mesmo tempo, teórica e prática. É teórica porquê se baseia na melhor ciência comportamental para explicar o que cada um dos quatro atores faz, sendo que a melhor ciência social provém especialmente da economia – teoria da escolha racional, teoria da decisão e teorias de mercado. E é prática porque, ao explicar o que os atores fazem, o livro avalia seu comportamento à luz de valores compartilhados, notadamente os da justiça, eficiência, liberdade e igualdade. O livro combina previsões sobre o comportamento relacionado a tributos com a avaliação de tal comportamento à luz de valores de política que a todos importam. O livro aplica a ciência social e a filosofia aos tributos.

Em junho de 2012, estarei presente na 16ª conferência anual da Associação Latino Americana e Ibérica de Direito e Economia (ALACDE), que se reúne em uma cidade latino-americana diferente a cada ano – este ano, a reunião ocorrerá em Lima, Peru – e estive presente em todas as reuniões. Com prazer e admiração, presenciei o crescimento da análise econômica do direito, que passou de algumas vozes a um coro cheio e com poderosa canção. A canção é sobre uma nova educação jurídica que utiliza a ciência social para prever as consequências de regras e instituições jurídicas alternativas para o bem-estar das pessoas. Cristiano Carvalho é um dos que participa desse movimento e seu livro é uma contribuição significativa para a análise econômica do direito na América Latina. Quando terminar de ler este livro, espero que você aprecie esse novo gênero musical e, se você for acadêmico, espero que você também queira cantar junto.

Robert D. Cooter
"Herman Selvin" Professor de Direito
University of California, Berkeley Law School

ÍNDICE DE FIGURAS

Figura 1. Árvore da decisão 104

Figura 2. Árvore da decisão sob risco e valor esperado. 106

Figura 3. Dilema do prisioneiro 111

Figura 4. Caça ao cervo 114

Figura 5. Jogo do covarde 116

Figura 6. Forma extensiva de um jogo dinâmico 121

Figura 7. Dilema do prisioneiro na tributação 152

Figura 8. Caça ao cervo na tributação. 152

Figura 9: O "peso-morto" da tributação 161

Figura 10. O peso morto do subsídio 170

Figura 11. Paradoxo da escolha coletiva 171

Figura 12. Quadrado lógico 179

Figura 13. Quadrado lógico da liberdade 180

Figura 14. Liberdade como *commodity* 184

Figura 15. Decisão do contribuinte e sanção esperada 234

Figura 16: Curva de Laffer. 238

Figura 17. Elisão e escolha sob incerteza 243

Figura 18. Processo lógico de subsunção e aplicação 256

Figura 19. Mapa do argumento 314

Figura 20. Mapa do argumento tributário 315

Figura 21. Curvas de indiferença 342

Figura 22. Solução de canto. 344

Figura 23. Curva de indiferença fora da restrição normativa 345

Figura 24. Possíveis regras na solução em colisão de princípios 347

Figura 25. Protocolo decisório judicial 348

Figura 26. Protocolo decisório no caso American Virginia 353

Figura 27. Jogo concorrencial – contribuintes não são punidos 356

Figura 28. Jogo dinâmico concorrencial – contribuintes são puníveis. 357

SUMÁRIO

INTRODUÇÃO. 33

1. TEORIA GERAL DA DECISÃO 37

1.1 Uma breve história da decisão. 37
1.2 Ontologia e epistemologia objetivas, ontologia e epistemologia
subjetivas. 47
1.3 Análise positiva e análise normativa: ser e dever-ser 48
1.4 Mente, linguagem e sociedade: do natural ao institucional 51
   1.4.1 O papel das instituições e das organizações. 55
1.5 Decisão e comunicação: a Teoria dos Atos de Fala 60
   1.5.1 Racionalidade 61
   1.5.2 A Teoria da Escolha Racional 63
   1.5.3 Ação humana, valores, escolhas e preferências 66
   1.5.4 O custo de escolher. 70
   1.5.5 E a eficiência? 71
   1.5.6 Fronteiras da racionalidade 73
      1.5.6.1 Heurísticas e vieses 78
      1.5.6.2 Heurística, vieses e as linhas comportamentalistas
         da Economia e da Análise Econômica do Direito 81
      1.5.6.3 Heurísticas como ferramentas para tomadas de decisão
         eficientes 84
1.6 Escolhas morais 87
   1.6.1. Normas Sociais 98
1.7 Teoria da decisão 101
   1.7.1 Atos, estados e resultados 101

TEORIA DA DECISÃO TRIBUTÁRIA

1.7.2 Árvore da decisão 103
1.8 Escolhas estratégicas: a Teoria dos Jogos 108
1.8.1 Dilema do prisioneiro e o equilíbrio de Nash. 110
1.8.2 Outros jogos clássicos: caça ao cervo e o jogo do covarde 113
1.8.3 Jogos dinâmicos 117
1.8.4 Forma extensiva 120

2. DECISÃO DO LEGISLADOR 123

2.1 Construindo o sistema 123
2.2. Da estrutura à função do direito. 126
2.2.1 São o estruturalismo e o funcionalismo inconciliáveis?. 129
2.2.2 O inafastável funcionalismo dos objetos culturais. 130
2.2.3 Estrutura e dinâmica na ordem complexa do Direito. 132
2.2.4 Função do Sistema Jurídico: orientar condutas por meio
das sanções jurídicas 135
2.3 Sistema constitucional tributário 139
2.4 Por que e para que existem tributos? 141
2.4.1 O contrato social 141
2.4.2 Externalidades e bens públicos. 144
2.4.3 Compulsoriedade. 148
2.4.4. O bandido andarilho e o bandido estacionário 148
2.4.5 Como transformar o dilema do prisioneiro
em uma caça ao cervo?. 151
2.5 Justiça redistributiva 155
2.6 Igualdade ou eficiência?. 160
2.7 Neutralidade fiscal 163
2.8 Intervenção estatal e extrafiscalidade. 164
2.8.1. Estado e economia 164
2.8.2. A função extrafiscal da tributação. 166
2.9 Benefícios e subsídios fiscais 169
2.10 Valores da tributação: interesse público e interesses privados. 171
2.11 Normas, princípios e regras, ou apenas enunciados normativos? 173
2.12 Liberdades negativas, liberdades positivas
e os direitos individuais e sociais 175
2.12.1. A lógica da liberdade 178
2.12.2. Igualdade ou liberdade? 181
2.13 Interesse público e externalidades 185
2.14 Tributação e liberdade 189

SUMÁRIO

2.14.1 Liberdade econômica, direitos sociais e tributação 190

2.15 Segurança jurídica 191

2.15.1 Segurança jurídica ex ante: a estrita legalidade 196

2.15.2 Segurança jurídica ex ante: a anterioridade 197

2.15.3 : Segurança jurídica ex post: a irretroatividade tributária. 198

2.15.4. Segurança jurídica ex post: direito adquirido, ato jurídico
perfeito e coisa julgada em matéria tributária. 199

2.16 Liberdade econômica e livre-iniciativa 201

2.17 Liberdade econômica e direito de propriedade 203

2.17.1 Capacidade contributiva 205

2.17.2 A vedação ao efeito de confisco 207

2.17.2.1. Carga tributária , custos de conformidade e efeito
de confisco 210

2.18 Informação, risco moral e direito à privacidade:
a questão do sigilo bancário 212

2.19 Justiça fiscal. 216

2.19.1 Isonomia e igualdade material. 216

2.19.2 O tributo ótimo 216

2.20 O repertório de elementos para a decisão jurídica
do operador do Direito 219

2.20.1 Texto e norma 221

2.20.2 Princípios e regras. 221

2.20.3 Comunicação e interpretação. 223

2.20.4 Direitos Fundamentais. 226

3. DECISÃO DO CONTRIBUINTE 229

3.1. Eficácia das sanções tributárias 230

3.2 Sanções premiais 232

3.3. Sanções esperadas e o cálculo custo-benefício do contribuinte 233

3.4 Novamente os custos de conformidade. 235

3.5 Evasão, elisão e a Curva de Laffer 237

3.5.1 Planejamento tributário 238

3.5.2 Elisão e rent seeking 240

3.5.3 Elidir ou não elidir? Norma geral antielisiva e escolha
sob incerteza 242

3.6. Os crimes contra a ordem tributária e a extinção da punibilidade
pelo pagamento 244

TEORIA DA DECISÃO TRIBUTÁRIA

4. DECISÃO DO AGENTE FISCAL 247

4.1 Subsunção e aplicação do direito tributário pelo agente fiscal 248
4.2 Nomogênese: as fontes do Direito e autogeração
do sistema jurídico 252
4.3 A suposta discricionariedade do agente fiscal:
existe cláusula geral antielisiva no Brasil? 257
4.4 Transação Tributária 262

5. DECISÃO DO JUIZ 265

5.1 Princípio do Devido Processo Legal 266
   5.1.1 Devido processo legal adjetivo 268
   5.1.2 Devido processo legal substantivo 270
5.2 Voltando aos princípios e às regras 271
5.3 Princípios Versus Regras. 271
   5.3.1 Gênero próximo e diferenças específicas 271
   5.3.2. Diferença quanto à objetividade. 272
   5.3.3 Diferença quanto à estrutura normativa 274
   5.3.4 Diferença quanto à função 278
   5.3.5 Diferença quanto à axiologia e quanto à teleologia 280
      5.3.5.1 Regras jurídicas como fixadoras de preços 282
      5.3.5.2 Caráter de bem público que as regras atribuem
      ao direito positivo. 284
   5.3.6 Natureza dos princípios 284
   5.3.7 Hierarquia entre princípios e regras? 288
   5.3.8 Os princípios, as cláusulas gerais e os conceitos
   indeterminados. 291
      5.3.8.1 Os custos dos princípios, cláusulas gerais, conceitos
      indeterminados e a insegurança jurídica 296
      5.3.8.2 Análise normativa: proposta de interpretação
      para a cláusula função social 301
   5.3.9 Discricionariedade ou solução por princípios? 303
   5.3.10 Superação de regras por princípios. 305
5.4 Argumentação e justificação na construção e aplicação de regras
   pelos juízes 309
   5.4.1 Teoria da Argumentação. 310
   5.4.2 Estrutura do argumento. 313
   5.4.3 Argumento da literalidade da lei. 315
   5.4.4 O argumento da intenção do legislador. 316

5.4.5 Argumento da finalidade da lei. 317
5.5.6 O argumento por analogia. 319
5.4.7 O argumento consequencialista 322
   5.4.7.1 Análise positiva das consequências. 325
   5.4.7.2 Análise normativa das consequências 326
   5.4.7.3 Conclusão. 327
5.4.8 O argumento principiológico. 328
5.5 Princípios Versus Princípios 330
5.5.1 Colisão de princípios ou de direitos fundamentais?. 330
5.5.2 Ponderação entre princípios 332
5.5.3 Princípio da proporcionalidade: análise custo-benefício
e externalidades. 335
5.5.4 Repercussão geral e externalidades 336
5.5.5 Modulação dos efeitos da decisão
pelo Supremo Tribunal Federal. 338
5.6 Decisão do juiz e a construção de regras:
restrição normativa e curvas de indiferença 340
5.7 Protocolo Decisório 347
5.8 O caso "American Virginia" 350

CONCLUSÕES 359

REFERÊNCIAS. 369

INTRODUÇÃO

> "Nada é mais difícil, e, portanto, mais precioso, do que ser capaz de decidir."
>
> Napoleão Bonaparte (1769/1821)

Quando Napoleão Bonaparte invadiu a Rússia em 1812, era detentor do maior império de sua época e contava com um exército superior a meio milhão de soldados. Sendo um dos mais brilhantes estrategistas militares de todos os tempos, senhor de quase toda a Europa continental e contando com centenas de milhares de soldados, as chances de vitória certamente estavam ao seu lado.

No entanto, Napoleão acabou sendo derrotado pela Rússia, o que lhe custou grande parte de seu contingente e acabou por desencadear o fim de seu império. Diversos fatores poderiam ser responsáveis pela derrota, tais como: falta de logística; não prever que os russos incendiariam Moscou de modo a não permitir que os invasores se apropriassem de mantimentos e demais recursos; ou não contar com o inverno rigoroso.

Todavia, é sempre fácil analisar e criticar erros após estes terem ocorrido, tal qual um "engenheiro de obra pronta", segundo a expressão popular. Sob uma perspectiva *ex ante*, entretanto, ao deparar-se com a alternativa de invadir ou não a Rússia, considerando as informações de que dispunha, o estado de coisas no mundo e as possíveis consequências de seus atos, teria Napoleão realizado uma escolha irracional?

A despeito da genialidade estratégica de Napoleão Bonaparte, o seu processo decisório não diferia de qualquer outro indivíduo no mundo. Ao se ver diante de alternativas possíveis, teve que escolher por uma delas, calculando os seus custos e benefícios, bem como as suas possíveis consequências.

E decisões menos dramáticas, tomadas em nosso cotidiano, serão muito diferentes? E as decisões que acarretam consequências jurídicas?

A presente obra tem o objetivo de abordar o fenômeno da decisão jurídica no direito tributário. Por "decisão jurídica" entende-se o processo de tomada de decisão que resulte em consequências jurídicas, assim como o produto resultante deste processo.

A ênfase, no entanto, será dada ao *processo de decisão do indivíduo*, seja ele legislador, agente fiscal, contribuinte ou juiz. É que o produto da decisão se consubstancia em uma norma (ou ausência de) produzida pelo criador/operador do direito, e, ainda que muitas vezes seja o ponto de partida epistêmico para o estudo do processo decisório, é este que nos importa. É nesse percurso, altamente complexo, que se encontram os fenômenos mais interessantes, que incluem a racionalidade do tomador da decisão, os valores que ele invoca, a estratégia que adota, as suas razões de agir e a ação propriamente dita que torna a vontade em realidade: a decisão.

Ainda que o problema da decisão possa ser plenamente aplicável a quaisquer segmentos do ordenamento jurídico, o campo temático específico que interessa a este trabalho é o tributário. A opção pela tributação se dá pelo fato de esse segmento possibilitar interessantes intersecções entre direito, moral e economia, proporcionando enfoques interdisciplinares de grande força analítica e elucidativa.

O método de análise a ser utilizado é interdisciplinar, como não poderia deixar de ser, levando em conta o tema escolhido. O estudo da decisão compraz diversas abordagens que, embora sejam oriundas de campos distintos como a filosofia, matemática e economia, guardam elementos comuns, possibilitando, portanto, a referida interdisciplinaridade.

A teoria da decisão é a teoria da tomada de decisão *racional*. Um tomador de decisões escolhe agir a partir de um conjunto de alternativas, por exemplo, acordar cedo para trabalhar ou permanecer em casa dormindo, ou mesmo escolhas mais importantes, como ter filhos ou adiar a maternidade para investir na carreira. Seja como for, o processo de decisão racional é basicamente o mesmo, variando apenas os temas aos quais ele se aplica.

INTRODUÇÃO

Algumas premissas fundamentais serão adotadas neste trabalho. A primeira premissa fundamental é que o processo de decisão pressupõe um indivíduo que escolhe[1]. Portanto, nosso método de conhecimento é o do individualismo metodológico, que, é importante salientar, não deve ser confundido com individualismo político-filosófico. Corolário dessa premissa é que os indivíduos são racionais, no sentido de que, ao decidirem, buscam escolher a alternativa que lhes pareça a melhor, relativamente ao objetivo que pretendem alcançar. E, por serem racionais, reagem a incentivos.

A segunda premissa é que escolhas acarretam, inevitavelmente, consequências. Essa tese é, portanto, proponente do consequencialismo nos sentidos epistêmico, moral e jurídico, ainda que essa proposta vise a atender aos direitos individuais, sem descambar, portanto, em proposições utilitaristas grosseiras (não obstante, o Utilitarismo seja importante filosofia moral e frequentemente esteja presente na tomada de decisão dos agentes).

Há duas formas de enfocar a decisão: 1) sob uma perspectiva positiva e 2) sob uma perspectiva normativa. A primeira tem por objetivo descrever a forma pela qual as pessoas realmente decidem no mundo. Trata-se de uma proposta empírica, que requer pesquisa de campo e cuja finalidade é descritiva e preditiva. O objetivo da segunda é prescrever *como* as pessoas racionais *deveriam* decidir.

Mesmo que analiticamente as propostas sejam distintas, é certo que ambas se entrecruzam em diversos momentos. Por exemplo, se queremos prescrever formas mais eficientes de decidir necessitaremos, em certa medida, compreender o processo decisório como ele ocorre de fato.

Este livro enfocará a decisão com ênfase em uma perspectiva normativa. A razão principal para isso é que o seu objetivo é analisar como as escolhas jurídicas podem ser estruturadas de modo a alcançar maior eficiência e justiça, assim como estabelecer protocolos ou métodos decisórios para o indivíduo, mais precisamente em face da tributação e com destaque para o julgador.

---

[1] Cf. Luce e Raiffa (1985, p. 13), a decisão pode ser tomada por um indivíduo, por um grupo ou por uma organização, e a diferença biológica entre eles não interessa. O que importa levar em conta, para fins analíticos, é a existência de interesse unitário motivando as decisões, para que se possa considerar o tomador de decisão como indivíduo, para fins da teoria. Assim, uma firma ou um sujeito de carne e osso serão reputados como indivíduos, da mesma forma, atentando para as suas escolhas e ações.

Em outras palavras, propor uma forma racional e organizada de maximizar a eficiência no processo decisório, levando em conta as consequências das escolhas.

Quanto à divisão deste livro:

O capítulo I apresentará os pressupostos teóricos que sustentam este trabalho. A teoria dos atos de fala, a teoria da escolha racional, teoria dos jogos, filosofia política e filosofia moral, aliadas à teoria analítica do Direito, formam os pilares fundamentais desta obra.

O capítulo II abordará a "decisão do legislador", aplicando as ferramentas apresentadas no capítulo anterior aos problemas e dilemas da construção do sistema jurídico tributário, aliando estruturalismo e funcionalismo no deslinde da formação da ordem tributária.

O capítulo III tratará da "decisão do contribuinte", e avaliará a interação dos particulares com o fenômeno tributário, *i.e.*, como o sistema incentiva o particular a cumprir ou não com suas obrigações tributárias, seja por meio de sanções punitivas, seja mediante sanções premiais. Outras questões como a elisão fiscal e custos de conformidade serão devidamente analisados, sempre pela ótica do contribuinte.

O capítulo IV tem por tema a "decisão do agente fiscal", que, assim como o contribuinte, é elo fundamental da relação jurídica tributária. A aplicação da legislação tributária, cujo método é o subsuntivo, é prerrogativa e dever do agente administrativo fiscal, o que por sua vez desencadeia o processo de positivação do Direito, fenômeno que requer o devido estudo das fontes do Direito. Questões como norma geral antielisiva e transação tributária, intimamente relacionadas à dicotomia vinculação/discricionariedade da Administração também serão abordados.

Finalmente, o capítulo V analisará a "decisão do juiz", aquele que enfrenta os problemas mais difíceis e interessantes a serem tratados pela moderna teoria jurídica, tais como conflitos entre regras, a escolha entre regras e princípios e a colisão entre direitos fundamentais.

1. TEORIA GERAL DA DECISÃO

1.1 Uma breve história da decisão

Parece inacreditável que ao longo da maior parte da história humana as civilizações tenham surgido, se desenvolvido e se extinguido sem quaisquer teorias especificamente criadas para tomadas de decisões. Impérios, reinos e democracias vieram e se foram desde o surgimento das primeiras cidades-estado há milhares de anos, invariavelmente por meio de decisões influenciadas por experiências passadas e altamente influenciadas por superstições, mitos e crenças.

Grandes líderes e conquistadores da Antiguidade e da Idade Média, como o macedônio Alexandre Magno, o cartaginense Hanibbal, o romano Júlio Cesar, o chinês Sun Tzu, o huno Átila, o franco cruzado Godofredo de Bulhão ou o mongol Gengis Khan, todos estrategistas geniais, tinham por denominador comum valerem-se da experiência adquirida nos campos de batalha, aliada a uma grande inteligência e intuição. Mas além desses recursos inatos e adquiridos, recorriam frequentemente a métodos que nos dias de hoje causariam espécie entre seus subordinados, caso fossem empregados publicamente: oráculos, adivinhos, sacerdotes ou simplesmente preces aos deuses eram expedientes empregados frequentemente como apoio prévio a decisões importantes.

Evidentemente, como a história nos mostra, os feitos desses gênios não deixaram de ser realizados por conta de suas superstições, mesmo porque suas crenças eram tidas como verdadeiras e mesmo imprescindíveis na época em que viveram a atuaram. Mas sempre caberá a pergunta: e se dispusessem dos métodos analíticos e sistemáticos surgidos na modernidade, como teriam tomado suas decisões[2]? Provavelmente, a História teria tomado outro curso.

A chegada do sistema numérico indo-arábico à Europa[3], por volta do século onze, e posteriormente o advento do Renascimento e a superação das crenças e misticismos pela razão e pelo então nascente método científico, culminando no movimento intelectual historicamente conhecido como Iluminismo, possibilitaram o ambiente onde descobrimentos matemáticos e filosóficos e suas aplicações ao mundo real floresceram como nunca, desde o período clássico.

A história da moderna teoria da decisão começa de forma prosaica. Em 1654, o nobre francês conhecido como Chevalier de Méré, tão aficionado pela matemática quanto pelos jogos de azar, pediu ao matemático francês Blaise Pascal a solucionar um mistério: como dividir as apostas em um jogo com dois jogadores, interrompido quando um deles estava vencendo. Ora, parecia obviamente injusto dividir os valores apostados pela metade, se um deles estava em vantagem. Mas dividir como, por qual critério, se o jogo não havia acabado?

Pascal, célebre matemático, solicitou auxílio a Pierre de Fermat, outro brilhante matemático (e advogado), de modo a juntos deslindarem um enigma que já existia desde a sua formulação por outro matemático, o monge italiano Luca Pacciolli, dois séculos antes. Com a solução do problema descoberta pela dupla, nasceu a ideia de *utilidade esperada*, pilar fundamental da teoria da

---

[2] A estratégia militar dos Estados Unidos da América após a segunda guerra mundial é praticamente toda baseada na Teoria dos Jogos. A famosa *Rand Corporation*, entidade sem fins lucrativos dedicada ao estudo da estratégia, há décadas é uma das principais fontes de inteligência e tomada de decisão do governo norte-americano. A política adotada durante a guerra fria, denominada destruição mutua assegurada (*mutual assured destruction*), cuja finalidade é a dissuasão das potências nucleares em acionar seus mísseis, uma vez que o resultado seria a sua própria extinção, nada mais é que uma aplicação da Teoria dos Jogos e do equilíbrio de Nash. Para mais informações, ver o website da *Rand Corporation*: www.rand.org

[3] E sua revolucionária utilização do "zero", como valor na escala decimal, surgido por volta do século quinto, mas até então desconhecido do mundo ocidental, por meio do matemático italiano Fibonacci, no século treze.

decisão sob risco, assim como foram descobertos os fundamentos da teoria das probabilidades.

Importante lembrar que por essa época, século dezessete, a Europa já vivia sob intensa revolução cultural e científica. O heliocentrismo, teoria pela qual a Terra gira em torno do Sol, proposto por Nicolau Copérnico (1473-1543) e comprovado por Galileu Galilei (1564-1642), o pai da ciência moderna (e o seu incrível invento, o telescópio) havia enterrado de vez o geocentrismo, então sustentado pela já não tão poderosa Igreja Católica, ferida pela reforma protestante de Martinho Lutero.

O florentino Leonardo da Vinci (1452-1519), cientista, pintor, escultor, anatomista, matemático, engenheiro e inventor, antecipou inovações que séculos mais tarde seriam tecnologias conhecidas e amplamente utilizadas, como o paraquedas, o submarino e o avião. A invenção do tipo móvel por Johanes Gutenberg (1398-1468) possibilitou a imprensa e a publicação de periódicos e livros a custo baixo. Após a invenção da escrita, milhares de anos antes, o que viria a possibilitar o início da Ciência Histórica, a Humanidade agora deparava-se com sua primeira revolução da informação.

Por sua vez, com as grandes navegações no final do século quinze e o surgimento do sistema bancário na Europa, capitalismo começava a dar os primeiros passos, e por volta de 1630 teria a sua primeira crise, o estouro da bolha financeira surgida na Holanda e conhecida como "Mania das Tulipas", quando a especulação em torno dessas flores chegou a tal ponto em que apenas uma delas valia mais que doze acres de terra, para, logo em seguida, não valer mais nada. A noção do que no futuro seria chamado de "risco sistêmico" pela Economia e pela Ciência das Finanças era experimentada concretamente, com efeitos devastadores.

Em 1703, o filósofo e matemático alemão Gottfried von Leibniz, descobridor do cálculo infinitesimal (de forma simultânea e independente ao seu outro descobridor, o cientista inglês Isaac Newton) comentou com o também matemático, o suíço Jacob Bernoulli que "a natureza estabeleceu padrões que dão origem ao retorno dos eventos, mas apenas na maior parte dos casos", o que motivou Bernoulli a criar a "lei dos grandes números", peça fundamental da nascente Estatística, ciência responsável pela coleta, organização e interpretação de dados, por meio de métodos quantitativos, empregada para fins tão distintos quanto a previsão da qualidade das safras de vinhos, projeções de campeonatos esportivos ou flutuações na bolsa de valores.

Algumas décadas mais tarde, em 1730, Abraham de Moivre descobriria o que viria a ser denominado de "boca de sino", também conhecido como "desvio padrão", elemento fundamental da Estatística, até os dias de hoje. Oito anos mais tarde, o sobrinho de Bernoulli, Daniel (1700-1782), de mesmo sobrenome, também cientista e matemático de prestígio, apresenta os conceitos fundamentais do processo racional de tomada de decisão, dando gênese aos fundamentos matemáticos da Economia, válidos e firmes até hoje. Sua ideia seminal foi a noção de *utilidade marginal decrescente*, pela qual o aumento do dinheiro é inversamente proporcional à quantidade de bens anteriormente possuídos, o que explica porque o Rei Midas ficava mais infeliz quanto mais rico se tornava, porque as pessoas costumam ser avessas ao risco, assim como a sensibilidade dos consumidores aos preços (conhecida atualmente como "elasticidade cruzada da demanda"). Nascia a moderna teoria da decisão.

Cerca de um século mais tarde, em 1740, o filósofo iluminista escocês David Hume publicava sua *Magnum Opus*, "Tratado da Natureza Humana", onde em meio a ideias radicais e ousadas, propunha a noção de "racionalidade movida por desejos", cerne da Teoria da Escolha Racional, que séculos mais tarde se tornaria o paradigma que sustenta a ciência econômica até os dias de hoje.

Por essa mesma época, o pastor presbiteriano inglês Thomas Bayes (1702-1761) formularia o teorema que foi batizado com o seu nome, publicado apenas após sua morte.[4] O Teorema de Bayes é, desde então, o principal instrumento da teoria das probabilidades para calcular as chances de um evento condicional desconhecido ter ocorrido. Décadas mais tarde, Pierre Simon, o Marquês de Laplace, astrônomo e matemático francês, tornar-se-ia o primeiro grande estatístico, elevando a análise das probabilidades ao *status* de ciência. O seu *Essai philosophique sur les probabilities*, de 1814, estabelece princípios de raciocínio indutivo baseado nas probabilidades, o que alguns consideram[5] como a formulação mais completa e geral do Teorema de Bayes, aplicando o método probabilístico inclusive ao Direito.

---

[4] Trabalho intitulado *Essay Towards Solving a Problem in the Doctrine of Chances*, lido postumamente para a *Royal Society de Londres*, em 1763, e em seguida publicado no the *Philosophical Transactions of the Royal Society of London*.

[5] Cf. Steven Stigler (1986).

TEORIA GERAL DA DECISÃO

Em 1776, o professor de teoria jurídica e moral na Universidade de Glasgow, o escocês Adam Smith, publicaria aquela que viria a ser possivelmente a primeira (e maior) obra de Economia propriamente dita, *Riqueza das Nações*, reafirmando a natureza autointeressada dos indivíduos (concepção anteriormente sustentada pelo filósofo inglês Thomas Hobbes, em seu *Leviatã*, de 1651) e propondo a noção de equilíbrio do sistema econômico, com a famosa metáfora da "mão invisível".

Nesse mesmo período, o jurista e filósofo reformista inglês Jeremy Bentham vertia profusamente ideias tão revolucionárias quanto subversivas. Delas viriam a filosofia moral do Utilitarismo e a concepção de "utilidade" (nuclear para a microeconomia, para a teoria da escolha racional e para a teoria da decisão), e o próprio positivismo jurídico, algumas décadas depois oficialmente inaugurado por seu discípulo, o jusfilósofo John Austin (*The province of jurisprudence determined*, de 1832).[6]

De forma análoga, a teoria jurídica continental europeia, influencia de Savigny, mas principalmente pela obra de Georg Friederich Puchta (1798-1846), seria dominada pela *Jurisprudência dos Conceitos*, doutrina que enfatizava a autossuficiência do Direito e o método lógico dedutivo, pelo qual as soluções práticas (decisões, portanto) se dariam pela dedução de conceitos gerais até os particulares.

No final do século dezenove, a Economia experimentaria o primeiro grande salto após a publicação da *Riqueza das Nações*, um século antes. Concomitantemente, o inglês William Stanley Jevons, o austríaco Carl Menger e o francês Leon Walras e o publicavam textos que definiram o que viria a ser chamada

---

[6] Na história das ideias, não é incomum a ocorrência e desenvolvimento de movimentos teóricos semelhantes, ainda que em locais distintos. Algumas vezes, isso ocorre por influências mútuas que o mundo acadêmico propicia; outras vezes, sequer há qualquer comunicação entre pensadores em lugares diferentes do globo. O legalismo jurídico, precursor do positivismo surgiu muitos séculos antes, na China imperial, mais precisamente três séculos antes de Cristo. Suas premissas são basicamente idênticas ao que viria se tornar o legalismo utilitarista de Bentham e o positivismo de Austin, cerca de vinte e dois séculos depois: a necessidade da objetividade do Direito pela escrita de suas normas, a preponderância delas sobre costumes e tradições antigas, a sua aplicação, principalmente por meio de sanções, e a separação entre Direito e Moral. Ver o clássico *The Book of Lord Shang: A Classic of the Chinese School of Law*, de autoria do estadista chines Shang Yang (390-338 A.C.).Nova jersey: Lawbook Exchange, 2003.

de "revolução marginalista".[7] Nascia a potente ideia de que os indivíduos escolhem levando em conta a utilidade marginal de cada alternativa (trade-offs). Logo após, viria a segunda revolução marginalista, que teve como bastião a obra *Principle of Economics*, do inglês, Alfred Marshall, que faria nascer a Escola Neoclássica de Economia, ainda hoje o "core" da ciência econômica.

A potente e inovadora compreensão da natureza subjetiva do valor era fruto decorrente do marginalismo, desenvolvido concomitantemente por austríacos, franceses e ingleses, e que colocaria uma pá de cal na concepção de valor objetivo e intrínseco aos bens, presente nos economistas clássicos Adam Smith e David Ricardo, e na teoria da valor trabalho (pela qual um bem vale na medida do trabalho necessário para produzi-lo, sendo que qualquer excedente cobrado é fruto da exploração capitalista), do alemão Karl Marx, pai do Comunismo.

Interessante perceber que, até o final do século dezenove, uma pessoa de boa formação intelectual era portadora de conhecimento geral bastante completo e abrangente sobre o mundo em que vivia. Um indivíduo com razoáveis noções de ciências naturais e de matemática sabia que o tempo era uma constante universal, portanto absoluto, que os corpos se atraiam na proporção direta de suas massas (física newtoniana), que a organização de um sistema fechado tende a decair (entropia ou segunda lei da Termodinâmica) e que as espécies evoluíam por meio da seleção natural (teoria da evolução[8]).

Entretanto, o século vinte iniciaria com uma série ininterrupta de revoluções científicas e tecnológicas e o mundo nunca mais seria o mesmo. Em 1900, o físico alemão Max Planck propõe a hipótese de que a energia é formada por minúsculas partículas denominadas "quanta". Em 1905, outro físico alemão, o jovem Albert Einstein sustenta que o tempo não era uniforme nem absoluto,

---

[7] Jevons foi quem primeiro publicou dois artigos, em 1863 e, posteriormente, em 1871 (The Theory of Policital Economy). Menger publicou no mesmo ano o seu livro Principles of Economics. Logo após, em 1874, Walras publicou a obra *Éléments d'économie politique purê*.

[8] Provavelmente a teoria mais revolucionária daquele século, responsável pela quebra de paradigmas científicos, morais e religiosos e por rebaixar o Homem de seu *status* de cria divina para apenas mais uma das espécies animais, de ancestral comum (porém desconhecido) com os primatas. A Teoria da Evolução ultrapassou as fronteiras da biologia, sendo aplicável às ciências humanas e sociais e do comportamento, como a Psicologia, a Sociologia e a Economia.

mas relativo à velocidade dos corpos em movimento. As dimensões passaram a ser quatro, pois além das três espaciais usuais (largura, altura, profundidade), acrescentou-se uma quarta, o tempo. A tessitura da realidade passou a ser o espaço-tempo e o que antes era absoluto passa a ser relativo ao observador e ao seu sistema de referência.[9]

Em 1927, Werner Heinseberg, também alemão, introduz o princípio da incerteza, pelo qual é impossível conhecer simultaneamente a posição e a velocidade de uma partícula subatômica: ao se utilizar radiação para observar precisamente a posição de um elétron, altera-se a velocidade dele; correspondentemente, ao se tentar medir a velocidade com o máximo de precisão, menos se saberá a sua posição.

Sendo assim, a certeza dava lugar à probabilidade e a intervenção do observador altera o próprio objeto de conhecimento. Nasciam as duas principais teorias físicas do século passado, a física quântica e a teoria da relatividade, explanadoras do Universo, em nível micro e macro, respectivamente. Outros grandes pensadores viriam a contribuir com o desenvolvimento da física moderna, como Niels Bohr, Wolfgang Pauli, Erwin Schrödinger e outros. No entanto, no século cuja explosão científica e tecnológica possibilitou o avião, a televisão e a *internet*, também ocorreram duas guerras mundiais, a bomba atômica e a corrida armamentista.

No terreno jurídico, mudanças paralelas ocorreriam na Alemanha e nos Estados Unidos da América, posteriormente influenciadoras do resto do mundo. A então dominante Jurisprudência dos Conceitos seria combatida pela nascente *Jurisprudência dos Interesses*, com influência de Jhering e protagonizada por juristas como Phillipp Heck, Heirinch Stoll e Rudolf Müller-Erzbach. Tal corrente criticava o caráter fechado e formalista da J.C., sustentando que as normas e decisões jurídicas provinham de interesses materiais, nacionais, religiosos e éticos – enfim, de influencias externas ao sistema jurídico, porém por ele absorvidas.

Já nos EUA, nos primeiros anos do século vinte, o Direito então igualmente bastante formalista e cerrado, seria combatido pelo nascente Realismo Jurídico, centrado em figuras como o juiz da Suprema Corte, Oliver Wendell

---

[9] A constante universal é a velocidade da luz, sempre a mesma (cerca de trezentos mil quilômetros por Segundo).

TEORIA DA DECISÃO TRIBUTÁRIA

Holmes. O R.J. propiciaria o surgimento de diversas linhas de pensamento, tais como a *Critical Legal Studies*, bem como permitiria a interdisciplinaridade no estudo do Direito, abrindo suas portas para disciplinas como a Sociologia e a Economia (tempos depois, o movimento do *Law and Economics* surgiria como fruto do pensamento realista).

Em 1928, o matemático e físico húngaro, naturalizado norte-americano, Jon von Neumann desenvolve soluções para jogos de soma zero, resultando no teorema *minimax*, pelo qual o jogador age levando em conta o comportamento do outro jogador, buscando então minimizar as suas perdas. Posteriormente, em 1944, em coautoria com o economista alemão Oskar Morgeinstein, publica o pioneiro *Theory of Games and Economic Behavior*, introduzindo ao público geral o campo de conhecimento interdisciplinar denominado Teoria dos Jogos, revolução intelectual que seria aplicada a áreas como a microeconomia, estratégia militar, finanças e negócios, assim como ao próprio Direito.

A essa época, o Círculo de Viena, movimento também conhecido como Neopositivismo Lógico, formado por eminentes intelectuais austríacos, tinha por mote a supremacia do empiricismo e do rigor na linguagem, como fundamentos da ciência. Sua grande fonte de inspiração era o *Tractatus Logico-philosophicus*, obra publicada em 1922, de autoria do filósofo austríaco Ludwig Wittgeinstein.[10] Um dos frequentadores do círculo e logo seu dissidente, o também austríaco Karl Popper, publica em 1934, "A Lógica da Pesquisa

---

[10] O *Tractatus* busca delimitar o alcance da linguagem, colocando além dela a Metafísica, a Estética e a Ética. Esses são domínios que a linguagem não alcança (são transcendentais a ela), daí as suas famosas proposições: "os limites da minha linguagem significam os limites do meu mundo "(5.6.) e "acerca daquilo que não se pode falar, tem que se ficar em silêncio"(6.54). O místico, o metafísico, revela-se ao homem de forma transcendental à linguagem, que não tem capacidade para descrevê-lo. A própria lógica e a matemática também nada expressam sobre o mundo, segundo Wittgenstein: "as proposições da lógica são tautologias"(6.1.); "assim as proposições da Lógica nada dizem (são as proposições analíticas)"(6.11; "a Matemática é um método lógico, As proposições da Matemática são igualdades, logo proposições aparentes."(6.21). É certo que os teoremas e equações matemáticas, assim como as formulas lógicas são, no sentido kantiano, necessariamente juízos analíticos (as conclusões já se encontram nas premissas, ou o predicado já está contido no conceito do sujeito, *v.g.*, triângulo tem três lados; todos os corpos têm extensão) e não sintéticas (proposições onde o predicado não se encontra no sujeito, *i.e.*, é contingente, *v.g.*, todos os cisnes são brancos), mas não se pode esquecer que as ciências naturais, como a Física e mesmo a ciência humana da Economia utilizam modelos matemáticos de grande sofisticação e rigor para investigar, compreender e descrever os seus respectivos objetos – em última análise, a própria realidade.

Científica" (*Logik der Forschung*) que demarcaria os limites daquilo que é e daquilo que não é é ciência, instituindo o critério da falseabilidade para as hipóteses científicas, em oposição ao verificacionismo dos neopositivistas.[11] Neste mesmo ano, é publicada *Teoria Pura do Direito* (*Reine Retchlere*), do jurista (igualmente austríaco) Hans Kelsen, estabelecendo o seu método positivista ao estudo do fenômeno jurídico, alcançando enorme prestígio (e proporcional criticismo) em diversos países, inclusive no Brasil.

Em 1950, o matemático norte-americano John Forbes Nash, Jr. finaliza a sua tese de doutorado na Universidade de Princeton, um manuscrito de apenas vinte e oito páginas que, entretanto, lhe tornaria mundialmente famoso e frutificaria cerca de quatro artigos seminais[12] para a Teoria dos Jogos, trabalhos responsáveis por sua láurea com o prêmio Nobel, em 1994.

Esta década assistiu uma das grandes guinadas da filosofia. Wittgeinstein, responsável por diretamente influenciar o movimento filosófico mais significativo da primeira metade do século, redireciona seu pensamento radicalmente, abandonando suas convicções anteriores e dedicando-se à análise da linguagem ordinária. Sua obra *Investigações Filosóficas (Philosophical Investigations)*, de 1953, introduziu a ideia os "jogos de linguagem", enfatizando a dimensão pragmática linguística. A escola analítica da filosofia, antes identificada e centrada em lógicos como Gottlob Frege, Bertrand Russel, Alfred Tarsky, Rudolph Carnap e o próprio Wittgeinstein, passa a ser o terreno para

---

[11] Para os neopositivistas, uma hipótese científica necessitaria ser verificada pelo teste empírico. O problema é que as ciências naturais propõem hipóteses e as testam por indução. A hipótese "todos os cisnes são brancos" pode muito bem ser verificada em muitas observações empíricas, até o dia em que um cisne negro surgir, colocando por terra a proposição. Sendo assim, o critério deve ser o da falseabilidade, pelo qual a teoria será científica se for passível de ser falseada ou refutada, pois isso significa que submete-se à experiência. A psicanálise e o marxismo, por exemplo, são, de acordo com Popper, pseudociências, uma vez que não são falseáveis, pois além de se adaptarem e alterarem suas teses de modo a não permitir sua refutação pelos fatos, ainda empregam a falácia do *argumento ad hominem*. Quem tentar refutar a psicanálise será tido como alguém que "resiste" a ela, portador de neuroses ou outras patologias psíquicas. Quem tentar refutar o marxismo, será tachado de pequeno-burguês ou algo pior. São fenômenos que se aproximam mais de uma religião, de uma seita, do que de um autêntico empreendimento científico.

[12] "Equilibrium Points in N-person Games", *Proceedings of the National Academy of Sciences* (36): 48–9, 1950; "The Bargaining Problem", *Econometrica* (18): 155–62, 1950; "Non-cooperative Games", *Annals of Mathematics* (54): 286–95, 1951; "Two-person Cooperative Games", *Econometrica* (21): 128–40, 1953.

a análise pragmática da linguagem humana. Pensadores como Gylbert Ryle, F.P. Strawson, Jürgen Habermas, Paul Grice e Roman Jakobson dedicam-se às implicações filosóficas da comunicação humana.

Na Universidade de Oxford, Inglaterra, o filósofo analítico John Langshaw Austin percebe que a linguagem é uma forma de ação e que os atos comunicativos não se limitam a apenas descrever a realidade, mas também a cria-la e alterá-la. Surge a concepção de "atos de fala", pela qual em determinadas situações, "falar é fazer". Após a prematura morte de Austin, em 1960, o seu discípulo norte-americano, John R. Searle desenvolve a Teoria dos Atos de Fala, conectando-a com áreas como a filosofia da mente, da intencionalidade e das instituições.

Em 1960, o economista inglês Ronald Coase publica o artigo "The Problem of Social Cost", que viria a simultaneamente fundar os alicerces da Nova Economia Institucional (*New Institutional Economics*) e da própria Análise Econômica do Direito moderna. Este trabalho, juntamente com o seu anterior estudo sobre a natureza das firmas (The *Nature of the Firm*, de 1937), lhe angariaria o Nobel de Economia, em 1991.

A partir do final dos anos sessenta do século passado, outro laureado com o Nobel (1992) e professor na Universidade de Chicago, o economista norte-americano Gary Becker passa a aplicar os métodos analíticos baseados na Escolha Racional a áreas de não-mercado, como criminalidade, política, casamento, vício em drogas. O seu colega de universidade, o jurista, juiz e professor na faculdade de Direito, Richard Posner, notabiliza-se como o nome mais conhecido no campo interdisciplinar conhecido como Direito e Economia (*Law and Economics*) ou Análise Econômica do Direito, cujas ferramentas são tributárias às ideias e contribuições de vários dos mestres apresentados neste tópico.[13]

---

[13] Para uma leitura introdutória sobre o tema, ver o nosso Análise econômica do direito tributário: uma introdução. In: LIMA, Maria Lúcia de Padua. *Direito e economia. 30 anos de Brasil. Agenda contemporânea. Tomo 3*. São Paulo: Saraiva, 2012. Para uma abordagem abrangente e profunda sobre as diferentes escolas de análise econômica e sua aplicação ao fenômeno tributário, ver a obra *Direito tributário e análise econômica do direito: uma visão crítica*, de Paulo Caliendo. São Paulo: Campus, 2009.

Com este breve introito histórico[14], apresentamos a origem das ideias e conceitos nucleares desta obra. Passaremos, a partir do próximo tópico, a expor as premissas e os fundamentos gerais, oriundos de disciplinas tão variadas e distintas quanto a filosofia da linguagem, a filosofia e teoria geral do Direito, a Economia, a Matemática, dentre outras, cuja interdisciplinaridade, porém, sustenta e delineia a nossa Teoria da Decisão Tributária.

1.2 Ontologia e epistemologia objetivas, ontologia e epistemologia subjetivas

O (mau) uso da dicotomia objetivo/subjetivo é responsável por grande parte das confusões e consequentes equívocos nas ciências sociais. Uma análise filosófica elementar dos termos basta para esclarecer a sua ambiguidade, ajudando a evitar falácias comuns na sua utilização, conforme veremos a seguir.

Um dos sentidos mais comuns conferidos a essa dicotomia concerne ao grau de parcialidade atribuído por alguém a determinada coisa. Por exemplo, o juiz pode ser objetivo na sua decisão ao dirimir um conflito de interesses (no sentido de aplicar a lei imparcialmente); ou pode ser subjetivo, no sentido de favorecer determinada parte no processo, seja por achar que assim estará fazendo justiça ou por interesses pessoais quaisquer.[15]

Outro possível sentido é quanto ao *modo de existência* do objeto em questão. Exemplificando, montanhas têm natureza objetiva, independem do observador. Já uma obra de arte, pelo contrário, é essencialmente subjetiva em seu modo de existir, dependendo do observador para ter sentido.

A mesma dicotomia ocorre no conhecimento do objeto. Se puder conhecê-lo de forma independente da minha opinião ou valores pessoais, diz-se que conhecimento é *objetivo*. Se, *a contrario sensu*, meus juízos pessoais de valores permearem o ato de conhecer, este será *subjetivo*.

---

[14] Para uma leitura histórica mais abrangente da Estatística, Probabilidades, e Teoria da Decisão, ver: *O andar do bêbado*, de Leonard Mlodinow (São Paulo, Jorge Zahar, 2008, trad. de Diego Alfaro); *Desafio aos deuses: A fascinante história do risco*. de Peter L. Bernstein (São Paulo, Campus, 1997, trad. de Ivo Korylowsky) e *The history of statistics*, the Steven M. Stigler (Harvard University Press, 1986).

[15] Ver o nosso *Ficções jurídicas no direito tributário* (São Paulo: Noeses, 2008, p. 16).

TEORIA DA DECISÃO TRIBUTÁRIA

A distinção aplica-se, portanto, a duas categorias fundamentais da filosofia: ontologia e epistemologia.

Epistemicamente falando, "objetivo" e "subjetivo" são predicados de juízos. Quando dizemos que algum juízo é subjetivo, significa que a sua verdade ou falsidade não pode ser determinada "objetivamente", pois a verdade/falsidade não depende de questões de fato, mas sim de sentimentos, preferências e pontos de vista do emissor do juízo.[16] Exemplificando, se disser que prefiro Victor Hugo a Leon Tolstoy, estou a emitir um juízo subjetivo, relativo a preferências pessoais. Por outro lado, se disser que Victor Hugo nasceu em 1802, na França, e Tolstoy nasceu em 1828, na Rússia, estarei a emitir juízos objetivos, que serão verdadeiros se corresponderem a fatos.

Ontologicamente falando, "objetivo" e "subjetivo" são predicados de entes e de objetos, e denotam modos de existência. Por esse prisma, planetas, mares ou vulcões são ontologicamente objetivos, pois o seu modo de existir independe de observadores. Se um dia a raça humana cessar de existir, aqueles seguirão o seu curso pela eternidade afora, indiferentes às preferências, crenças ou desejos dos indivíduos.

Por seu turno, uma obra de arte tem ontologia subjetiva, pois precisa de um contexto cultural que lhe dê a condição de "obra de arte", visto que objetivamente é apenas um objeto físico (*v.g.*, um bloco de mármore do qual algum artista produziu uma escultura).

A distinção é importante e cumpre a função de evitar ambiguidades e falácias frequentes, principalmente nas ciências sociais, conforme veremos a seguir.

1.3 Análise positiva e análise normativa: ser e dever-ser

David Hume, filósofo empirista escocês, é responsável pela separação, até hoje debatida na filosofia, entre fatos e valores.[17]

---

[16] Cf. John R. Searle, *The Construction of Social Reality*, p. 8.

[17] Na clássica passagem do Treatise of Human Nature (1992, p. 469):
"In every system of morality, which I have hitherto met with, I have always remark'd, that the author proceeds for some time in the ordinary ways of reasoning, and establishes the being of

TEORIA GERAL DA DECISÃO

A chamada "Guilhotina de Hume" é, portanto, uma secção entre ser e dever-ser, posteriormente seguida por Kant. Em outras palavras, não se pode afirmar, daquilo que é, o que *deve ser*. Uma variação dessa guilhotina é a famosa "falácia naturalista" do filósofo inglês G.E. Moore (1903, § 13), que sustenta a indefinibilidade de termos como "bom" e "mau". Uma típica falácia naturalista corrente é considerar que o que vem da natureza é bom e o que é artificial é ruim; por exemplo, achar que os silvícolas são moralmente superiores porque vivem mais próximos à natureza, enquanto o homem urbano é moralmente inferior por viver nas cidades.

No que toca à linguagem, o ser e o dever-ser distinguem-se na pragmática da comunicação humana. A linguagem assertiva e a linguagem diretiva de condutas cumprem funções comunicacionais distintas: a primeira busca *adequar-se* à realidade, a última pretende *alterar* a realidade. Como exemplo da primeira, a ciência. Como exemplo da última, as linguagens normativas da moral, da religião e do Direito.

A separação entre asserções e diretivas é importante para a ciência, e frequentemente confusões entre os dois domínios acarretam consequências funestas. O exemplo histórico paradigmático é a *eugenia*, a doutrina pseudocientífica que propugnava a eliminação de "raças inferiores" tomando por base a teoria da evolução das espécies de Charles Darwin. A falácia está em tomar um fenômeno espontâneo da natureza, que é a evolução das espécies, por meio da "sobrevivência do mais apto" (domínio do ser), como pressuposto lógico de uma prescrição (domínio do dever-ser) do tipo "eliminar raças inferiores".

Percebe-se uma mistura entre ciência e moral, entre objetos naturais, moralmente neutros, com propostas axiológicas intrinsecamente subjetivas, que deve ser evitada.

No campo jurídico, a falácia é corrente nas teses jusnaturalistas, ocorrendo de forma reversa. Quando um adepto de alguma das vertentes do Direito

---

a God, or makes observations concerning human affairs; when all of a sudden I am surpriz'd to find, that instead of the usual copulations of propositions, is, and *is not,* I meet with no proposition that is not connected with an ought, or an *ought not.* This change is imperceptible; but is however, of the last consequence. For as this *ought,* or *ought not,* expresses some new relation or affirmation, 'tis necessary that it shoe's be observ'd and explain'd; and at the same time that a reason should be given; for what seems altogether inconceivable, how this new relation can be a deduction from others, which are entirely different from it".

Natural depara-se com alguma norma ou mesmo com todo um sistema normativo que contraria suas concepções morais de justiça, costuma desclassificar aquele ordenamento particular como algo "não jurídico", "não Direito". Isso acontece em qualquer ideologia, seja liberal, conservadora ou socialista. O Direito Natural, portanto, mistura positivo com normativo e incorre frequentemente na falácia naturalista, crítica feita inclusive por Bentham (1843).

A grande contribuição juspositivista, iniciada com Bentham (influenciado por Hume) e posteriormente desenvolvida por Austin (discípulo de Bentham), no século dezenove, e por Kelsen (de influência neokantiana, daí a sua distinção entre *ser* e *dever ser*), no século passado, foi justamente separar o direito da moral.[18] Uma análise positiva do direito, portanto, será capaz de verificar quais obrigações, proibições e permissões são válidas em um sistema jurídico particular, o que remete à expressão latina *lege data*. Uma análise normativa será capaz de propor alterações normativas àquele sistema, de modo a melhor alcançar algum propósito qualquer, o que remete, por seu turno, à expressão *lege ferenda*.

Note-se que mesmo uma análise normativa pode ser realizada de forma objetiva, no sentido de propor alguma alteração no ordenamento jurídico que venha a alcançar dado fim, ainda que o proponente reprove moralmente aquele objetivo.

A separação entre ser e dever-ser deve ser aplicada cardinalmente entre ciência e moral.[19] Isso não significa, entretanto, que parte do que chamamos "realidade" não tenha uma dimensão deontológica, permitindo então a junção entre ser e dever-ser. John R. Searle,[20] um dos principais filósofos contemporâneos da linguagem, sustenta justamente a transição entre estes domínios por meio do que denomina "fatos institucionais". O seu exemplo mais famoso é o ato de falar compromissivo, ou, mais simplesmente, a promessa.

No momento em que prometemos fazer algo a alguém, a mera comunicação, que é um fato, estabelece simultaneamente uma obrigação do promitente

---

[18] Na ciência econômica tal declaração de separação surgiu mais tarde, ao menos de forma expressa, com o famoso artigo de Milton Friedman, Nobel de Economia, intitulado The Metodology of Positive Economics (*Essays in Positive Economics*, University of Chicago Press, 1953).

[19] Ainda que possa existir uma ciência da moral, como veremos no item 1.7.1.

[20] Ver o artigo How to derive an ought from an is (*Philosophical Review* 73, 1964) e a obra *The Construction of Social Reality* (New York, Free Press, 1995).

com o beneficiário, o que é puro dever-ser. Ou seja, ao dizer uma promessa (ser), comprometemo-nos a cumpri-la (dever-ser).

O mesmo fenômeno ocorre em toda a porção da realidade que se denomina institucional, comprazendo diversas entidades que pertencem simultaneamente ao ser e ao dever-ser, pois a sua mera existência, que é fruto da aceitação coletiva, gera obrigações e deveres entre os indivíduos. Veremos essa questão mais detidamente a seguir.

1.4 Mente, linguagem e sociedade: do natural ao institucional

Somos seres dotados de mentes, e, no sentido que quero empregar, *mentes conscientes*.

Não obstante experimentarmos estados conscientes desde o momento que acordamos até adormecer, a própria consciência é objeto de difícil análise e definição. É que para analisar a consciência precisamos estar conscientes, então é como se precisássemos sair de nós mesmos para sermos capazes de examinar objetivamente o fenômeno, o que é impossível. De modo mais simples, como a consciência é um fenômeno intrinsecamente subjetivo, não há como ser descrita pelas ciências naturais, essencialmente objetivas.[21]

Ocorre que a consciência tem ontologia de primeira pessoa, ao passo que fenômenos estudados pelas ciências naturais têm ontologia de terceira pessoa (SEARLE, 2010, p. 142). Todavia, o fato de o objeto ter ontologia subjetiva não significa que não possa ter epistemologia objetiva. Nesse sentido, os estados neurológicos cerebrais são responsáveis pela consciência, ainda que esta só possa ser experimentada do ponto de vista do sujeito, *i.e.*, subjetivamente.

O que nos interessa aqui é a capacidade que os estados conscientes têm de projetar-se para o mundo, ou seja, a *intencionalidade*. Essa aptidão possibilita a interação dos seres conscientes com a realidade e inclui atos como perceber, crer, desejar, ou temer, assim como "intencionar" algo, no sentido usual do termo.

---

[21] Esse é o argumento de Thomas Nagel, em seu famoso artigo What is like to be a bat? (1979).

Os estados intencionais, por dirigirem-se ao mundo, precisam ser *bem-sucedidos*. Uma crença precisa ser correspondida pelos fatos, um desejo necessita ser satisfeito e uma percepção deve ter relação com a realidade. Existe, portanto, uma direção de ajuste entre os estados intencionais e o mundo, que tem o trajeto "mente-mundo", ou seja, os estados conscientes intencionais devem corresponder aos estados de coisas reais.[22]

Ainda que animais vertebrados dotados de córtex cerebral mais desenvolvido tenham algum grau de consciência e intencionalidade, não possuem o aparato racional-linguístico que possibilita a autoconsciência. Nesse sentido, razão e linguagem são aptidões intrinsecamente conectadas; é a diferença específica que destaca o Homem no gênero animal e que lhe possibilita o seu sistema cognitivo superior.

Por algum mistério da evolução, entre 50 e 100 mil anos atrás os hominídeos ancestrais do moderno homem passaram a ser capazes de pensar e formular juízos abstratos e, principalmente, transmiti-los para os seus iguais. A partir disso foi possível transmitir conhecimento não apenas para contemporâneos, mas também para os descendentes. As bases para o nascimento da cultura estavam plantadas.

O pensamento abstrato, portanto, possibilitou a criação da linguagem altamente sofisticada que é a humana, capaz de criar conceitos referentes tanto a objetos do mundo real, quanto a imaginários. Também essa capacidade de transmissão e registro de conhecimento possibilitou o desenvolvimento dos primeiros grupos sociais humanos.

Importante lembrar que diversas espécies de animais, assim como insetos, são capazes de se reunir em grupos sociais, entendidos estes como uma forma de interação linguística que possibilita o convívio, com objetivos comuns e muitas vezes até com divisão de tarefas.[23]

---

[22] Como observa Robert Nozick (1999, p. 113), certamente a seleção natural evitou a sobrevivência que animais superiores, ao perceberem a presença de predadores, não os considerassem reais. Os espécimes que assim agiram não duraram muito tempo tampouco perpetuaram os seus genes. Por outro lado, espécimes cujas percepções corresponderam à realidade ou mesmo aqueles que erroneamente perceberam ameaças onde nada havia, tiveram mais chances de sobreviver.

[23] Por exemplo, diversas espécies de primatas e insetos com organização social complexa, como as abelhas.

Todavia, apenas a espécie humana é capaz de processar as informações do mundo mediante um aparato linguístico capaz de transformar esses *perceptos* em conceitos, elevando-a do mero nível perceptual, que ela divide com os animais, para o nível conceitual, que só ela possui.

A linguagem, assim entendida, é um sistema ou código formado por signos, que tem a função de representar a realidade: a linguagem é o sistema de representações que nos possibilita lidar com o mundo.[24]

Além de representar eficazmente a realidade, a linguagem permite, conforme já dito, a construção de conceitos que não se referem a objetos naturais. Tal aptidão permite a construção da *realidade institucional*.

Cabe dizer que a realidade institucional é um passo além da realidade meramente social e também se difere da realidade, por falta de nome melhor, "objetiva". A primeira é composta por fatos brutos, a segunda, por fatos sociais e a terceira, por fatos institucionais.

Em relação aos fatos brutos, importante enfatizar aqui a diferença entre fatos e linguagem. Determinadas linhas de pensamento subjetivistas, relativistas, ou o que se convencionou denominar de "pós-modernismo", apregoam que a realidade é "constituída" pela linguagem. Segundo essas correntes, não há realidade objetiva, apenas construções subjetivas ou diferentes pontos de vista. Não me deterei em longas refutações dessas linhas filosóficas, mesmo porque as considero autorrefutáveis, mas o ponto mais importante aqui é a falácia uso-menção (SEARLE, 1999, p. 73-74). Por esta, refiro-me ao seguinte exemplo: quando enunciamos "o monte Everest fica localizado no Nepal", estamos usando a palavra "monte" para designar um objeto específico, real, situado no tempo e espaço. Quando enunciamos "monte é uma palavra de cinco letras", estamos mencionando a palavra "monte".

Não é por necessitar da linguagem para falar sobre os fatos que estes se confundem.

Quanto aos fatos sociais, basta a interação entre seres dotados de alguma forma de comunicação. Em outras palavras, tanto animais como seres humanos podem produzir fatos sociais e viver em sociedade, diferindo apenas

---

[24] Para Jeremy Bentham, citado em clássica obra de C.K. Ogden (1959, p. xlvi.): "language... is essentially a technological apparatus for dealing with the world".

em grau de complexidade.[25] Essa cooperação social ocorre por meio do que se denomina "intencionalidade coletiva", que difere da intencionalidade individual por ser um fenômeno da primeira pessoa do plural: em vez de "eu creio", "nós cremos"; em vez de "eu desejo", "nós desejamos"; em vez de "eu ajo", "nós agimos".[26]

Fatos institucionais, por seu turno, são mais complexos. Além de intencionalidade coletiva, requerem atribuição de funções e regras constitutivas.

Atribuição de funções é a capacidade que os seres humanos e alguns animais superiores têm de utilizar objetos como ferramentas ou com propósitos que transcendem as suas características intrínsecas. Desde a utilização de gravetos para apanhar alimentos, por macacos, até a complexa e abstrata utilização de dinheiro, o fenômeno é o mesmo.

A intencionalidade e a atribuição de funções denotam teleologia por parte do agente, portanto, tem ontologia subjetiva. De forma objetiva, uma cédula de dinheiro é apenas um objeto basicamente composto por papel e tinta, que pode ser decomponível até suas unidades físicas e químicas fundamentais. Entretanto, o significado de "dinheiro" requer outras qualidades que denotam: 1) a intencionalidade coletiva, ou seja, a crença pelos indivíduos de que aquele objeto é realmente dinheiro; 2) a atribuição da função de dinheiro ao objeto; e 3) *regras constitutivas*, que concedem o *status* de fato institucional ao objeto.

---

[25] Como ensina Searle (2000, p. 113), para haver fato social, basta um fato qualquer que envolva dois ou mais agentes dotados de intencionalidade coletiva, entendida esta como a projeção da consciência ao mundo, porém na primeira pessoa do plural "nós": "[...] animais caçando juntos, pássaros cooperando na construção de um ninho e provavelmente os chamados insetos sociais, como formigas e abelhas, manifestam intencionalidade coletiva e, portanto, geram fatos sociais. Os seres humanos têm uma extraordinária capacidade que lhes permite ir além dos meros fatos sociais até os *fatos institucionais*. Os seres humanos estão envolvidos em mais do que a simples cooperação física; eles também conversam, têm propriedade, se casam, formam governos e assim por diante".

[26] Podem-se, por exemplo, comparar duas situações: imagine que diversas pessoas estão sentadas na grama, em diferentes partes de um parque. Imagine agora que de repente começa a cair uma forte chuva e todas se levantam e correm para um abrigo comum, localizado em uma parte central do parque. Cada pessoa tem uma intenção que pode ser expressa pela frase "Eu estou correndo para o abrigo". Cada pessoa tem uma intenção individual, independentemente das intenções das demais, ainda que, por coincidência, sejam comuns umas às outras – todavia não há comportamento coletivo.

Uma vez que a ontologia dos fatos institucionais é subjetiva, o que significa que tais fatos só existem por conta dos atores sociais, são necessárias regras que constituem os objetos. Somente nesse contexto se pode considerar que a linguagem "constitui" a realidade – na verdade, a porção da realidade que se denomina institucional.

A diferença entre regras reguladoras e regras constitutivas é que, enquanto as primeiras regulam comportamentos, as últimas instituem as regras do jogo. Como exemplo, um jogo qualquer como o futebol. As regras do futebol não apenas determinam como a partida deve ser jogada, como também a própria possibilidade de jogar depende da existência dessas regras constitutivas. E assim ocorre com todas as instituições sociais, tais como a moeda, o casamento, a propriedade privada, o governo e tantas outras. A fórmula lógica universal para as regras constitutivas é X equivale a Y em C, ou: o objeto X conta como Y no contexto C. Por exemplo, esse pedaço de papel, fabricado pela Casa da Moeda, equivale a dinheiro, para todos os fins que a moeda legal se destina.

O ponto importante é que o fato institucional implica *status* deôntico para os indivíduos. Tais funções de *status* relacionam-se e sobrepõem-se a outras funções, constituindo uma complexa rede deôntica. Por exemplo, eu não tenho dinheiro apenas. Tenho *dinheiro* ganhado como *advogado* inscrito na *Ordem dos Advogados do Brasil*, e o tenho em minha *conta bancária*, que uso para pagar meus *impostos municipais, estaduais e federais*, assim como minhas *contas de cartão de crédito, de energia e de telefone*.

Todos os termos e expressões em itálico são institucionais. Referem-se a regras constitutivas que implicam direitos e deveres intersubjetivos. Esse conjunto de regras, formais e informais, constitui todo um intricado arcabouço cujos elementos, por excelência, são as *instituições*.

1.4.1 O papel das instituições e das organizações

Instituições formam a estrutura fundamental de qualquer sociedade complexa. Conforme vimos, têm uma ontologia subjetiva e são constituídas linguisticamente, por meio de regras constitutivas. Mas qual a sua importância social e como se diferenciam das organizações?

TEORIA DA DECISÃO TRIBUTÁRIA

Para Parsons e Shils (2001, p. 40), as instituições são sistemas pelo quais os atores sociais ocupam determinados *status* ou papéis, dentro de situações regularmente recorrentes, nas quais há expectativas de condutas e correspondentes sanções pelo seu não cumprimento. As instituições, por sua vez, se agrupam em sistemas sociais.

Tal concepção não destoa de Douglass C. North, Prêmio Nobel de Economia, para quem as instituições são as regras do jogo numa sociedade ou, mais formalmente, são restrições que delimitam a interação humana (1990, p. 3). As instituições, por firmarem essas restrições, reduzem incertezas, à medida que estabelecem guias para a ação humana.. Para cumprimentar um conhecido na rua, dirigir um automóvel, comprar laranjas, pedir dinheiro emprestado, montar um negócio, enterrar nossos mortos etc., basta aprender como desempenhar essas tarefas (ibidem, p. 4).

As instituições têm a primordial função de garantir regras sociais de conduta, sem, contudo, qualquer pretensão determinística. Analogamente a um jogo, as instituições são como as regras: determinam como jogar, mas não garantem resultados.

As instituições são compostas de três fatores: a) regras formais; b) regras informais; c) mecanismos responsáveis pela eficácia desses dois tipos de regras.[27]

Se as instituições são as regras do jogo, as organizações são os jogadores (ibidem, p. 11). Enquanto as instituições, não obstante serem sempre artefatos humanos, podem se formar espontaneamente (por exemplo, a *common law* inglesa) ou de forma planejada (por exemplo, Constituição dos Estados Unidos da América), as organizações são sempre formadas propositadamente,[28] e compõem-se de indivíduos unidos e dedicados a alcançar determinado fim, seja este a maximização de lucros, seja a vitória eleitoral, o entretenimento, a instrução de alunos, a formação de empresas, a formação de governos, a promulgação de leis etc.

Outrossim, empresas, partidos políticos, agremiações, universidades, igrejas ou organizações não governamentais operam basicamente dentro da moldura delimitada pelas instituições, dentro de uma lógica de incentivos

---

[27] Conforme Douglas C. North (1998, p. 10): "O grau de identidade existente entre as normas institucionais e as opções feitas pelo indivíduo no contexto institucional dependem da eficácia do sistema de fiscalização de tais normas".

[28] Nesse sentido, também Friedrich Hayek (1995, p. 53).

e custos. É importante, como uma premissa fundamental, perceber que as instituições e as organizações existem de fato. Entretanto, elas têm um modo próprio de ser, e esse ser é dependente da intencionalidade coletiva e da linguagem. Por sua vez, os seres humanos maximizam suas oportunidades mediante escolhas racionais, agindo dentro desse quadro formado pelas instituições, muitas vezes sob a capa simbólica de uma organização. Organizações, entretanto, não escolhem nem agem, isso é privilegio exclusivo de indivíduos dotados de razão.

A importância enorme que as instituições têm para as ciências sociais, notadamente para a Sociologia e de forma mais intensa ainda para a Economia, decorre da sua intrínseca relação com o desenvolvimento dos sistemas sociais e econômicos. Pode-se afirmar, inclusive, que, quanto mais sólidas e estáveis forem as instituições, mais desenvolvido será o sistema social por elas estruturado.

Mas como surgem as instituições? Por que elas são importantes para os sistemas sociais?

Há duas formas interessantes de responder a essas indagações. Pelo prisma da Teoria dos Jogos, pode-se considerar que certas regras de conduta sociais surgem a partir de reiteradas situações que forçam a cooperação entre os indivíduos. Um exemplo clássico é a "Caça ao Cervo", primeiramente apresentado por Jean Jacques Rousseau em seu clássico *Discurso sobre esta questão proposta pela Academia de Dijon: qual é a origem da desigualdade entre os homens, e se é autorizada pela lei natural*, publicado no ano de 1754.[29]

O jogo da Caça ao Cervo ilustra a situação na qual os caçadores podem unir forças para caçar um cervo ou, individualmente, caçarem lebre. A lebre é mais fácil de obter, porém a recompensa é menor. Por outro lado, o cervo

---

[29] A passagem encontra-se no início da segunda parte da obra, na seguinte seção: "Eis como os homens puderam, insensivelmente, adquirir uma ideia grosseira dos compromissos mútuos e da vantagem de os cumprir, mas somente na medida em que podia exigi-lo o interesse presente e sensível; porque a previdência nada era para eles; e, longe de se ocuparem com um porvir afastado, nem mesmo pensavam no dia seguinte. Se se tratava de pegar um veado, cada qual sentia bem que, para isso, devia ficar no seu posto; mas, se uma lebre passava ao alcance de algum, é preciso não duvidar de que a perseguia sem escrúpulos e, uma vez alcançada a sua presa, não lhe importava que faltasse a dos companheiros". Livro disponível em: <http://www.dominiopublico.gov.br/download/texto/cv000053.pdf>. Acesso em: 02.02.2010

oferece muito mais carne, mas requer a cooperação entre os caçadores, uma vez que a chance de capturá-lo individualmente é ínfima.

O jogo tem dois equilíbrios: o primeiro, no qual os caçadores "desertam" e preferem caçar a lebre individualmente e o segundo, no qual cooperam para caçar o cervo. Metaforicamente, a situação é aplicável a inúmeras situações intersubjetivas e as tentativas e acertos ao longo dos tempos funcionaram no sentido de promover regras de cooperação, resultando no que os filósofos contratualistas denominam "contrato social". Evolutivamente, as regras de cooperação formam as instituições sociais.

A segunda maneira de analisar as instituições se dá por meio do *Teorema de Coase*. Para tanto, é necessário antes abordar um tema chamado "externalidades", uma das chamadas "falhas de mercado" na teoria econômica.

Externalidades significam custos ou benefícios que atingem terceiros, não integrantes da relação jurídico-econômica. As externalidades podem ser negativas ou positivas: no primeiro caso, são custos arcados por terceiros. Um exemplo comum é a poluição causada por uma fábrica, custo arcado pela população e não "internalizado" no preço do produto por ela fabricado.

As externalidades positivas são benefícios não previstos que alcançam indivíduos que não pagaram por eles, gerando também falhas de mercado. Voltaremos a essa questão mais adiante, pois o que importa ao presente ponto são as externalidades negativas.

Até meados do século passado a solução econômica considerada mais eficiente para solucionar externalidades, tais como a poluição acima referida, era a tributação pigouviana, proposta do economista inglês Arthur Pigou, cuja função era justamente desestimular a produção de externalidades negativas. Nessa situação, tributar-se-ia o agente poluidor de modo a forçá-lo a corrigir o seu comportamento. Ao internalizar o custo da poluição ao poluidor, o tributo então cria incentivos que corrigem a falha de mercado.

Em artigo seminal de 1960,[30] o economista inglês Ronald Coase rompe com os paradigmas dominantes no que tange às externalidades e como solucioná-las. No artigo que posteriormente lhe renderia o Nobel de Economia,

---

[30] The Problem of Social Cost, originalmente publicado no *Journal of Law and Economics*, 1960. Atualmente, disponível na obra *The Firm, the Market and the Law*. Chicago: The University of Chicago Press, 1988.

Coase sustenta que externalidades podem ser solucionadas por meio da barganha entre as partes, desde que os custos de transação sejam nulos.

Custos de transação, por sua vez, são aqueles que incorrem no processo de efetivação de uma transação (MANKIW, 2007, p. 211).. Como aponta Douglas North (1998, p. 8), a maioria dos agentes econômicos não produz nada do que os indivíduos consomem. Todavia, advogados, contadores, banqueiros, políticos, juízes, funcionários públicos, entre outros, são peças fundamentais para a operação de qualquer sistema econômico, ainda que sejam responsáveis por gerar custos de transação. Não é possível, *v.g.*, comprar uma empresa sem envolver na transação vários dos atores acima referidos.

O Teorema de Coase pode ser assim enunciado: se a partes puderem negociar em um ambiente de custos de transação zero, não importa a distribuição inicial de direitos, pois acabarão por chegar a uma alocação eficiente dos recursos: estes deverão convergir para quem os valore mais.

No caso da poluição, se tanto o poluidor quanto o poluído puderem barganhar pelos direitos de poluir ou de não ser poluído, tais direitos naturalmente convergirão para quem lhes der maior valor, ou seja, os recursos serão alocados eficientemente. Ou o poluidor comprará do poluído o direito de continuar poluindo ou o poluído comprará do poluidor o direito de não ser mais poluído. Seja qual for o resultado, a alocação será eficiente, *i.e.*, todos sairão ganhando.

O ponto fulcral do teorema é demonstrar que apenas em um mundo sem custos de transação é que o paradigma neoclássico da Economia, qual seja dos mercados totalmente eficientes, funciona sem necessidade de instituições. Como no mundo real muitas vezes os custos de transação são altos, as instituições políticas, econômicas e jurídicas passam a ter importância crucial. Instituições sólidas, estáveis e confirmadoras de expectativas sociais diminuem os custos de transação, possibilitando interações e resultados eficientes entre os agentes, ou, de forma mais direta, desenvolvimento social e econômico.

Entre as instituições fundamentais para o desenvolvimento acima referido, destaca-se o direito de propriedade, justamente o mais afetado pela tributação. Entretanto, sem tributo não é possível ter instituições, tampouco as organizações necessárias para protegê-las.

1.5 Decisão e comunicação: a Teoria dos Atos de Fala

Passamos o tempo todo efetuando escolhas, o que significa dizer, decidindo. Em contextos intersubjetivos, em que as nossas decisões e as nossas ações geram consequências nas decisões e ações de terceiros, a comunicação humana é a propriedade que permite o surgimento de sistemas sociais complexos.

A comunicação humana é a mais sofisticada de todos os seres vivos. Como diz John Searle, somos "animais falantes" e, por isso, nos realizamos como seres humanos à medida que possamos nos comunicar da forma mais plena possível.

A comunicação é um fenômeno que a filosofia da linguagem, conforme nos ensina Paulo de Barros Carvalho (2008, p. 36-37), disseca em três dimensões: lógica, semântica e pragmática. A lógica sintática e a lógica deôntica, no caso da linguagem normativa, são disciplinas altamente desenvolvidas, assim como os estudos de semântica, de grande importância para o Direito, dada a peculiar disputa retórica pelos significados das palavras nessa seara.[31]

Considerando o caráter dinâmico da decisão, interessa-nos o enfoque pragmático da linguagem. Dentre as teorias pragmáticas da linguagem, a que mais alcançou êxito é a Teoria dos Atos de Fala, criada pelo filósofo inglês John L. Austin, e, posteriormente, continuada e desenvolvida pelo norte-americano John R. Searle.

---

[31] A pragmática da comunicação, ramo da Teoria Geral dos Signos, foi tardiamente explorada, ao contrário dos dois outros ramos, a Sintaxe, ou lógica da linguagem, e a Semântica. A classificação de Morris e Carnap meramente distinguiu a pragmática da sintaxe e da semântica, relegando-a a segundo plano. Por uma série de razões, a pragmática da comunicação humana confunde-se em método e em conceitos e categorias com outras ciências, tais como a Teoria da Informação e a Cibernética, não consideradas ramos semióticos. Talvez pela abordagem tardia, a pragmática utilizou-se de conceitos já elaborados pelas demais teorias da comunicação e controle. Segundo Tércio Sampaio Ferraz Jr., falta à pragmática "um delineamento definitivo ou, pelo menos, mais definido, não só pelo tocante aos seus instrumentos metodológicos, como também ao seu objeto" (*Teoria da norma jurídica*, 3ª ed., Rio de Janeiro: Forense, 1997, p. 1). Todavia, a partir de obras seminais, a Pragmática começou a se afirmar como disciplina tão importante como a Sintaxe lógica e a Semântica. Dentre essas obras destaca-se a do filósofo inglês John L. Austin, intitulada *How to do things with words* (2. ed., 16.ª reimpressão, Boston: Harvard University Press, 1999), bem como o trabalho desenvolvido pelo já referido John Searle, autor de Speech Acts, Cambridge: University Press, 1999) e de diversos outros trabalhos no campo.

A Teoria dos Atos de Fala analisa como a linguagem é utilizada pelos falantes em seus atos comunicativos. Nem toda decisão, por certo, necessita atos de fala, mas todo ato de fala provém de uma decisão. Se quisermos pedir, descrever, expressar, declarar ou prometer alguma coisa, necessitaremos nos comunicar com outros indivíduos para tanto. No contexto social e institucional, para que as decisões surtam efeito prático, é condição necessária que sejam externalizadas por meio de *atos ilocucionários*. O ato ilocucionário é a unidade mínima da comunicação humana.

A diferença fundamental da Teoria dos Atos da Fala para outras ciências da linguagem é a de considerar o ato de fala como núcleo da linguagem. Toda comunicação linguística envolve atos linguísticos. Portanto, a unidade da comunicação linguística não é, como tem sido normalmente pressuposto, o símbolo, palavra ou frase, ou mesmo o proferimento do símbolo, da palavra ou da sentença, mas, sim, a produção ou enunciação do símbolo, palavra ou frase mediante a *performance* do ato de fala.[32]

Na seara jurídica, toda decisão requer comunicação. Decisões que não sejam expressas por meio de atos de fala adequados não lograrão ingressar no sistema jurídico, perdendo-se no vácuo das meras intenções não formalizadas e não comunicadas.

1.5.1 Racionalidade

Segundo a clássica definição de "Homem" atribuída a Aristóteles,[33] a *differentia specifica* que separa o Homem do *genum* "animal" é a racionalidade.

Mas o que é ser "racional"? O fanático religioso que se reveste de bombas e explode, matando a si mesmo e a terceiros, age racionalmente? A racionalidade deve ser julgada pelo ponto de vista de terceiros à escolha do agente?

A racionalidade, ou o seu sinônimo "razão", é um dos temas mais ancestrais enfrentados pelo homem. Por ser uma categoria fundante de o próprio pensar,

---

[32] Searle, 1968, p. 16.

[33] Vulgarmente atribuída a Aristóteles em sua obra *Metafísica*. Não há, entretanto, nenhuma passagem contendo essa disposição de forma expressa. Na seção 981a1 o mais próximo dessa definição é a locução "[...] outros animais (além do ser humano) vivem com base em impressões e lembranças, contando apenas com uma modesta parcela de experiência; a raça humana, entretanto, vive também com base na arte e no raciocínio" (2006, p. 43. Tradução de Edson Bini).

a racionalidade é tão problemática quanto a questão da consciência. Desde que o homem, dotado de autoconsciência, passou a refletir sobre si mesmo, surgiu a necessidade de buscar a essência das coisas, incluindo aí a própria razão. É como se fosse necessário sair da própria racionalidade para compreendê-la, o que não apenas é auto-contraditório, como impossível.

Desde os pré-socráticos e sua busca pela essência de todas as coisas, o princípio único do cosmos, passando pelo aforismo do Óraculo de Delfos ("conhece-te a ti mesmo e conhecerás os deuses e o universo"), o desenvolvimento do pensamento filosófico em Sócrates, Platão e Aristóteles, até a disputa entre racionalistas como Descartes e empiristas como Locke e Hume, a racionalidade é um dos temas fundamentais da grande aventura humana: o pensar.

Como toda palavra da linguagem natural, "racionalidade" comporta diversas acepções no uso comum da comunicação. Diz-se que uma pessoa é racional quando age de forma lúcida, e suas referências correspondem à realidade. Por exemplo, se o sujeito sabe que pular da janela do décimo andar resultará em sua provável morte, ele é racional. Por outro lado, se o sujeito acha que sairá flutuando no ar, ele é irracional.

Outro sentido usualmente empregado tem a ver com o modo ponderado de agir no mundo, *i.e.*, com a razoabilidade. O indivíduo que pede o divórcio apenas porque viu a sua esposa dando alô ao vizinho age irracionalmente. Já o homem ou mulher que pensa friamente sobre toda e qualquer opção, deixando as emoções de lado, é racional, "cartesiano".

No que tange ao problema da escolha e decisão, a racionalidade é empregada de forma bem mais simples, talvez quase pueril. Trata-se da *racionalidade instrumental*, que significa basicamente adequar os meios aos resultados pretendidos (PETERSON, 2009, p. 5).

Sendo assim, não importam os fins, apenas como o sujeito efetua as escolhas e age de modo a alcançá-los. Se, por exemplo, meu objetivo é ir a Paris e tenho como opção duas companhias aéreas que oferecem o mesmo serviço e a mesma qualidade, é racional que opte pela passagem mais barata. Seja como for, o objetivo não é importante à teoria da racionalidade instrumental, mas, sim, os meios empregados para alcançá-los.[34]

---

[34] Ainda que conjuntos de objetivos (ou preferências) devam ser, ao menos, consistentes, no sentido de não serem simétricos e intransitivos, como se verá adiante.

É a concepção adotada na teoria da decisão e nas diversas disciplinas que dela tratam, como a microeconomia e o ramo de matemática aplicada, a Teoria dos Jogos. Alguns poderiam argumentar: mas, e os fins, não são importantes para o Direito? Certamente o são, porém o que importa é perceber que as normas jurídicas influem nas escolhas dos indivíduos, pois *implicam preços* para a sua conduta. E esses preços serão calculados na ponderação custo-benefício que o tomador de decisão fará ao escolher qual ação realizará.

Como veremos mais adiante, nem sempre o sujeito é totalmente racional. Na verdade, muitas vezes as pessoas não agem racionalmente, nem mesmo no sentido simples de racionalidade instrumental. Entretanto, para fins analíticos, assumir que os indivíduos são racionais simplifica o modelo científico de escolha, tornando-o elegante e preciso (ainda que nem sempre realista), como toda teoria almeja ser. E permite que os modelos de *escolha racional* sejam eficazmente preditivos (FRIEDMAN, 2000, p. 8-9), dentro da mecânica e estrutura que toda hipótese científica deve ter, qual seja simplificar a realidade de modo a melhor poder explicá-la e aos fenômenos que dela fazem parte.

1.5.2 A Teoria da Escolha Racional

A Teoria da Escolha Racional busca modelar matematicamente as escolhas dos indivíduos, sendo o paradigma dominante nas ciências sociais, notadamente a Economia.

Os seus postulados fundamentais são (COOTER E ULEN, 1992, p. 9-18): 1) os indivíduos são autointeressados, o que significa que agem no sentido de maximizar o seu bem-estar (ou *utilidade,* conforme o jargão empregado pela teoria), em face dos recursos limitados de que dispõe; 2) os indivíduos realizam escolhas consistentes, mediante a informação de que dispõem, em relação às alternativas possíveis para alcançar os objetivos pretendidos; 3) os indivíduos reagem a incentivos.

Postulados são postulados. Como tal, não se referem a toda complexidade da mente, consciência, moral e cultura humanas, incluindo as frequentes irracionalidades cometidas pelas pessoas e, principalmente, não se submetem à contraprova. Devemos partir deles sem questioná-los, considerando apenas que para fins analíticos do comportamento humano eles são robustos o

TEORIA DA DECISÃO TRIBUTÁRIA

suficiente para separar aquilo que é o elemento previsível do comportamento humano e, assim, permitir modelos descritivos.

A escolha racional é uma teoria que se baseia fundamentalmente nas *preferências reveladas* do indivíduo. Nesse sentido, não se indagam os motivos ou gostos pessoais do agente, mas apenas a observação de seu comportamento. Disso resulta o caráter empírico da teoria.

Para que o indivíduo seja "racional" do ponto de vista da referida teoria, necessita apenas efetuar escolhas consistentes, como veremos logo adiante. E a consistência dessas escolhas é verificada por meio de seu comportamento.

É importante ressalvar: a Escolha Racional é apenas uma teoria e, como tal, não pretende ser uma descrição fidedigna e exaustiva do mundo. Essa advertência é útil, pois nos resguarda do comum equívoco de criticar uma teoria ou uma hipótese apenas porque suas premissas nem sempre correspondem a todos os aspectos da realidade.

Destarte, o autointeresse racional, um de seus postulados, não significa tampouco que a maximização do próprio bem-estar seja necessariamente egoísta ou pior, calcada em objetivos gananciosos e materialistas. O bem-estar subjetivo pode se dar nos mais diversos valores que o indivíduo almeje: saúde, cultura, felicidade, amor, bens materiais, ou mesmo por intermédio de vícios e condutas antissociais.[35] A teoria busca colher o comportamento médio dos indivíduos, que é maximizador e constuma ser estável em suas preferências.

Uma das qualidades que toda teoria científica deve almejar, e muitas vezes a falta desse predicado lhe retira a cientificidade, é a parcimônia, ou, como ensinou William de Ockham: *entia non sunt multiplicanda praeter necessitatem.*

---

[35] Nisso reside a eloquente advertência de Gary Becker, em seu discurso ao reber o Nobel de Economia, em 1992, ao referir-se à abordagem econômica do comportamento humano, que nada mais é do que a Escolha Racional: "Unlike Marxian analysis, the economic approach I refer to does not assume that individuals are motivated solely by selfishness or gain. It is a method of analysis, not an assumption about particular motivations. Along with others, I have tried to pry economists away from narrow assumptions about self interest. Behavior is driven by a much richer set of values and preferences. The analysis assumes that individuals maximize welfare as they conceive it, whether they be selfish, altruistic, loyal, spiteful, or masochistic. Their behavior is forward-looking, and it is also consistent over time. In particu- lar, they try as best they can to anticipate the uncertain consequences of their actions. Forward-looking behavior, however, may still be rooted in the past, for the past can exert a long shadow on attitudes and values." (disponível em http://www.nobelprize.org/nobel_prizes/economics/laureates/1992/becker-lecture.pdf)

Entre duas hipóteses explicativas do mesmo fenômeno, deve ser preferida a que contém menos premissas, menos assunções, menos entidades. A explicação mais simples tende a ser a melhor e, conforme o jargão da ciência, *elegante*.

Comumente se diz que teorias científicas são "descritivas da realidade, pois suas asserções devem corresponder aos fatos ou, no sentido popperiano, não ser refutadas por eles. Deve-se ter, contudo, cautela com tal predicado. Uma coisa é a teoria possibilitar descrições (e predições) do fenômeno que demarcou como seu objeto; outra, é a teoria em si mesma ser descritiva do seu objeto. A diferença é facilmente compreensível por meio do conto de Jorge Luis Borges, *Del rigor de la ciencia*. De acordo com essa história, a ciência cartográfica de um determinado império chegou a tal nível de exatidão que apenas mapas da mesma dimensão do próprio império eram considerados satisfatórios. O mapa perfeito reproduzia então absolutamente todos os aspectos e detalhes daquele lugar. O custo dessa máxima exatidão vinha na ausência total de utilidade do mapa.

Uma teoria da escolha racional que buscasse levar em conta toda a magnitude das vicissitudes humanas não lograria obter modelos causais úteis para explicação e predição do comportamento humano. Não somente não seria uma boa teoria "descritiva", como certamente não seria uma teoria normativa útil[36].

Verifica-se na vida real que os indivíduos nem sempre agem de forma exclusivamente autointeressadas, ou muitas vezes não têm preferências estáveis. E, o que é ainda pior, frequentemente viola a regra da transitividade e se deixam enganar por vieses que os induzem em erros sistemáticos de julgamento. Do mesmo modo, não pretende a teoria negar que as pessoas ajam de forma desinteressada, altruisticamente ou com base nos mais elevados valores morais.

Ainda assim, é razoável considerar, para efeitos de praticidade e utilidade do modelo, *que, na média, as pessoas se comportam racionalmente*.

---

[36] Vilfredo Pareto (1988, p. 15) pontua de forma precisa a natureza, alcance e objetivo de qualquer teoria científica: "uma teoria pode ser boa para atingir certo alvo; uma outra pode sê-lo para atingir um outro; Mas, de todo o modo elas devem estar de acordo com os fatos, prque senão não teriam utilidade alguma". Sendo assim, uma boa teoria científica não passa de um modelo útil e suficientemente eficaz que se aproxima da realidade, sem conseguir capturá-la em todas as suas complexidades e nuances.

TEORIA DA DECISÃO TRIBUTÁRIA

A simplicidade da Teoria da Escolha Racional, antes de ser uma falha, é uma qualidade. Permite que se possam construir modelos matematicamente precisos da escolha, possibilitando acuradas descrições e, portanto, predições do comportamento humano. E, tão importante quanto, permite que as hipóteses propostas a partir desse referencial teórico sejam passíveis de refutação, que, desde Popper[37], é o critério demarcador do que é e do que não é ciência.

1.5.3 Ação humana, valores, escolhas e preferências

O homem age no mundo. Para agir, necessita utilizar o seu aparato cognitivo oriundo de milhões de anos de evolução, trocando informações com o seu ambiente. O seu principal instrumento de cognição é a razão, que é a aptidão de processar os dados e deles construir conceitos.

Ação humana significa comportamento propositado, é a vontade posta em funcionamento (MISES, 1995, p. 12). A ação, enquanto vontade posta em prática, pressupõe a escolha do agente. O agente humano, ao perseguir seus fins, sempre se coloca diante de uma escolha: satisfazer uma necessidade em detrimento de outra. Perante as possíveis alternativas, o indivíduo necessita decidir como agir (ou não agir). Um indivíduo se depara com um problema decisório toda vez que tem que escolher pelo menos entre duas possibilidades de ação. Acordar cedo para trabalhar ou continuar dormindo; ter filhos ou adiar a maternidade por conta da carreira profissional; economizar ou gastar em uma viagem ao exterior; entregar a bolsa ou resistir a um assalto à mão armada. Sejam situações comezinhas, sejam situações dramáticas, deparamo-nos com problemas decisórios o tempo todo.[38]

---

[37] Tese principal de *A lógica da pesquisa científica* (*Logik der Forschung*, originalmente publicado em alemão, em 1934), São Paulo: Cultrix, 1996.

[38] Como esclarece David Lindley (1988, p. 1): "All of us have to make decisions every day of our lives. Most of choices involved are often trivial, as when a lady decides what dress to wear, or a diner selects from the menu: though one can easily imagine occasions when we recognize as important and to which we devote a great deal of thought. Decisions concerning a proposal of marriage, accepting a new job, or buying a house will have important consequences that need to be carefully considered before coming to a conclusion".

Toda escolha, por sua vez, depende do valor que o agente atribui às possibilidades que se lhe apresentam no momento em que tem de optar por agir de uma ou de outra forma. Como o leitor já deve ter percebido, este livro menciona frequentemente o termo "valor", portanto, cabe a nós defini-lo.

"Valor", assim como "realidade", é uma das categorias filosóficas "fundantes", portanto, de difícil definição intencional, com suas notas e características que as colocam em um gênero e as diferenciam de outras espécies similares.[39]

Assim como o real é aquilo que é, valor é aquilo que vale. Igualmente, qualquer valor específico, como o valor moral da honestidade, o valor estético do belo ou o valor econômico do útil requerem objetos que possuam esse predicado, como condição de seu entendimento. Como compreender a virtude sem o virtuoso, ou a escassez sem o bem que me é precioso?

A definição mais apropriada para valor, portanto, é extensional, *i.e.*, aquela que contextualiza o valor no terreno da razão prática:

> "Valor é aquilo em função do qual alguém age para obter e/ou preservar. Valor denota o objeto de uma ação: é aquilo em função de que a ação de alguma entidade está direcionada para adquirir e/ou conservar." [40]

Na definição acima dada por Ayn Rand, o *definiendum* (o que é definido) e o *definiens* (o que define) são postos de forma ostensiva (portanto, não analítica ou essencialmente, mas no âmbito da ação humana), e denotam uma escala de preferencias, de importância que o agente racional atribuí aos objetos ou fins de suas escolhas.

---

[39] Para John Locke (*An essay concerning human understanding*, capítulo IV, "6", p. 342), o grande filósofo empirista inglês, "definir" é simplesmente mostrar o significado de uma palavra por várias outros termos que não sejam sinônimos. Como exemplo, "homem é um animal racional". Percebeu, entretanto, que "ideias simples" não podem ser definidas dessa forma, pois a regra acima exposta é violada. Ao se definir, por exemplo, "movimento" como uma passagem de um ponto ao outro, está se empregando, em rigor, sinônimos: resultado igual se daria ao dizer que "passagem" é "movimento" ou vice-versa. Tais ideias simples, ou fundamentais, podem ser então compreendidas pelo homem, porém são indefiníveis. Nesse sentido, termos como "justiça", "beleza", utilidade" são indefiníveis por si só, requerendo objetos que recebam tais qualidades e que possam ostentar tais características. Para compreender a locução "Ricardo Coração de Leão era um rei justo", precisaríamos conhecer suas ações e avalia-las segundo nossa concepção de justiça, que, por seu turno, lhe qualificaria ou não como tal.

[40] Cf. Ayn Rand, apud Leonard Peikoff, in *Objetivismo: a filosofia de Ayn Rand*, p. 200.

O ponto crucial no que se refere à natureza do valor é a sua ontologia subjetiva, dependente do indivíduo dotado de consciência e intencionalidade. Como afirma Hessen (XX, p. 45) *Valor é sempre valor para alguém – é a qualidade de uma coisa, que só pode pertencer-lhe em função de um sujeito dotado de uma certa consciência capaz de o registrar.*

Outra maneira de se referir a valor é o termo "utilidade", primeiramente introduzido por Jeremy Bentham, que significa a "medida abstrata de satisfação que o indivíduo tem perante certas situações, pessoas, bens ou serviços" (MANKIW, 2005, p. 462). Note-se que, consoante essa forma de ver, não há diferença ontológica entre valores morais, econômicos, estéticos ou filosóficos, pois seja quais forem, os valores referem-se a preferências.

No que se refere à Economia, a despeito de sua inestimável contribuição, o grande erro dos economistas clássicos, tais como Adam Smith e David Ricardo, foi o de tentar objetivar (no sentido de valor intrínseco, ontológico) o valor econômico.

As teorias que atribuíam o valor de um bem, como a quantidade de trabalho ou como o custo necessário para produzi-lo, padeciam de inconsistências incontornáveis. A teoria do valor como quantidade de trabalho envolvida na manufatura do bem (que posteriormente levou à teoria marxista da mais-valia e, consequentemente, à teoria da exploração pelo capitalismo) sustentava que o valor real de uma mercadoria é medido pelas horas de trabalho gastas para tanto. A experiência desmente essa teoria: não consegue explicar, por exemplo, o alto valor de um diamante encontrado no leito de um rio por alguém, que teve apenas o trabalho de molhar os pés, agachar-se e pegá-lo. *Portanto, o valor de um bem é simplesmente o quanto os indivíduos de disponham a pagar por ele.*[41]

A teoria do custo como medição do valor real de um bem comete, igualmente, o erro de objetivar o valor. Da mesma forma, a experiência refuta essa teoria; posso gastar uma fortuna para fazer uma escultura, cujo valor de mercado seria, certamente, próximo de zero.[42]

---

[41] Algo que Thomas Hobbes (2008, p. 129) percebeu muito antes dos economistas do século XIX, ao discorrer sobre o valor justo: "o valor de todas as coisas contratadas é medido pelo apetite dos contratantes, portanto o valor justo é aquele que eles acham conveniente oferecer".
[42] Cf. Mises, 1995, p. 64. Segundo esse mesmo autor, se o valor de um bem fosse o custo necessário para produzi-lo, jamais haveria prejuízo para o seu produtor.

Em síntese, independentemente da alternativa que se apresente ao agente, ele escolhe a ação a ser realizada com base em suas *preferências*. A teoria da escolha racional estabelece alguns pressupostos em relação a essas preferências:

1) Estabilidade: para que a escolha seja racional, as preferências devem ser manifestadas de forma estável, o que significa dizer razoavelmente constantes. Exemplificando, o indivíduo não pode alternar preferências frequentemente, ou seja, dado momento preferir A a B e no momento seguinte, B a A.

2) Consistência: para que as escolhas sejam racionais, necessitam ser consistentes. A consistência concerne à escala de preferências do indivíduo, que deve atender aos seguintes requisitos:

   a) Completude: a preferência deve ser completa, o que significa que o indivíduo deve ser capaz de dizer como ordena as suas preferências. Deve poder dizer que prefere A > B, ou que prefere B > A ou que é indiferente a A e a B.

   b) Assimetria: a preferência deve ser assimétrica, ou seja, se o indivíduo prefere A a B, não pode simultaneamente preferir B a A (A>B V B>A).

   c) Transitividade: a preferência deve ser transitiva, ou seja, se o indivíduo prefere A a B, e prefere B a C, necessariamente deve preferir A a C (A>B . B>C →A>C).

Como vimos, a utilidade ou o valor que as alternativas de ação têm para o indivíduo são subjetivas. Isso significa que não é possível, por exemplo, afirmar que João prefere três vezes mais do que Maria correr no parque. Tal escala de preferências é denominada *cardinal*. Esse método de mensuração tem origem no utilitarismo de Jeremy Bentham, pelo qual o planejamento social deve ser feito com o fim de distribuir o máximo de felicidade para o maior número de pessoas. A redistribuição de utilidade e bem-estar se daria de forma planejada, bastando para isso medir o quão satisfeitas as pessoas estariam. Uma medida governamental, por exemplo, que reduzisse em 75 "utils" a satisfação de um indivíduo, mas incrementasse em 50 "utils" a satisfação de outras duas pessoas teria um resultado total de 25 "utils" positivos. Tal medida seria justificável do ponto de vista social.

TEORIA DA DECISÃO TRIBUTÁRIA

Infelizmente tal medida de valoração não é possível; em outras palavras, comparações interpessoais de utilidade são inviáveis. A escala *ordinal* de utilidade é mais singela e tão somente ordena as alternativas por ordem de preferência. Logo, podemos afirmar, por exemplo, que João prefere correr no parque pela manhã do que à tarde, ou que preferimos a companhia de Maria a Paulo, ou ainda que Carlos gosta mais de cerveja do que vinho.

Do ponto de vista epistemológico, seria um tanto complicado investigar como as pessoas elencam suas preferências ou determinam sua utilidade intrasubjetivamente. Epistemicamente, portanto, os dados observáveis são os comportamentos dos indivíduos, *i.e.*, as escolhas efetivamente realizadas. Esta abordagem é denominada "preferência revelada", contribuição do economista Paul Samuelson.[43]

1.5.4 O custo de escolher

A racionalidade permite que o indivíduo possa efetuar escolhas consistentes, conforme visto acima. Entretanto, como diz o aforisma, *para cada escolha, uma renúncia*. Sempre que o indivíduo opta por uma alternativa, exclui as demais. O termo econômico para essa escolha/renúncia é *trade off*, uma troca que implicará também um *custo de oportunidade*.

O custo de oportunidade, por sua vez, é o custo em que incorre o indivíduo por deixar de ter escolhido a segunda melhor alternativa. Assim, o custo real de alguma coisa inclui o custo daquilo que é preciso sacrificar para obtê-lo (KRUGMAN e WELLS, 2007, p. 800), ou seja, soma-se o custo contábil de algo ao custo da escolha renunciada. Por exemplo, se João tem a alternativa de estudar no exterior ou continuar no seu emprego, ao optar por estudar, o seu custo de oportunidade serão os salários que deixará de ganhar por não estar trabalhando. E o custo total de sua opção de estudar no exterior incluirá os custos financeiros propriamente ditos de sua viagem, curso, hospedagem etc., e os salários renunciados.

As escolhas efetuadas pelo agente racional são baseadas em preferências pessoais, e essas preferências, por sua vez, são elencadas com base nos valores

---

[43] Em sua obra *Foundations of Economic Analysis*, de 1947. No entanto, Ken Binmore (2009, p. 7) adverte que a ideia básica de preferência revelada pode ser encontrada já em Frank Ransey e sua obra *Truth and Probability*, publicada em 1931.

de cada indivíduo. Se João opta por estudar no exterior, é porque essa opção para ele tem mais *utilidade, ou seja*, ele *valora* mais a sua formação pessoal do que o emprego presente.

Não se pode olvidar que o indivíduo racional, ao escolher uma alternativa de ação, não está isolado da realidade, não se encontra em estado de suspensão do mundo. Essas escolhas são influenciadas pelos incentivos que se apresentam para cada uma delas. Se João prefere estudar fora é porque essa opção foi (mas não unicamente) tomada por influência de incentivos, que podem ser, *v.g.*, expectativa de ascensão profissional, de aceitação em um determinado grupo, de aperfeiçoamento cultural ou mesmo de satisfação do próprio ego.

Quando transpomos a questão da escolha individual para o Direito, percebemos que o aplicador das normas nada mais faz que efetuar uma escolha racional. É evidente que o seu leque de escolhas está delimitado pelo próprio sistema jurídico: o juiz deve julgar de acordo com a lei; o fiscal tem que agir dentro dos limites legais; os contratantes não podem celebrar obrigações mútuas fora dos ditames do Código Civil.

1.5.5 E a eficiência?

A palavra "eficiência" será repetida muitas vezes no decorrer deste trabalho. Cumpre, então, definirmos o sentido que atribuímos a ela.

Eficiência, enquanto valor, é instrumental, o que significa dizer que não é propriamente um valor "meta", mas um valor-meio para a consecução de outros valores. A ciência econômica é o campo do conhecimento que mais trabalhou o conceito de eficiência, central para as suas análises. De modo geral, a eficiência para a Economia é alcançar resultados a partir dos menores *inputs* possíveis, ou, o que dá no mesmo, alcançar o maior *output* possível a partir de determinados recursos. De modo ainda mais sintético, eficiência significa alcançar os melhores resultados possíveis a partir de recursos limitados, seja em que área for e sejam quais os objetivos pretendidos.

Mais especificamente, a eficiência na produção de bens significa que não se pode produzir o mesmo *output* com menos recursos ou que não se pode produzir mais *output* com os mesmos recursos. Já a eficiência, vista pela ótica da alocação de recursos, também chamada de eficiência de Pareto (nomeado

TEORIA DA DECISÃO TRIBUTÁRIA

por conta de seu proponente, Vilfredo Pareto, sociólogo, filósofo e economista italiano, 1848-1923), se refere à satisfação de escolhas individuais.

Uma situação ou interação é "Pareto eficiente" quando em uma interação, ao menos um indivíduo resulta em situação melhor do que antes e nenhum em situação pior. E uma alocação é "Pareto ótimo", quando não se pode alterá-la sem que um dos indivíduos fique em situação pior do que antes. Por exemplo, uma transação em que o vendedor dispõe de um bem que valora em R$ 50,00, enquanto o comprador valora o mesmo bem em R$ 100,00. Qualquer resultado da transação que não deixe um dos dois em pior situação será Pareto eficiente, por exemplo, a venda do bem por R$ 75,00 (ou por qualquer valor que não seja menor do que R$ 50,00 ou maior do que R$ 100,00).

Nesta transação,[44] o vendedor não possui mais o bem, porém, em compensação, está melhor do que antes (em R$ 25,00), e o comprador não possui mais R$ 75,00, mas, em contrapartida, é proprietário de um bem a que atribui o valor de R$ 100,00. Ambos resultaram em uma situação melhor do que antes de a transação ocorrer, e, como puderam dividir o excedente social (em termos econômicos, o excedente do produtor e o excedente do consumidor, que são respectivamente os valores-limite pelos quais aceitam vender e comprar determinado bem), o seu ganho líquido (ou ganho social, que significa geração de riqueza para a sociedade) é de R$ 50,00. Em termos econômicos – o que equivale a satisfação de preferências e escolhas individuais –, a transação levada a cabo é eficiente, pois melhorou a situação dos envolvidos.[45]

A eficiência também pode ser Kaldor-Hicks (nomeada por conta dos economistas Nicholas Kaldor, 1908-1986, e John Hicks, 1904-1989), e ocorre quando em uma interação uma das partes resulta em situação pior do que antes, porém é teoricamente possível que o indivíduo que saiu perdendo seja compensado pelo que saiu ganhando (COOTER e ULEN, 1992, p. 41).[46] Importante salientar que a compensação não necessita ser concretamente efetivada, mas tão somente viável em tese, consoante o resultado final, em ganho econômico,

---

[44] Exemplo retirado de David Friedman, 2000, p. 19-20.

[45] Não estamos levando em conta possíveis externalidades na transação, que poderiam deixar terceiros em situação pior que antes, como no caso da poluição.

[46] No exemplo da poluição, se as partes que transacionaram, e.g., produtor e consumidor, obtiveram ganhos que em tese são suficientes para compensar os terceiros prejudicados pela externalidade negativa, há eficiência Kaldor Hicks.

da transação. Um exemplo simples é justamente a tributação, que deixa a todos os contribuintes em situação pior financeiramente, porém potencialmente recompensável em vista dos serviços públicos que a receita tributária possibilita.

Quando escolhas jurídicas são feitas, o que implica dizer "escolhas públicas", uma vez que afetam toda a sociedade (mesmo decisões judiciais, que dirimem conflitos entre as partes do processo, geram externalidades a terceiros), a eficiência torna-se ainda mais importante. A escolha do legislador, ao elaborar leis cujos comandos incentivarão determinadas alocações de recursos, muitas vezes será Pareto ineficiente. Da mesma forma, a escolha do julgador, ao decidir quem tem razão em um litígio, frequentemente não alcançará a eficiência de Pareto, visto que uma das partes resultará em situação pior. Ainda que o critério paretiano seja obviamente o mais desejável e, por princípio, deve ser sempre o buscado, a eficiência Kaldor-Hicks é mais realista e fácil de concretizar na vida prática.

Veremos que há situações em que há *trade offs* entre eficiência e justiça, mas, ainda assim, não devem os valores ser considerados antagônicos. A eficiência, enquanto valor-meio, busca alcançar valores fins, entre eles, o da justiça.

1.5.6 Fronteiras da racionalidade

As pessoas sempre são racionais? É plausível considerar que no mundo real, do dia a dia, as pessoas ponderem custos e benefícios ao escolherem?

A concepção tradicional da racionalidade vem sofrendo intensos ataques nas últimas décadas, e estes vêm de todas as frentes: da Filosofia, da Psicologia e mesmo da Economia.

Cabe advertir, entretanto, que ataques de correntes filosóficas identificadas com o pós-modernismo não é o que abordarei aqui. O motivo é que as concepções dessas linhas – se é que podem ser consideradas como tal – carecem de sentido. Como aponta John R. Searle (2001, p. xiv), uma típica colocação relativista como "qual o seu argumento para sustentar a racionalidade?" é sem sentido, pois a noção de argumento pressupõe racionalidade. Trata-se de um projeto autorrefutado desde as suas premissas mais básicas.[47]

---

[47] Por exemplo, a obsessão das mais diversas linhas relativistas ou pós-modernas em negar a verdade objetiva. A sentença tipicamente pós-moderna "não há verdade, apenas diferentes perspectivas" é um perfeito exemplo de autorrefutação. Deve ser considerada como verdadeira

TEORIA DA DECISÃO TRIBUTÁRIA

A crítica que será abordada neste tópico é dirigida aos princípios fundamentais da escolha racional, notadamente os seguintes: 1) todo indivíduo age por autointeresse, portanto é um maximizador de sua utilidade; e 2) o indivíduo pondera o custo e o benefício antes de escolher como agir.[48] De forma mais concisa, o alvo de crítica é o chamado *homo economicus*.

O agir autointeressado e egoísta remonta a pensadores clássicos, como Thomas Hobbes, Adam Smith e David Hume. No entanto, o agir racional motivado por desejos vem da famosa asserção de Hume (1992, p. 415): "a razão é, e deve ser apenas a escrava das paixões, e não pode aspirar à outra função além de servir e obedecer a elas".

O empirismo de Hume,[49] antirracionalista por excelência, submete a racionalidade aos desejos humanos. Estes formam o fundamento da racionalidade instrumental, que significa simplesmente escolher os melhores meios para os fins pretendidos, constituindo o pilar fundamental da Teoria da Escolha Racional.

Em célebre artigo intitulado Rational Fools: A Critique of the Behavioral Foundations of the Economic Theory, o economista premiado com o Nobel, Amartya Sen, ataca diretamente a concepção do *homo economicus*. Segundo Sen, a teoria dominante reduz os indivíduos a "tolos racionais", uma vez que, para cumprirem com os ditames da racionalidade econômica, reduzem o Homem a um animal que apenas busca satisfazer seus desejos.[50]

---

a asserção? Se a frase é objetivamente verdadeira, então implica uma contradição, pois *é verdade que não há verdade*. Se aceitarmos o conteúdo da frase aplicada a ela mesma, então ela é falsa, ou então ela é válida, dependendo apenas de algum "ponto de vista", o que também a nega. Ainda que se considere uma questão de metalinguagem, *i.e.*, deve ser considerada verdadeira apenas a frase que fala sobre todas as demais asserções no mundo, ainda assim há contradição, pois é como se a assertiva pretendesse isentar a si mesma de sua própria afirmação que pretende ser universal. Mas por qual razão deveria o seu conteúdo não valer para ela própria? É realmente impressionante como ainda existe espaço acadêmico para esse tipo de discussão.

[48] Outro princípio fundamental, o que diz que os indivíduos reagem a incentivos, é decorrência do primeiro. Entretanto, parece tão óbvio que realmente reagimos a incentivos que se torna difícil refutar tal asserção. Como o indivíduo agirá em face dos incentivos é outro problema, que não infirma esta máxima.

[49] Outra famosa frase de David Hume (1992, p. 416) ilustra bem a racionalidade instrumental: "It is not contrary to reason to prefer the destruction of the whole world to the scratching of my finger".

[50] Em outro artigo (2002, p. 39) Sen ilustra o seu argumento com a seguinte situação: considere uma pessoa que está ocupada seccionando os dedos dos pés com uma faca afiada.

Ainda segundo Sen (2001, p. 46):

> [...] uma concepção de racionalidade deveria incluir o uso da razão para compreender a acessar objetivos e valores, assim como também envolve o uso desses objetivos e valores para realizar escolhas sistemáticas. Ainda que a abordagem do autointeresse possa parecer fundamentada na importância do indivíduo, em rigor, despreza a razão individual, repudiando a principal característica que nos diferencia dos animais, qual seja a nossa habilidade de raciocinar e empreender investigações metódicas do mundo.

A despeito da crítica de Amartya Sen ser eloquente, parece-me que em certos momentos confunde o conceito ou juízo ideal da racionalidade com uma de suas definições que cumpre uma função específica. Por exemplo, a definição de homem como animal racional é uma descrição que nem de longe alberga toda a complexidade do ser humano, mas cumpre a função de diferenciá-lo de outros elementos do mesmo gênero. Também parece confundir análise positiva com análise normativa da escolha humana, *i.e.*, não o homem que na média age egoisticamente, mas o homem moral, que deve agir sempre baseado nos mais elevados valores. Portanto, dentro de um modelo talvez simplista, porém eficaz, o *homo economicus* funciona.

Ainda que possamos considerar que o conceito de racionalidade não deve limitar-se à mera relação entre meios e fins, o modelo da instrumentalidade é eficaz justamente por sua simplicidade. Ainda assim, a sua análise é importante por colocar em pauta os valores que certamente influenciam a escolha humana, tanto no sentido de restringir possibilidades como no sentido de obrigar a optar por alternativas que nem sempre coincidem com meros desejos.

Esse ponto é o cerne da crítica de John Searle (2001), daquilo que chama de "concepção clássica de racionalidade". Para o filósofo da Universidade da Califórnia, em Berkeley, o que nos diferencia de outros animais conscientes é justamente o fato de agirmos grande parte das vezes por "razões independentes dos

---

Perguntamos a ela por que está agindo assim, se já pensou nas consequências de não ter os dedos dos pés. Ela responde que não, e que nem pensará, porque decepar os dedos dos pés é o que deseja – é o seu principal objetivo e ela se considera perfeitamente racional contanto que persiga o seu objetivo de forma inteligente e sistemática.

TEORIA DA DECISÃO TRIBUTÁRIA

desejos". Comparecemos a festas de formatura ou de casamento não porque as apreciamos, mas porque nos sentimos moralmente ou socialmente obrigados. Não deixamos de ser racionais pelo fato de não nos apropriarmos do dinheiro que alguém esqueceu em cima da mesa, algo que a maximização nos deveria impelir a fazer, e o fazemos porque temos consciência moral de que é errado pegar algo que não é nosso.

Poder-se-ia argumentar, em prol do autointeresse, que não nos apropriamos do dinheiro alheio porque isso nos faria sentir culpados, causando-nos sensação de desgosto.[51] Como resposta a esse argumento, Sen (1977, p. 326) utiliza a diferença entre "simpatia" e "comprometimento", conceitos empregados primeiramente por Stuart Mill (2007, capítulo III). Se a ciência de que pessoas são torturadas o incomoda (lhe tem "desutilidade", no jargão econômico), trata-se de um caso de simpatia; se tal ideia não lhe traz nenhuma sensação desagradável, mas ainda assim você toma medidas para acabar com tal prática, estamos diante do comprometimento.[52]

Será viável estabelecer essa diferença como uma forma eficaz e prática de analisar escolhas racionais?

---

[51] Certa vez, Thomas Hobbes, o pioneiro do autointeresse, teria sido flagrado dando esmola a um mendigo. Ao ser indagado por que estaria ele agindo altruisticamente, teria dito o filósofo que o desagradava a imagem do mendigo esfomeado, portanto era do seu interesse egoísta dar a esmola.

[52] Um exercício hipotético já foi proposto certa vez, de forma a testar a viabilidade prática e empírica do altruísmo. Digamos que a Madre Teresa de Calcutá (1910-1997), mundialmente conhecida por suas atividades humanitárias, recebesse a seguinte proposta de um grande conglomerado multinacional. Pelos próximos cinco anos ela deveria abdicar de praticar as suas atividades usuais, tais como viajar o mundo todo visitando as suas missões de caridade, reunir-se com chefes de Estado, interagir com os desafortunados e divulgar a palavra cristã, devendo se dedicar exclusivamente a ser representante da marca comercial de tal conglomerado. Em contrapartida, receberia o equivalente a dez vezes o valor de doações angariadas nos últimos cinco anos. Resta saber qual seria a sua escolha. Se os seus objetivos fossem tão somente ajudar os pobres, a decisão racional seria aceitar a proposta, pois os recursos possibilitariam aumentar exponencialmente o assistencialismo. Nesse caso, a escolha seria autointeressada e maximizadora. No entanto, se o seu objetivo fosse, além da caridade em si, agir pessoalmente em tais atividades, pelo fato de elas lhe trazerem satisfação pessoal, a decisão racional seria recusar a proposta, pois aquele bem-estar ainda assim superaria em utilidade o mero aumento de recursos que suas missões receberiam. E, caso fosse realmente altruísta, deveria sacrificar a sua utilidade em prol do humanitarismo. Este seria um perfeito caso de "comprometimento" no léxico de Amartya Sen.

Entendemos que não. Ainda que de um ponto de vista moral (portanto, normativo) as pessoas devam agir comprometidas com valores éticos, e mesmo que de fato ajam assim muitas vezes, uma teoria que prime pela razoabilidade e pela parcimônia necessita ser mais modesta quanto à natureza do ser humano. Se os indivíduos agissem sempre comprometidos, independentemente de seus desejos, sequer haveria necessidade do próprio sistema moral que lhes coíba determinadas condutas, tampouco do sistema jurídico que os coage a agir dentro de limites.

Nada obsta que se proponham modelos normativos de escolha. Os objetivos ou valores perseguidos pelo indivíduo ao escolher podem ser de natureza ética, estética, econômica ou científica. Dessa forma, não interessam mais apenas os meios empregados, mas também os valores pretendidos. Se quisermos que o direito penal aumente o nível de dissuasão[53] à prática de crimes, diminuindo assim a criminalidade (fim), precisaremos então criar normas que sejam eficientes para tanto (meios).

Robert Nozick (1993, p. 132) elabora uma simultânea defesa e crítica da racionalidade instrumental. A sua defesa sustenta que, apesar de diversas descrições mais amplas da racionalidade terem sido propostas, todas incluem a racionalidade instrumental em seu bojo. A racionalidade instrumental é a única a localizar-se na intersecção de todas as demais teorias, sendo, portanto, a teoria fundamental. Além disso, todas as demais teorias requerem justificação, ou seja, necessitam produzir razões para sustentar que aquilo que demarcam é realmente racionalidade. A racionalidade instrumental dispensa tais justificativas.

A crítica, se é que se pode chamar assim, é a ressalva de que a racionalidade instrumental não é a única concepção de racionalidade. De modo a incrementar uma teoria da escolha, Nozick propõe adicionar à instrumentalidade, coordenada pela utilidade esperada (o objetivo que queremos alcançar por intermédio de nossos meios de obtenção racionais), o que denomina de "utilidade simbólica". Assim, a racionalidade não é orientada apenas aos resultados, mas também às próprias ações empregadas para alcançá-los. As

---

[53] Dissuasão ou *deterrence*, palavra de língua inglesa mais adequada para referir ao fenômeno, significa o grau de eficácia que a sanção tem como incentivadora dos indivíduos. Se as sanções jurídicas incentivam a abstenção da prática de atos ilícitos, dizemos que tal legislação tem alto grau de intimidação.

crenças e desejos, assim como as escolhas deles resultantes, têm um valor simbólico intrínseco, desenvolvido por meio de milhares de anos de evolução. Por exemplo, ser ético no sentido prático é um valor em si mesmo, que simboliza os valores que nos são mais caros, estando a utilidade não no resultado (que pode nunca ser alcançado), mas na própria escolha.[54]

As colocações vistas neste tópico buscam conciliar questões éticas com o cru autointeresse do *homo economicus*. Resta indagar se todas essas posições não são normativas, ou seja, no fundo não pretendem descrever o comportamento mediano, mas proporem uma forma de racionalidade.

Cabe dizer que, como a nossa proposta de teoria da decisão jurídica é eminentemente normativa, as propostas de pensadores importantes como Sen, Searle e Nozick são bem-vindas. Destarte, não nos interessa muito a forma como os aplicadores do direito julgam de fato, mas a maneira como deveriam julgar.

1.5.6.1 Heurísticas e vieses

Vimos as críticas mais comuns à figura do *homo economicus* enquanto criatura exclusivamente autointeressada e maximizadora de sua utilidade. Mas, e quanto a sua capacidade de efetuar análises custo-benefício em suas escolhas, é infalível? Ou, indo mais além, as pessoas realizam cálculos toda vez que escolhem?

O ponto a ser abordado neste tópico é tema de linhas de estudo relativamente recentes, de intersecção entre Psicologia e Economia, para as quais os indivíduos são racionais, porém têm *racionalidade limitada (bounded rationality)*, expressão cunhada por Herbert Simon (1957), Nobel de Economia e grande inovador na teoria da decisão.

Dado que o conhecimento de todas as alternativas pelo agente nem sempre é completo ou consciente, e que não é possível determinar todas as consequências de suas escolhas, o agente não é um maximizador que busca o resultado ótimo, mas tão somente o satisfatório.

---

[54] Algo que lembra a Ética da Virtude aristotélica.

Para os proponentes da Escolha Racional, o argumento não contraria a premissa da análise custo-benefício, pelo contrário, a confirma. Em diversas situações da vida cotidiana simplesmente não compensa para o agente racional buscar todas as informações para realizar simples escolhas. É mais vantajoso se contentar com as informações suficientes apenas para decidir naquela situação particular. Da mesma forma, nem sempre o maior e melhor resultado é o preferido dependendo da situação, ou seja, nem sempre a pessoa racional busca pelo *maior* benefício (seja o maior pagamento, a maior dose de bebida ou o maior bife), mas sim o *melhor* benefício (SCHICK, 1997, p. 38). E é nesse sentido que a análise custo-benefício e a teoria da utilidade esperada devem ser entendidas.

Daniel Kahneman, Nobel de Economia, e Amos Tversky também foram pioneiros no estudo das falhas de cognição, vieses e heurísticas da escolha racional. Suas contribuições ajudaram a dar origem ao movimento da Economia Comportamentalista (*Behavioral Economics*), cujo mote é justamente as limitações da racionalidade no processo decisório.

Trata-se de uma análise positiva da decisão, que busca demonstrar como realmente as pessoas escolhem. Tais vieses e heurísticas (um nome pomposo que poderia ser traduzido para algo mais prosaico: "estimativas") são fruto do processo de evolução. Muitas vezes são eficientes em auxiliar na escolha, porém também podem levar a erros sistemáticos.

O processo heurístico é uma forma adaptativa de reduzir incertezas. Quando o indivíduo se vê diante de uma escolha sob incerteza, em virtude da informação incompleta que possui, costuma estimar probabilidades de ocorrência de consequências: "acho que"; "é improvável que"; "é possível que", e assim por diante.

Se as heurísticas não funcionassem grande parte das vezes, provavelmente não estaríamos aqui, neste tempo presente, vivendo nossas vidas em uma sociedade civilizada. Desde que éramos primitivos caçadores e coletores nas savanas da África e vez por outra precisávamos estimar o perigo que nos rondava (custo) ao buscarmos o sustento de cada dia (benefício), até atualmente ao fazer uma ultrapassagem em uma rodovia de mão dupla, operamos por meio de estimativas subjetivas e de limitada precisão.

Tal economia e praticidade não saem de graça. O custo são erros de julgamento ocorridos por causa de *vieses* que possuímos. Na linguagem comum, "viés" denota um vício de julgamento que impede a objetividade do sujeito cognoscente. Preconceitos, estereótipos, otimismo exacerbado são alguns exemplos.

A Heurística (com inicial em maiúscula) é o campo do conhecimento ligado à Psicologia que analisa os processos heurísticos e os vieses cognitivos relacionados às tomadas de decisão. Dentre as heurísticas (com inicial em minúscula e no plural) mais conhecidas, destacam-se:

1) Representatividade

Esta heurística faz com que as pessoas estimem a probabilidade de um evento ocorrer levando em consideração o quanto esse evento supostamente é representativo de uma classe de eventos. Assim, se A é altamente representativo de B, a probabilidade de A ser originado por B é alta. Se A é pouco representativo de B, a probabilidade estimada será baixa.

Tal heurística provém da predisposição de nosso aparato cognitivo em elaborar padrões, associações e classificações a partir da miríade de informações oriundas do ambiente, que processamos a cada segundo. Não apenas esta reorganização mental poupa tempo e possibilita reações eficientes de nosso organismo, como certamente é uma das estratégias evolutivas que nossa espécie desenvolveu para sobreviver a seus predadores. Evolutivamente é mais vantajoso processar determinados signos como índices de perigo, como por exemplo, associar ruídos a animais perigosos, do que desprezar tais sinais, mesmo que muitas vezes a associação mostre-se infundada.

O tipo de viés mais comumente ligado a essa heurística é a associação de um evento com um estereótipo que não necessariamente corresponde à realidade. Por exemplo, a aparência física como indicador de qualidades morais é um dos vieses mais comuns, do qual criminosos frequentemente tiram proveito. Um sujeito bem-vestido e educado certamente despertará menos suspeitas ao entrar em um local público com intenção de cometer um crime em relação a um indivíduo vestido mal-encarado ou mal-vestido.

2) Disponibilidade

Quando o indivíduo estima a frequência de um acontecimento com base na lembrança mais imediata e disponível. Exemplo comum de viés cognitivo resultante dessa heurística é o medo que voar de avião pode causar por conta de algum acidente aéreo recente, ainda que a estatística prove que os acidentes automobilísticos sejam muito mais frequentes. As medidas de segurança em aeroportos após os atentados terroristas de 11 de setembro de 2001, nos Estados Unidos, implicam custos enormes em tempo e recursos financeiros, apesar de estatisticamente serem raríssimos tais incidentes.

3) Ancoragem

Em diversas situações os indivíduos realizam estimativas a partir de um valor inicial que possuem ou que lhes é dado. Tal heurística denota a capacidade relacional cognitiva que possuímos em detrimento de uma avaliação mensuradora abstrata. O viés cognitivo resultante pode ser uma má avaliação da situação ou uma permanente e desnecessária fixação em valores que marcaram o ajuste inicial. Por exemplo, um advogado que cobra honorários baixos como estratégia para conquistar determinado cliente muito provavelmente terá dificuldades em aumentar o valor de seus serviços, uma vez que o preço inicial potencialmente serviu de âncora.

4) Imitação

Uma das formas mais simples de heurística é simplesmente imitar o que os outros fazem (GINTIS, 2009, p. 29), uma vez que se perceba que aqueles comportamentos e escolhas são razoavelmente bem-sucedidos em face dos objetivos pretendidos, e que é menos custoso imitá-los do que buscar novas alternativas. Como toda heurística, tal imitação nem sempre leva aos melhores resultados, pois o seu preço é a falta de inovação e denota aversão a risco por parte do agente imitador.

1.5.6.2 Heurística, vieses e as linhas comportamentalistas da Economia e da Análise Econômica do Direito

O campo da Heurística é relativamente recente, tendo surgido na Psicologia e rapidamente sendo utilizado interdisciplinariamente, por exemplo, na Economia. Não tardaria a ser aplicada no Direito, principalmente pelos teóricos do *Law and Economics* norte-americano em sua vertente "comportamentalista".

TEORIA DA DECISÃO TRIBUTÁRIA

A racionalidade limitada é considerada um grande impeditivo para que os indivíduos possam tomar decisões eficientes e não contaminadas por vieses. Cass R. Sunstein, professor de Direito na Universidade de Harvard e na Universidade de Chicago, e também *Administrator of the Office of Information and Regulatory Affairs* no governo Obama, propõe o que denomina de "paternalismo libertário",[55] que significa a intervenção do Estado na escolha individual, de forma a corrigir erros e vieses nas tomadas de decisão privadas.

Jolls, Sunstein e Thaler (2000, p.48-49) advertem que burocratas estatais não necessariamente levarão as pessoas a realizar escolhas melhores, uma vez que aqueles também são indivíduos dotados da mesma racionalidade limitada. Sugerem que a Escola da Escolha Pública, notabilizada pela aplicação da escolha racional a questões de ciência política, seja aplicada com a Economia comportamentalista, de modo a ambas empregarem em sinergia ferramentas que busquem a melhoria das escolhas. Também sustentam que intervenção estatal não significa coerção, podendo vir na forma de campanhas informacionais, como é o exemplo de técnicas de "desviesamento" relacionadas ao cigarro, utilizando dados estatísticos para alertar os consumidores.

O ponto fulcral é que Sunstein *et al* rogam para que não se considere a intervenção estatal nociva *a priori*. Uma vez que "não há axioma que demonstre que as pessoas fazem escolhas de modo a servir aos seus melhores interesses", a questão é empírica e, portanto, deveria ser respondida por meio de fatos e de cálculos custo-benefício.

Algumas observações devem ser feitas em relação a essa questão. Em primeiro lugar, a afirmação de que não há axioma que comprove a maximização individual é falaciosa por várias razões. Axiomas, por definição, não demonstram nem comprovam nada, sendo apenas marcos iniciais justamente não demonstráveis, a partir do qual se constroem hipóteses – essas, sim, passíveis de demonstração e refutação. Além disso, é forçoso negar que as pessoas geralmente sejam eficientes maximizadoras de sua utilidade. Propor o contrário é incorrer em asserções autorrefutáveis, justamente por uma simples observação da realidade social e histórica. Se é empiricamente comprovado o desenvolvimento social e econômico em sistemas que permitem razoável grau

---

[55] Expressão criticada por diversos autores que a consideram um oximoro. Nesse sentido, vide MITCHELL, Gregory (s/d)

82

TEORIA GERAL DA DECISÃO

de liberdade para a livre escolha individual é exatamente pelo fato de que as pessoas realmente maximizam os seus próprios interesses a maior parte das vezes. Por outro lado, não se podem erigir modelos ou paradigmas teóricos demarcando como ponto de partida desvios-padrão na escolha individual. Tanto assim é que, até o presente momento, as linhas comportamentalistas da Economia e da Análise Econômica do Direito, as mais críticas ao paradigma da racionalidade, não ofereceram nenhuma alternativa que substitua a teoria dominante da Escolha Racional (KRUGMAN E WELLS, 2007, p. 211).

Em segundo lugar, deve-se ter extrema cautela com o julgamento do que realmente são as melhores escolhas. O modelo dominante da racionalidade dispensa o ponto de vista de terceiros. Se o indivíduo age de forma que outros desaprovem, isso não significa, para fins analíticos, que agiu irracionalmente. Uma das grandes contribuições de Gary Becker, Nobel de Economia em 1992, foi, com efeito, demonstrar que em diversos setores de "não mercado" os sujeitos são racionais, como é o caso do crime. São racionais porque reagem a incentivos e agem no sentido de aumentar a sua utilidade, ainda que suas escolhas possam ser desaprovadas pela maioria das pessoas.

Portanto, essa valoração externa da escolha do terceiro ironicamente também poderia ser vista como um viés, pois não leva em conta o ponto de vista mais importante, que é o do sujeito autônomo que agiu conforme a decisão que tomou. Disso resulta o perigo imenso do paternalismo, por mais bem-intencionado que seja. Exemplos históricos recentes de desastres político-sociais decorrentes de ditadores "benevolentes" são inúmeros.

O argumento de Sunstein a ser considerado é no sentido de não se vetar a intervenção por princípio, propondo-se uma avaliação caso a caso. Em rigor, atualmente (se é que já houve em qualquer período histórico) não existe sistema político livre de intervenções estatais em alguma medida na escolha individual. Seja por meio de incentivos indiretos, por exemplo, a tributação extrafiscal, seja mediante proibições puras e simples, o Estado se faz presente na autonomia privada. Portanto, tal rogativa soa fútil nesse contexto. Ainda assim, desde que com extrema cautela e com limites rigidamente delimitados pelo direito positivo, o Estado ou as agências reguladoras podem promover expedientes de "desviesamento" que incrementam as escolhas individuais no sentido de melhor maximização.

1.5.6.3 Heurísticas como ferramentas para tomadas de decisão eficientes

Propostas mais recentes procuram enfatizar os aspectos positivos das heurísticas, como expedientes que auxiliam na escolha mais producente, notadamente em situações de incerteza. Para tanto, elas propõem a Ciência da Heurística, que, ao contrário de salientar falhas cognitivas, descreve e prescreve formas mais simples e econômicas de conhecimento para tomadas de decisão.

O argumento nuclear é que a racionalidade não deve ser vista como uma propriedade apenas lógica (sintática), mas também semântica (conteúdo) e pragmática (objetivos), *i.e.*, trata-se de um expediente adaptativo em relação ao ambiente, sendo externo além de interno. Por esse prisma, a racionalidade é ecológica (ENGEL E GIGERENZER, 2006, p. 3, e GIGERENZER, 2006, p. 36-37).

A Heurística propõe métodos decisórios mais simples e rápidos do que a tradicional teoria da decisão, a qual aplica métodos probabilísticos. Algumas inconsistências empiricamente verificadas da escolha racional são solucionadas pela Heurística, como é o caso da intransitividade apontada pelo Paradoxo de Allais.

Nesse paradoxo, são apresentadas as seguintes alternativas de ganhos em um jogo de apostas:

A. R$ 100.000,00 com certeza;
B. R$ 500.000,00 com probabilidade de .98 ou nada.

Em testes, a maioria das pessoas escolhe a opção A. Consideremos agora outras alternativas:

C. R$ 100.000,00 com probabilidade .01.
D. R$ 500.000,00 com probabilidade .0098.

A maioria das pessoas escolhe a opção D, ainda que as alternativas A e B sejam idênticas a C e D, salvo pelo detalhe da multiplicação pelo fator comum de 1/100. Pelo modelo da escolha racional/utilidade esperada, as pessoas que optaram por A>B deveriam igualmente escolher C>D. Como não o fizeram, daí o paradoxo.

A solução proposta por Gerd Gigerenzer (2006, p. 33) é a *heurística da prioridade*, que consiste nos seguintes passos:

1) regra da prioridade – as razões devem ser ordenadas da seguinte forma: ganho mínimo, probabilidade de ganho mínimo, ganho máximo;
2) regra de parar – pare a análise se o ganho mínimo difere pelo menos em 1/10 (nível de aspiração) do ganho máximo; ou, então, pare a análise se as probabilidades diferem em pelo menos 1/10 na escala de probabilidade;
3) regra da decisão – escolha a alternativa com o ganho mais atrativo (probabilidade).

A diferença entre a utilidade esperada e a heurística da prioridade é que esta não condiciona a escolha entre C e D à anterior escolha entre A e B, e sim prevê qual escolha será realizada de forma independente. No caso da escolha entre A e B, o ganho máximo é de R$ 500.000,00, sendo o nível de aspiração de R$ 50.000,00 (1/10). R$ 100.000 e 0 representam os ganhos mínimos do problema decisório. Uma vez que a diferença (R$ 100.000) supera o nível de aspiração (R$ 50.000), o ganho mínimo de R$ 100.000 é considerado a melhor escolha.

No segundo problema decisório, os ganhos mínimos em termos probabilísticos (.0.1 e .0098) não diferem de modo a alcançar o nível de aspiração (a diferença anterior era entre 0 e R$ 100.000,00). Portanto, o ganho máximo (R$ 500.000 vs. R$ 100.000) decide a escolha, e a previsão é que as pessoas escolherão D.

Aplicando essa heurística em um caso jurídico (RACHILINSKY, 1996), suponhamos a seguinte situação:

1. O autor de uma ação de indenização poderia aceitar uma proposta de acordo no valor de R$ 200.000 (A) ou seguir com o processo, com .05 de probabilidade de ganhar R$ 400.000 ou nada (B).
2. O réu pode propor um acordo e pagar R$ 200.000 ao autor (C) ou arriscar seguir com o processo e arriscar perder o processo com .05 de probabilidade de pagar R$ 400.000 ou nada (D).

Nessas questões, estudantes de Direito norte-americanos optaram no teste 1 por aceitarem a proposta e no teste 2, por seguirem com o processo. Considerando que a situação é idêntica, novamente a transitividade foi violada, pois, se escolheram A no teste 1, deveriam ter escolhido C no teste 2.

Os estudantes, no papel de advogados do autor, aplicando heurística da prioridade, consideram primeiramente os ganhos mínimos (R$ 200.000 e 0). A diferença é maior que o nível de aspiração (1/10 do ganho máximo, ou seja, R$ 40.000), portanto a análise é interrompida e a decisão é tomada (A), qual seja o ganho mínimo mais atrativo. No papel de advogados do réu, consideram primeiramente as perdas mínimas (R$ 200.00 e 0), diferença novamente maior que o nível de aspiração. A análise é interrompida e a alternativa com o ganho mínimo mais atraente é escolhida, qual seja seguir com o processo. A heurística da prioridade novamente previu a escolha realmente feita pelos estudantes submetidos ao teste.

Entretanto, em rigor, percebe-se que as inconsistências do paradoxo não são solucionadas pelo método heurístico. O que ocorre é justamente a forma (*framing*) diferente pela qual as alternativas são apresentadas aos mesmos sujeitos no problema do jogo de apostas. Apesar de as alternativas serem idênticas, o fato de a primeira opção conter uma recompensa apresentada como "certa", ou seja, 100% de certeza, influi psicologicamente no tomador de decisão de maneira distinta daquela em que a mesma recompensa é apresentada com probabilidade de .001. Esta é a chamada *aversão ao risco*, pela qual a desutilidade do indivíduo ao perder é maior que a utilidade em ganhar o mesmo valor. A heurística proposta soa mais como um expediente *ex post* para justificar a psicologia do agente.

Em outras situações, a Heurística propõe árvores decisórias simples e rápidas (*fast and frugal decision trees*), de modo a permitir que incertezas possam rapidamente ser superadas sem que a decisão seja paralisada. Não nos deteremos nelas, contudo, pois este trabalho busca aplicar a tradicional teoria da escolha racional ao processo de tomada de decisão.

1.6 Escolhas morais

Dizemos que uma pessoa íntegra é aquela que age sempre de acordo com seus princípios e valores, e não os trai de forma alguma, não importa o que aconteça.

Ao mesmo tempo, referimo-nos àquela pessoa que mede as consequências de seus atos como responsável e ponderada.

Qual dessas pessoas é "moral"? Em qual confiaríamos em uma situação de vida ou morte?

A filosofia moral discute questões centrais que ainda estarão aqui por séculos. Mais recentemente, contribuições como a neurociência, neuroética, sociobiologia e a teoria dos jogos evolucionária vêm iluminando alguns desses temas.[56]

Algumas definições básicas são necessárias, em primeiro lugar. Qual a diferença entre "moral" e "ética"? Na linguagem ordinária, é comum ambos os termos serem usados como sinônimos. Mas significarão a mesma coisa, referem-se ao mesmo fenômeno?

No sentido que empregamos para fins deste trabalho, Ética (com inicial em maiúscula) é o ramo da filosofia que tem por objeto questões tanto "éticas" quanto "morais".[57] Sendo assim, são objeto da Ética temas como o bem e o mal, virtude e vício, como agir em vista de valores *a priori*, ou se as consequências devem ser levadas em conta quando o agente escolhe agir de certa forma. Por outro lado, "ética" (com inicial em minúscula) refere-se a códigos de conduta usualmente construídos e adotados por determinados grupos sociais. Finalmente, "moral" concerne a noções individuais de caráter, tanto em sentido apriorístico quanto em sentido teleológico. Portanto, um sujeito pode ser considerado "moral" se age dentro de um código pessoal de regras; "imoral", se age contrariamente a essas regras consideradas as corretas socialmente; e "amoral", se simplesmente é alheio às regras de conduta sociais.

---

[56] Ver as recentes obras sobre o tema: *Defining Right and Wrong in Brain Science* (editado por Walter Glannon. New York: Dana Press, 2007) e *Neuroeconomics*, de Peter Politser (Oxford: Oxford University Press, 2008).

[57] A Metaética, por sua vez, importa-se com questões como a natureza do certo e do errado. Enquanto a Ética preocupa-se em "como devem agir os indivíduos em vista do bem e do mal", a Metaética indaga o "que é certo e errado?".

Trata-se de uma classificação arbitrária, mas que atende aos propósitos de diferenciação necessários.

Quando regras de conduta morais tornam-se fortes a ponto de sanções serem aplicadas aos desviantes pelo grupo social, diz-se que estamos perante o fenômeno das "normas sociais". Tais normas são parte das instituições, compondo a sua dimensão informal, porém não menos poderosa que as regras formais. Voltaremos a esse ponto adiante.

Interessa-nos, neste tópico, abordar algumas das principais correntes de filosofia moral e sua relação com a escolha jurídica. Saliente-se que se trata de uma questão normativa, ou seja, como o indivíduo *deve* agir do ponto de vista moral, e não uma abordagem empírica de como as pessoas realmente se portam diante de questões morais.

Sendo assim, como deve agir o indivíduo em face de um dilema moral? Por exemplo, deve o governo sempre permitir a liberdade de expressão, ou deve limitá-la em certos casos, a depender de possíveis consequências do seu exercício? A opinião de que empresas multinacionais de alimentos promovem a fome do povo, veiculada oralmente em discurso para uma multidão em frente ao estabelecimento da empresa, deve ser permitida pelo poder público? Stuart Mill, um dos principais filósofos iluministas que trataram sobre a liberdade, certamente diria que não.[58]

Outro clássico exemplo de dilema moral é o do "vagão desgovernado". Suponhamos um trem desgovernado que está se dirigindo a toda velocidade na direção de cinco pessoas que caminham sobre os trilhos. Em razão da velocidade e do fato que o terreno lateral aos trilhos é muito íngreme, as pessoas não conseguirão escapar a tempo. Maria, uma pedestre que está passando casualmente por ali, está próxima ao controle de trilhos, uma alavanca que faz com que o vagão seja desviado para outros trilhos, o que salvará as cinco

---

[58] Em famosa passagem de sua obra *Sobre a liberdade* (1988, p. 97), o filósofo inglês avalia as consequências da liberdade de expressão em qualquer situação ou contexto: "[...] mesmo as opiniões perdem a sua imunidade quando as circunstâncias em que se exprimem são tais que a sua expressão constitui um incitamento positivo a algum ato nocivo. A opinião de que os comerciantes de cereais matam à fome o pobre ou a de que a propriedade privada é um latrocínio, não devem ser molestadas quando simplesmente veiculadas pela imprensa, mas podem incorrer em pena justa quando expostas oralmente, ou afixadas sob a forma de cartaz, em meio a uma turba excitada, reunida diante da casa de um comerciante de cereais".

pessoas. Contudo, há um indivíduo que está dormindo sobre os trilhos alternativos. Pergunta-se: é permitido moralmente que Maria acione o desvio, salvando cinco pessoas, mas condenando outra à morte certa?

Antes de responder a questão, passemos a outra variação do mesmo dilema: O mesmo vagão desgovernado dirige-se em direção aos mesmos cinco transeuntes. Há uma passarela aérea entre o trem e os transeuntes. João, que está na passarela, percebe que somente conseguirá reduzir a velocidade do vagão, permitindo que as cinco pessoas consigam sair dos trilhos, se jogar algum objeto suficiente pesado em seu caminho. Entretanto, o único objeto suficientemente pesado é um sujeito grande que se encontra também na passarela observando a situação. Pergunta-se: é permitido moralmente a João empurrar o sujeito da passarela, salvando assim cinco pessoas, porém matando outra?

O senso comum responderia que é permitido à Maria acionar o desvio, porém não é permitido a João empurrar um inocente para morte, mesmo que seja para salvar várias pessoas.

São exemplos radicais, quase absurdos, mas que cumprem a função de ilustrar problemas de razão prática.[59]

Outras situações são mais fáceis de vislumbrar no mundo real. Por exemplo, é permitido obter uma confissão utilizando tortura em um suspeito de terrorismo, se a informação almejada poderá salvar a vida de milhares de pessoas em uma cidade densamente povoada, em virtude de uma suspeita de bomba em local desconhecido? Os exemplos acima apresentados parecem ter, em certa medida, uma resposta pronta, talvez até fácil. No entanto, neste último exemplo, a resposta já não parece tão simples.

---

[59] Outro exemplo comumente empregado é o de um cirurgião que precisa salvar, digamos, três pessoas que sofreram um acidente automobilístico e que estão com órgãos inutilizados, ou seja, duas delas estão com ambos os pulmões irremediavelmente danificados e uma terceira está com o coração gravemente ferido. Poderia este médico sacrificar uma pessoa saudável que está aguardando na sala de espera do hospital, uma vez que os seus órgãos salvariam três indivíduos à custa de um? Novamente o senso comum dirá que não, independentemente de questões relativas ao código de ética dos médicos ou de normas penais. A primeira resposta que vem a qualquer sujeito razoável é que tal medida, ainda que justificável de um ponto de vista puramente utilitarista de resultados, é inerentemente errada, *i.e.*, imoral.

Tais dilemas levam às principais correntes de filosofia moral ou, como referimos acima, da Ética: Deontologia e Consequencialismo.[60]

A Deontologia é a filosofia da razão prática pela qual uma ação é considerada moralmente correta se foi realizada tendo por base o cumprimento rígido de princípios e regras que refletem valores morais. Esta Ética é associada principalmente ao filósofo alemão Immanuel Kant e o seu "imperativo categórico", enunciado principalmente nas seguintes locuções: 1) "age segundo uma máxima tal que possas querer ao mesmo tempo que ela se torne uma lei universal; 2) "age como se a máxima da tua ação pudesse se tornar, segundo tua vontade, uma lei universal da natureza"; e 3) age de tal maneira que uses a humanidade, tanto na tua pessoa como na de qualquer outro, sempre e simultaneamente como um fim e nunca apenas como um meio".

Tais concepções éticas são de importância fundamental para a Humanidade, e formam, com as ideias de outros pensadores iluministas como John Locke, Voltaire e Montesquieu, a base da concepção da importância do indivíduo como um fim em si mesmo e dos direitos fundamentais e inalienáveis a ele pertencentes.

---

[60] Uma terceira corrente importante é a Ética da Virtude, identificada com Aristóteles, especificamente sua obra *Ética a Nicômaco* (2002). O mais importante adepto contemporâneo dessa linha é o filósofo escocês Alasdair MacIntyre, cuja obra *Depois da virtude* (2001) é a principal referência. A Ética da Virtude centra-se na identificação de toda moral primariamente com a virtude, que é o ponto de partida, tornando-se o referencial para a felicidade, o dever e o agir. Segundo MacIntyre, todo o projeto iluminista é fracassado desde o início, baseando-se no abandono renascentista da filosofia aristotélica, principalmente o seu elemento teleológico e a distinção entre o "homem como ele é" e o "homem como ele deveria ser" e o trajeto de um para o outro (2001, p. 97). Em outras palavras, a passagem da potência para o ato, uma das distinções aristotélicas fundamentais. Tal abandono de Aristóteles, fruto de uma revolta contra o pensamento medieval intensamente influenciado pelo filósofo estagirita, privou a Ética de concepções fundamentais como a razão da vida humana, o caráter, e a importância da a virtude. Sem essa estrutura contextual, a Ética passou a significar apenas morais individuais e subjetivas, e, quando muito, um arrazoado de definições e conceitos, desassociados de um pano de fundo que realmente tenha a função de auxiliar o sujeito a se tornar o que ele deveria se tornar, i.e., virtuoso. Entretanto, a razão para não abordarmos a Ética da Virtude neste trabalho é porque esta não parece responder questões fundamentais da escolha. A razão prática, que nos ordena a refletir sobre "como agir", contrapõe deveres e princípios morais aprioristicos com consequências de nossos atos. Já a Ética da Virtude inverte a causalidade e coloca o agir como secundário em relação à virtude do indivíduo, o que destitui essa linha de utilidade para as questões que pretendemos enfrentar.

O Consequencialismo, por sua vez, não obstante diversos de seus proponentes compartilharem de ideais e valores substantivos como os acima referidos, difere quanto à concepção do que é o agir moralmente. Para os consequencialistas, a ênfase deve ser dada aos possíveis resultados ou aos fins pretendidos pelo agente, ou seja, um ato não é moral ou imoral *a priori*, mas será um ou outro, a depender das consequências dele resultantes.

A filosofia específica mais célebre no contexto consequencialista é, certamente, o Utilitarismo. Fundado pelo filósofo e jurista inglês Jeremy Bentham, para quem um ato moralmente correto seria aquele que causasse "o maior bem para o maior número de pessoas". O princípio da utilidade, fundado na dicotomia prazer-dor, é contribuição sua, constituindo um dos pilares da Economia moderna, assim como a análise custo-benefício e comparações cardinais de utilidade.[61] A origem do positivismo jurídico encontra-se igualmente em Bentham[62-63], tendo em seu discípulo John Stuart Mill, um de seus principais proponentes.

[61] A utilidade é um dos pilares da teoria econômica. Ainda que as comparações interpessoais de utilidade tenham caído em descrédito (apesar de terem experimentado uma certa ressurreição com o advento da Economia da pobreza e do índice de desenvolvimento humano – IDH), foram dominantes até o final do século dezenove. A análise custo-benefício é igualmente ponto central da Economia até hoje, e pode ser vislumbrada na principal obra de Bentham, *The Principles of Morals and Legislation* (1988, p. 70): "the general tendency of an act is more or less pernicious, according to the sum total of its consequences: that is, according to the difference between of such as are good and the sum of such as are evil".

[62] John Austin (1790/1859), considerado o primeiro juspositivista na plena acepção do termo, por ter analítica e conceitualmente separado o direito da moral, assim como pela definição do direito como "comandos apoiados por ameaças estatais" e cuja fonte é "o soberano". *The Province of Jurisprudence Determined* (originalmente publicada em 1832. Edição atual de Prometheus Books, 2000) é a sua principal obra, inaugurando a Jurisprudência Analítica e antecipando em um século o positivismo jurídico que ficaria famoso por meio da pena de Hans Kelsen e H.L. Hart, foi pupilo de Jeremy Bentham. As posições benthanianas, no entanto, se caracterizavam mais por serem reformistas do que propriamente positivistas no sentido analítico que viria a ter com Austin. Bentham era opositor do sistema jurídico inglês da época, principalmente pelo que via como arbítrio dos juízes, preferindo um sistema mais legalista, i.e., de aplicação restrita da lei pelos magistrados. Nesse sentido, sua posição era mais legalista do que propriamente positivista. A título de exemplo, Bentham (in OGDEN, 1958, p. 141) se opunha ferozmente à utilização irrestrita de ficções jurídicas pelos juízes ingleses, que denominava de "hálito pestilento" "sífilis jurídica", "brinquedo para crianças" e "modo pernicioso e vil de mentira". Era também grande crítico do principal jurista da época, William Blackstone, autor de uma das obras clássicas do direito inglês, *Commentaries on the Laws of England* (publicado originalmente em 1765. Edição atual da University of Chicago Press, 1979).

O Utilitarismo não é idêntico a Consequencialismo, entretanto, mas apenas um capítulo menor dessa filosofia moral. Em rigor, enquanto este última preocupa-se em analisar consequencias, sem definir substantivamente quais devam ser elas, o Utilitarismo tem de antemão quais os resultados são desejáveis: uma ação é moralmente correta se o seu resultado alcança a maior satisfação possível para o maior número de pessoas.

Atualmente, uma das vertentes do Consequencialismo é o que Richard Posner denomina de Pragmatismo. No entanto, Posner conecta uma versão de filosofia prática, de cunho consequencialista, com linhas filosóficas surgidas com Charles Sanders Peirce e William James, no final do século dezenove, cujo principal nome contemporâneo é outro filósofo norte-americano, Richard Rorty. O Pragmatismo rortyano é muito mais afeito ao relativismo de certas correntes surgidas na segunda metade do século passado, como o desconstrucionismo, pós-estruturalismo, hermenêutica filosófica, entre outras, comumente agrupadas sob a alcunha "pós-modernismo".[64] Parece-me que a linha posneriana é mais afeita ao que poderia ser denominado de "praticalismo", ou seja, uma razão prática que enfatiza a importância nas consequências, principalmente as advindas de tomadas de decisão jurídicas.

---

[63] Importante lembrar, todavia, que movimento análogo ocorria, mais ou menos na mesma época, na Europa continental, mais precisamente na Alemanha, a partir do trabalho do jurista Georg Friedrich Puchta (1798-1846), cuja linha ficou conhecida como a "Jurisprudência dos Conceitos". Segundo Larenz (2009, p. 29), tal corrente, por meio de seus métodos lógico--dedutivos de análise, preparou o terreno para o formalismo jurídico que viria a prevalecer durante mais de um século. A concepção da J.C. era do Direito como sistema lógico-formal ou axiomático-dedutivo, como percebe Canaris (1996, p. 32), era fadada ao fracasso, devido ao núcleo axiológico (e não meramente lógico, portanto) da ordem jurídica. A relativa longa supremacia desta escola seria desafiada pela Jurisprudência dos Interesses, centrada em nomes como Phillip Heck e Rudolph Müller-Erzbach, sendo esta linha uma forma de abertura do Direito para outras áreas da vida, tendo por foco e objetivo a tutela dos interesses. Por esse prisma, as suas próprias normas são produtos de interesses de ordem material, nacional, religiosa e ética (Larenz, op. cit, p. 63). Novamente, movimento análogo ocorria nos Estados Unidos, com o chamado Realismo Jurídico, centrada em figuras como Oliver Wendell Holmes e Jerome Frank, cujas premissas são sobremodo semelhantes.

[64] Principalmente em relação à concepção de "verdade" para o Pragmatismo. Uma asserção será verdadeira, conforme dizem os pragmatistas, não porque corresponde aos fatos, mas porque "funciona" ou é "útil". Como bem aponta Robert Nozick (1993, p. 68), tal posição denota apenas uma valoração à verdade, não a sua natureza.

Poderá haver uma Ética "correta"? Ou a pergunta acaba sendo circular, uma vez que tanto a Deontologia quanto o Consequencialismo responderiam com base em seus próprios argumentos? Precisaríamos partir para uma Metaética?

Do ponto de vista explicativo ou causal, a moralidade humana tem sido parcialmente iluminada por novas contribuições da ciência, notadamente a teoria da evolução, a neurociência e a sociobiologia. A Economia, cada vez mais interdisciplinar, vem se beneficiando dessas novas linhas de pesquisa, fazendo surgir campos como a neuroeconomia e a teoria dos jogos evolucionária.

Propostas evolucionistas explicam a moralidade como fruto da seleção entre as espécies, incluindo sentimentos como simpatia entre membros de um grupo social, atitudes como cooperação e altruísmo e mesmo concepções abstratas como religião, mitos e normas sociais. Mesmo posições deontológicas, por esse prisma, têm uma origem consequencialista, uma vez que princípios morais universais surgiram e se solidificaram como tal por permitirem e facilitarem a coesão social, necessária para a preservação e propagação da espécie.

Destarte, regras morais imperativas como "não matar" ou "não roubar" têm fundamento evolucionário e se tornaram os imperativos que são por se mostrarem necessários como instrumentos de pacificação e convivência entre os indivíduos. Destarte, metaeticamente falando, a própria moral deontológica tem natureza consequencialista: surgiu e se firmou simplesmente porque funciona.

Seja como for, o embate é este. Como devemos agir: com base em deveres consubstanciados em princípios e regras intrinsecamente morais ou avaliando as possíveis consequências de nossos atos?

Nos dilemas morais apresentados acima, a solução para o caso da liberdade de expressão é claramente consequencialista. Ainda que tal liberdade tenha valor fundamental para qualquer sociedade que se pretenda democrática, não deve ser ilimitada, sob pena de violar outras liberdades.

Portanto, limitar a manifestação de opiniões que podem, em determinadas e específicas circunstâncias, incentivar a destruição da propriedade alheia e até mesmo a integridade física de outrem pode ser necessário. Importante a ressalva de que levar as consequências em conta não significa uma desculpa para limitar liberdades individuais. Stuart Mill (1988, p. 117-118) é sábio quando diz que a liberdade individual não deve nunca ser limitada, salvo quando o seu exercício prejudicar terceiros. Quando esse exercício gerar externalidades negativas, deve então o Estado intervir com o objetivo não de violar a liberdade de um, mas de preservar a liberdade de outros.

Nos exemplos do vagão desgovernado, percebem-se duas soluções. A primeira, quando é permitido à Maria acionar o desvio e salvar cinco pessoas, ainda que o vagão desviado atinja outro indivíduo, é de índole consequencialista. O resultado do ato é diretamente salvar cinco pessoas e indiretamente sacrificar uma.

A segunda, quando é vedado a João empurrar o sujeito grande da passarela para retardar o avanço do vagão e assim salvar as cinco pessoas, é de índole deontológica. O resultado do ato é diretamente assassinar um indivíduo para indiretamente salvar cinco pessoas.

Note-se que as consequências, em número de vidas, são idênticas nas duas situações. Uma pessoa morre e cinco vivem. No entanto, parece claro para qualquer sujeito razoável que a primeira hipótese é moralmente justificável, ao passo que a segunda não o é. Perceba que tanto a solução deontológica quanto a consequencialista servem ao mesmo valor, que é a preservação de vidas humanas.

Será que a questão de o ato ser direto em relação a uma consequência e indireto em relação a outras consequências (que seriam efeitos colaterais do ato) é a solução para os dilemas? Poder-se-ia pensar que sim. Mas e o exemplo do emprego de tortura para interrogar suspeito de terrorismo com o fim de evitar detonação de bomba e consequente morte de milhares? O ato direto é a tortura, cuja consequência é a imediata violação de liberdades civis do suspeito, sendo a possível ou não (uma vez que o interrogado é suspeito) preservação da vida de terceiros uma mera consequência possível. Ainda assim, é justificável a tortura? Não é uma resposta fácil.[65]

---

[65] O tema foi intensamente debatido nos Estados Unidos, em virtude principalmente do infame memorando "Bybee Memo", do United States Department of Justice's Office of Legal Counsel (OLC), elaborado por John Yoo, um de seus membros e também professor de direito na Universidade da Califórnia, em Berkeley. O memorando estipulou novas definições e limites para interrogatório de suspeitos de terrorismo, excluindo os interrogadores que empregassem métodos (usualmente considerados como tortura pelos padrões internacionais) da aplicação da lei antitortura norte-americana (18 USC 2340). Os limites dos direitos individuais após o 11 de setembro foram tratados em diversas obras, tais como *Is there a right to remain silent*

Ainda que possa parecer, em uma teorética análise custo-benefício, justificável torturar um suspeito para salvar a vida de milhares ou milhões, a verdade é que, na realidade prática, é rara a certeza absoluta sobre a culpabilidade do suspeito, ou mesmo se o próprio método de interrogatório será eficaz em extrair informações úteis.

Ainda assim, se o resultado for bem-sucedido, ou seja, se a tortura realmente possibilitar que as autoridades desarmem a bomba e salvem vítimas inocentes, provavelmente o julgamento moral do torturador será favorável, ou, na pior das hipóteses, resultará em uma branda condenação. Se, pelo contrário, o suspeito for posteriormente inocentado, o julgamento moral do torturador será muito provavelmente condenatório.

Ironicamente, a avaliação moral varia em relação às consequências do caso. Justamente por isso é tão temerário conceder uma abertura para que o Estado possa violar direitos individuais. Essa abertura sempre surge estreita, mas pode facilmente ser alargada, sempre com justificativa consequencialista. Nesses casos, dificilmente os fins poderão justificar os meios.

Interessante perceber que tergiversar sobre o tema de forma analítica é tentar encontrar justificações lógicas *a posteriori* para soluções dadas intuitivamente. Todavia, segundo linhas de estudo desenvolvidas por biólogos evolucionistas, a moralidade é inata em nós, assim como as estruturas sintáticas fundamentais de Noam Chomsky. Os seres humanos têm uma gramática moral universal inata,[66] bem como uma moralidade desenvolvida e testada ao longo de milhões de anos de existência dos hominídeos, e de milhares de anos de existência do *homo sapiens*.

Os seres humanos possuem, por assim dizer, um ferramental intuitivo para construir sistemas morais e resolver problemas de razão prática. A razão de existir dessa capacidade é simplesmente evolutiva, *i.e.*, funcionou ao longo dos séculos e cumpriu o papel função de permitir a propagação da espécie

---

(Oxford University Press, 2008), do professor da Universidade de Harvard Alan M. Dershowitz, e *Not a Suicide Pact* (Oxford University Press, 2006), do professor da Universidade de Chicago e juiz federal Richard A. Posner.

[66] É a tese do biólogo evolucionista de Harvard, Marc D. Hauser, em sua obra *Moral Minds. The nature of right and wrong* (New York: Harper, 2006). Também na mesma linha evolucionista, a obra *Primates and Philosophers. How Morality evolved*, coordenada por Frans de Wall (Princeton: Princeton University Press, 2006).

(ou dos seus genes, como pretendem os biólogos evolucionistas hodiernos, como Richard Dawkins).

Cabe lembrar que os dilemas morais acima ilustrados, bem como as possíveis soluções deles, não levam em conta questões jurídicas. Não se trata, pelo menos por enquanto, de saber se determinada escolha é lícita ou ilícita.

Indo além do campo do jurídico, pergunta-se: e quanto ao problema aparentemente mais modesto e comezinho que é a tributação? Surgiriam dela outros dilemas justificadores de elucubrações como as que discutimos aqui?

Não tenho a menor pretensão de solucionar problema de tal dimensão filosófica, objeto de séculos de discussão entre os maiores pensadores da humanidade. No entanto, considero importante trazer a problemática para o campo do jurídico.

A proposta pode parecer singela, mas entendo que uma divisão radical, ao menos para o Direito, não é frutífera. Tanto a Deontologia quanto o Consequencialismo (nem tanto o Utilitarismo) são importantíssimos, pois estabelecem valores fundamentais, bem como guias práticos de escolha para o tomador de decisão jurídica.

A minha intuição é que os princípios morais também são frutos de um longo processo evolutivo e cultural, e se desenvolveram ao longo dos tempos de forma universal, em seus aspectos básicos, fundamentais. O altruísmo recíproco, por exemplo, poderia ter surgido como uma estratégia de cooperação necessária para a sobrevivência mútua dos indivíduos agrupados em comunidades. A Teoria dos Jogos propõe essa solução para os dilemas de prisioneiro repetitivos (estratégia também denominada "tit fot tat"). Princípios e regras morais, tais como não agredir, salvo em defesa própria, não matar e não roubar seriam uma evolução cultural dessa estratégia de convivência.

A solução possível para conciliar as posições aparentemente inconciliáveis é colocar o Consequencialismo a serviço da Deontologia, ao menos no contexto jurídico. Dessa forma, cumprindo a máxima kantiana dos "indivíduos como fins em si mesmos", os direitos individuais devem ser reputados soberanos. Assim, preserva-se o cálculo consequencialista sem que se descambe para o utilitarismo, uma vez que as consequencias desejadas são justamente aquelas que alcançam, cumprem e preservam direitos.

Considerando que a estrutura do sistema jurídico é composta por princípios e regras de essência deontológica, que informam que valores e condutas são corretos e justos *a priori*, não faz sentido utilizar como medida-padrão os cálculos consequencialistas na aplicação do direito. É que para grande parte dos casos o direito já oferece soluções, seja por meio dos códigos e leis no sistema da *Civil Law*, seja pelos precedentes da *Common Law*.

Ainda que isso possa indicar uma preferência pela moral deontológica, cabe a ressalva que tal estratégia tem natureza consequencialista. Em rigor, trata-se de uma metaestratégia: do ponto de vista pessoal do aplicador, opta-se pelo guia deontológico na aplicação do direito, apenas porque em uma análise custo-benefício é mais vantajoso aproveitar soluções prontas e testadas do que procurar soluções novas e talvez inseguras no tocante aos resultados. Do ponto de vista da sociedade, a aplicação reiterada de soluções previamente conhecidas por todos reduz assimetrias de informação, diminui custos de transação e promove estabilidade social, outra palavra para segurança jurídica. Resta ao legislador, então, criar leis cujos comandos busquem consequências por ele desejadas. Obviamente que nessa seara o consequencialismo é necessário, desde que também sirva para cumprir valores sociais socialmente almejados.

A minha hipótese central é que, no Direito, principalmente no contexto da decisão judicial, posições deontológicas não só devem ser adotadas primordialmente, como realmente funcionam a maior parte do tempo. As razões disso são, ironicamente, consequencialistas. *Deve ser assim simplesmente porque funciona.* Por outro lado, em determinadas circunstâncias críticas, as posições deontológicas não são suficientes, notadamente nos chamados "casos difíceis". Nessas situações, as posições consequencialistas devem ser empregadas.

Transpondo o dilema para as categorias jurídicas, as correntes da Ética aqui expostas têm relação direta com a aplicação de regras ou de princípios em casos concretos. Regras são soluções *ex ante* para as situações que preveem, enquanto os princípios permite, em vista de sua abertura semântica e pragmática, permitem soluções consequencialistas, muitas vezes necessárias para a calibração entre sistema jurídico e sociedade.

1.6.1. Normas Sociais

Stuart Mill, um dos principais proponentes do Utilitarismo, sustenta que os indivíduos, ainda que motivados por cálculos de utilidade pessoal, são premidos por sanções. Todo padrão moral tem sanções que lhe são intrínsecas, pois é a partir delas que o indivíduo se sente compelido a seguir a conduta apontada como moralmente correta. Adverte, porém, que as sanções são tanto internas quanto externas.

As sanções internas ou intrasubjetivas são importantes na medida em que motivam a conduta do agente e compõem o seu senso pessoal do que é certo ou errado moralmente falando. Funcionam também por meio do mecanismo da culpa, componente umbilicalmente ligado à moral.

As sanções externas são as que restringem diretamente a conduta, e são empiricamente observáveis em todos os grupos e sociedades. Outra denominação para essas sanções é "normas sociais", um componente importantíssimo das instituições sociais. Não são normas jurídicas, mas normas morais, o que não lhes retira a prescritividade, conforme a clássica tese de R. M. Hare (1996, p. 3).

Como ensina Eric Posner (2000, p. 3),

> [...] num mundo sem direito ou mesmo formas rudimentares de Estado, ordem de alguma forma existirá. Tal ordem se manifesta como um rotineiro cumprimento às normas sociais e a aplicação coletiva de sanções aos que descumprem com elas, incluindo a estigmatização aos infratores e o ostracismo aos incorrigíveis.

Pela importância prática e força de coesão das normas sociais não decorre que sejam elas sempre corretas, justas, imparciais ou infensas a erros. A tradição, pura e simples, por si só, não significa imunidade a escrutínios. Exemplos de preconceitos e tabus morais pululam em todas as eras. Por exemplo, discriminações raciais ou religiosas, que segregaram judeus, negros e indígenas, foram normas sociais plenamente aceitas em priscas eras e, no entanto, não resistem a mais simples análise ética e filosófica.

Por outra sorte, em nossa época, temas como mercado de órgãos e de adoção são considerados por muitos como algo indefensável. Todavia, basta um rápido exame frio e imparcial, ou seja, sem chiliques pseudo-humanistas, para perceber, sem sombra nenhuma de dúvida, que a sociedade ganharia se regras de mercado fossem aplicadas a órgãos e adoções. Apenas por adequar às leis da oferta e da demanda, os recursos ultraescassos de órgãos para doação e de direitos para adoção passariam a ter valor econômico.

Distorções verdadeiramente injustas e mesmo grotescas, como pessoas morrendo nas filas de espera de órgãos ou crianças atravessando infâncias inteiras sem a oportunidade de crescer em um contexto familiar, seriam drasticamente reduzidas. É evidente que tais mercados necessitariam de severa e objetiva regulação, *mas, ainda assim, seriam mercados.*[67]

As normas sociais, muitas vezes denominadas de forma vaga e imprecisa como "costumes", compõem a dimensão informal das instituições sociais. Interessante perceber que a existência das normas sociais demarca a separação entre moral e direito positivo, ainda que naturalmente haja grande influência mútua entre essas duas esferas. Um sistema jurídico que não leve em consideração as normas sociais provavelmente será malsucedido no caráter motivacional das condutas intersubjetivas, daí a importância do legislador e do juiz em considerá-las ao criar normas jurídicas.

Outra diferença entre as duas esferas é que, justamente por sua formalidade, as sanções jurídicas contêm marcos objetivos, seja em relação a prazos temporais para sua aplicação e duração, seja no conteúdo substantivo da punição. Uma sanção criminal tem prazos prescricionais e deve expressamente dizer qual é o castigo exato que o condenado sofrerá. As sanções sociais não, dependendo do contexto social em que são criadas e aplicadas. Não é anormal que sejam muitas vezes mais severas e longas que as jurídicas.

---

[67] Resta dizer que, em rigor, mercado sempre há, mesmo nesses casos, porém ilícito. A expressão mais conhecida é "mercado negro", aquele proibido oficialmente, mas não menos operante nos subterrâneos do sistema. Todos sabemos que, graças à ineficiência gerada pela proibição da venda de órgãos e da venda dos direitos de adoção (não confundir com vendas de crianças!), nem por isso a demanda diminui, muito pelo contrário. Como a oferta é proibida, a demanda só faz aumentar, ocasionando corrupção, ágio, e preços artificialmente altos, cuja consequência é uma violação absurda do princípio da igualdade. Uma vez que não há mercado livre, entendido como espaço público de trocas voluntárias, onde a oferta e a demanda tendem ao equilíbrio, a escassez artificial gerada pela ilicitude faz com que apenas os mais ricos possam adquirir órgãos – ou mesmo (e aí sim) crianças.

TEORIA DA DECISÃO TRIBUTÁRIA

Uma das funções do Estado é justamente concentrar em suas mãos o monopólio da violência, retirando da mão dos particulares a aplicação da justiça. Ainda assim, um sujeito que seja considerado inocente do ponto de vista jurídico pode ser condenado socialmente, e tal sanção pode vir a ter uma duração indefinidamente mais longa que a versão formal do direito positivo.

Em muitas situações da convivência humana, o repúdio a práticas "antissociais" tem correspondência jurídica. Em outras, nem tanto assim. O repúdio a crimes que atentam contra a vida ou a integridade física ou psicológica é comum em quase todas as culturas. Já outras formas de ilícito podem ter variação a depender do contexto histórico ou cultural. Um exemplo disso é a tributação.

Há inúmeros exemplos de revoltas contra imposições tributárias ao longo da história, nas quais a recusa em cumprir com a cobrança de tributos era algo considerado moralmente correto, apesar de contrário à lei. A independência norte-americana de 1776 foi motivada pela pesada tributação imposta pelos ingleses, gerando a famosa máxima "não à tributação sem representação" (*no taxation without representation*), uma vez que impostos eram cobrados da colônia americana sem que a Inglaterra proporcionasse a contrapartida de permitir representantes colonos no parlamento inglês. A rebelião conhecida como "inconfidência mineira" também ocorreu em razão da pesada tributação por Portugal dos produtos produzidos no Brasil colônia.

A tributação também funciona como forte incentivo a condutas. Considerando o postulado de que os indivíduos racionais são autointeressados, procurarão invariavelmente escapar dos tributos quando estes incorrerem em custos maiores que os benefícios percebidos. O custo moral, que funcionaria como potente motivador ao lado da norma formal, é relativamente baixo em relação aos custos morais associados a outras condutas ilícitas, como os crimes acima mencionados. Nesse sentido, como sustenta Ives Gandra da Silva Martins[68], os tributos são normas de "rejeição social".

Se, em algum improvável experimento social, as normas penais do homicídio fossem revogadas, provavelmente não haveria incremento substancial na taxa de atentados à vida alheia. Por outro lado, resta saber qual arrecadação o

---

[68] Conforme a tese central de sua obra *Teoria da imposição tributária*, São Paulo: Saraiva, 1983.

Estado amealharia caso os tributos se convertessem em obrigações facultativas e não compulsórias. Temo dizer que a queda da receita pública provavelmente seria dramática.

1.7 Teoria da decisão

Por teoria da decisão entende-se o campo de estudo, baseado na racionalidade, que visa obter os melhores resultados por meio de um processo organizado e metódico (SHAVELL, 1994, p. 1). Trata-se, portanto, de uma teoria normativa, pela qual se procura analisar como as decisões *devem ser*, em vez de como elas realmente ocorrem.

Em um mundo contingente, onde as decisões práticas do indivíduo se dão em um contexto de risco ou mesmo de incerteza, a teoria da decisão procura estabelecer formas de obter a maximização dos possíveis resultados, mediante os objetivos pretendidos.

1.7.1 Atos, estados e resultados

Para que se possa decidir sobre algo, é necessário primeiramente especificar quais são os *atos, estados e resultados* (PETERSON, 2009, p. 17-30). Em outras palavras, um problema decisório impõe ao agente condições que são os *estados de coisas* no mundo em relação às quais deverá realizar *atos*, consoante os *resultados* que pretende obter.

Os estados de coisas são condições da realidade que afetam as escolhas do agente, escolhas essas que resultarão em alguma ação específica. No processo decisório, não são nem os atos efetuados pelo agente nem os resultados obtidos por eles, mas eventos relevantes para a escolha a ser feita. Por outro lado, atos realizados por outros constituem, do ponto de vista do agente, estados também.

Como exemplo, a escolha entre pagar ou discutir judicialmente alguma imposição tributária. A probabilidade de êxito no litígio, assim como os custos e benefícios associados, influenciarão diretamente a decisão do contribuinte. Se os benefícios compensarem, haverá litígio; se os custos forem proibitivos, não.

TEORIA DA DECISÃO TRIBUTÁRIA

Note-se que, no contexto da decisão jurídica, o repertório de normas compõe o estado de coisas que influenciarão a escolha. Sejam princípios, sejam regras, e, principalmente, a pragmática que firma essas normas no sistema – a jurisprudência –, esta é a informação sobre a realidade que importa ao agente que necessita escolher. No direito tributário, por exemplo, o contribuinte, o agente ou o juiz tomarão como base justamente esse repertório ao realizar os seus atos visando os resultados pretendidos, sempre no afã maximizador: obter economia fiscal, autuar de forma eficiente ou pôr fim ao litígio alcançando a decisão mais justa.

Atos, por sua vez, são as ações decorrentes da decisão tomada pelo agente. Nesse sentido, são funções relativas aos estados de coisas associados, que lhes servem de argumentos. No exemplo acima, os atos são alternativos e excludentes: litigar ou não litigar.

Um dos pilares da escolha racional é justamente a distinção entre atos e estados de coisas. O agente racional tem controle sobre os primeiros, mas não sobre os últimos. Se a ação for realizada no sentido de alterar um dado estado de coisas, este será o resultado pretendido, que, por sua vez, estará condicionado também a outros estados de coisas (GILBOA, 2009, p. 12).[69]

Finalmente, os resultados são, obviamente, o que mais importa aos tomadores de decisões. Os atos são escolhidos como forma de alcançar os desejados resultados, e os estados de coisas compõem a realidade que restringe e influencia a tomada de decisão.

Os blocos fundamentais que constituem a decisão são esses. Voltando ao exemplo e lembrando que o contribuinte decidiu por litigar contra o fisco: se as probabilidades de êxito são assunções que correspondem ao estado de coisas real do mundo, e essa informação for inserida na função ato, o resultado será uma provável vitória do contribuinte. Se a avaliação das probabilidades informar que estas são baixas, e isso corresponder aos fatos, o resultado será uma provável derrota.

---

[69] A famosa "prece da serenidade" do pastor norte-americano Reinhold Niebuhr ilustra bem a diferença: "Concedei-me, Senhor, a Serenidade necessária, para aceitar as coisas que não posso modificar; Coragem, para modificar aquelas que posso, e Sabedoria, para distinguir umas das outras!". As coisas que não podemos modificar são os estados de coisas no mundo. As que podemos modificar são nossos atos.

Indivíduos realizam estimativas o tempo todo ao decidirem sobre qualquer coisa. A certeza, portanto, não é uma entidade metafísica, mas um grau de probabilidade. Destarte, a diferença entre certeza e incerteza não é de natureza, mas de grau. Mesmo quando realizamos ações rotineiras quaisquer, como sair de casa e ir para o trabalho, há uma mera probabilidade de que chegaremos ao destino pretendido. Ainda que a prática e a rotina sequer nos façam ter dúvida de que alcançaremos o objetivo, uma infinidade de imprevistos pode ocorrer, resultando em fracasso. Tal possibilidade não nos impõe, todavia, que a cada dia planejemos meticulosamente uma série de ações e alternativas que cubram todas as inúmeras possibilidades de contingências – o custo disso é proibitivo, a ponto de paralisar a ação.

Em outras situações nas quais o indivíduo conscientemente se vê perante decisões sob incerteza ou mesmo sob ignorância – quando sequer se tem qualquer estimativa de probabilidades, mesmo intuitivas –, o cálculo racional deve ser a tônica decisória.

No direito, decisões sob incerteza e, muitas vezes, sob ignorância são correntes. Seja em relação ao contribuinte, que precisa realizar determinada operação em face da indeterminação da legislação tributária, seja o fiscal, que necessita aplicar a mesma legislação a casos concretos, seja em relação ao juiz, que precisa decidir quem tem razão em conflito de interesses.

Uma das formas normativas de estabelecer critérios racionais para a tomada de decisão é a árvore da decisão.

1.7.2 Árvore da decisão

A árvore da decisão é a esquematização gráfica de um problema de tomada de decisão. Apresenta as decisões possíveis resultantes em atos, os resultados com as suas probabilidades de sua ocorrência, e a forma de resolver o problema posto pela árvore, ainda que metódico, é, como todo processo decisório, subjetivo e intuitivo.

Suponhamos que o contribuinte precisa escolher entre pagar o que lhe é exigido em auto de infração (R$ 100 mil) ou impugná-lo. Se optar por pagar, há redução de 30% sobre o valor exigido (R$ 30 mil). Se escolher por discutir, dois resultados podem advir: ou não pagará nada se for vitorioso, ou pagará integralmente o valor. Trata-se de uma questão aparentemente fácil, pois a cobrança imposta incorreu em decadência. Devem ser incluídos nessa análise também os honorários do advogado que redigirá a defesa administrativa (*v.g.*, R$ 10 mil).

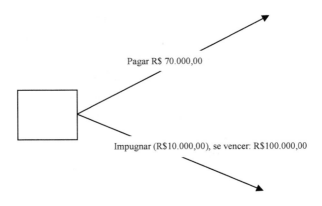

Figura 1. Árvore da decisão

Na árvore acima visualizamos as duas alternativas possíveis, expressas nos eixos superior e inferior.

A solução é simples: a decisão ótima é impugnar, uma vez que, apesar de os honorários advocatícios (representados entre parênteses, o que significa valor negativo) resultarem em uma recompensa líquida de R$ 90 mil, a opção é mais vantajosa que pagar o valor, mesmo com a redução oferecida pelo fisco.

Infelizmente, nem sempre as coisas são tão simples assim, ao menos para indivíduos mais realistas. Como reza o ditado popular, nunca se sabe o que esperar de pata de cavalo ou de cabeça de juiz (ou de quem lhe faça as vezes). Portanto, em grande parte das escolhas que fazemos no mundo não temos certeza absoluta das consequências que delas advirão. Portanto, escolhemos tendo o *risco* como fator de ponderação.

Cumpre determinar a diferença entre *risco* e *incerteza*. Coube ao economista da Escola de Chicago, Frank Knight (1972, p. 249) estabelecer a distinção:

> A diferença prática entre as duas categorias, risco e incerteza, é que na primeira a distribuição do resultado num grupo de casos é conhecida

(quer através do cálculo *a priori*, quer das estatísticas da experiência passada), enquanto no caso da incerteza isso não ocorre, em geral devido ao fato de que é impossível formar um grupo de casos, porque a situação que se enfrenta é, em alto grau, singular.

Segundo Knight, a diferença básica entre risco e incerteza reside na presença ou não de uma distribuição de probabilidades em relação a um determinado evento. Dessa forma, "incerteza" se refere a situações em que não se conhece ou não se pode conhecer a distribuição de probabilidade dos resultados. "Risco", por outro lado, denota a situação em que se podem estabelecer os possíveis resultados e suas respectivas probabilidades de ocorrência.

Voltando ao exemplo, suponhamos que a tese da caducidade levantada pelo contribuinte seja questionável pela doutrina e jurisprudência, havendo, por exemplo, mais de uma lei dispondo sobre o mesmo prazo decadencial,[70] ou controvérsia sobre formas de contagem do referido prazo.

Dadas essas questões, a probabilidade de êxito é estimada em, digamos, 30% [71] (trinta por cento). Voltemos, então, à árvore.

---

[70] Por exemplo, a Lei n.º 8.212/1991, que determinava prazos decadenciais e prescricionais de dez anos, respectivamente, em total antinomia com os prazos pela metade do Código Tributário Nacional. Até que tais disposições (artigos 45e 46 da Lei) fossem consideradas inconstitucionais pelo Supremo Tribunal Federal, resultando na Súmula Vinculante n.º 8, sempre haveria grau de risco quanto a qual prazo prevaleceria, o que significa cálculo probabilístico.

[71] A notação das probabilidades é binárias, sendo de 0 e 1. "0" significa probabilidade zero (impossibilidade) e "1" significa certeza de ocorrência do evento, ou seja, 100% de chances de acerto. Sendo assim, as margens costumam ficar entre esses valores, por exemplo, 50% de probabilidade é notada como 0,5.

TEORIA DA DECISÃO TRIBUTÁRIA

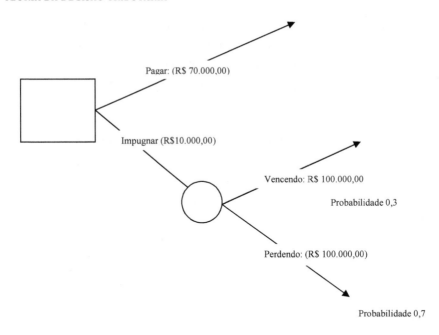

Figura 2. Árvore da decisão sob risco e valor esperado

O círculo no vértice inferior da árvore chama-se "nó de possibilidades", pois significa que probabilidades terão um papel no que ocorre em seguida. No exemplo acima, as consequências ou resultados possíveis advindos da escolha "impugnar" serão vencer ou perder para o fisco, e cada qual dessas possibilidades tem probabilidades específicas.

Qual seria a decisão ótima agora, qual seja a escolha racional perante o estado de coisas que se apresenta ao contribuinte?

Novamente, se o contribuinte optar por não impugnar e pagar o débito, terá uma perda de R$ 70 mil (e um abatimento de R$ 30 mil). Se preferir impugnar, se verá diante da probabilidade de 30% de vencer e de 70% de perder. O cálculo, portanto, é 0,3*100.000 + 0,7*(100.000) = (40.000 + 10.000 dos honorários). O prejuízo provável (e, inversamente, o ganho) é de R$ 50 mil, uma opção ainda melhor que os R$ 70 mil de debito, caso optasse pagar. Mais uma vez, a racionalidade determina que o contribuinte impugne o auto de infração.

O fator que entra em jogo chama-se "valor esperado". Não se trata do resultado, seja lá qual for, mas sim da probabilidade da recompensa multiplicada pelo valor da recompensa.

Importante salientar que as probabilidades apresentadas não requerem, necessariamente, estudos empíricos do particular ou do seu advogado, de forma a estimá-las. Se for possível ter informação sobre como, por exemplo, pensam as Cortes a respeito de determinado tema antes de tomar a decisão, e converter tal informação em estatísticas, tanto melhor.

Entretanto, muitas vezes as probabilidades são meramente estimativas subjetivas, obtidas intuitivamente. Como ensinam Kaplow e Shavell (2004, p. 28-29), se um sujeito necessita estimar as probabilidades de vencer determinada querela jurídica, pode começar perguntando a si mesmo: se prefere fazer uma aposta na qual será pago se vencer o litígio ou se prefere apostar e ganhar se acertar qualquer número entre um e trinta em uma roleta que tenha cem números ao girar.

Se a resposta for preferir apostar na sua causa jurídica, a probabilidade subjetiva de vencer é maior que 30%. Se a pergunta for entre apostar no próprio processo do que em um número qualquer entre um e cinquenta na mesma roleta, a probabilidade subjetiva será maior que 50%.

E assim por diante, até alcançar um ponto de descanso – o ponto no qual se é indiferente entre apostar na própria causa ou na roleta, que dirá então qual é a probabilidade subjetiva exata em relação à situação específica. Se o sujeito perceber que tanto faz apostar na sua causa ou em um número de um a oitenta na roleta, a probabilidade subjetiva é de 80%.

Ainda que a probabilidade seja, de fato, subjetiva[72], é influenciada (potencialmente enviesada) por informações de que disponha o sujeito. Informações que podem inclusive alterar a estimativa das probabilidades, à medida que vão sendo fornecidas ao indivíduo.

No exemplo da árvore, se o contribuinte for avesso ao risco, sua estimativa pode não apenas ser mais pessimista, como inclusive sua escolha pode até mesmo ser contrária às probabilidades que lhe forem apresentadas. Um sujeito extremamente conservador em relação a riscos pode preferir pagar

---

[72] Subjetividade que denota a teoria "bayesiana" da decisão.

TEORIA DA DECISÃO TRIBUTÁRIA

a imposição fiscal, ainda que seu advogado lhe estime uma probabilidade positiva de, por exemplo, 70% de chance de êxito.

Imaginemos agora que o contribuinte tem argumentos fracos como defesa e pretende apenas ganhar tempo. A chance de ter êxito é praticamente nula, de 10%. Nesse caso, o valor esperado é de R$ 10.000,00, dos quais devem ser subtraídos os honorários, resultando em vantagem econômica zero. Considerando que o Estado ainda concedeu desconto de R$ 30.000,00 como condição para pagamento imediato, a solução aconselhável seria pagar o auto de infração, salvo, claro, se não tiver recursos para tanto e preferir arrastar ao máximo a imposição tributária. Neste caso, trata-se de *escolha ou estratégia dominante*, aquela situação em que uma das escolhas é sempre melhor que a alternativa, não importa o real estado de coisas (PETERSEN, 2009, p. 297). Como o contribuinte não dispõe dos recursos necessários para saldar o débito, a opção impugnar é sempre a mais vantajosa.

O mesmo esquema de decisão pode ser aplicado também a juízes e fiscais. Aliás, não poderia ser de outra forma, uma vez que árvores decisórias se aplicam a qualquer tipo de decisão, para qualquer agente racional que efetue escolhas. O que mudará, evidentemente, são os tipos de atos, condições e resultados.

Por fim, as árvores decisórias podem ser esquematizadas de forma muito mais complexa do que as que ilustramos aqui, e conter inúmeros pontos de bifurcação e nós de possibilidades. Tudo dependerá do problema decisório e das escolhas que se apresentam ao agente.

1.8 Escolhas estratégicas: a Teoria dos Jogos

Vimos que na teoria da decisão há atos, estados de coisas e resultados. Tal sistematização engloba todo o processo decisório, porém o enfoca de forma estática. Isso significa que o estado de coisas que influenciam a escolha do agente não é influenciado por seus atos, como se ele estivesse observando a situação "de fora" e pudesse então optar por determinada ação sem levar em conta possíveis desdobramentos no comportamento de terceiros.

Todavia, no processo de tomada de decisão racional, a escolha de um indivíduo frequentemente depende ou é influenciada pela escolha de outro. Se o agente racional escolhe levando em conta escolhas potenciais ou concretas de terceiros, diz-se que age *estrategicamente*. Segundo a definição de Herbert Gintis (2009, p. 45), a teoria dos jogos é uma teoria da decisão de múltiplos jogadores, em que as escolhas de cada jogador afetam as recompensas do outro, e os jogadores consideram isso ao escolherem – e agirem.

Um jogador de xadrez, um boxeador ou um general de um exército agem buscando antecipar o que os seus oponentes farão. Da mesma forma, em interações negociais, sociais e jurídicas, os indivíduos frequentemente levam em conta o que esperam ser as escolhas dos outros ao decidirem como agir.

O preço que determinada indústria cobrará por seus produtos levará em conta os preços de seus concorrentes. Convidar alguém para algum evento social levará em conta se haverá reciprocidade em futuros eventos realizados pelo convidado. Mover ação judicial levará em conta como os advogados do réu agirão no curso do litígio. Em todas essas situações o agir estratégico é fundamental, se o agente buscar maximizar a sua utilidade, ou seja, alcançar o resultado pretendido.

Seja qual for a situação estratégica, ou, mais simplesmente, o *jogo*, alguns caracteres se farão presentes. Por exemplo, um jogo pode conter dois jogadores, como o xadrez, ou vários, como o futebol. Pode também ter quantidade indefinida, como um mercado qualquer. Denominaremos os indivíduos, nesse contexto estratégico, de *jogadores*.

As ações dos jogadores podem ser simultâneas ou sucessivas, assim como os jogadores podem ter informação sobre o comportamento do oponente ou não. Além disso, os jogadores também podem ter informação das recompensas (*pay offs*) disponíveis se ganharem a disputa, assim como também podem desconhecê-las. No jargão da teoria, os jogos podem ser estáticos ou dinâmicos, bem como de informação completa ou incompleta, respectivamente.

Todas as combinações dessas características formam uma extensa variedade de situações estratégicas reais da vida modeladas em jogos. Considerando que os agentes são racionais, sejam eles comerciantes, casal de namorados, contribuintes ou juízes, buscarão sempre alcançar a maior recompensa, *i.e.*, o resultado que maximize mais a sua utilidade.

TEORIA DA DECISÃO TRIBUTÁRIA

Como todas as teorias, a dos jogos é uma simplificação da realidade. Como lembram Baird, Gertner e Picker, em sua seminal obra sobre teoria dos jogos aplicada ao direito,[73] o teste de qualquer modelo científico deve considerar se ele "afia" a nossa intuição iluminando as forças primordiais que operam sutilmente em situações interacionais reais. Nesse sentido, não é necessário introduzir no modelo todas as vicissitudes e detalhes que acompanham a complexidade do dia a dia na realidade, mas tão somente os seus elementos fundamentais de interações sociais, jurídicas e econômicas, que em muito lembram a estrutura de simples jogos.

É sagaz Richard Posner (1998, p. 21) ao apontar que, enquanto os críticos da teoria da escolha racional vivem a indicar defeitos nos axiomas da racionalidade instrumental, a teoria dos jogos vai ainda mais além. Nela se assume que os indivíduos, em interação estratégica, não apenas são racionais, mas hiper-racionais, principalmente em jogos de informação completa.

Inúmeras circunstâncias da vida real envolvem situações estratégicas – basicamente toda vez que agirmos levando em conta como terceiros agirão, estamos pensando estrategicamente. Uma vez que muitas dessas ocasiões são reguladas pela lei, assim como implicam consequências jurídicas, a relação entre a teoria dos jogos e o direito positivo (assim como a ciência jurídica) exsurge de forma inegável.

Como o legislador pode se valer de conceitos estratégicos da teoria dos jogos para melhor incentivar a conduta humana? Principalmente por meio de uma eficiente positivação dos *pay offs* oferecidos nas interações subjetivas, ou seja, das sanções decorrentes de cada escolha individual.

1.8.1 Dilema do prisioneiro e o equilíbrio de Nash

Um dos pilares da teoria dos jogos é o célebre "dilema do prisioneiro", que envolve um jogo estático (ou simultâneo) de informação completa.

Nesse clássico jogo, dois acusados de serem cúmplices em um crime são mantidos isolados, sem nenhuma possibilidade de se comunicarem. Interrogados separadamente, ao prisioneiro Antônio e à prisioneira Beatriz são oferecidas as seguintes alternativas:

---

[73] *Game Theory and the Law.* University of Chicago Press, 1994.

TEORIA GERAL DA DECISÃO

1) se ambos confessarem o crime, serão sentenciados a cinco anos de prisão;
2) se ambos negarem o crime, serão sentenciados a um ano de prisão (porque o promotor só conseguirá provar um crime de menor importância);
3) se um confessar e o outro negar, o acordo com o promotor é que aquele que tiver confessado ficará livre e o que tiver negado receberá dez anos de prisão.

As opções apresentadas a cada um dos "jogadores" são confessar ou negar a autoria do crime. Vejamos agora a matriz do jogo:

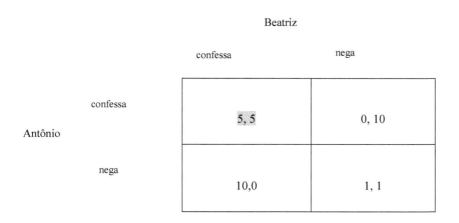

Figura 3. Dilema do prisioneiro

Na matriz acima, típica forma de ler jogos estáticos, os possíveis resultados aparecem da seguinte maneira (os *pay offs* de Antonio encontram-se à esquerda, os de Beatriz, à direita):

Antônio precisa decidir se confessa ou nega a autoria do crime. Como se trata de uma situação estratégica, ele escolherá levando em conta como Beatriz escolheria, dados os *pay offs* conhecidos. Portanto, se Beatriz confessar, Antônio precisa decidir qual é a melhor opção para ele. Olhando a matriz, o melhor *pay off* (menos anos de prisão) é confessar também (cinco anos). Por outro lado, se Beatriz negar, a melhor opção para Antônio continua sendo confessar (zero ano = liberdade), e "pegar carona" no voto de silêncio de Beatriz.

Beatriz, por sua vez, enfrenta as mesmas escolhas. Se Antônio confessa, é melhor confessar (cinco anos) do que negar (dez anos de prisão). Da mesma forma, se Antônio negar, a melhor opção para Beatriz continua sendo confessar (zero ano = liberdade).

Note-se que para ambos os jogadores a opção mais racional (portanto maximizadora, dada a possível escolha do outro) é sempre confessar. Novamente, trata-se da estratégia *dominante*, conforme visto em tópico anterior. O resultado é que ambos acabarão confessando e pegando cinco anos de cadeia cada um (conforme se vê nos *pay offs* sombreados na matriz).

O leitor mais atento perceberá uma aparente inconsistência aqui. Como conciliar a racionalidade com o resultado desse jogo, no qual os prisioneiros acabam optando pela escolha que não maximizou suas utilidades (cinco anos de prisão em vez de um ano só, ou mesmo nenhum)?

Ocorre que nem sempre a escolha individual possivelmente maximizadora, na avaliação do agente, dadas às circunstâncias, acaba convertendo-se no melhor resultado para o grupo. Tal resultado é denominado "equilíbrio de Nash", por conta do matemático norte-americano John Forbes Nash que o formalizou em 1951. No dilema do prisioneiro ilustrado acima, o equilíbrio de Nash encontra-se no quadrado superior esquerdo (5,5), cujo resultado é subótimo se comparado ao quadrado inferior direito (1,1). Entretanto, a escolha de cada um dos prisioneiros foi a melhor possível, portanto *plenamente racional*, levando em conta a escolha provável (segundo o juízo de cada um deles) do outro.[74]

Há situações em que existe mais de um equilíbrio de Nash, assim como situações em que não há nenhum. Seja como for, passa a ser tarefa do legislador construir estruturas de sanções que incentivem os indivíduos a escolher de modo que atenda melhor aos objetivos jurídicos, da mesma forma que os juízes necessitam compreender como suas decisões em casos

---

[74] Devem-se levar em conta outras possíveis saídas para o dilema. Por exemplo, se fosse possível, de alguma forma, aos prisioneiros se comunicarem e se houvesse confiança entre eles, o resultado poderia ter sido o Ótimo de Pareto: um ano de cadeia para cada. Por outro lado, códigos de conduta fortes (normas sociais, portanto) também podem influir significativamente no dilema. Supondo que os prisioneiros fossem integrantes de uma irmandade, por exemplo, a máfia siciliana, provavelmente não confessariam (a chamada "Lei da Omerta") por medo de sanções infligidas por seus pares.

concretos podem igualmente estabelecer *pay offs* para as demais pessoas em uma sociedade.

O dilema do prisioneiro é o clássico exemplo de um jogo estático, não cooperativo e de informação completa. Estático porque é "jogado" apenas uma vez; não cooperativo porque não possibilita às partes barganharem entre si; e de informação completa porque os jogadores conhecem os *pay offs*. Todavia, há jogos dinâmicos (ou sequenciais) que se repetem, cooperativos, porque há incentivos para acordo entre as partes, e de informação incompleta pelo fato de os indivíduos frequentemente não terem conhecimento dos *pay offs* dos outros jogadores, *i.e.*, não sabem o que os motiva.

No direito tributário, assim como no dilema do prisioneiro, os indivíduos são constantemente tentados a "desertar" (outro jargão dos jogos), uma vez que, como vimos, os freios morais ao descumprimento das obrigações tributárias são consideravelmente mais fracos do que outras condutas mais fortemente regidas pela moral e pelos costumes. O fenômeno do "carona" (*free rider*) sói ocorrer entre os contribuintes, seja por meio de busca de incentivos (mediante o *rent seeking* dos grupos de pressão), seja pela elisão tributária, seja pela própria ilicitude da evasão de tributos. Daí a necessidade ainda maior de uma boa estrutura de incentivos normativos que induzam os contribuintes a cumprir com os objetivos do sistema jurídico tributário.

1.8.2 Outros jogos clássicos: caça ao cervo e o jogo do covarde

A possibilidade de modelagem de interações estratégicas pela teoria dos jogos é praticamente infinita. Contudo, algumas situações alçaram o *status* de jogos clássicos, como o dilema do prisioneiro tratado acima.

Outro exemplo de jogo clássico é a "caça ao cervo" Este jogo ilustra um dilema de confiança: os caçadores sabem que, unindo esforços, conseguirão caçar um animal de grande porte – um cervo –, porém existe a tentação de desertar e pegar carona no esforço do outro. Contudo, os jogadores sabem que, se desertarem, o máximo que conseguirão individualmente é apanhar uma lebre, substancialmente inferior a um cervo, em termos de recursos. Sendo assim, há incentivos tanto para desertar quanto para cooperar, o que resulta em dois equilíbrios de Nash.

Em muitas situações, a caça ao cervo é confundida com o dilema do prisioneiro. A diferença fundamental entre eles é que, enquanto neste o melhor resultado é se eu desertar e você não (e a recíproca é verdadeira), em vista dos *pay offs*, naquele o melhor resultado será nenhum de nós desertar (FARSNWORTH, 2009, p. 117).

Ainda assim, só caçarei o cervo se você também caçar; se você não cooperar, a minha última opção, na ordem transitiva de preferências racionais, será caçar o cervo sozinho. É também a escolha mais ineficiente, pois as chances de êxito serão consideravelmente menores e o esforço muito maior, portanto um desperdício de recursos.

A matriz desse jogo é assim:

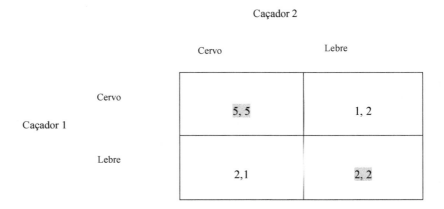

Figura 4. Caça ao cervo

As alternativas e os respectivos *pay offs* demonstram que o jogo é estático (jogado simultaneamente e sem que os jogadores saibam o que o outro fará), de informação completa (os *pay offs* são conhecidos) e, principalmente, cooperativo: há incentivos para que os jogadores ajam no sentido de maximizarem conjuntamente suas utilidades, pois os *pay offs* sinalizam nessa direção.

Portanto, ao caçador 1 há duas possibilidades: caçar sozinho a lebre ou juntar forças com o caçador 2 para caçar o cervo (e, em vez de ter uma lebre, ter meio cervo). O jogador 1 deve avaliar as ações do jogador 2: se este caçar o cervo, o jogador 1 pode se aliar a ele (*pay off* "5") ou desertar (*pay off* "2"). Logo, é racional caçar o cervo. Entretanto, se o caçador 2 resolver caçar a lebre, o resultado melhor para o caçador 1 é também caçar a lebre (*pay off* "2").

Se virmos a matriz pelo ponto de vista do jogador 2, o resultado será o mesmo. Note-se que há dois equilíbrios de Nash (*pay offs* sombreados na matriz): ambos caçarem individualmente uma lebre (*pay offs* "2" para ambos) ou se unirem para abaterem o cervo (*pay offs* "5" para ambos). Como os jogadores sabem quais são as suas recompensas, a sua busca pela maximização os levará a cooperar em busca do resultado mais eficiente, que é o ótimo de Pareto. Ambos saem beneficiados e ninguém ficou em desvantagem.

A caça ao cervo, como primeiramente idealizada por um dos grandes contratualistas sociais, Jean Jacques Rousseau, é a base para a fundação das civilizações. Se considerarmos que não há sociedade organizada sem tributação, a cooperação necessária para o contrato social tem como preço a cobrança compulsória de tributos.

Outro jogo clássico é o do "covarde".[75] Nessa situação, dois jogadores precisam se enfrentar, e, caso levem às últimas consequências as suas iniciativas, o resultado será o pior possível, tanto para ambos quanto para a sociedade.

O exemplo paradigmático é o desafio juvenil norte-americano, ilustrado no filme *Juventude transviada* (*Rebel without a cause*, de 1955, estrelando o ator James Dean). Nele, dois sujeitos se enfrentam com o intuito de demonstrar bravura perante outros membros de seu grupo social, mostrando, portanto, a importância da reputação. O jogo se dá com ambos dirigindo automóveis, em uma via de mão única cercada de barrancos; um em direção contrária ao outro. As alternativas são: 1) manter-se no trajeto, sem desistir, cujo *pay off* é afirmar a valentia para os expectadores; ou 2) desviarem em direção ao barranco, cujo *pay off* é preservar a integridade física a custo de sinalizar a covardia aos presentes.

A matriz, com os *pay offs* semanticamente postos em vez de numericamente, segue abaixo:

---

[75] "Chicken", em inglês.

TEORIA DA DECISÃO TRIBUTÁRIA

Jogador 2

	Desviar	Seguir em frente
Desviar	Empatar, Empatar	Perder, Ganhar
Seguir em frente	Ganhar, Perder	Colidir, Colidir

Jogador 1 está à esquerda da matriz (Desviar / Seguir em frente).

Figura 5. Jogo do covarde

Analisando a situação, se o jogador 2 desviar, a escolha maximizadora para o jogador 1 será seguir em frente e vencer o desafio. Por outro lado, se o jogador 2 seguir em frente, a escolha racional para o jogador 1 será desviar, de modo a salvar a pele. A recíproca é verdadeira, contendo os mesmos *pay offs*.

Nesse jogo não cooperativo há (como o caça ao cervo) dois equilíbrios de Nash. A cooperação (desviar) é pouco incentivadora, pois sinaliza covardia de ambos. Pior ainda é a opção colidir, pois levará ao pior resultado possível socialmente: ambos resultarão seriamente feridos, senão mortos. Os dois equilíbrios de Nash estão nos cantos superior direito e inferior esquerdo da matriz, ou seja, quando um dos pilotos desvia e outro segue, e vice-versa. Se ambos desviassem, o resultado seria o mesmo, porém, se ambos seguirem em frente, a consequência será a pior possível do ponto de vista de custo social.

A aplicação desse jogo se dá diretamente a situações de conflito.[76] Negociações em conflitos intersubjetivos envolvem invariavelmente sinalizações

---

[76] A obra clássica sobre teoria dos jogos e estratégia de negociações em conflito, com ênfase no contexto da guerra fria, chama-se *The Strategy of Conflict* (Harvard University Press, 1981), de Thomas C. Shelling, ganhador do Nobel de Economia em 2005.

similares ao jogo do covarde. Ambas as partes querem os melhores resultados possíveis para si, o que envolve ameaçar (explícita ou implicitamente), ceder, pactuar etc. Exemplos clássicos são a corrida armamentista na guerra fria e, ainda mais especificamente, a crise entre Cuba e Estados Unidos, por conta dos mísseis instalados pela União Soviética na referida ilha caribenha, em 1962.[77]

Transpondo o jogo para o direito tributário, vislumbram-se diversas aplicações, desde tratados internacionais até transações entre fisco e contribuinte. Tomando este último, em transações previstas em lei, o fisco acaba sempre saindo em vantagem em relação ao contribuinte. Da mesma forma como na referida película norte-americana, em que o protagonista não consegue (ainda que o queira) pular do veículo, pois sua vestimenta encontra-se enganchada a este (o que sinaliza, inadvertidamente, bravura inédita), negociações entre a Fazenda e o contribuinte sempre beneficiam a primeira.

Como o próprio instituto de barganha fiscal deve ser estritamente vinculado à lei, o agente administrativo, representante do interesse público, encontra-se restrito a poucas possibilidades. Os recursos públicos não são seus, e sim da coletividade que representa e, portanto, sua margem de negociação é limitada. Sendo assim, o contribuinte não visualiza muitas alternativas, salvo aquelas que lhes são ofertadas pelo agente público: em linguagem mundana, "pegar ou largar".

Portanto, de forma semelhante a um advogado que negocia com a parte adversa declarando que os seus limites para acordar são apenas os que o seu cliente autorizou, o agente público que porventura senta para transacionar com o contribuinte encontra-se numa posição ainda mais confortável. Só pode ofertar aquilo que lhe é estritamente permitido pela lei, e, se o contribuinte aceitar, tanto melhor.

1.8.3 Jogos dinâmicos

Em situações reais, é mais plausível a ocorrência de jogos sequenciais ou dinâmicos, que se repetem diversas vezes. Enquanto o dilema do prisioneiro

---

[77] Como o Presidente americano John Kennedy não cedeu em momento algum, ameaçando com medidas militares imediatas, a União Soviética acabou por ceder e retirar os mísseis nucleares da ilha caribenha.

TEORIA DA DECISÃO TRIBUTÁRIA

estático é considerado um jogo "não cooperativo", repetidas sessões do dilema podem gerar cooperação, baseada no altruísmo recíproco, em outras palavras, na cooperação autointeressada ou *tit for tat*, no jargão da teoria dos jogos. O *tit for tat* é, portanto, a estratégia racional para jogos infinitamente repetidos (BAIRD, GERTNER, PICKER, 1994, p. 316), em que o jogador coopera se o outro jogador tiver cooperado no jogo anterior, ou deserta se o outro tiver desertado. Como a punição pela deserção é ser vítima da mesma conduta no próximo jogo, o equilíbrio acaba sendo a cooperação.[78]

Em suma, se o jogador sabe que em uma ocasião futura poderá depender do outro, tem incentivos a colaborar com ele – e não desertar. Nesses casos, situações ótimas de pareto são prováveis, baseadas no interesse em ser retribuído, bem como com a sinalização social de reputação perante os demais indivíduos.

Como se isso se aplica ao direito tributário?

As aplicações são as mais diversas, desde a elisão e evasão fiscais, à guerra fiscal entre os entes federativos e à reforma tributária.

No caso da elisão e evasão fiscal, o contribuinte espera usufruir de bens públicos e de bens privados. Os bens públicos serão supridos pelo Estado, em troca do pagamento de tributos. Os bens privados serão usufruídos por meio dos rendimentos líquidos do contribuinte, *i.e.*, após a tributação.

Na lógica do dilema do prisioneiro, o autointeresse racional incentiva o contribuinte a buscar, de forma lícita (elisão) ou ilícita (evasão), evitar o máximo que puder a incidência fiscal sobre sua riqueza. O resultado ótimo[79] se daria se todos os contribuintes cumprissem com suas obrigações tributárias, pois: 1) mais bens públicos seriam produzidos (segurança, saúde, educação, infraestrutura etc.); 2) a observância geral possibilitaria a diminuição da tributação *per capita*, uma vez que haveria pouca deserção e a arrecadação

---

[78] O *tit for tat* é considerado uma heurística (GIGERENZER, 2006, p. 19), ou seja, estratégia simples e adaptativa quando a informação é incompleta e a capacidade cognitiva limitada. Criação de Robert Axelrod (*The Evolution of Cooperation*, Basic Books, 2006) como estratégia a ser utilizada por computadores em torneios de xadrez (em que as possíveis jogadas são infinitas, portanto incalculáveis em sua completude, mesmo pelo mais potente supercomputador), o *tit for tat* foi aplicado em um torneio de 1979, tendo obtido a vitória sobre o oponente.
[79] Para fins de simplificação, vamos considerar que o Estado seja eficiente na gestão dos recursos públicos e que o desperdício – para não mencionar desvios ilícitos de dinheiro público – seja mínimo.

TEORIA GERAL DA DECISÃO

aumentaria – sem que houvesse necessidade, pelo menos, de aumento de tributos (teoricamente, seria possível a diminuição da carga tributária).

Se o resultado não é eficiente no critério de Pareto (pois os contribuintes, em um primeiro momento, sairiam prejudicados individualmente em prol do bem comum), seria ao menos eficiente no critério Kaldor Hicks, pois o ganho social superaria em muito o custo individual – e os contribuintes teriam retorno superior, em bens públicos, em relação aos seus custos individuais. Este é o melhor dos mundos, algo que beira à utopia. Por que esse cenário idílico não ocorre? Porque os indivíduos (em média) racionalmente buscam a situação que lhes traga melhor recompensa, gerando o equilíbrio de Nash, que é inferior em termos de eficiência, ou seja, desertar.

Quanto à guerra fiscal, a ocorrência é basicamente a mesma. Se os entes federativos cooperassem entre si, provavelmente o resultado geral seria melhor. Novamente, as tentações à deserção ocorrem – dados os incentivos advindos das recompensas – e o resultado é subótimo: Estados e Municípios brigando entre si para obterem mais recursos por meio da concessão de benefícios aos contribuintes.

Finalmente, a questão (aparentemente sem solução) da reforma tributária é idêntica em sua lógica. Uma reforma que simplificasse radicalmente a estrutura tributária, incluídas as competências federal, estadual e municipal, eliminaria benefícios fiscais e desestimularia a elisão e evasão fiscais. O resultado seria o melhor para todos, tanto entes federativos quanto contribuintes. Aqueles provavelmente incrementariam sua arrecadação (ao menos a médio ou longo prazo), enquanto estes teriam menos custos de conformidade (os deveres instrumentais, no léxico de Paulo de Barros Carvalho) e carga tributária menos elevada.

Novamente, o resultado é ineficiente, tanto que até hoje a reforma não saiu do papel (ou dos papéis, dadas as inúmeras propostas até hoje apresentadas). No entanto, os entes federativos não admitem qualquer diminuição, ainda que inicial em sua arrecadação, bem como qualquer aparente perda de poder no que se refere ao exercício de suas competências legislativas – o que inclui, naturalmente, a possibilidade de criar e aumentar tributos, e também de conceder benefícios. Os contribuintes, por seu turno, especialmente aqueles organizados em grupos de pressão, representantes de setores específicos da economia, não pretendem perder benefícios fiscais que maximizam a sua utilidade, ainda que a custo de todos os demais contribuintes que não têm influência sobre os fazedores de políticas públicas.

A cooperação poderia ocorrer revertendo os resultados ineficientes típicos dos dilemas do prisioneiro simultâneos, mediante adequados *pay offs*. No caso da evasão fiscal,[80] por meio de normas jurídicas e sociais de governança corporativa que forcem os contribuintes a sinalizar para a sociedade (e para investidores reais e em potencial) a observância das obrigações tributárias.

Na guerra fiscal, medidas jurídicas (por exemplo, leis de responsabilidade fiscal; acordos entre entes federativos, vide os convênios e protocolos do Confaz – em que as deserções geram sanções – e a aplicação de regras constitucionais e legais pelos tribunais) podem também aumentar o preço da deserção aos entes federativos, tornando-os proibitivos.

Por fim, a reforma tributária é algo que dificilmente fugirá da armadilha do dilema do prisioneiro. Ainda que haja negociação entre os atores (e, consequente informação, o que não há no dilema clássico), a sua ocorrência é supostamente única, levada a cabo de uma vez só. Desse modo, não haveria a repetição do jogo, impossibilitando o *tit for tat* entre os entes federativos. Daí o eterno impasse a que assistimos há quase duas décadas.

1.8.4 Forma extensiva

Os jogos dinâmicos, também chamados de sequenciais ou repetitivos, são representados graficamente na maneira extensiva.[81] De forma visualmente semelhante à árvore decisória, a árvore da teoria dos jogos apresenta as jogadas umas após as outras, com os respectivos *pay offs*. A razão disso é que o jogador espera o movimento do oponente para agir, tal qual um jogo de tabuleiro.

Podemos demonstrar a forma extensiva com tratados comerciais entre países, onde se aplicam barreiras tarifárias como formas de protecionismo a

---

[80] Quanto à elisão, resta mais difícil gerar incentivos para reduzi-la. Por serem, em tese, lícitas, normas sociais que desaprovam a evasão não funcionam aqui. É claro que planejamentos tributários mais agressivos tendem a provocar respostas também agressivas das autoridades fazendárias, ocasionando contingenciamentos para as empresas que, por sua vez, sinalizam risco para investidores.

[81] Jogos estáticos também podem ser representados na forma extensiva, porém o costume é representá-los em matrizes.

indústrias locais, ao mesmo tempo em que se pretende que o outro país abra ao máximo o seu mercado. O *tit for tat* opera pela repetição ínsita das relações comerciais entre os países, assim como pela possibilidade de retaliação em forma de barreiras tarifárias, (*v.g.*, tributos sobre a importação de determinados bens) regulada por entidades internacionais, como a Organização Mundial do Comércio.

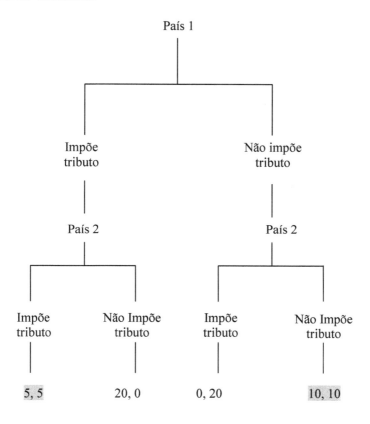

Figura 6. Forma extensiva de um jogo dinâmico

Em formas extensivas aplica-se a chamada indução retroativa, que significa ler o jogo do fim para o começo. Na árvore acima, começa-se pelos *pay offs*, e os da esquerda correspondem ao "País 1" e os da direita, ao "País 2".

Nesse jogo dinâmico, observa-se pelos *pay offs* que o melhor resultado *individual* (*pay offs* dos centros, 20, 0 e 0, 20, respectivamente) é o do dilema do prisioneiro, qual seja um país tributar os bens produzidos pelo outro, ou seja, ser protecionista (desertar) e o outro, não – a recíproca é verdadeira.[82] O resultado melhor para ambos é nenhum tributar (*pay offs* 10, 10), ao passo que o resultado pior é ambos tributarem (*pay offs* 5,5).

Fosse esse um jogo estático, como o dilema clássico, a racionalidade individual imporia a deserção a ambos os jogadores, sendo este o equilíbrio de Nash. Como se trata de um jogo dinâmico e repetido, em que um observa a jogada do outro e as interações são reiteradas no tempo – como são as relações internacionais –, há o incentivo à cooperação, pois o comportamento de um dos países no jogo prévio possibilitará a retaliação do outro no futuro, assim como a cooperação no jogo prévio criará o incentivo para o mesmo comportamento futuro. Além disso, os jogos repetidos criam a reputação entre os jogadores, norma social de grande força na motivação em interações estratégicas.

---

[82] Importante salientar que, quando digo "país", não me refiro aos seus cidadãos, mas sim à negociação entre governos – tipicamente capturados, ao menos em parte, por grupos de interesse organizados. Sempre será melhor para eles, enquanto consumidores, o livre mercado, pois o equilíbrio entre oferta e demanda característico desse sistema possibilita haver excedente do consumidor. Em outras palavras, preços mais baixos que em mercados fechados ou monopolistas.

2. DECISÃO DO LEGISLADOR

A partir deste ponto, passaremos a analisar a decisão do legislador, responsável pela construção do sistema jurídico tributário. Cabe advertir, contudo, que por legislador devemos entender não apenas um indivíduo, mas um corpo formado por diversas pessoas, cada qual dotada de vontade e interesses próprios. Não obstante essa realidade, alguns aspectos decisórios normativos (não positivos, portanto) podem ser abordados, de modo a ressaltar alguns pontos importantes na elaboração de normas tributárias, uma vez que, para fins analíticos, se pode considerar a vontade do legislativo como unitária, dado que, após o processo de elaboração de leis e todas as suas inafastáveis negociações, discussões e barganhas chegarem a um produto final, têm-se os diplomas legais que estabelecem tributos.

2.1 Construindo o sistema

Em sistemas jurídicos de matriz romano-germânica a sua estrutura é ditada primordialmente pelo Poder Legislativo, cujas leis são o ponto de partida da análise positiva do ordenamento, ao contrário dos sistemas da *Common Law*, em que as decisões judiciais são o foco principal.

O legislativo tem a função de criar, desse modo, os principais veículos de tributos em nosso sistema, as *leis tributárias*, compostas por enunciados concernentes aos tributos propriamente ditos, assim como aqueles relativos à fiscalização e arrecadação de tributos. Note-se que ainda não estamos utilizando categorias como normas jurídicas, pois, nesse estágio de construção do ordenamento e sob o ponto de vista do legislador, ainda se está em nível de enunciados normativos.

Nesse sentido, categorias como normas, princípios e regras são fruto de construção hermenêutica do sistema, nada mais do que modelos de interpretação da realidade jurídica desenvolvidas pela teoria jurídica. O legislador não almeja tanto, mesmo porque em sistemas democráticos os representantes populares eleitos pelo voto popular, que integram as casas legislativas não necessitam ter formação jurídica. Em verdade, os vereadores, deputados e senadores têm as mais diversas formações e profissões, e é justamente essa diversidade que melhor faz representar os difusos interesses de seus representados.

Os subsistemas tributários de vários ordenamentos particulares têm o denominador comum de serem altamente codificados, não importando se os sistemas jurídicos aos quais pertencem sejam da *Civil Law* ou da *Common Law*. A razão disso se deve às finalidades que as normas tributárias têm e, principalmente, aos meios para alcançá-las.

A legislação civil, por exemplo, regula temas de forma muito menos denotativa do que a tributária. Disposições sobre obrigações contratuais são positivadas de maneira mais genérica e sucinta, atribuindo aos particulares a imensa maioria das especificações quanto aos direitos e deveres nas relações jurídicas.

No Código Civil brasileiro, ainda que a autonomia privada seja relativizada pela função social do contrato (artigo 421), o diploma apenas estabelece determinações gerais sobre direitos e obrigações das partes (*v.g.* artigo 427), requisitos gerais de validade (artigo 104), regras de interpretação (*v.g.*, artigo 423) e mesmo espécies de contratos (artigos 481 a 853). A essência dessas relações jurídicas, como a própria denominação "direito privado", é atribuir justamente aos particulares a celebração de deveres e obrigações mútuas, sendo estas amparadas pelo sistema jurídico. Todavia, espera-se que o amparo, por exemplo, por meio da intervenção do Judiciário para execução das obrigações, seja a exceção, não a regra.

O direito penal, de certa forma, é ainda menos intrusivo. A finalidade da maior parte das regras criminais é proibir condutas tidas como ilícitas pelo legislador, *i.e.*, exige-se a *inação* por parte dos cidadãos em relação àquelas situações tipificadas como crimes ou contravenções. Ainda que a dimensão expressa dos seus comandos normativos seja formada, *grosso modo*, de sanções punitivas, a disposição implícita dos comandos determina a abstenção da conduta ilícita. Por exemplo, o artigo 121 do Código Penal brasileiro assim dispõe, objetiva e sucintamente: "matar alguém: pena – reclusão, de seis a vinte anos". É claro que não se trata de uma obrigação, tampouco de uma permissão destinada ao cidadão, uma vez que estabelece a punição da privação de liberdade, mas, sim, uma proibição implícita. A referida disposição poderia assim ser enunciada: "é proibido cometer homicídio",[83] o que denota a exigência de inação por parte dos indivíduos, que cumprirão o comando simplesmente não realizando a conduta vedada.

O direito tributário, por outro lado, exige justamente a realização de inúmeras condutas por parte dos seus destinatários (contribuintes e responsáveis, pessoas físicas e jurídicas). Portanto, é necessária a intensa codificação de seus dispositivos, gerando a complexidade quase que universal nos sistemas tributários particulares. Mesmo em países como os Estados Unidos, típico exemplo do direito consuetudinário, a legislação tributária é prolixa e extensa.

O legislador, aqui considerado de forma ampla, é premido também pela restrição normativa, conforme será abordado de forma mais extensa no tópico "decisão do juiz". Pode-se adiantar, desde já, que essa restrição significa o repertório de procedimentos previstos pelo ordenamento para a criação de leis, ou, de forma mais substancial, de normas jurídicas. Analogicamente, é como a restrição orçamentária que o consumidor possui ao adquirir bens e serviços, ou, de maneira mais fundamental, denota os recursos normativos escassos que o legislador detém para exercer sua função, sendo também e mais comumente denominados de competência legislativa. No direito tributário, grande parte desses recursos normativos encontra-se na Constituição Federal.

---

[83] Ou "matar" ou "tirar a vida de pessoa" etc.

TEORIA DA DECISÃO TRIBUTÁRIA

2.2. Da estrutura à função do direito

O estruturalismo é, em essência, uma teoria da norma jurídica. O funcionalismo, por seu turno, é uma teoria que visa descobrir como o direito pode alcançar suas finalidades. Se o primeiro preocupa-se com a estrutura e a integridade do sistema, o último interessa-se pelos meios e pelos fins perseguidos pelo Direito, bem como pelos efeitos que este acarreta na ordem social. A primeira corrente poderia ser resumida em uma pergunta: como é o Direito? A última, por sua vez, pela pergunta: para que serve o Direito?

Por ambos os prismas, o Direito pode ser visto como um sistema, mais precisamente um subsistema social, em que seus elementos são atos de comunicação ou atos de fala diretivos de condutas humanas (CARVALHO, 2008, p. 160.

O enfoque comunicacional é rico e ilustrativo do fenômeno jurídico, pois possibilita a compreensão da mecânica normativa e da interação entre os indivíduos, ponto nuclear da análise de qualquer fenômeno social. O sociólogo alemão Niklas Luhman, para quem cabe ao direito estabilizar as expectativas normativas, é um dos expoentes da linha comunicacional.[84]

A análise comunicacional também considera que o sistema jurídico deve ser visto como algo além de sua mera estrutura, tendo uma função a cumprir no contexto que lhe serve de ambiente, qual seja, a sociedade. Nesse sentido, pode-se falar em uma "função social" do direito.

O enfoque estruturalista ou formalista do Direito prevaleceu na teoria jurídica, notadamente a do Direito Público, em grande parte do século anterior. Importante perceber, como aponta Bobbio (2007, p. 56), que a primazia da análise estruturalista sobre a análise funcionalista visou depurar a ciência

---

[84] A referência a Niklas Luhmann é apenas exemplificativa das visões sistêmicas do Direito. No entanto, não se adota aqui a sua linha ontológica e epistemológica, pois para o sociólogo alemão os sistemas sociais não compreendem os indivíduos, sendo constituídso apenas por comunicações. Vide a passagem do livro *Law as a Social System* (2004, p. 142): "[...] empirically, people exist only as individuals and that general statements about humankind, consciousness, and person are difficult to test. In contrast, 'society' means here a concrete, even if highly complex, single system which exists through ongoing communications and which can be observed empirically". Se isso fosse apenas um corte epistemológico, um modelo para fins meramente analíticos, tal qual a teoria da ação social de Talcott Parsons, poder-se-ia aceitar sem problemas a referida asserção. O problema – e grave – é que Luhmann afirma que a sociedade "é" comunicação, como se esta pudesse existir sem os respectivos comunicadores.

DECISÃO DO LEGISLADOR

jurídica de influências ideológicas de outros campos, algo bastante comum, diga-se de passagem, ao jusnaturalismo, tanto de direita quanto de esquerda. A separação entre Direito e Moral[85] e, portanto, das ideologias e julgamentos pessoais de seus intérpretes tornou-se a tônica do juspositivismo, diretamente responsável pelo avanço dos estudos estruturalistas do fenômeno jurídico. Assim, a preocupação primordial era como o ordenamento jurídico é, e não para que ele serve[86], bem como afastar a identificação da ordem jurídica com a justiça. A justiça é um valor que pode ou não ser perseguido por determinada ordem jurídica, porém com ela não se confunde.[87]

A visão positivista, com especial influência kelseniana para a ciência jurídica brasileira, cumpriu a necessária e salutar dignificação do Direito enquanto campo autônomo do conhecimento, ainda que a sua pretensão científica possa ser questionável. Posner (2003, p. 252) adverte que a teoria pura é, em rigor, apenas uma definição de Direito e, portanto, não cumpre com o teste popperiano da falseabilidade. Mesmo assim, a demarcação do Direito como norma jurídica teve e segue tendo inegável utilidade científica, pois possibilita ao jurista identificar e analisar qualquer ordem normativa – seja ela justa ou injusta, boa ou ruim, consoante as suas concepções axiológicas.

---

[85] Não obstante a separação ser prévia a Kelsen, já defendida por Jeremy Bentham e por John Austin, com cerca de um século de antecedência. A sentença de Austin (2000, p. 184) é famosa: "the existence of law is one thing; its merit or demerit is another. Whether it be or be not is one enquiry; whether it be or be not comfortable to an assumed standard, is a different enquiry".

[86] Kelsen faz questão de marcar essa posição desde as primeiras páginas de sua *Teoria pura*. No capítulo 1 de sua obra magna, diz: "[...] (a teoria pura) quer única e exclusivamente conhecer o seu próprio objeto. Procura responder a esta questão: o que é e como é o Direito? Mas já não lhe importa a questão de saber como deve ser o Direito, ou como deve ele ser feito. É ciência jurídica e não política do Direito". E, mais adiante, ao final do capítulo 2, reforça: "com efeito, a ciência jurídica não tem de legitimar o Direito, não tem por forma alguma de justificar – quer através de uma Moral absoluta, quer através de uma Moral relativa – a ordem normativa que lhe compete – tão somente – conhecer e descrever".
Kelsen relega a outras ciências, como a Sociologia e a Política, a preocupação com a função do Direito. É, *mutatis mutandis*, a posição de Hart, provavelmente o mais famoso juspositivista (ao menos em língua inglesa) do século passado, ao diferenciar os aspectos internos (estruturalista) e externos (funcionalista) do Direito.

[87] Como adverte Bobbio (1996, p. 67), "o Direito, como ele é, é expressão dos mais fortes, não dos mais justos. Tanto melhor, então, se os mais fortes forem também os mais justos."

Reconhecendo, por princípio, que afastar juízos pessoais de valor da análise jurídica seja salutar, pois a ciência requer o máximo de objetividade possível, é inevitável reconhecer que o Direito – justamente por ser fruto do homem, como querem os positivistas – tem intensa carga axiológica. Mesmo que não se queira contaminar a teoria jurídica com ideologias e morais particulares, o seu próprio objeto de conhecimento já é permeado de valores, não obstante, uma vez internalizados, serem valores jurídicos e não mais de caráter moral ou de qualquer outra natureza. Nada impede, entretanto, que se possa analisar imparcialmente um objeto cuja ontologia é subjetiva, por ser produto da cultura humana.[88]

Esses valores, contudo, impõem finalidades ao Direito e fazem com que ele tenha funções a cumprir, de modo a alcançar as pretendidas metas. Seja a finalidade apenas impor uma ordem coercitiva à coletividade, como quis Kelsen, seja possibilitar a consecução de inúmeros objetivos nobres, tais como a redistribuição de renda, a preservação do meio ambiente, a prestação de serviços do estado assistencialista ou a dissuasão de crimes e condutas antissociais, ninguém sintetizou melhor a finalidade do Direito até hoje do que Jhering, na abertura da *Luta pelo direito* (1782): "o fim do Direito é a Paz. O meio para esse fim é a guerra".

Em essência, o Direito visa a calibrar a ordem social, isto é, ao garantir expectativas normativas e gerar segurança jurídica, ou seja, paz social, inevitavelmente é necessário primeiramente solucionar os incessantes litígios que servem de combustível para a própria autogeração do sistema jurídico, a "guerra".

Paradoxalmente, as incessantes disputas de interesses que surgem a partir do marco institucional que o sistema jurídico oferece – do arcabouço de princípios e regras que estruturam o Direito – fazem surgir as estabilizações de sentidos normativos que, por sua vez, propiciam as necessárias externalidades positivas. Em outras palavras, a paz social exsurge a partir dos incessantes

---

[88] Como pontua Neil Maccormick (1978, p.239), "[...] there is nothing antipositivist about saying that law is not value free. If human beings did not value order in social life, they wouldn't have laws at all, and every legal system embodies not merely a form of social order, but that form of order which is specifically valued by those who have control of the legislative executive or adjacative process – or at least, it is a patchwork of the rival values favoured by the various groups taking part in such process".

conflitos inerentes à racionalidade humana, e essa paz nunca é um destino final que o Direito alcançará, mas um mero estado provisório, decorrente de um processo contínuo e incessante.

Em rigor, não se pretende com a crítica funcionalista acima minimizar o lado formalista do pensamento predominante doutrinário, mesmo porque a análise dita "formalista" é absolutamente imprescindível à correta compreensão do fenômeno jurídico, pois o aspecto formal do direito é justamente o que o distingue como tal (SCHAUER, 2009, p. 31). Por outro lado, não se pode olvidar que o Direito é um campo da razão prática, *i.e*, é um instrumento que deve servir para alguma coisa. Entretanto, se a estrutura do Direito é tida como complexa, ainda mais complexa é a miríade de particulares funções ou finalidades que as inúmeras normas do ordenamento têm.

2.2.1 São o estruturalismo e o funcionalismo inconciliáveis?

Como visto, enquanto o estruturalismo preocupa-se com a integridade do sistema, o funcionalismo concentra-se nas finalidades e nos efeitos das normas jurídicas. Mas podem tais concepções coexistirem ou mesmo conciliarem-se, formando um corpo teórico consistente?

A doutrina tributária brasileira é tradicionalmente estruturalista, de influência nitidamente kelseniana, preocupando-se primordialmente com o aspecto formal do direito tributário positivo. Construções e contribuições teóricas dessa natureza vêm dominando a produção acadêmica nas últimas décadas e gerando inúmeros frutos, dos quais se destacam a formação de uma escola de pensamento, inúmeras aplicações a diferentes subtemas tributários e a influência institucional nos órgãos fazendários e tribunais. Como representantes dessa linha, sobressaem-se a Pontifícia Universidade Católica de São Paulo e o Instituto Brasileiro de Estudos Tributários (IBET). A primeira é representada por grandes autores como Geraldo Ataliba, Paulo de Barros Carvalho e Roque Antonio Carrazza. O último, fundado por Rubens Gomes de Souza, tem o supracitado Paulo de Barros Carvalho como líder e expoente máximo.

Não há dúvida de que as contribuições dessa corrente doutrinária são inestimáveis e formam a base e a vanguarda de todo o pensamento jurídico-tributário brasileiro contemporâneo. Ao lado da visão estruturalista dessas

TEORIA DA DECISÃO TRIBUTÁRIA

escolas, uma outra maneira de enfocar o direito é o funcionalismo, que, cumpre dizer, não contrasta com o enfoque dos referidos pensadores, mas o complementa (e é por ele complementado)

As concepções e definições precisas de categorias fundamentais como princípio, norma, fato e relação tributária propiciam um ponto de partida formidável para escolas tipicamente funcionalistas, por exemplo, o *Law and Economics* estadunidense. A tradição iniciada com Bentham, e desenvolvida por Austin, Kelsen e Hart, fornece o quadro referencial a partir do qual se podem desenvolver análises positivas e normativas do direito.

Em síntese, uma teoria jurídica completa deve ser capaz de: 1) analisar e descortinar a estrutura sistêmica do Direito, o que significa descrever as relações verticais de hierarquia dos elementos do sistema, a saber, as normas, bem como suas relações horizontais de coordenação; 2) compreender os valores e finalidades perseguidas pela ordem jurídica, bem como poder analisar e prever efeitos sociais decorrentes das normas.

2.2.2 O inafastável funcionalismo dos objetos culturais

Muitas palavras podem ser definidas tanto por sua estrutura quanto por sua função, sendo duas formas distintas de ver o objeto. Por exemplo, "carro" pode ser definido como "veículo de rodas" e também como "veículo destinado a transporte de pessoas ou coisas".[89] A função é característica própria de objetos que denotam intencionalidade, ou seja, construídos por seres conscientes, de modo a servirem para algum intento.[90]

---

[89] *Dicionário Cândido Figueiredo*, verbete "carro".

[90] Nesse sentido, um órgão do corpo humano ou um astro não têm "funções", pois não têm teleologia. Costuma-se dizer que a função do coração é bombear sangue para o corpo humano e que a função do sol é iluminar e aquecer a Terra. Trata-se, contudo, de metáforas, pois nem o coração nem o sol são seres conscientes, dotados de intencionalidade, que buscam determinados fins com suas ações. Somos nós que atribuímos essas funções a eles. Nem por isso a intencionalidade é prerrogativa do ser humano, podendo ser encontrada também em espécies de animais, ainda que em nível instintivo e herdado geneticamente. O pássaro conhecido como joão-de-barro, ao construir sua casinha na árvore, o faz porque tem a inata habilidade para fazê-lo, herdada geneticamente, porém há intencionalidade nisso e, portanto, pode-se dizer que o artefato tem uma função: proteger a fêmea e a ninhada do ambiente potencialmente hostil.

No entanto, se percebermos atentamente, a primeira definição de "carro" já contém a segunda, pois, ao defini-lo como "veículo", imediatamente se depreende, analiticamente, a sua função de transporte. Indo mais longe, o próprio termo "carro" já pressupõe a sua função de veículo de transporte. O que se quer afirmar com isso é que as palavras que denotam objetos culturais necessariamente são definidas pela sua função, ainda que também possam ser definidas, de forma auxiliar, pela sua estrutura.[91]

Com o Direito não poderia ser diferente. Mesmo uma definição supostamente formalista, como a de Kelsen (1996, p. 48), para quem o Direito é uma "ordem normativa de coação", não escapa do funcionalismo. Ora, se é ordem normativa, é porque contém normas, o que, por sua vez, também se define pela função, qual seja regrar a conduta humana.

A concepção de Austin para o Direito ainda é a mais simples, elegante e precisa: comandos[92] apoiados por sanções estatais (2000, p. 13-16). Normas são essencialmente comandos, veiculadas por intermédio de atos de fala diretivos de condutas e dependem, para a sua eficácia, da aplicação coercitiva por parte do Estado, detentor do monopólio da violência. A coercibilidade do Direito é, portanto, a privação de liberdade concreta do indivíduo, que

---

[91] Veja-se a palavra "cadeira", por exemplo. O *Dicionário Cândido Figueiredo* a define, entre os diversos outros sentidos para o vocábulo, como "assento com costas para uma pessoa", assim como "quadris, nádegas". A segunda definição é anatômica, estrutural, portanto. Para que se queira saber mais, será necessário então definir o que é quadril, o que é nádega, o que é anatomia, o que é corpo humano, e assim por diante. Note-se que nenhuma dessas palavras denota uma função intrínseca ao seu sentido. Não se pode dizer que a função das nádegas seja sentar, ao menos não de forma literal. Por outro lado, a definição de "cadeira" necessariamente leva em conta a sua função, pois é artefato humano, construído para determinado propósito. De nada adiantaria uma definição de cadeira do tipo "objeto de madeira com quatro pés", pois qualquer objeto natural, tal qual uma árvore, que tivesse tomado a forma acidental de uma cadeira, poderia ser chamada como tal.

[92] Hart (1980, p. 53) atacou a definição austiniana de Direito como comando, pelo argumento de que nem sempre as regras são mandatórias, do tipo "faça aquilo" ou "não faça isso", sendo muitas vezes facilitadoras das ações do cidadão: "se você deseja fazer isso, esta é a forma de fazer". Em meu entender, a crítica não procede e mesmo denota uma compreensão superficial da natureza do Direito, apreendida por Austin, mas não por Hart. Se há regras que permitem determinadas ações do indivíduo, nem por isso deixam de ser comandos. Se é permitido celebrar um contrato de compra e venda, é porque também é proibido celebrá-lo além dos limites que o Direito autoriza. Da mesma forma, se me é permitido ser proprietário de um terreno, é proibido a todos os demais indivíduos que o invadam. Em essência, toda regra é um comando, aliás, a própria noção de regra e de norma está umbilicalmente ligada à ideia de comando.

TEORIA DA DECISÃO TRIBUTÁRIA

pode se dar tanto pela subtração de sua riqueza como de sua liberdade física propriamente dita.[93]

Se o Direito é uma ordem normativa, cujos elementos são comandos coativos, a função lhe é inerente: prescrever condutas. Veja-se que essa função pode ser vista tanto por um enfoque interno quanto por um enfoque externo. O interno, tipicamente positivista e encontrado tanto em Austin como em Kelsen e Hart, é, como vimos, regular o comportamento dos indivíduos em sociedade. O externo pode ser encontrado em Luhmann, que, como o sociólogo que é, vê o Direito externamente, por isso a sua "estabilização de expectativas normativas". Ora, "expectativa" é algo que afeta o destinatário dos comandos normativos, por isso uma visão externa do fenômeno.

Tanto o enfoque interno quanto o externo são necessários, concomitantemente, para a devida compreensão do fenômeno jurídico. Um não pode prescindir do outro, sob pena de visão míope, parcial. A Teoria dos Atos de Fala demonstra isso, ao analisar tanto os atos ilocucionários (ponto de vista do emissor) quanto os atos perlocucionários, que são os efeitos psicológicos que os atos de fala causam nos ouvintes (ponto de vista do ouvinte). Sendo assim, se a função ilocucionária de uma norma é fazer com que o seu destinatário a obedeça, o efeito perlocucionário pretendido por ser mais amplo do que a mera obediência, por exemplo, a sensação de segurança jurídica, de justiça realizada, de paz social.

2.2.3 Estrutura e dinâmica na ordem complexa do Direito

Quando afirmamos que determinado grupo de objetos compõe um sistema, tal assertiva faz parte de um sistema classificatório que temos imbuído em nosso aparato cognitivo. Destarte, vemos sistemas, padrões e ordem por necessidade e adaptação evolutiva, ao passo que a realidade simplesmente existe, assim como os objetos que a ela pertencem. Quando enxergamos formas em constelações estelares, formação nos planetas ou teleologia em objetos naturais, nada mais fazemos do que buscar ordem na natureza.

---

[93] Importante ressaltar que a coercitividade do Estado identifica-se, na linha kelseniana, com o próprio Direito. O uso da violência institucional, como a própria adjetivação indica, dá-se sempre por meio da linguagem, ao passo que a violência pura, não institucional, não necessita de mediação linguística, como bem aponta Friedrich Müller (1995, p. 41).

Ainda que ordem e teleologia sejam produtos de nossos cérebros quanto a objetos naturais, não o são em relação a objetos culturais. Pelo fato de estes últimos, ao contrário dos primeiros, terem a sua ontologia subjetiva, a ordem e a teleologia lhes são intrínsecas. Como o direito é um objeto cultural (BARROS CARVALHO, 2008), a função e teleologia lhe são inerentes, pois se trata do mais perfeito exemplo de razão prática.

Adotando uma visão cibernética do direito, que a meu ver ainda é a melhor teoria dos sistemas, percebe-se que o sistema jurídico é do tipo *dinâmico e complexo.*

A taxonomia dos sistemas se aplica tanto aos chamados sistemas naturais quanto aos sistemas artificiais, pois, se ambos são atos de classificação, têm em comum serem sistemas proposicionais.

Os componentes universais de todo sistema são os elementos e a estrutura. Entendo serem estes os mais fundamentais, devendo se acrescentar aos sistemas que possuem intencionalidade o componente da função. Onde houver elementos organizados em uma dada estrutura, existirá sistema. A forma como a estrutura e os elementos são criados e a sua interação com o ambiente é que permitem a diferenciação entre sistemas estáticos, dinâmicos, simples e complexos. Na classe de sistemas complexos encontram-se os sistemas sociais, em que se verifica o atributo da intencionalidade e só então é possível encontrar o componente teleológico da função.

Sistemas estáticos têm os seus elementos organizados em uma dada estrutura exogenamente. Por exemplo, uma parede de tijolos é um sistema estático. Por mais intrincado que possa ser (*v.g.*, Grande Muralha da China), esse tipo de sistema não logra interagir com o seu ambiente, *i.e.*, não possui mecanismos calibradores de *feedback*. Se um furacão derrubar a parede, seus elementos não se reorganizarão nem ela será capaz de produzir novos elementos para substituir os avariados.

Sistemas dinâmicos possuem mecanismos interacionais, cujo processo é enviar e receber mensagens, e cujo produto é informação. Essa interação com o ambiente permite que possam se autocalibrar e manter a sua *homoestase* (equilíbrio interno). Um exemplo é um sistema de refrigeração artificial, controlado por um termostato. Este regula a temperatura em determinado grau, mantido por compressores – quando a temperatura é alcançada, os compressores param. Interações com o ambiente podem alterar esse equilíbrio (*e.g.*, abertura por onde entre ar com temperatura mais elevada), fazendo com que o termostato processe esse *feedback* e acione novamente os compressores, retornando à temperatura programada. Apesar de ser um sistema dinâmico, novamente sua estrutura é dada de forma exógena, e o sistema não tem a capacidade de se autorreparar. Se o termostato queimar, o refrigerador não conseguirá produzir outro, sendo necessária intervenção externa para tanto. Em suma, os sistemas dinâmicos têm autorregulação, porém não possuem autogeração de seus elementos.

Os sistemas complexos não apenas se autorregulam, como também se autogeram, sendo sua estrutura dada endogenamente. O exemplo mais paradigmático são os organismos vivos. Por intermédio de sofisticados mecanismos calibradores de *feedback* mantém sua *homoestase* em perfeito equilíbrio. Quanto algum desvio ocorre, a calibração é prontamente acionada de modo a promover *neguentropia* (entropia negativa ou reorganização do sistema), como acontece quando o organismo sofre uma avaria qualquer (*v.g.*, um ferimento) ou é invadido por organismos estranhos (*v.g.*, vírus ou bactérias), ou o simples desgaste entrópico (*v.g.*, velhice). Para tanto, será necessária a constante produção de novos elementos para substituir os que foram avariados, daí a conjunção da autorregulação e autogeração que o tornam um sistema complexo.

Todavia, para que a autogeração seja possível, é necessário que o sistema tenha em si mesmo as regras para tal, pois, do contrário, a sua estrutura seria dada exogenamente e não endogenamente. Por isso se diz que o sistema fala sobre si mesmo, é autorreferenciável. Apenas para manter coerência nos exemplos, a autorreferencialidade dos organismos vivos reside em seu código genético.

Uma vez postas as espécies de sistema, em qual delas se enquadra o direito? O sistema do direito é um mecanismo regulador de condutas e, para tanto, necessariamente troca mensagens com o seu ambiente. Envia atos de fala diretivos à sociedade, com direção de ajuste mundo-palavra, ou seja, as pessoas e suas ações devem se ajustar ao prescrito pela norma.

Por sua vez, o direito observa como o ajuste é feito ou descumprido, e a partir desse *feedback* se autorregula. Se determinado tributo não é adimplido pelos contribuintes, o sistema tributário deverá ter esse comportamento em conta e tomar alguma medida, por exemplo, majorar a sanção negativa, criar algum incentivo ou mesmo expurgar a norma de si mesmo.

Mas como o sistema jurídico realiza essa complexa autorregulação? De forma interna ou externa? É necessária intervenção de "fora" do direito, ou seja, o legislador ou o juiz? Uma vez que estes são sujeitos de carne e osso, ou seja, não são "normas" ambulantes, seria o direito um sistema estático?

Ocorre que legisladores, juízes ou mesmo agentes administrativos não são, enquanto tais, sujeitos de "carne e osso". São órgãos com competência atribuída pelo Direito para criarem os elementos do sistema. De forma semelhante à atribuição de "papéis" na teoria sociológica, a competência jurídica é conferida por normas do próprio sistema.[94] Dessarte, o legislador, o juiz ou o fiscal são fontes produtoras de normas, e o são porque outras normas lhes conferiram tal potência.

Como se pode concluir facilmente do exposto acima, o Direito é um sistema complexo, pois, além de se autorregular, também produz seus próprios elementos: atos de fala diretivos de conduta, ou de forma mais simples, normas.

Como é decorrente da autogeração, o sistema jurídico também possui autorreferencialidade, isto é, metanormas que informam a produção de outras normas. Essas metanormas são chamadas por vários nomes a depender do autor: norma de estrutura (BOBBIO); norma secundária (HART); norma de competência (ROSS). Usualmente dispostas na Constituição e em leis procedimentais, por exemplo, os vários códigos processuais e legislação esparsa.

2.2.4 Função do Sistema Jurídico: orientar condutas por meio das sanções jurídicas

A função de um sistema jurídico não deve ser confundida com os fins a que o mesmo almeja. A função é essencialmente regular comportamentos humanos e, para tanto, as sanções cumprem um papel fundamental, pois fazem com que o indivíduo processe os comandos normativos de forma condicional, seja para ser punido em caso de descumprimento de conduta, seja para ser recompensado quando atender as ordens que lhe são dirigidas.

Como percebeu Thomas Hobbes (2008, p. 143), "os pactos sem a espada não passam de palavras, sem força para dar segurança a ninguém." Dito de

---

[94] Para uma abordagem profunda sobre a competência tributária pela ótica estruturalista , ver a obra de Tácio Lacerda Gama, *Competência tributária*. Fundamentos para uma teoria da nulidade. São Pauo: Noeses, 2009.

TEORIA DA DECISÃO TRIBUTÁRIA

outra forma, instituições, contratos, acordos ou qualquer relação intersubjetiva onde se encontre direitos e deveres requer a ameaça de uso da força para a sua eficácia. Tal ameaça, como vimos, é a sanção, que pode tanto ser social ou jurídica.

Em situações onde há pessoalidade nas relações, por exemplo, entre familiares, amigos ou vizinhos, é possível verificar a informalidade nas trocas econômicas. Custos de transação tornam-se elevados quando tais trocas se dão de forma impessoal, cabendo então ao sistema jurídico estabelecer instituições que as possibilitem, fazendo-o por intermédio de regras dispositivas e sancionadoras e de sua efetiva aplicação.

A concepção clássica do direito é a de mantenedor da ordem social, e, uma vez cumprindo essa tarefa, propicia segurança, paz social. Uma vez identificado com o Estado, o direito "recebe" parte da liberdade dos indivíduos e, em troca, protege o restante dessa liberdade.

Com o advento do *welfare state*, o direito passa a não se contentar em apenas punir desviantes e proteger liberdades, passando a também promover políticas públicas. Em vez de preservarem a ordem social através de instituições sólidas e sistemas aplicadores de coerção, os sistemas jurídicos do século passado passaram a ser promovedores de transformação social. De liberdades negativas, que protegem a esfera privada da interferência estatal, passa-se às liberdades positivas, que requerem justamente tal interferência, destinada a criar direitos e garantias, consoante a clássica distinção empreendida por Isaiah Berlin (ver tópico 2.12).

Como esclarece Norberto Bobbio (2008, p. 23-32), o direito passa a se valer não apenas de sanções negativas, mas também de sanções positivas ou premiais, como expedientes incentivadores das condutas desejadas.

Ainda que a propalada mudança do individualismo para o solidarismo seja altamente questionável em termos de eficiência e ganho social, visto que em grande parte dos países que adotaram um modelo *welfarista* mais pronunciado frustraram-se diversas expectativas sociais, gerando *deficit* público, desemprego e altíssima tributação, não há dúvida de que o paradigma liberal clássico do século XIX foi substituído em maior ou menor grau pelo Estado do bem-estar social.

Justamente por essa força diretiva limitadora da liberdade individual é que os comandos jurídicos funcionam como potentes incentivos. Retornando à definição de direito como sistema comunicacional emissor de atos de fala diretivos, os indivíduos (ou ouvintes, no léxico da Teoria dos Atos de Fala) os processam transformando-os em informação. Como sujeitos racionais que são, avaliam as ordens sob uma perspectiva custo-benefício *e, portanto, as sanções, justamente o aspecto incentivador por excelência do direito, são processadas como preços.*

Outrossim, conforme a teoria da economia da criminalidade de Gary Becker (1978, p. 39-86), criminosos são indivíduos racionais como quaisquer outros sujeitos cumpridores das leis, e respondem aos incentivos da mesma forma. Transpondo isso para um nível mais geral, os indivíduos costumam processar as sanções como preços e isso os incentivam a cumprir com os comandos ou não.

É certo que a moral tem importância nesse cálculo. Certos mandamentos arraigados em séculos de cultura alcançam o patamar de máximas ou valores universais, e os sistemas jurídicos particulares acabam reproduzindo-os. O homicídio e o roubo da propriedade alheia são exemplos disso, e provavelmente foram insculpidos em nosso senso de moral por razões evolutivas, posteriormente tornadas mais elaboradas pela cultura.

Entretanto, o legislador não pode se dar ao luxo de confiar na nobreza humana, tampouco ser ingênuo em pensar que os seus comandos e punições criarão ou encerrarão condutas humanas, no estilo tudo ou nada. Uma vez que comandos normativos são tão somente incentivos, o máximo que o legislador pode almejar é incrementar comportamentos sociais. Mormente, é necessário "pensar na margem" (FARNSWORTH, 2009, p. 24-25), ou seja, a sanção penal ou tributária não acabará com as condutas indesejadas, *mas poderá reduzi-la na margem.*[95]

E assim operam as normas jurídicas. Sua função é orientar condutas mediante incentivos, punitivos ou premiais, que atuam na margem e não na totalidade dos comportamentos. E, principalmente, não tomar sanções como expedientes meramente punitivos ou recompensadores dos sujeitos imediatamente envolvidos nos fatos jurídicos.

---

[95] "Margem" refere-se à teoria marginalista da Economia, ou seja, uma troca a mais e não todas as trocas econômicas. Originada de forma independente no século dezenove por Alfred Marshall e Carl Menger, inglês e austríaco, respectivamente, a teoria marginalista causou verdadeira revolução na concepção de valor econômico.

TEORIA DA DECISÃO TRIBUTÁRIA

Desde Cesare Beccaria[96] sabemos que as sanções não se limitam apenas a castigar infratores por algo que fizeram. As punições (e, pensando como Bobbio, as recompensas igualmente) cumprem função educacional *ex ante*, ou seja, devem dissuadir na medida do possível todos os demais indivíduos de cometerem as condutas ilícitas.

Como toda teoria inovadora, a aplicação de categorias econômicas ao fenômeno jurídico responde diversas questões, mas descobre o véu de inúmeros outros problemas. Por exemplo, costuma ser alardeado que a simples "legalização"[97] das drogas resolveria grande parte dos problemas relacionados ao assunto, uma vez que acabaria com o mercado ilícito desses produtos. As consequências seriam não somente fulminar com a figura do "traficante", como inclusive gerar receita ao Estado, pois, sendo as drogas lícitas, diversos tributos passariam a incidir sobre essa atividade, superando a vedação do artigo 3.º do Código Tributário Nacional.

Infelizmente não é tão simples assim. Considerando que incentivos agem na margem e que criminosos são tão racionais como qualquer um de nós, um incremento nas sanções ou a radical eliminação de um mercado ilícito terá o efeito de fazê-los trocar sua atividade por um substituto próximo. Nesse caso, pode ser outra indesejável área do crime, como sequestros, assaltos a banco etc.

No caso da tributação, o impacto dos incentivos é relativamente mais simples de analisar. Não há nenhum freio moral tão forte que impeça algum grau de descumprimento de obrigações tributárias quanto aquele presente nas questões reguladas pelo direito penal. Como os tributos cumprem o objetivo precípuo de possibilitar a produção de bens públicos, o incentivo ao efeito carona é grande. Sendo assim, quanto maior for a carga tributária e, principalmente, menor o retorno marginal para cada unidade financeira despedida pelo contribuinte, maior será o incentivo ao descumprimento.

Ora, se o propósito dos tributos é retirar riqueza dos indivíduos para devolver bens públicos a eles, é evidente que para cada real gasto o retorno em serviços públicos deve ser maior, ou seja, o benefício deve ser maior que o custo.

---

[96] Em sua obra clássica *Dei delliti e delle pene*, publicada originalmente em 1764, na Itália, e logo em seguida traduzida para vários idiomas e publicada em diversos países, tendo, inclusive, influenciado os *founding fathers* dos Estados Unidos da América.

[97] Termo não adequado, uma vez que a produção e comércio de drogas são "legalizados" no sentido de serem previstos pelo direito, ainda que de forma ilícita.

DECISÃO DO LEGISLADOR

Do contrário, e considerando o fraco freio moral que o dever de pagar tributos exerce, não há motivo racional para adimplir com as obrigações tributárias.

É justamente nesse cômputo que as sanções ingressam, como fatores importantíssimos para a análise custo-benefício ínsita a todo indivíduo racional, conforme veremos no tópico "escolha do contribuinte".

2.3 Sistema constitucional tributário

O sistema tributário brasileiro é altamente verticalizado. Isso significa existir toda uma estrutura hierarquizada, na qual normas retiram o seu fundamento mediato de validade de normas imediatamente superiores e o seu fundamento imediato na própria Constituição. Esta, por sua vez, é provavelmente uma das cartas mais generosas no que tange à quantidade de dispositivos concernentes à tributação, contendo dezenas de artigos, incisos, alíneas e parágrafos sobre tributos.[98]

---

[98] A título de exemplo, a Constituição dos Estados Unidos da América contém apenas quatro disposições sobre tributos. A "section 8", que atribui ao Congresso a competência de criar tributos, assim como determina a uniformização tributária ("The Congress shall have power to lay and collect taxes, duties, imposts and excises, to pay the debts and provide for the common defence and general welfare of the United States; but all duties, imposts and excises shall be uniform throughout the United States") ; a "section 9", que veda a tributação sobre migração de pessoas de um Estado a outro da federação ("The migration or importation of such persons as any of the States now existing shall think proper to admit, shall not be prohibited by the Congress prior to the year one thousand eight hundred and eight, but a tax or duty may be imposed on such Importation, not exceeding ten dollars for each Person"); a Emenda 16, que atribui competência ao Congresso para tributar a renda (The Congress shall have power to lay and collect taxes on incomes, from whatever source derived, without apportionment among the several States, and without regard to any census or enumeration); e a Emenda 24, que veda o "poll tax", o tributo cobrado para se ter o direito de votar em eleições ("The right of citizens of the United States to vote in any primary or other election for President or Vice President, for electors for President or Vice President, or for Senator or Representative in Congress, shall not be denied or abridged by the United States or any State by reason of failure to pay any poll tax or other tax"). A Constituição italiana, por sua vez, não obstante ser uma típica carta de sistema codificado, contém pouquíssimos dispositivos tributários. O artigo 23 dispõe sobre a regra da legalidade na cobrança de prestação pessoal ou patrimonial ("Nessuna prestazione personale o patrimoniale può essere imposta se non in base alla legge"); o artigo 53 enuncia o princípio da capacidade contributiva e a progressividade ("Tutti sono

TEORIA DA DECISÃO TRIBUTÁRIA

Razões históricas, culturais e mesmo psicológicas poderiam ser resgatadas para compreender a razão de tal prolixidade por parte do legislador constituinte. Provavelmente poder-se-ia debitá-la por conta do fim de um período político autoritário em nosso país, onde o contribuinte, assim como todo e qualquer indivíduo, não possuía garantia efetiva de seus direitos fundamentais e, por conseguinte, quis-se "pecar pelo excesso", enunciando exaustivamente direitos, garantias e limitações de toda sorte às competências tributárias. Ou, de forma cumulativa, por um possível ânimo positivista burocrático de nossos constituintes, pelo qual seria necessário ou mesmo fundamental buscar esgotar, por meio de tinta no papel, todas as possibilidades existenciais e contingenciais da tributação. Finalmente, por um senso de insegurança, talvez pelo período histórico em que se deu a Assembleia Constituinte, imediatamente posterior ao regime autoritário que perdurou por cerca de vinte e um anos no Brasil. Isso explicaria, inclusive, a redundância do constituinte em repetir basicamente todas as garantias previstas no artigo 5.º, que incluem todos os indivíduos, à sua subclasse "contribuintes", no capítulo do sistema tributário nacional.

Por outro lado, cabe notar que essencialmente as mesmas garantias já estavam dispostas na Constituição de 1946 e permaneceram basicamente inalteradas nas Constituições de 1967 e de 1969 (Emenda 01/1969), sendo posteriormente repetidas na atual Carta.

Seja qual for a razão ou razões que levaram o legislador constituinte a erigir um sistema constitucional tão extenso e inclusivo, o fato é que tal estrutura é mais prejudicial do que benéfica à nação. Cabe lembrar que o sistema jurídico, por ser positivo, é também, por definição, artificial, pois busca sempre acompanhar a ordem espontânea social e suas inovações incessantes. Nesse sentido, está sempre "correndo atrás" e invariavelmente, perdendo a corrida. Um exemplo é a vedação contida no artigo 150, VI, "d", que veda a instituição

---

tenuti a concorrere alle spese pubbliche in ragione della loro capacità contributiva. Il sistema tributario è informato a criteri di progressività"); e o artigo 117 sobre a competência do Estado para legislar sobre matéria tributária ("Lo Stato ha legislazione esclusiva nelle seguenti materie:... e) moneta, tutela del risparmio e mercati finanziari; tutela della concorrenza; sistema valutario; sistema tributario e contabile dello Stato; perequazione delle risorse finanziarie... Sono materie di legislazione concorrente quelle relative a: [...] armonizzazione dei bilanci pubblici e coordinamento della finanza pubblica e del sistema tributario").

de impostos sobre "livros, jornais, periódicos e o papel destinado a sua impressão", limitação esta já instituída desde a Carta de 1967.[99] Por mais nobre que possa ter sido a intenção do constituinte, cumpre lembrar que há meros vinte e dois anos não existia (ao menos de forma disseminada no mercado) a mídia eletrônica, fosse na versão em disco ou *internet*. Tal enunciado claramente leva à interpretação restritiva de que apenas livros, jornais e periódicos impressos ficam imunes da tributação, ao passo que paulatinamente se percebe a substituição pelas suas versões eletrônicas. A função foi prejudicada pela forma.

Simplificações, racionalizações e, o que é ainda mais difícil, verdadeiras reformas, tornam-se extremamente difíceis de ser implementadas, pois inevitavelmente esbarrarão em algum dispositivo constitucional, o que inviabilizará *ex ante* qualquer proposta reformista ou, sendo estas implementadas, as inviabilizará *ex post*, por meio de ações de inconstitucionalidade. Lembrando que o legislador é um indivíduo como qualquer outro, e, portanto, premido pela racionalidade, armadilhas como o dilema do prisioneiro sói ocorrerem. Interesses pessoais ou mesmo partidários acabam por barrar o que possivelmente seriam os melhores resultados para todos, no caso, reformas de base, o que também nos é demonstrado pela já referida Teoria da Escolha Pública e a "busca de renda" que o sistema, da forma que existe, possibilita.

2.4 Por que e para que existem tributos?

2.4.1 O contrato social

Costuma-se dizer que a prostituição é a profissão mais antiga do mundo. Se isso é verdade, então provavelmente a profissão de coletor de tributos é a segunda profissão mais antiga da história humana. Achados arqueológicos de registros em escrita cuneiforme, datados de mais de quatro mil anos atrás e provenientes da antiga civilização suméria,[100] já se referiam aos coletores

---

[99] Curiosamente, na Constituição de 1948 a referida imunidade era inversa às que foram instituídas pelas Constituições posteriores.

[100] Cf. Charles Adams (2001, p.2).

de impostos ("das fronteiras de Ningirsu até o mar, havia os coletores de impostos").[101]

Os tributos são tão antigos quanto a própria civilização, constituindo, inclusive, sua condição necessária, conforme disse o Juiz da Suprema Corte norte-americana, Oliver Wendell Holmes (1841-1935):[102] "tributos são o que pagamos por uma sociedade civilizada".

Se os tributos são o preço que pagamos para viver em sociedade, logicamente conclui-se que não é possível haver civilização sem tributos. Mas por quê?

O grande jurista italiano Cesare Beccaria abre a sua obra magna *Dei delitti e delle pene* explanando a razão de existência do Estado e de suas leis:

> "Leis são as condições pela quais homens independentes e isolados, cansados de viver em um constante estado de guerra e de usufruírem uma liberdade tornada inútil pela incerteza de poder mantê-la, se unem em uma sociedade. Eles sacrificam uma porção dessa liberdade a fim de usufruir a restante em segurança e tranquilidade. A soma de todas essas porções de liberdades sacrificadas para o bem de todos constituí a soberania de uma nação, e a soberania em seu legítimo depositário e administrador. A mera formação deste depósito, entretanto, não foi suficiente, pois teve de ser defendido das usurpações privadas de cada indivíduo particular, pois todos sempre buscam retirar não somente a sua parte de liberdade do depósito comum, mas também expropriar as porções dos outros."

O que a passagem ilustra é a inevitável necessidade de renúncia de porção da liberdade individual para que a liberdade de todos seja possível, o que requer, por sua parte, a existência de um "guarda-noturno" para que ninguém seja tentado a usurpar a liberdade do próximo.

Nessa linha, os filósofos contratualistas clássicos, os ingleses Thomas Hobbes (2008) e John Locke (1994) e o francês Jean Jacques Rousseau (2000),

---

[101] Cf. a Liberty Fund Foundation. Disponível em:
<http://oll.libertyfund.org/?option=com_content&task=view&id=389&Itemid=250>.
[102] No original: "taxes are what we pay for a civilized society". A frase está insculpida na entrada do prédio da Receita Federal norte-americana, em Washington, D.C.

explicam o surgimento da sociedade (abstraindo as diferenças entre suas teorias) a partir de um *contrato social*: o pacto realizado entre os indivíduos, pelo qual, ao renunciarem parte de sua liberdade individual, constituem uma entidade central, dotada de autoridade sobre todos.

Esta autoridade, usualmente denominada "Estado", terá a função de proteger e garantir a liberdade dos mesmos indivíduos que abdicaram de parcela dela ao pactuarem o contrato social. Por paradoxal que possa parecer, é a renúncia parcial da liberdade que possibilita a manutenção dessa mesma liberdade, pelo monopólio estatal do uso da violência, por exemplo, a segurança contra violência interna (polícia), contra violência externa (forças armadas) e árbitros para dirimir conflitos de interesses entre os indivíduos (juízes).

Toda a essência da paz social, por conseguinte, repousa nessa renúncia parcial da liberdade de cada um. Hobbes (2008, p. 113) é a pedra lapidar dessa ideia ao erigir as duas leis fundamentais da natureza:

> [...] 1) "todo homem deve se esforçar pela paz, na medida em que tenha esperança de a conseguir, e caso não a consiga pode procurar e usar todas as ajudas e vantagens da guerra"; 2) "que um homem concorde, quando outros também o façam, e na medida em que tal considere necessário para a paz e para a defesa de si mesmo, em resignar ao seu direito a todas as coisas, contentando-se, em relação aos outros homens, com a mesma liberdade que aos outros homens permite em relação a si mesmo".

No estado da natureza hobbesiano, o homem tem naturalmente direito a todas as coisas, até mesmo aos corpos uns dos outros. É uma liberdade total que acaba por fulminar o próprio homem (daí a máxima latina *homo homini lúpus*: o homem é o lobo do próprio homem), portanto é uma regra geral da razão que ele busque a paz, ainda que por meio da força. A paz social e a sua manutenção requerem, necessariamente, a renúncia àquela liberdade absoluta: disto resultam o contrato social e, consequentemente, o Estado.

Todavia, alguns poderiam pensar: não seria possível abdicar do Estado e, por meio de contribuições voluntárias, custear alguma forma talvez mais descentralizada e menos opressiva de organização social? Infelizmente a racionalidade humana proíbe tal utopia, como veremos a seguir.

2.4.2 Externalidades e bens públicos

Para Adam Smith,[103] filósofo e pai da ciência econômica, o agir racional e autointeressado (e, sobretudo, livre de coerção estatal) dos indivíduos em um contexto intersubjetivo, ou seja, em um mercado, é eficiente. Portanto, a busca dos objetivos e interesses próprios pelos indivíduos – ou, na máxima da declaração de independência dos Estados Unidos, a "busca pela própria felicidade" – resulta na obtenção de bem-estar coletivo, justamente pela intersubjetividade dos autointeresses que acabam por gerar equilíbrio no sistema social.

O mercado, nesse sentido, é o subsistema que permite essa interação constante dos indivíduos e respectivas comunicações e, ao mesmo tempo e justamente por essa liberdade de intercâmbio (de bens, serviços e, em nível essencial, de comunicações) é que nenhum interesse prepondera excessivamente sobre os demais. A liberdade de todos possibilita assim a restrição aos abusos individuais, pois o agir autointeressado de um acaba sendo parcialmente limitado pelo agir autointeressado do outro.

Para toda regra geral, entretanto, há sempre exceções, como advertem Paul Krugman e Robin Wells (2007, p. 3): "às vezes, a busca do interesse próprio do indivíduo, em vez de promover o interesse da sociedade como um todo, pode, na verdade, causar dano à sociedade".

Quando o agir de um indivíduo gera danos para a coletividade, diz-se que há "falhas de mercado", ou seja, aquelas situações em que a interação racional e autointeressada dos agentes econômicos não leva a resultados eficientes em termos de benefício social. Por serem falhas de mercado, a intervenção estatal justifica-se, de modo a corrigir os desvios no sistema, como é o caso das *negativas e positivas.*

Externalidades são efeitos que transcendem a relação intersubjetiva e atingem terceiros. As negativas são aquelas que geram custos para terceiros estranhos à relação jurídico-econômica. As positivas são aquelas externalidades que implicam benefícios usufruídos por terceiros estranhos à relação

---

[103] "Não é da bondade do homem do talho, do cervejeiro ou do padeiro que podemos esperar o nosso jantar, mas da consideração em que eles têm o seu próprio interesse. Apelamos, não para a sua humanidade, mas para o seu egoísmo, e nunca lhes falamos das nossas necessidades, mas das vantagens deles." (1989, p. 95).

jurídico-econômica. Estas últimas são diretamente relacionadas aos chamados bens públicos, aqueles bens e serviços que, apesar de necessários – muitas vezes até mesmo imprescindíveis para todos – não costumam ser produzidos de forma eficiente pelo mercado.

Não se deve confundir "bem público" no sentido que aqui queremos empregar com o conceito usual que a mesma expressão tem para o Direito. Para este, um bem é público se pertence à coletividade, ou, mais simplesmente, é de propriedade do Estado (em nosso caso, da União Federal, dos Estados, do Distrito Federal, dos municípios, ou das autarquias destes entes federativos). Sendo assim, o prédio da Faculdade de Direito da Universidade de São Paulo, por exemplo, é um bem público, em termos estritamente jurídicos.

O sentido que utilizaremos aqui, contudo, é o econômico, e, nessa acepção, um bem é "público" quando possui duas características concomitantes: é de uso não rival e de uso não excludente. Uso não rival significa que o uso de um bem por um indivíduo não reduz a sua quantidade ao ser utilizado por outrem. Uso não excludente quer dizer que não se pode impedir o uso do bem pelas pessoas. Os exemplos mais comuns são a segurança pública, o ar puro, a luz solar, a iluminação por postes de luz, a televisão aberta e o rádio, entre inúmeros outros.

Os bens privados são exatamente o oposto, sendo, portanto, de uso rival e excludente. Por exemplo, o pedaço de pão que eu comer é de uso rival, pois, uma vez ingerido, não poderá ser consumido por outro. E também posso excluir outros do seu uso. A faculdade de direito da USP, aproveitando o exemplo acima, é um bem privado sob o ponto de vista econômico. Há um número limitado de vagas, e o uso delas pelos alunos que ali cursam impede que outros indivíduos possam também cursar. Entretanto, a educação como um bem intangível é um bem público, pois toda a sociedade se beneficia de seus frutos.

Pode parecer, à primeira vista, que uma externalidade positiva é sempre algo desejável. Entretanto, trata-se de uma falha de mercado, ou seja, um problema que deve ser corrigido, pois se não se pode impedir o uso de um bem, torna-se difícil cobrar por ele. Consequentemente, não há incentivos suficientes para que o mercado o produza, restando então ao Estado fornecer ou fomentar a produção destes bens à sociedade, e o faz principalmente por meio dos recursos financeiros gerados pela tributação. Nesse sentido, tributo

TEORIA DA DECISÃO TRIBUTÁRIA

é o custo que temos para usufruir dos bens públicos que o mercado não nos fornece adequadamente.[104] Sua função essencial, portanto, é gerar a receita necessária para que o Estado possa produzir e fornecer tais bens.

Nesses termos, a única justificativa para intervenção estatal é a produção de bens públicos, e todos os bens privados deveriam ser então deixados a cargo do mercado. Esta ideia vai ao encontro do liberalismo clássico e também faz sentido sob o ponto de vista do contratualismo, uma vez que a renúncia parcial da liberdade individual só se justifica à medida que o Estado atue para prover bens e serviços que a iniciativa privada não produz adequadamente: a segurança interna, provida pela polícia, a segurança externa, provida pelas forças armadas, a educação, o sistema judicial, entre outros que produzem externalidades positivas.[105]

Considerando as espécies tributárias que dispomos no sistema constitucional tributário brasileiro, percebe-se que em algumas deles o constituinte levou em consideração a dicotomia bens públicos/bens privados. A espécie "taxa" (artigo 145, II, da CF), que se subdivide em duas subespécies – a taxa

---

[104] Ressalte-se que as chamadas "falhas de mercado" não devem ser utilizadas como pretexto para o intervencionismo estatal demasiado. Sempre que os bens e serviços puderem ser produzidos pelo mercado, ou seja, tiverem características de bens privados, tanto melhor, pois provavelmente serão produzidos com menor custo e oferecidos a menor preço. Assim, em um mercado livre os bens acabarão sendo transferidos para aqueles que lhes atribuem o maior valor, como ensina Coase (1960). Além disso, não é pelo fato de bens serem não rivais e não excludentes que o Estado será eficiente em fornecê-los. Assim como existem falhas de mercado, também há falhas de governo que são as inúmeras distorções causadas pela intervenção estatal no mercado. Tais fenômenos são objeto de estudo da Teoria da Escolha Pública (*Public Choice*).

[105] Importante não confundir bens intangíveis, como a educação, com os meios para provê-la. A educação, entendida como o nível cultural que um determinado povo alcança, realmente é um bem público e todos se beneficiam disso. Um país com alto nível de escolaridade resulta em riqueza, inovações científicas, tecnológicas e artísticas e em bem-estar geral. Todavia, as escolas continuam sendo bens privados, no sentido econômico da expressão, conforme nota de rodapé *supra*. Ainda que o mercado possa produzir instituições de educação, necessita cobrar por elas, sob pena de inviabilizar essa prestação. Isso necessariamente impede que toda a população tenha acesso à prestação de educação, o que impede a criação dessa externalidade positiva. A solução mais eficiente não é o Estado ser proprietário de escolas e universidades, tampouco ser patrão de professores, mas, sim, subsidiar o ensino. Bolsas de estudo, créditos e *vouchers* que sejam distribuídos a estudantes desfavorecidos para serem aplicados em instituições particulares é uma das alternativas mais viáveis, como propõem Milton Friedman e Rose Friedman (1980, p. 153-188).

de serviços públicos e a taxa exercício do poder de polícia –, é paradigmática: enquanto esta última é instituída como contrapartida a uma atuação estatal que gera externalidades positivas típicas de bem público,[106] a primeira só pode ser cobrada como contrapartida a serviços rivais e excludentes, apenas outras palavras para "específicos e divisíveis".[107]

Como forma de internalização de externalidades positivas, existe a contribuição de melhoria cobrada quando há valorização de imóveis privados por decorrência de obras públicas, pois, se a obra fosse custeada pelos impostos pagos geralmente por uma parcela maior de contribuintes, alguns se beneficiaram mais do que os outros. Para tanto, a contribuição deve ser instituída tendo como limite geral o custo total da obra e como limite individual, o *quantum* de valorização de que cada bem particular auferir (artigo 81 do Código Tributário Nacional).

As outras espécies tributárias, quais sejam, os impostos (artigo 145, I, da CF), empréstimo compulsório (148, I e II, da CF) e as contribuições (artigo 149, da CF), não guardam essa distinção, servindo para fins gerais ou específicos (no caso do empréstimo compulsório e das contribuições, que têm destinação específica dos recursos arrecadados), gerando receitas tanto para prover bens privados quanto públicos, a depender das diretrizes orçamentárias de cada ente federativo.

Em síntese, é importante que a sociedade possa usufruir de importantes bens públicos, tais como cultura, saúde ou infraestrutura. Mas é fundamental também perceber que, na famosa frase atribuída a Milton Friedman, "não há almoço grátis", e se os indivíduos não pagarem diretamente por esses bens em um regime contratual privado, inevitavelmente pagarão por eles indiretamente, por meio de tributos.

---

[106] A fiscalização necessária para a concessão de um alvará a um estabelecimento público (*v.g.*, restaurante) é algo que beneficia toda a sociedade.

[107] A taxa pela prestação de serviços públicos é tributo cobrado como contraprestação a serviços que cada vez mais são atribuídos à iniciativa privada. A consequência é que as outroras taxas de serviços públicos vêm sendo substituídas por tarifas, cobrança típica de regime de concessão, e regidas pelo direito privado. Exemplos disso são a taxa de "luz", pelo fornecimento de energia elétrica e a taxa pelo uso de serviços de telefonia. Há alguns anos, diversos municípios buscaram cobrar taxa de iluminação pública. Felizmente, o Judiciário declarou essas leis municipais inconstitucionais, por direta afronta ao artigo 145, § 2.º, da Constituição Federal.

TEORIA DA DECISÃO TRIBUTÁRIA

2.4.3 Compulsoriedade

Seja em qualquer lugar ou em qualquer época, tributo sempre é uma prestação compulsória, e pode-se dizer que "tributo compulsório" é expressão pleonástica. Economicamente falando, o tributo necessita ser compulsório para que se possa evitar uma das anomalias decorrentes dos bens públicos, qual seja o problema do "carona" (*free rider*), ou seja, aquele que usufrui o bem sem ter pago por ele. Por exemplo, o indivíduo que se recusasse a pagar pela segurança pública ainda assim se beneficiaria dela,[108] pois não é possível excluí-lo da fruição desse serviço. Se ele pode usufruir do mesmo serviço público que outros custearam, por que deveria então pagar por ele?

Lembrando que a racionalidade implica maximização da própria utilidade, *ser oportunista nessas situações é a escolha racional a ser tomada.* Essa decisão, não obstante ser maximizadora do ponto de vista individual, é ruim no âmbito coletivo, como demonstram o dilema do prisioneiro e o equilíbrio de Nash (tópico 1.8.1).

Destarte, pretender fundar uma sociedade mediante doações voluntárias não apenas é utópico, como também irracional. Ainda que em outros segmentos do Direito, notadamente o direito privado, seja possível até mesmo dispensar o poder público em determinadas situações e contextos, na esfera publicista do direito tributário sempre será necessário impor os tributos coercitivamente, sob pena de não tê-los.

2.4.4. O bandido andarilho e o bandido estacionário

Mancur Olson, economista norte-americano, sustenta, em seu artigo "Dictatorship, Democracy, and Development" (1993), que democracias emergem de sistemas autocráticos pelos incentivos que a segurança jurídica e os direitos individuais fornecem para investimentos de longo prazo, pelos agentes econômicos.

Olson ilustra tal emergência ao longo da História com os " bandidos andarilhos" (*roving bandits*) e os "bandidos estacionários" (*stationary bandits*), sendo que os primeiros fariam literalmente jus à alcunha, ao tomar para si a riqueza

---

[108] Cf. Richard Posner (1998, p. 523).

148

de habitantes de determinadas localidades mundo afora, enquanto os últimos, ao perceberem maior benefício econômico, se instalavam nessas regiões e passavam a transferir riqueza da população para si, na forma de tributos.

Em comparação com bandidos andarilhos, típicos de uma situação de anarquia institucional, a população estaria melhor servida com o governante déspota, pois este teria incentivos para produzir certo grau de bens públicos (segurança, estabilidade etc.) e cobrar tributos apenas até um montante limitado, deixando parte da riqueza na posse de seus súditos, estimulando-os a seguirem produzindo-a.

Todavia, mesmo existindo vantagens em relação ao bandido andarilho, há limitações a longo prazo para a manutenção de tiranias. Ocorre que o governo absoluto não é controlado externamente, tendo em si mesmo a fonte de seu poder. Toda sorte de maus incentivos são criados em sistemas autocráticos, tanto para o governante quanto para o governado. O primeiro é levado a governar adotando medidas que o perpetuem no poder, uma vez que a ideia de alternância só existe em caso de golpe de Estado, muitas vezes custando a vida do governante. Portanto, mudanças bruscas nas regras do jogo não apenas podem ocorrer diversas vezes durante o governo do Tirano, como tampouco ele será adstrito por elas, já que constitui a sua fonte primária. O último, por seu turno, por decorrência da instabilidade institucional, não tem incentivos suficientes para investir a longo prazo, limitando o desenvolvimento daquela sociedade.[109]

Ademais, a legitimação do poder ditatorial não se dá pelo procedimento democrático (eleições populares periódicas, ou outros mecanismos de regulação), mas de forma exógena, apelando-se para figuras como direito divino ou outras justificações que possam invocar a intencionalidade coletiva necessária para a crença popular no justo poder do ditador.[110]

---

[109] Segundo Olson (1993, p. 574), não é coincidência que a revolução industrial surgiu na Inglaterra não muito tempo após a Revolução Gloriosa do final do século 17. Esta última foi, no dizer de Edmund Burke, uma revolução conservadora, destinada a impedir arbítrios por parte do Rei James II, que violassem direitos individuais costumeiros da Inglaterra: "The Revolution was made to preserve our ancient indisputable laws and liberties, and that ancient constitution of government which is our only security for law and liberty". Derivou dela, portanto, a segurança e estabilidade necessárias para que o capitalismo moderno ali florescesse.

[110] É certo que a justificação do sistema democrático também é comumente *ex machina*, i.e., por alguma razão externa. Constituições muitas vezes são criadas "em nome de Deus",

Para fins de explicação da emergência democrática como jogo cooperativo, faz todo o sentido, inclusive colocando o tributo, no regime ditatorial, como roubo, expropriação dos indivíduos, com incentivos para tributação exacerbada pelo governante, caso este tenha perspectivas de curto prazo em seu *status quo*.

Por outro lado, os freios e contrapesos da democracia, notadamente pelos poderes independentes, porém harmônicos, têm a função de regular o sistema, impedindo expropriações a título de tributo[111]. Como bem sabemos, isso não ocorre por alguma razão altruísta intrínseca a sistemas democráticos, pois tanto estes como os autoritários são compostos por indivíduos movidos pelo autointeresse. *O que mudam são os incentivos.*

Assim, o déspota terá incentivos para obter o máximo ganho em menor tempo possível, num jogo único, de soma-zero. O democrata sabe que ao acabar o seu mandato, mesmo assim ele ou o seu partido poderão retornar ao poder em médio prazo[112], valendo a pena então cooperar com aquele que é o seu "cliente" no mercado da política: o eleitor. Este, por sua vez, terá incentivos de longo prazo para investir e gerar excedente social.

---

assim como direitos individuais são invocados como sendo "naturais". Ora, assim como toda e qualquer Constituição (ou qualquer sistema político, democrático ou não) é erigida apena e tão-somente por desígnio humano, não há direitos fora da rede institucional criada pela intencionalidade coletiva. Não se encontram instituições na natureza, nem sequer em animais desenvolvidos, havendo, no máximo, arremedos primitivos tais como senso de território, de posse, de liderança. Mas não se verificam situações deônticas como a tripartição de poderes, o sistema bancário, o casamento, dentre tantas outras que perfazem nossas instituições.

[111] A Magna Carta inglesa, de 1215, foi a primeira declaração de direitos e liberdades, inicialmente como uma forma de limitação dos poderes do Rei João "sem terra" em relação aos barões da Inglaterra, principalmente em relação a tributos, propriedade e devido processo legal. A noção de direitos era circunscrita à aristocracia, não aos "comuns", mas posteriormente se estendendo a todos os cidadãos ingleses. A Magna Carta foi a pioneira forma moderna (não obstante a democracia ter surgido na Grécia clássica e ter sido também aplicada na República Romana) de limitação de poderes do governante, inaugurando, por assim dizer, a ideia de direitos individuais que temos até hoje.

[112] O termo curto de duração de um mandato eleitoral também pode gerar incentivos ruins, como vemos ocorrer quando políticos jogam a conta financeira de seus feitos populistas para governos seguintes, amealhando os benefícios dessas medidas (popularidade), sem arcar com os custos. O mandato "ótimo" passa a ser algo de delicada mensuração, sofrendo variações ao longo dos tempos.

Portanto, democracias demonstram ser mais eficientes na produção de riqueza e excedente social, o que corrobora as teses institucionalistas. Empiricamente, é o que se verifica, pois países que têm democracias estáveis são também os mais desenvolvidos economicamente.

2.4.5 Como transformar o dilema do prisioneiro em uma caça ao cervo?

Ou, em outras palavras, como transformar um jogo não cooperativo em cooperativo?

Um clássico dilema do prisioneiro pode tornar-se cooperativo, como vimos, pela repetição, em que a cooperação funciona apenas pela expectativa de reciprocidade. Mas não é esse tipo de cooperação que se pretende entre o sistema tributário e os cidadãos. O dilema do prisioneiro repetido segue com a mesma estrutura de recompensas (*pay offs*), pela qual o resultado final é melhor para todos, porém pior para cada partícipe individualmente considerado – daí o incentivo à deserção à cooperação. O principal fator que leva à cooperação no dilema repetido é o conhecimento dos jogadores quanto à escolha passada uns dos outros, possibilitando então a ameaça crível de retaliação em jogos futuros.

O jogo de caça ao cervo é o modelo por excelência do contrato social, pois possibilita ver a passagem de uma situação de equilíbrio, o estado da natureza hobbesiano, para outra situação de equilíbrio, a sociedade civilizada (SKYRMS, 2001, p. 7). O raciocínio é o mesmo para qualquer reforma social, em que o estado presente que se quer alterar encontra-se em determinado equilíbrio, mas o desejo de mudança exige intensa confiança de todos os envolvidos no processo.

A tributação, a despeito de ser intimamente ligada ao contrato social (pois, como vimos, é o instrumento de financiamento da civilização), é um jogo não cooperativo. Isso se deve à estrutura do jogo e, principalmente, aos *pay offs* envolvidos. Estes são colocados de forma que pioram a situação individual do partícipe e o incentiva não só a desertar, como também a pegar carona em terceiros que pagam o tributo.

Soa utópica a tentativa de transformar a tributação em uma situação de cooperação, mas, ao menos em tese, isso seria possível se os *pay offs* fossem alterados, de forma que induzissem os contribuintes a buscar um equilíbrio

TEORIA DA DECISÃO TRIBUTÁRIA

que fosse nitidamente compensador para todos. Em termos de eficiência, seria uma passagem de uma situação em que não pagar (ou caçar a lebre) é paretiana para uma situação na qual pagar é Kaldor-Hicks (ou caçar o cervo).

	Pagar	Não pagar
Pagar	1,1	0,3
Não pagar	3,0	**2, 2**

Figura 7. Dilema do prisioneiro na tributação

Na figura acima, temos o dilema do prisioneiro, em que a escolha racional individual leva ao equilíbrio de Nash, disposto no quadrante inferior direito. Os *pay offs* para a deserção compensam a escolha, pois a recompensa ao adimplente é baixa. A melhor opção individual, inclusive, não é a que resulta no equilíbrio, mas sim aquela em que não pago e ainda pego carona no pagamento do outro. Destarte, dado que é provável que o outro desertará, é melhor para mim que eu deserte também, daí o equilíbrio (*pay offs* sombreados) que resulta em um final infeliz, dada a falta de confiança nos participantes.

Para que se pudesse então incentivar a cooperação, a matriz teria que ser assim:

	Pagar	Não pagar
Pagar	**3,3**	0,2
Não pagar	2,0	**1, 1**

Figura 8. Caça ao cervo na tributação

Percebe-se que há dois equilíbrios agora (*pay offs* sombreados). Se ninguém pagar, permanece-se com *pay off* igual e, o que denota o equilíbrio, superior a zero. Traduzindo, a situação geral restará nitidamente pior para todos, uma vez que sem tributos não haverá serviços públicos essenciais. Ainda assim, cada jogador manterá o mínimo de recursos para si (a lebre), sem desviá-los ao Estado. Se houver cooperação, entretanto, o resultado geral será nitidamente superior ao individual, pois o pagamento de tributos por todos possibilitará então os recursos necessários à produção de serviços públicos.

A solução parece simples, porém nada fácil. Como implementar os meios para alcançá-la? Algumas sugestões são possíveis.

1) O caça ao cervo necessita de confiança considerável entre os jogadores (por isso, um dos seus nomes é "jogo de confiança"). Apenas se tiver fortes indícios de que os outros cooperarão é que me sujeitarei ao mesmo. Caso contrário, será melhor o "certo do que o duvidoso". Argumentando normativamente, expedientes que incentivassem a exigência de confiança recíproca precisariam ser aplicados, o que já denota a dificuldade no projeto. Importante perceber que apenas instituir sanções punitivas ao descumprimento de condutas não é o suficiente, sendo absolutamente imprescindível a criação de mecanismos de sinalização que assegurem a confiança nos indivíduos. Um exemplo desse mecanismo é a garantia, até determinado valor, que alguns governos concedem para contas correntes em instituições financeiras. Considerando que a "corrida ao banco", fenômeno pelo qual um mero boato sobre a situação de solvência de uma instituição financeira pode disparar uma reação em cadeia, e cujo efeito é o saque dos depósitos pelos correntistas, é um jogo de caça ao cervo, punir os correntistas terá pouco efeito. O instrumento mais eficiente para evitar essa profecia "autorrealizável" é prover a confiança nos correntistas, desestimulando-as à corrida, uma vez que seus valores estão garantidos pelo governo. [113]

No que tange à tributação, poderiam surtir efeitos positivos os mecanismos de transparência pública, relativos aos gastos governamentais, assim como mecanismos de pronta devolução de indébitos tributários, tal qual a compensação prevista no artigo 170 do Código Tributário Nacional[114] – desde que instituída pelos Estados e Municípios e não apenas pela União Federal, fazendo-os abandonar o expediente ineficiente e injusto dos precatórios.

---

[113] Por outro lado, a medida também atende ao custo-benefício, garantindo os depósitos até determinado valor, restando inviável garanti-los totalmente, dada a diversidade de riquezas individuais. Sendo assim, o valor é estipulado até acima da média das contas individuais, reforçando ainda mais a confiança no sistema financeiro.

[114] Art. 170. A lei pode, nas condições e sob as garantias que estipular, ou cuja estipulação em cada caso atribuir à autoridade administrativa, autorizar a compensação de créditos tributários com créditos líquidos e certos, vencidos ou vincendos, do sujeito passivo contra a Fazenda Pública.

Outra forma de incentivar esta confiança recíproca entre os contribuintes seria polêmica, para não dizer inconstitucional, desde o início, pois requereria transparência em relação à conformidade daqueles no tocante aos seus débitos fiscais, o que violaria o sigilo fiscal.

Isso já existe parcialmente, ainda que de via transversa. Se um estabelecimento está interditado por falta de alvará, por exemplo, uma das razões é a falta do pagamento da taxa respectiva. De qualquer forma, a busca pela eficiência total nessa imposição à transparência geraria outras consequências indesejadas, como a quebra de direitos individuais necessários à paz social e à própria manutenção da sociedade.

Uma alternativa mais viável é a instituição de sanções premiais que estimulem o surgimento de normas sociais de cooperação e, mais importante, de reprovação àqueles que não cumprem com suas obrigações tributárias. Um exemplo é a Lei Paulista n.º 12.685/2007, que criou a "nota fiscal paulista", instrumento que concede retorno em dinheiro aos consumidores que a exigem dos comerciantes.

2) Estruturar a relação de modo que o oportunismo seja improvável. Ora, o efeito carona é incentivado pelos *pay offs* e, portanto, alterá-los pode incentivar ou não essa conduta. Se o tributo é custoso, inevitavelmente incentivará a sua deserção, visando ao (consciente ou inconsciente) oportunismo.

Para neutralizar *pay offs* que incentivem o efeito carona seria necessário tornar os gastos públicos dos governos federal, estaduais e municipais absolutamente transparentes, assim como informar aos consumidores sobre os tributos incidentes em cada mercadoria e serviço, no momento da aquisição destes.

Da mesma forma, racionalizar o sistema tributário tornando-o mais simples e objetivo, portanto mais fácil de entender, e, consequentemente, obedecer, diminuiria os custos de transação atualmente existentes, incentivando ao cumprimento das obrigações tributárias.

Além disso, evitar a criação de moratórias, remissões e anistias tributárias periódicas, tais como os recorrentes "refis" instituídos nos últimos anos. Sempre que "perdões" dessa natureza são repetidamente inseridos no ordenamento, há incentivos para o não cumprimento das obrigações tributárias. Destarte, passa a ser irracional cumprir com os deveres tributários, uma vez que contribuintes que não o fazem encontrar-se-ão em posição vantajosa aos contribuintes adimplentes.

Em suma, aumentar o *pay off* de pagar os tributos (ou caçar o cervo) mediante sinalizações por parte do Estado que apontem para o retorno institucional e social dessa conduta.

Sem adentrar em questões sociológicas e antropológicas, mesmo porque não é o tema nem o método deste trabalho, certamente outros fatores que não apenas a estrutura do sistema tributário e financeiro são relevantes. A cultura e tradição de um povo, causa e efeito de respectivas normas sociais, também são importantíssimas. Países europeus com altas alíquotas de imposto sobre a renda, por exemplo, a Suécia (58,2%),[115] não necessariamente têm inadimplência ou mesmo senso de oportunismo. Todavia, poder-se-ia arriscar que questões como hegemonia cultural e econômica, influem no comportamento coletivo dos contribuintes, assim como a transparência do governo quanto aos gastos públicos e consequente retorno em serviços públicos.

2.5 Justiça redistributiva

Além de gerar recursos para a produção de bens públicos, os quais o mercado geralmente não tem incentivos para fornecer, a tributação cumpre outra função: a redistribuição de renda.

É tema controverso e não pacificado se a redistribuição de renda é algo desejável do ponto de vista tanto de justiça quanto de eficiência alocativa. Pessoas mais inclinadas à redistribuição feita por uma autoridade central entendem ser essa a função do governo ou do Estado: promover a igualdade material ou, pelo menos, reduzir as desigualdades. Já indivíduos que desconfiam da eficiência dessa autoridade preferirão não uma redistribuição, mas uma mera distribuição espontânea dos recursos na sociedade, realizada por meio das trocas voluntárias no mercado.

Sobram argumentos para os dois lados. Se, por um lado, a social-democracia típica de diversos países continental-europeus é comparativamente ineficiente na alocação de recursos, garantiu diversos serviços públicos

---

[115] Ainda assim, a carga tributária brasileira geral sobre os lucros, segundo o Relatório "Doing Business", 2009, do Banco Mundial é de 69,4 %, à frente da própria Suécia, que tributa em 54,5%.

TEORIA DA DECISÃO TRIBUTÁRIA

aos seus cidadãos. Por outro lado, países mais afeitos ao livre mercado tiveram uma alocação de recursos muito mais produtiva, gerando mais riqueza. A desvantagem comparativa é uma menor prestação de serviços públicos.[116]

Pelo menos em um ponto parece haver um, se não unânime, pelo menos, razoável consenso entre os economistas. Se a intenção for redistribuir renda e diminuir desigualdade social, a melhor (ou menos pior) solução envolvendo intervenção estatal não é a interferência, *v.g.*, em contratos firmados entre empresas e consumidores, mas, sim, por meio da tributação. Uma forma clássica de utilizar a tributação para tal fim é o imposto sobre a renda progressivo.[117]

Por que seria a progressividade uma forma plausível de gerar justiça social? A resposta dependerá, certamente, do conceito de justiça que queremos adotar. Para iluminar a questão, pensemos na "Teoria da Justiça" de John Rawls.

---

[116] A própria obsessão contemporânea em reduzir desigualdades é também objeto de dúvida. Há economistas que defendem a importância da mobilidade social como motora do bem-estar, e não a equalização de renda. Entre eles, Milton Friedman e Rose Friedman (1980, p. 152), verbis:
"Uma sociedade que coloca a igualdade – no sentido de igualdade de renda – à frente da liberdade terminará sem igualdade e sem liberdade. O emprego da força para implantar a igualdade destruirá a liberdade, e a força, adotada para boas finalidades, acabará nas mãos de outras pessoas que a usarão para promover seus próprios interesses. Por outro lado, a sociedade que coloca a liberdade em primeiro lugar acaba, como um feliz subproduto, com maior liberdade e maior igualdade. Embora seja um subproduto da liberdade, a maior igualdade não constitui obra do acaso. A sociedade livre libera energias e capacidades com que as pessoas perseguem objetivos seus. Não impede alguns de atingir posições de privilégio, mas, enquanto a liberdade for mantida, impedirá que essas situações se tornem institucionalizadas, porquanto ficarão sujeitas ao ataque incessante de outras pessoas capazes e ambiciosas. Liberdade significa diversidade, é certo, mas também mobilidade. Preserva as oportunidades para que os desprivilegiados de hoje se tornem os aquinhoados de amanhã e, no processo, dá meios a quase todos, do topo à base, de desfrutar uma vida mais plena e mais rica".

[117] Em famoso artigo, Louis Kaplow e Steven Shavell (2000).sustentam que a redistribuição de renda por meio do imposto de renda progressivo é menos ineficiente do que intervenção em contratos. Nicholas Georgakopoulos (2005, pp. 79-89), por outro lado, defende a não redistribuição, pois, segundo ele, tal realocação forçada de recursos incentiva o consumo quando poderia (ou deveria) estimular o investimento na produção.

Rawls, filósofo contratualista por excelência, sugere a seguinte situação. Vamos imaginar que todos nós desejamos uma sociedade justa. Como fazer para torná-la justa de uma forma objetiva que não resvale em noções subjetivas e individuais de justiça, uma vez que cada qual é diferente, temos nossas peculiaridades, somos mais ou menos inteligentes, mais ou menos trabalhadores, nascemos ou não em família rica? Haveria um critério objetivo do que é justo?

A solução rawlsiana é propor um ponto "zero" de partida. Ao estabelecer um contrato social, devemos colocar em suspensão o que somos e a posição que ocupamos. Nessa "posição original" não sabemos que *status* iremos eventualmente ocupar na sociedade. Tudo é possível: alguns de nós podem ser bem-sucedidos, alcançando riqueza e bem-estar e outros, não. Como estamos sob o "véu da ignorância", não há qualquer interesse ou egoísmo pessoal, no sentido de manter *status quo* ou de maximizar os próprios objetivos.

A partir desse ponto ideal, chega-se a dois princípios de justiça (1996, p. 333-334):

Primeiro princípio: cada pessoa deve ter um direito igual ao abrangente sistema de liberdades básicas que seja compatível com um sistema semelhante de liberdades para as outras.

Segundo princípio: as desigualdades sociais e econômicas devem ser ordenadas de tal modo que, ao mesmo tempo (a) tragam o maior benefício possível para os menos favorecidos membros da sociedade (princípio da diferença) e (b) sejam vinculadas a posições e cargos em condições de igualdade de oportunidades.

Pelo primeiro princípio, todos têm direitos a liberdades básicas com prioridade "lexical", *i.e.*, restrição de liberdades individuais só pode ser feita de modo a preservar a liberdade geral. O primeiro princípio tem preponderância sobre o segundo.

O segundo princípio refere-se à redistribuição, sendo a igualdade de oportunidades priorizada em relação ao princípio da diferença. Outrossim, devem ser disponibilizadas igualdades de oportunidades a todos e os recursos devem ser alocados priorizando sempre aqueles menos beneficiados. Esse é o critério *maximin*, oriundo da Teoria dos Jogos, que visa a melhorar a recompensa (*pay off*) mais baixa, constituindo, assim, uma espécie de seguro.

Se partirmos de uma posição inicial, sob um véu de ignorância, não saberemos se seremos bem-sucedidos ou não. Se formos avessos ao risco, o *maximin* possibilitará que a sociedade garanta sempre o mínimo de recursos para os mais desafortunados, transferindo riqueza dos ricos para os mais pobres.[118]

A Teoria da Justiça de Rawls é tão influente quanto questionada, mas, considerando que praticamente nenhum Estado adota o modelo libertário ou *laissez-faire* de distribuição espontânea pelo mercado, ao menos o modelo permite uma certa conciliação entre liberdades individuais, igualdade de oportunidades e redução de desigualdades.

Como possibilitar na prática os meios necessários para alcançar os princípios de justiça acima referidos? Mediante a tributação progressiva, que retira mais de quem aufere mais, à medida que aumenta a renda e transfere (de forma indireta) os recursos para os menos favorecidos. É a forma de critério redistributivo que poderia atender a justiça rawlsiana.

No entanto, cabe questionar: deve a redistribuição realizada, seja pelo Estado, seja por um contrato social (ou Constituição), ser considerada um valor primordial?

Robert Nozick, assim como Rawls, filósofo da Universidade de Harvard, em sua obra mais conhecida, *Anarquia, Estado e utopia* (publicada pela primeira vez em 1974), ataca diretamente a Teoria da Justiça, pelo ponto de vista libertário. Segundo a visão de Nozick, não é atributo de uma autoridade central, seja ela o governo ou um contrato social, dispor de como os recursos devem ser divididos.[119]

Em uma sociedade livre, os recursos são controlados por diferentes pessoas, que transacionam entre si, gerando novos recursos que serão realocados pela mesma dinâmica, incessantemente. Cabe ao Estado, portanto, tão somente

---

[118] *A teoria de justiça* de John Rawls é uma das obras mais influentes do século vinte sobre o tema, sendo considerada responsável por reavivar a filosofia política. No entanto, está longe de ser reputada incontroversa, tendo sido atacada por pensadores localizados em todo o prisma político-ideológico. Por exemplo, a crítica libertária de Robert Nozick, em seu Estado, anarquia e utopia (1994) e a crítica comunitária de Michael Sandel, em seu *Liberalism and the limits of justice* (1998). Ainda assim, a carga tributária brasileira total sobre os lucros, segundo o Relatório *Doing Business* 2018, do Banco Mundial é de 68,4 %, à frente da própria Suécia, que tributa em 49,1%. Disponível em: http://portugues.doingbusiness.org/data/exploretopics/paying-taxes. Acesso em 01.04.2018

[119] Em sentido similar, Friedrich Hayek sempre insistiu que o conhecimento é disperso na sociedade, não havendo indivíduo ou governo com conhecimento onisciente capaz de distribuir recursos de forma centralizada. Vide, por exemplo, as obras Individualism and economic order (1984) e The fatal conceit. The errors of socialism (1991).

cuidar para que as trocas efetuadas entre os indivíduos sejam voluntárias, o que significa dizer, não haja roubo ou coerção. Apenas quando isso ocorre é que há distribuição "injusta" dos recursos.

Em suma, enquanto Rawls questiona "como" devem ser repartidos os recursos em uma sociedade e o "quanto" desigual deve ser uma sociedade, Nozick sequer considera tais questões válidas. Não são os resultados que devem ser levados em conta em um contrato social, mas sim *o processo que gerará os resultados.*[120]

Em outras palavras, a justiça está no processo e não no resultado, nas regras do jogo, e não no placar da partida. Por mais desiguais que sejam os resultados, se estes foram originados de regras justas, provenientes de instituições sólidas e estáveis que garantem isonomia a todos os participantes do jogo, eles são necessariamente justos, por mais desiguais que sejam.

A analogia com um jogo competitivo é ilustrativa: o jogador mais capaz e que souber aproveitar as oportunidades acabará ganhando a partida. Pode-se considerar que o resultado foi "injusto"? Desde que as regras sejam pré-firmadas, conhecidas de ambos os jogadores e aplicadas imparcialmente, não importa quem vença ou perca. Do contrário, seria consideravelmente injusto redistribuir vitórias e pontos entre jogadores ou times, de modo que todos se equiparassem. Tal medida não só em nada ajudaria os times que perderam, uma vez que tal medida não os tornará melhores competidores, como também geraria fortes incentivos negativos aos times que se esforçaram em vencer. Para que o empenho se não se podem colher os frutos?

Note-se que a ênfase passa a ser dada às regras do jogo (ou instituições, conforme vimos). Para que o processo seja justo, necessário é que sejam sólidas, estáveis, conhecidas e imparciais. Isso requer receita que permita ao Estado manter tais instituições em ordem, por meio de organizações públicas e oficiais que apliquem de forma imparcial suas regras (por exemplo, o Judiciário e a polícia).

Finalmente, para que possam os jogadores conhecer as regras e assim poderem ingressar no jogo competitivo da vida social, necessárias são condições iniciais básicas que lhes permitam ter oportunidades iguais – para tanto, serviços públicos como saúde e educação atendem a esse propósito.

---

[120] Essa concepção já se encontra em Hobbes (2008, p. 124), para quem a natureza da justiça reside em os "homens cumprirem os pactos que celebrarem".

TEORIA DA DECISÃO TRIBUTÁRIA

Interessante perceber que, mediante essa outra concepção de justiça, a tributação progressiva perde importância. Se a ordem espontânea do mercado, entendido este como o ambiente no qual os indivíduos livre e voluntariamente realizam trocas, possibilita a melhor e mais justa distribuição de recursos, não há que buscar diminuir desigualdades. Estas fazem parte do jogo.

2.6 Igualdade ou eficiência?

Um dos dilemas mais presentes na estruturação de um sistema tributário é a escolha entre igualdade ou eficiência. Na medida em que os juristas se preocupam primordialmente com a justiça e igualdade em sistema tributário, os economistas, por outro lado, importam-se com a eficiência.

O conflito se dá pelo fato de a tributação causar distorções no sistema de preços do mercado, gerando ineficiências alocativas e, consequentemente, custo social. A distorção causada pela tributação (assim como pelo controle de preços ou pelos incentivos fiscais) é chamada de "peso morto",[121] em outras palavras, perda do chamado excedente social – de forma mais simples, desperdício de recursos da sociedade.

A forma ideal de evitar essas distorções, qual seja a instituição de tributos fixos e regressivos, vai de encontro aos princípios da igualdade e capacidade contributiva.

No gráfico abaixo, podem-se visualizar duas situações. A primeira demonstra uma situação de equilíbrio entre oferta (s) e demanda (d), relativamente a determinado bem de consumo. O eixo vertical refere-se ao preço do bem, enquanto o eixo horizontal concerne à quantidade produzida desse bem. Trata-se de um mercado competitivo, em equilíbrio, pois não se produz mais do que a demanda exige. O equilíbrio se dá na intersecção das retas, em q^0 (quantidade do bem produzido) e p^0 (preço do bem).

Quando o Estado institui algum tributo incidente sobre as trocas econômicas, o sistema de preços do mercado sofre ruído, causando desequilíbrio na oferta e demanda. A segunda situação é ilustrada no gráfico, após a

---

[121] Contribuição do economista Frank Ramsey, em seu artigo A Contribution to the Theory of Taxation, *The Economic Journal*, 37, n. 145, 1927.

instituição do tributo: o produtor é obrigado a repassar o custo da tributação para o preço do bem (p^c), o que causa a diminuição da quantidade de bens demandada.[122]

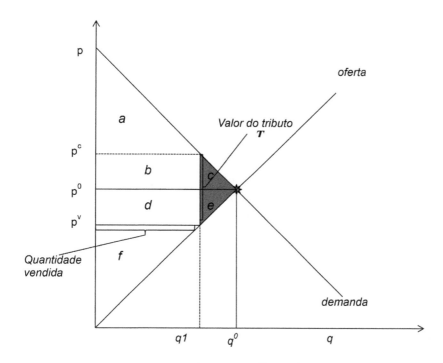

Figura 9: O "peso-morto" da tributação

Antes da tributação, o excedente do consumidor (a quantia que ele está disposto a pagar por um bem menos do que efetivamente paga) é representado pela soma das partes *a, b, c*. Por sua vez, o excedente do produtor (a quantia que os produtores recebem pelo seu bem, menos os custos) é representado pela soma das partes *d, e, f*.

Após a tributação (*e.g.*, imposto sobre o consumo, como ICMS sobre venda de mercadorias), há uma redução na quantidade produzida/ofertada,

---

[122] Não estamos considerando situações de demanda inelástica (e elasticidade cruzada da demanda), quando não há o efeito-substituição, ou seja, quando o aumento do preço não afeta a demanda pelo bem e os consumidores continuam adquirindo-o, ainda que com preço maior.

em razão, basicamente, do aumento de preço. No gráfico, passamos de q^0 para $q1$. Assim, o consumidor perde (deslocando-se para p^c, que é a quantidade que passa a poder consumir, dada a sua restrição orçamentária), e o produtor também (deslocando-se para p^v, que é o lucro contábil que recebe, após deduzir o custo do imposto).

O imposto reduz o excedente do consumidor em (b+c) e o do produtor em (d+e). A receita tributária fica em (b+d) e o peso morto (perda de bem-estar total), a área (c+e). Economicamente falando, a variação do excedente do consumidor é $\Delta EC = -b-c$, e a variação do excedente do produtor é $\Delta EP = -d-e$, sendo a variação total $\Delta E = -c-e$. [123]

Essa variação do excedente total, como visto acima, é o peso morto, isto é, *o custo que implica a redução do bem-estar social.* Menos produção e menos consumo, resultando em menos riqueza para a sociedade.[124]

Como se pode verificar a partir do gráfico, a tributação frequentemente gera distorções alocativas. Nos sistemas tributários mundo afora, dificilmente verificar-se-á algum que não contenha distorções, pesos-mortos e ineficiências, sejam países desenvolvidos economicamente ou não.

Isso não faz com que se deseje eliminar a tributação, pois o Estado não é possível sem ela, e, como este é necessário para proteger direitos individuais, também o é a tributação (MURPHY e NAGEL, 2002, p. 34). É o preço da liberdade, como ensina Ricardo Lobo Torres (1991, p. 3). O que se deseja, do ponto de vista de eficiência econômica, é a limitação da tributação em um ponto que não iniba a atividade privada, única geradora de riqueza para a sociedade.

---

[123] A elasticidade da oferta e da demanda tem total importância nessa questão. Quando a demanda é inelástica, o preço pode ser repassado para o consumidor, pois ele poderá preferir pagar mais e continuar adquirindo o produto. Se a oferta é elástica, o produtor responderá ao aumento ou à queda do preço de seu produto, ofertando-o mais ou menos. Por outro lado, quando a oferta é inelástica e a demanda é elástica, o custo é arcado pelo produtor, pois ele seguirá produzindo a mesma quantidade e não pode repassar o custo para o consumidor. Nesse exemplo, o tributo não é neutro justamente porque o bem tem demanda elástica, ou seja, impacta diretamente no seu consumo. Como o imposto é repassado para o preço e há bens substitutos, o consumidor opta por deixar de consumi-lo e passa a adquirir produtos alternativos, mais baratos.

[124] Outro ponto interessante é que conseguimos ver, por meio dessa análise, o volume da arrecadação tributária, representada por T X Q, i.e., o valor do imposto (T) multiplicado pela quantidade de bens vendidos (Q).

2.7 Neutralidade fiscal

Sendo a tributação normalmente distorciva, um dos predicados mais desejáveis a ela e também mais difíceis de obter é a neutralidade. Por neutralidade deve-se entender o tributo que não altera o comportamento dos consumidores, ou seja, não gera o efeito substituição, que ocorre quando o indivíduo passa a consumir outro bem ou serviço substituto àquele que deixou de adquirir por conta de aumento no preço.

Uma forma possível de evitar o efeito-substituição é o chamado tributo fixo (*lump-sum tax*) ou regressivo. Este tributo incide sempre com o mesmo valor, não importando aspectos pessoais e subjetivos do contribuinte ou peculiaridades da situação tributada. Acaba sendo também regressivo porque atinge aqueles com menor capacidade econômica, por não ser sequer proporcional.

A possível vantagem do tributo fixo é distorcer menos o sistema de preços, aproximando-se da neutralidade fiscal, isto é, do sistema tributário que cause o mínimo de distorções e perdas de eficiência no mercado. É neutro porque incide de forma igual para todos, e, principalmente, incide sobre bens e serviços de demanda inelástica (ou pouco elástica), não gerando incentivos que afetem a oferta e a demanda no mercado.

Novamente temos uma colisão entre diferentes concepções de justiça. A concepção de justiça que priorize apenas o processo, e não os resultados, preferirá preservar ao máximo o ambiente homoestático do mercado, *i.e.*, barrar os ruídos que possam gerar desvios em seu equilíbrio. Os tributos são os responsáveis por essas distorções, conforme vimos. Quanto mais neutros, portanto, menos ruídos causarão, e o resultado será mais excedente social. O preço a pagar é menos isonomia, uma vez que os mais pobres pagarão proporcionalmente mais tributos que os mais ricos.[125]

---

[125] Poder-se-ia considerar que há nessa situação uma troca de eficiência "Kaldor-Hicks". Ainda que a situação não é "pareto ótima", uma vez que o tributo regressivo faz com que o mais pobre resulte em uma situação pior em relação ao mais rico. Considerando, todavia, que a tributação regressiva tende à neutralidade, o excedente social é maior (o bolo cresce), sendo então teoricamente possível que o mais pobre seja compensado por meio de maior circulação de recursos no setor privado.

TEORIA DA DECISÃO TRIBUTÁRIA

A outra concepção de justiça leva em conta outro valor de importância enorme, que é a igualdade. Ofende o senso comum admitir que o sujeito mais desprovido de riqueza deva pagar proporcionalmente mais do que o sujeito relativamente abastado.

Note-se que deslocamos o foco da progressividade para o da proporcionalidade tributária. Destarte, a proporcionalidade tributária cumpre a função de atender a igualdade de tratamento entre os indivíduos, porém ao custo de onerar toda a sociedade.

Em suma, ocorre o que os economistas chamam de *trade off*: a sociedade deve optar pelo que entender mais adequado aos seus interesses: uma tributação neutra, que não distorça a alocação ótima de recursos, possibilitando maior geração de excedente social (riqueza) ou a tributação que seja equitativa e atenda a valores como igualdade e capacidade contributiva.

Não se trata, como poderiam apressadamente pensar alguns, de uma decisão óbvia ou fácil. Há custo e benefício para ambas as possibilidades, que devem ser racionalmente sopesados.

2.8 Intervenção estatal e extrafiscalidade

2.8.1. Estado e economia

A separação total entre Estado e setor econômico é, antes de tudo, uma abstração. Não há nem nunca houve uma cisão absoluta, uma vez que o próprio lógica do contrato social a impediria. Algum grau de intervenção é ínsita ao próprio mercado, seja esta interferência *ex ante*, no sentido regulatório, ou *ex post*, como resolução de conflitos entre os agentes por um árbitro imparcial.

Importante perceber que só pode haver intervencionismo onde houver algum grau de liberdade econômica, não se confundindo com controle estatal dos meios de produção. Destarte, é distinta a situação do Estado que nacionaliza os meios de produção daquele que intervém através de normas jurídicas (CARVALHO, 2005, p. 263).

A presença do Estado no setor econômico dá-se, assim, em três diferentes formas:

1) Estado como dirigente, quando as trocas econômicas são totalmente controladas por ele, determinando quem, o quanto e o que se produz, e quem, o quanto e o que se consome. Nesse regime totalizante, onde o Estado e o setor econômico fundem-se em uma só ordem, a produção de bens e serviços é monopólio estatal. Exemplos são a antiga União Soviética, e, até hoje, Cuba e Coréia do Norte;

2) Estado como agente econômico, competindo com agentes privados no mercado. São situações onde empresas estatais ou de economia mista atuam em determinados setores, juntamente com empresas privadas. Exemplos são empresas públicas de produção e distribuição de energia ou bancos de varejo, como ocorre no Brasil;

3) Estado como regulador do setor econômico, por meio de normas jurídicas. A regulação se dá de forma direta (regras que obrigam ou proíbem comportamentos), ou de forma indireta (regras que facultam comportamentos).

Nas duas últimas situações é que se dá o fenômeno da intervenção, que significa ação do Estado *no* e *sobre* o processo econômico, conforme lição de Eros Roberto Grau (1982, p. 62).[126] Intervenção no mercado significa a participação, em maior ou menor grau, do Estado como agente econômico e intervenção sobre o mercado significa regulação, direta ou indireta. As normas tributárias com função extrafiscal têm relevância enorme para essa última espécie de regulação.

O intervencionismo é a marca de toda economia de mercado, que é o seu pressuposto: só pode haver intervenção onde houver mercado. Ainda que

---

[126] Segundo Grau, a intervenção do Estado "na" economia pode se dar de duas formas: 1) por absorção, quando o Estado detém todos os meios de produção, o que equivale a nossa primeira forma de presença estatal no setor econômico; ou 2) por participação, quando o Estado controla parte dos meios de produção, o que equivale a nossa segunda forma de presença. A classificação do jurista paulista contém um problema lógico, contudo. Intervenção, como visto acima, logicamente pressupõe um mercado a ser interferido pelo Estado, que não ocorre no modelo de "absorção" – se o Estado detém todos os meios de produção, não há mercado, ao menos não de forma lícita - restando o mercado negro, ou paralelo, visto que a ação econômica dos agentes racionais nunca cessa (CARVALHO, 2005, p. 263). Salvo se a intervenção for apenas uma, derradeira, cuja consequência é a apropriação de todos os meios de produção, a classificação peca pela inconsistência lógica.

TEORIA DA DECISÃO TRIBUTÁRIA

possam existir mercados onde o Estado não intervém, operando exclusivamente por meio de normas sociais[127], estas são exceções que confirmam a regra. É empiricamente difícil encontrar trocas econômicas que não sejam também revestidas de substrato jurídico, pois em um mundo onde os custos de transação não são nulos, são justamente as instituições formais do Direito que fornecem as balizas necessárias para a segurança jurídica, essencial para o funcionamento do mercado.

2.8.2. A função extrafiscal da tributação

Além da função fiscal dos tributos, sumamente arrecadatória, outra menos frequente, mas de grande importância para o Estado, é a utilização de tributos com o fim de alterar a alocação dos recursos. Tal função é a *extrafiscal*, que significa utilizar normas tributárias com o intuito de gerar incentivos para que os contribuintes ajam de determinada forma, por exemplo, consumir mais ou menos determinado produto. Como ensina José Souto Maior Borges (1998, p. 60), enquanto a fiscalidade cumpre função indireta, mediata do Estado – gerar receitas para custear serviços públicos –, a extrafiscalidade, ao contrário, é instrumento direto, imediato para cumprir os fins públicos.

Manipular incentivos é tarefa sobremodo complexa e muitas vezes os resultados são nulos ou mesmo opostos ao que o legislador pretendia obter. Ainda assim, ao impor custos ou benefícios por meio da tributação, o Estado pode ter razoáveis chances de alcançar os fins pretendidos, desde que os planejadores de políticas públicas compreendam como os indivíduos reagem a incentivos. Por isso a feliz denominação de "normas indutoras" que Luís Eduardo Schoueri (2005, p. 59) emprega para o regramento extrafiscal, cujo método é, ao contrário da regra tributária *stricto sensu*, sempre obrigatória, gerar estímulos e desestímulos para que o contribuinte, no exercício de sua liberdade de escolha, aja na direção pretendida pelo legislador.

---

[127] Como é o caso do mercado de diamantes, no célebre artigo de Lisa Bernstein, *Opting out of the legal system: extralegal contractual relations in the diamond industry* (The Journal of Legal Studies, vol. 21, n. 1, Chicago: University of Chicago Press, 1992, p. 115-157). Em sentido análogo, Robert C. Ellickson (1991), demonstra como em diversas situações os indivíduos prescindem de regras formais de direito para dirimirem conflitos intersubjetivos, como costuma acontecer em disputas envolvendo vizinhos em áreas rurais dos Estados Unidos.

Um aumento de alíquota em um determinado produto pode influenciar os consumidores a não adquirirem aquele bem ou substituí-lo por outro. Nesses casos, se diz que a demanda desse bem é elástica, o que significa que, se o custo do produto aumentar, a demanda por ele, ou seja, a intenção dos consumidores em adquiri-lo, diminui.

Nesses tipos de produto, o aumento de alíquota com fins extrafiscais é eficaz, pois o produtor terá dificuldade em repassar o custo do tributo para a mercadoria, sob pena de ver a demanda reduzida. Exemplificando, se o preço da carne de gado aumenta, o consumidor pode substituí-la por frango (o frango é substituto da carne de gado).

Há bens, no entanto, que têm demanda inelástica. Nesses casos, o custo do tributo pode ser repassado sem que haja queda no consumo. Um exemplo são bens ou serviços de primeira necessidade, por exemplo, consultas médicas (não há substituto para essa espécie de serviço).[128]

Note-se que o critério de essencialidade do Imposto sobre Produtos Industrializados (IPI) e do Imposto sobre Circulação de Mercadorias e Serviços (ICMS) previsto pela Constituição Federal (artigos 153, § 3.º, I, e 155, § 2.º, III, respectivamente) foi previsto para cumprir função extrafiscal. Nesse sentido, a elasticidade da demanda deveria obviamente ser levada em conta quando da efetiva instituição de alíquotas variáveis, pois, do contrário, a extrafiscalidade é anulada e o tributo passa a ser meramente arrecadatório.

A alíquota do ICMS sobre energia elétrica em São Paulo, por exemplo, varia de 12% (consumo residencial até 200 kWh) a 25% (acima de 200 kWh). Percebe-se que a extrafiscalidade aplicada sobre esse bem não tem a finalidade de induzir a sua substituição por outro, até porque não há bem substituto: a intenção é incentivar a economia de energia pelos consumidores. Resta saber, contudo, se o efeito pretendido é alcançado ou não.[129]

---

[128] Sempre lembrando que a atribuição de utilidade é subjetiva e varia de indivíduo a indivíduo. Um sujeito que seja aficionado por velejar e não tenha preocupação com saúde, pode considerar consulta médica como bem de luxo e barcos a vela como bens de primeira necessidade. Entretanto, *na média*, não é assim que se verificam as demandas no mercado, e as consultas médicas, apenas para manter o exemplo, são, de fato, consideradas mais essenciais que veleiros.

[129] Ao que tudo indica, a resposta é negativa. Os seguidos "apagões" e déficits de energia demonstram que a alíquota elevada não surte o efeito extrafiscal desejado.

TEORIA DA DECISÃO TRIBUTÁRIA

Em rigor, os tributos geram incentivos, sejam fiscais ou extrafiscais. A diferença é a intenção do criador da exação, o que significa dizer o objetivo que pretende ver alcançado. Considerando que o direito é um sistema comunicacional, formado por atos de fala diretivos de conduta, é imprescindível que tais comunicações sejam bem-sucedidas, *i.e.*, despertem nos seus destinatários a compreensão do que a norma pretende. Em outras palavras, é fundamental que os indivíduos compreendam os incentivos que lhes são dirigidos.

Outrossim, se os bens ou serviços que são tributados para fins extrafiscais informam corretamente essa finalidade, o objetivo será alcançado eficientemente. Do contrário, o incentivo será ineficiente, podendo não gerar as condutas pretendidas ou, na melhor das hipóteses, gerá-las aquém do pretendido. Tal ocorre por não haver a devida sinalização por parte da teleologia fiscal.

Se os contribuintes não têm a informação do quanto lhes está sendo imposto a título de extrafiscalidade, muito provavelmente tal intenção passará despercebida ou mesmo mascarada no preço do bem ou serviço. Uma alíquota alta sobre produtos nocivos à saúde, como o cigarro, que não seja devidamente informada aos consumidores simplesmente, será acobertada no preço final do maço e não gerará efeito algum – supostamente o efeito de não incentivar o hábito de fumar e suas respectivas consequências de custo social para a saúde pública. Pensando economicamente, o fumante teria que perceber que o seu custo marginal de comprar o cigarro supera o benefício, causando uma desutilidade – o que geraria o incentivo.[130]

Nesses casos, a extrafiscalidade sequer chega a existir, e a tributação tão somente será fiscal, puramente arrecadatória. No exemplo do cigarro, ao que tudo indica é exatamente isso que ocorre.

---

[130] É claro que o exemplo é simplista. É necessário levar em conta a elasticidade da demanda por esse produto. Determinados bens têm muita ou pouca elasticidade, o que significa dizer que aumento ou diminuição nos preços poderá gerar fortes ou fracas variações na demanda. Para um sujeito que seja um fumante inveterado, provavelmente um aumento, ainda que substancial, gerará pouco efeito quanto ao seu hábito de consumir cigarros. Para outras pessoas que tenham hábitos mais moderados, o aumento do preço pode incentivá-las a fumar menos, em vista de suas restrições orçamentárias. Nesse sentido, o legislador necessita avaliar a média dos fumantes na população, e essa análise é empírica e necessária para a criação eficiente da norma jurídica.

2.9 Benefícios e subsídios fiscais

A mesma mão que cobra o tributo concede o benefício. Uma das causas para que isso ocorre, consoante a Escolha Racional e a sua aplicação na Política, a Escolha Pública, é semelhante à parábola do "bode na sala". A história tem muitas versões, mas esta talvez seja a mais conhecida: conta-se que um índio, pai de família e passando por sérias dificuldades, morando numa oca muito pequena e com muitos filhos, foi pedir ajuda ao cacique da tribo. Chegando lá, relatou o seu drama e o cacique lhe deu um bode com a recomendação de que, durante uma semana, ele mantivesse o bode na sala e depois disso voltasse para contar o que havia mudado em sua situação. Retornando, após decorrida a semana, o índio contou que não só nada havia melhorado, como, pelo contrário, havia em muito. A sua pequena oca estava ainda mais apertada, como também infestada pelo mau cheiro do animal. Em suma, sua vida estava muito mais difícil do que antes. O cacique mandou então que o índio devolvesse o bode e novamente voltasse em uma semana. Decorrido o prazo, o pai de família indígena retornou à cabana do cacique, que lhe perguntou então como agora estava a sua situação. O índio, todo feliz, disse que a sua vida e a de seus familiares havia melhorado muito, pois agora tinham espaço na oca e haviam se livrado do mau cheiro.

A parábola ilustra que "favores" ou benefícios advindos do Estado, principalmente no que se refere a tributos, dificilmente podem ser considerados como tal. O mesmo Leviatã que cria um complexo e custoso sistema tributário, eventualmente desonera alguns setores atingidos pela tributação, ocasionado assim uma redistribuição da carga tributária. Ou seja, quem arca com o custo dos benefícios fiscais obviamente não é o Estado que os concede, mas a própria sociedade. Sequer o alívio é real, pois se tal fosse realmente pretendido pelos governantes, um sistema tributário "ótimo" seria criado e não um que requer analgésicos de tempos em tempos. O governo apenas cria dificuldades para depois vender facilidades.

No que se refere aos subsídios, entendidos como toda forma de "ajuda" concedida pelo Estado a alguma classe de contribuintes, a parábola do bode se aplica, pois, ainda que ele possa ter vantagens imediatas com a desoneração, os benefícios e subsídios podem prejudicar toda a sociedade, por meio da mesma ineficiência alocativa que a tributação gera no sistema de preços – o peso morto, conforme o gráfico abaixo.

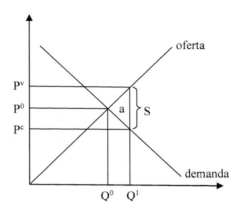

Figura 10. O peso morto do subsídio

A figura mostra uma situação semelhante, porém inversa ao gráfico do peso morto da tributação. Quando subsídios concedidos ao produtor permitem que o preço ao consumidor (P^c) seja menor que o preço que refletiria o equilíbrio em um mercado competitivo (P^0), e a quantidade demandada (Q^1) seja maior do que aquela que seria no equilíbrio (Q^0), percebe-se que são os subsídios ("S" no gráfico) – leia-se dinheiro público – que estão custeando esse desequilíbrio. O custo social é arcado pela sociedade e é ilustrado pelo triângulo "a" no gráfico.

A ponderação racional que necessita ser feita não deveria levar em conta interesses de grupos de pressão, os chamados *rent-seekers*, mas, sim, o interesse de toda a coletividade. Nesse sentido, a análise que deve ser empregada é se o retorno possível do subsídio é maior do que o seu custo social, ou, em outras palavras, se há a eficiência Kaldor Hicks no caso específico. O exemplo de subsídio que pode alcançar esse critério de eficiência é o empregado na educação ou na pesquisa científica, pois eventualmente toda a sociedade poderá se beneficiar das externalidades positivas criadas pela escolaridade, cultura e inovações científicas propiciadas pelo dinheiro público.

2.10 Valores da tributação: interesse público e interesses privados

Como vimos, não é possível contrato social sem renúncia de liberdade. Tampouco é possível Estado sem tributos. Ao mesmo tempo, poucas regras afetam tanto a liberdade individual quanto as tributárias. Como conciliar interesse coletivo com interesses privados?

Desde que o Marquês de Condorcet apresentou o famoso e homônimo paradoxo[131] no século XVIII sabemos que é impossível agregar escalas de preferências individuais transitivas em uma escala coletiva que não seja cíclica.

Ilustrando o paradoxo, suponhamos que o determinado governante resolva consultar a população para que esta decida, em plebiscito, qual tipo de tributação aceitaria, em vista dos serviços públicos que deseja. Quanto mais tributação, mais serviços públicos, sendo verdadeira a razão inversa. Assim, pelo critério da maioria, os cidadãos poderiam escolher o nível de tributação que desejam arcar, em vista dos serviços públicos que gostariam de receber. Trata-se, desse modo, de uma escolha perfeitamente democrática, razoável e racional.

Sendo assim, as opções são: A) tributação baixa, poucos serviços; B) tributação média, médios serviços; e C) tributação alta, porém com alto retorno em serviços públicos. De modo a simplificar o esquema abaixo, utilizaremos apenas três indivíduos: Sr. 1, Sr. 2 e Sr.3.

Sr. 1	Sr. 2	Sr. 3
A	B	C
B	C	A
C	A	B

Figura 11. Paradoxo da escolha coletiva

Suponhamos que o governante pergunte se os cidadãos preferem uma tributação baixa (A) a uma tributação média (B). Pelo critério da maioria simples, podemos verificar que A ganha por dois votos (do Sr. 1 e do Sr. 3). Todavia, o governante reformula a pergunta, fazendo com que o grupo escolha

---

[131] Também chamado de "paradoxo da votação".

entre B (tributação média) e C (tributação alta, em troca de mais serviços públicos) – novamente há dois votos para B (do Sr. 1 e do Sr. 2). Finalmente, determina o governante que os cidadãos escolham entre A (tributação baixa) e C (tributação alta). Pela regra da transitividade, deveria ganhar A. Entretanto, o resultado é intransitivo e cíclico, ganhando C por dois votos (do Sr. 2 e do Sr.3).

Portanto, a preferência coletiva não é transitiva, logo, não é racional. A população prefere A a B, B a C e C a A. Traduzindo, o resultado das escolhas coletivas seria que os cidadãos preferem tributação baixa à média, média à alta, e alta à baixa.

O mesmo problema é demonstrado pelo Teorema da Impossibilidade, que angariou o Nobel de Economia a Kenneth Arrow, em 1972. O teorema foi primeiramente proposto em sua tese de doutorado e posteriormente publicado na clássica obra *Social Choice and Individual Values*, em 1951.

O teorema da impossibilidade demonstra, de forma irrefutável, que é impossível agregar preferências individuais em preferências coletivas, sem com isso violar alguns postulados considerados razoáveis em um sistema eleitoral democrático.[132] Trata-se de uma prova matemática da impossibilidade (daí o nome do teorema) de produzir escolha social consistente a partir de escolhas consistentes de indivíduos pertencentes àquele grupo, a não ser que se viole o postulado da não ditadura, dado que a única forma de obter uma escolha coletiva consistente (transitiva) é por meio da decisão de um indivíduo (ditador).

O paradoxo de Condorcet e o teorema da impossibilidade obviamente não inviabilizam a ideia de sistema democrático, porém demonstram o quão difícil é conciliar coletivamente interesses particulares.

Quando se trata de tributação, tal conciliação parece ainda mais difícil. Os cidadãos nem sempre estabelecem a necessária relação entre tributo e atuação estatal, o que leva frequentemente ao contraditório anseio por simultaneamente mais serviços públicos e menos tributos. Ainda que se possa tornar a gestão estatal sempre mais eficiente e, consequentemente, empregar melhor os recursos públicos possibilitando mais e melhores serviços

---

[132] Os postulados são: não ditadura, domínio irrestrito, independência de alternativas irrelevantes e unanimidade.

aos cidadãos, a tributação guarda íntima relação com o tamanho do Estado. De forma mais simples, quanto mais Estado, mais tributação será necessária.[133]

Outrossim, há uma perene tensão entre o interesse público e o interesse privado. Ainda que a Constituição Federal contenha diversos dispositivos que visam a resguardar direitos individuais do contribuinte perante a fazenda pública, a necessidade de gerar receita para bancar gastos públicos impele o Estado, seja por meio da esfera municipal, estadual ou federal, a invadir mais e mais a esfera privada.

Considerando que o Poder Legislativo cria os tributos e o Executivo os arrecada, resta ao Judiciário estabilizar o sistema, sedimentando os sentidos normativos e manter os direitos e garantias do contribuinte.

2.11 Normas, princípios e regras, ou apenas enunciados normativos?

As categorias construídas pela teoria jurídica ao longo de séculos continuam sendo o que sempre foram: pertencentes ao terreno da teoria. Em outras palavras, as construções referidas são modelos desenvolvidos pelos teóricos do Direito, não objetiva ou epistemicamente verificados, ou seja, o objeto não é encontrado no mundo real, não podendo ser observado ou replicado em laboratório.

Aquilo que existe objetivamente, independentemente de opiniões, são as manifestações linguísticas do legislador (em sentido amplo), os seus atos de fala revelados nas constituições, leis e outros diplomas legais. É claro que o sentido prescritivo desses atos é inerente ao próprio reconhecimento do ordenamento jurídico pelos cidadãos, e palavras como normas e regras têm esse significado vulgar de comandos emanados por autoridades competentes.

Todavia, a sofisticação e pormenorização das classificações teóricas, que são – diga-se de passagem – inúmeras, cujas nuances e detalhes variam quase que de autor para autor, tal qual uma obra artística, não são compreendidas

---

[133] Os primeiros dados sobre a carga tributária datam de 1947. O percentual da carga tributária sobre o produto interno bruto brasileiro era então de apenas 13,8%. Em 2008 alcançou o patamar de 37,5%. Dados da Agência Brasil. Disponível em: <www.agenciabrasil.gov.br>. Acesso em: 1.º fev. 2010.

TEORIA DA DECISÃO TRIBUTÁRIA

nem muito menos fazem parte do senso comum de quem produz as leis e de quem as recebe.

Ainda que o legislador – mesmo o constituinte – faça uso de vocábulos como "princípios", "normas" e "regras", não os emprega no sentido técnico da doutrina. Normas e regras são utilizadas como sinônimos (*v.g.*, artigo 27, § 1.º, e o artigo 38, III) e os princípios, ainda que referidos como mandamentos de maior importância, são empregados mais no sentido de fundamentos estruturais do sistema constitucional do que propriamente direitos fundamentais, como comumente faz a doutrina.[134]

O que importa ao legislador, cumpre reconhecer, é estabelecer direitos e deveres com intuito de alcançar determinados fins. É impor restrições à liberdade de uns para proteger a de outros, seja mediante punições, seja por meio de premiações. A essência dos comandos legais é incentivar comportamentos humanos, nas direções que o legislador almeja para a consecução de seus objetivos. Por uma falta endêmica de conhecimento de como opera a racionalidade humana, infelizmente não é incomum assistir a esses objetivos não serem alcançados da forma planejada.

Seja como for, o legislador manifesta seus comandos por meio de enunciados veiculados pelas diversas espécies de diploma legal. Ora os enuncia de forma clara, ora de forma obscura, ora de forma simples e econômica, ora de forma prolixa. A sua leitura e classificação em "espécies" normativas são frutos da criatividade dos juristas, não encontrando correspondência no mundo empírico. Não obstante, como sói ocorrer nas mais diversas ciências, naturais e sociais, tais modelos podem ser de grande utilidade para a compreensão do fenômeno em observação.

Para fins de análise da decisão do legislador, não cabe aqui trazer essas categorias teoréticas, pois são estranhas ao objeto. Elas serão reservadas àqueles tomadores de decisão que as compreendem e as utilizam, ainda que em variado grau, quais sejam os agentes administrativos, contribuintes e juízes.

---

[134] Cumpre notar que as menções aos princípios, por exemplo, nos artigos: 4.º e incisos, 21, XXI e XXIII, e alíneas; 29; 32; 37; 93; 125; 127 e § 1.º; 173 e § 1.º, alínea III; 178, 207; 221; 223; 238 e 242, referem-se à estrutura do sistema constitucional, e a minoria das menções concerne aos direitos fundamentais (artigos 5.º, § 2.º; 34, VII, "b"; 35, IV; 170; 206 e 226, § 7.º).

2.12 Liberdades negativas, liberdades positivas e os direitos individuais e sociais

No contexto de conflito entre interesse público e privado, resta saber como o sistema jurídico lida com tais valores, especialmente no que tange à tributação.

Isaiah Berlin, filósofo nascido na Latvia e naturalizado inglês, é autor do texto[135] que é provavelmente o mais importante escrito sobre o tema liberdade no século passado. O artigo intitulado Two Concepts of Liberty estabeleceu a fundamental separação conceitual e analítica entre *liberdade negativa* e *liberdade positiva*.

Liberdade negativa significa a esfera de autonomia do indivíduo, livre de coerção infligida por terceiros (conforme Berlin, "liberty from"), de forma que possa aquele buscar os seus interesses sem restrições e constrangimentos. Essa concepção é herdeira dos contratualistas clássicos – principalmente Hobbes – para quem a liberdade é "ausência de impedimentos externos".[136]

Liberdade positiva significa a (particip)ação ativa e equânime do indivíduo na coletividade, de modo a alcançar valores comuns a todos no contexto do exercício de uma cidadania. Essa ideia, por sua vez, é herdeira do pensamento aristotélico.[137]

Ambas as liberdades são igualmente importantes e comprazem o verdadeiro espírito da democracia. Entretanto, muitas vezes entram em choque, principalmente pelo mau uso do conceito de liberdade positiva, como advertiu Berlin. Tal uso acarretou, no plano das ideias no século XIX e no plano da

---

[135] Originalmente apresentado em conferência na Universidade de Oxford, em 1958.

[136] Leviatã, cap. XIV, p. 112.

[137] Para Aristóteles, na democracia a liberdade se manifesta na participação igual de todos os cidadãos na "polis". Importante salientar que Aristóteles não desconhecia o que hodiernamente denominaríamos de liberdade negativa, como se pode constatar na passagem de sua *Política*: "Outro (sinal característico de liberdade) é o homem viver como ele quer, pois dizem que esta é a função da liberdade, porquanto a característica do escravo, ao contrário, é não viver como ele quer" (1985, livro VI, "1317 b", p. 204). O filósofo estagirita antecipou em mais de vinte séculos a importância de ambas as liberdades, pois as duas constituíam a verdadeira democracia. Adverte também para o perigo de tomar o numérico (decisão pela maioria) da democracia como absoluto, o que levaria à injustiça, permitindo, por exemplo, que os pobres (que são maioria) confisquem os bens dos ricos (que são minoria). Por outro lado, se se permitir que apenas os detentores de riquezas sejam tomadores de decisões políticas (oligarquia), haverá tirania, uma vez que poucos ou mesmo apenas um governaria sozinho.

TEORIA DA DECISÃO TRIBUTÁRIA

prática no século XX, os movimentos totalitários como o comunismo, nazismo e fascismo.

Qual a relação do direito com essa dicotomia no conceito de liberdade? E, ainda, qual a relação específica com a tributação?

Pela ideia de contrato social, a liberdade como ausência de coerção não subsiste no estado da natureza hobbesiano. Em outras palavras, sem uma autoridade central, usualmente denominada de Estado, não há como manter as liberdades de todos os indivíduos, pois mais cedo ou mais tarde os mais fortes prevaleceriam sobre os mais fracos, e a ideia de ausência de coerção pura e simples mostrar-se-ia autocontraditória.

Sendo assim, liberdades negativas requerem limitação em seu raio de fruição, por mais paradoxal que isso possa parecer. Essa limitação busca justamente preservar a liberdade negativa do indivíduo, e é usualmente imposta pela autoridade estatal. Em Estados modernos, frutos do iluminismo, essa autoridade é exercida pela tripartição em Executivo, Legislativo e Judiciário.

Os direitos individuais são, nesse diapasão, positivações constitucionais de liberdade negativas. Sejam aqueles dispostos no *Bill of Rights* norte-americano, sejam aqueles dispostos no artigo 5.º da Constituição Federal brasileira, e em tantas outras constituições democráticas mundo afora, o seu denominador comum é obrigar o Estado a proteger o indivíduo do próprio Estado e de outros indivíduos.

Liberdades como a livre expressão do pensamento, a livre associação, o direito de propriedade, liberdade de culto e tantas outras garantem ao indivíduo – cidadão da moderna *polis* encarnada no Estado-Nação – agir dentro de sua esfera de autonomia privada livre da interferência tanto do Estado quanto de outros indivíduos.

Como a proteção estatal exercida por meio da polícia (contra agressão interna), das forças armadas (contra agressão externa), do Judiciário (como solucionador de conflitos intersubjetivos entre cidadãos e entre cidadão-Estado) e do Legislativo (como criador de regras institucionais formais para o convívio comum) acarreta custos, necessários e imprescindíveis são os tributos. Como perceberam Sunstein e Holmes (1999), mesmo as liberdades negativas não saem de graça, pois dependem primordialmente dos tributos pagos pelos cidadãos.

As liberdades positivas, por seu turno, não se limitam à mera possibilidade da participação cívica nas eleições de representantes populares para o Legislativo. No Estado do bem-estar social ou *welfare state*, as liberdades positivas se concretizam em direitos denominados "sociais", sendo aqueles que demandam mais ação por parte do governo. Em nossa Constituição, tais direitos encontram-se enunciados principalmente no artigos 6.º a 9.º e respectivos incisos.

Importante salientar uma crucial diferença. Direitos de natureza negativa, ou, mais comumente chamados, direitos individuais, requerem basicamente uma inação do Estado ou de outros cidadãos, qual seja: não interferir na liberdade do indivíduo. Ainda que isso requeira a existência e a presença de um Estado, estas se dão apenas na medida necessária da proteção daquela liberdade. Por exemplo, se a autoridade fiscal age com abuso, posso recorrer ao Judiciário para a proteção dos meus direitos e garantias constitucionais que possuo na qualidade de cidadão e de contribuinte.

Direitos de natureza positiva, ou, mais comumente chamados, direitos sociais, requerem o contrário: uma efetiva ação (e intervenção) do Estado na esfera privada.

A justificativa comum para a sua consecução é tornar os indivíduos aptos a exercerem plenamente a sua autonomia, e isso só pode ser feito por meio de mecanismos que garantam um ponto de partida razoavelmente igualitário a todos. Daí a importância atribuída à educação e à saúde prestadas pelo Estado, assim como aos direitos trabalhistas e previdenciários.[138]

Ainda que tanto os direitos individuais e os direitos sociais requeiram Estado e, por conseguinte, necessitem de receita para a sua manutenção, os primeiros têm baixo custo comparados aos últimos. Em uma democracia, cabe aos processos de escolha social a opção por garantir direitos sociais a todos, mas é importante ter ciência de que estes custam incomparavelmente mais do que apenas os mecanismos necessários à preservação da liberdade individual. E esse custo só pode ser arcado pela receita originária dos tributos.

---

[138] Um mínimo de noção de Economia é o suficiente para perceber que grande parte dos direitos trabalhistas e previdenciários não apenas inibe a oferta de empregos formais, como também gera gigantescos déficits públicos, arcados justamente pelo contribuinte.

TEORIA DA DECISÃO TRIBUTÁRIA

Sendo assim, o conflito entre direitos individuais e direitos sociais gera uma tensão permanente na tributação. Ao mesmo tempo em que a ordem constitucional protege o indivíduo do abuso estatal, obriga ao Estado fornecer serviços públicos que ultrapassam a sua própria essência (ao menos aquela contratualista clássica) e justificativa de existir. Nesse sentido, conciliar interesses individuais e coletivos torna-se uma tarefa geradora da eterna insatisfação típica do *welfare state*. As pessoas não querem pagar tributos demasiados, mas ao mesmo tempo exigem que o Estado lhes forneça toda uma série de serviços.

Em situação de normalidade democrática, caberá ao Legislativo forçar a corda para o lado da prestação de serviços públicos, mediante a criação de leis para tanto. E caberá, por sua vez, ao Judiciário forçar a corda para o outro lado, qual seja o da preservação de liberdades individuais contra a voracidade estatal.

Em situações excepcionais, entretanto, o juiz aplicador do direito se verá perante decisões difíceis que ultrapassam a mera esfera de uma das partes e que atingem terceiros. Nesses casos, considerações consequencialistas passam a ter grande relevo e a dificuldade na conciliação entre interesses individuais e coletivos torna-se ainda mais grave. A utilização de ferramentas decisórias se mostra de grande valia, dada a sua (maior) objetividade e menor retórica ao abordar justamente as consequências possíveis de cada escolha do tomador de decisões jurídicas.

2.12.1. A lógica da liberdade

O direito, identificado na modernidade com o Estado-Nação, opera limitando a liberdade individual, e sua forma de operar se dá por meio de regras que obrigam, proíbem e permitem.

O quadrado da oposição lógica ilustra como as relações de obrigação, proibição e permissão se relacionam:

DECISÃO DO LEGISLADOR

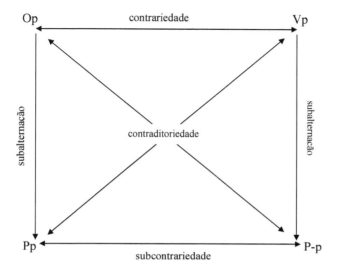

Figura 12. Quadrado lógico

No quadrado encontram-se os modais deônticos relativos às condutas (p): (O) obrigatório, (V) proibido e (P) permitido. As relações se dão na seguinte forma:

A contrariedade, no vértice horizontal superior, significa que não podem coexistir uma obrigação e proibição simultâneas em relação a uma mesma conduta. Entretanto, ainda que uma conduta não seja obrigatória e proibida ao mesmo tempo, pode haver situações em que não existam nem a obrigação nem a proibição.

A subcontrariedade, no vértice horizontal inferior, significa que as permissões de fazer (Pp) e de não fazer (P-p) coexistem. Se eu posso fazer algo, consequentemente devo ter a faculdade de não fazer esse algo.

A subalternação, nos vértices verticais, significa que se é obrigatória ou proibida determinada conduta, respectivamente deve ser permitido fazer aquilo que é obrigatório e permitido não fazer aquilo que é proibido.

Finalmente, os vértices diagonais significam relações de contraditoriedade. Se uma conduta é obrigatória, não pode haver a permissão de não fazê-la; se uma conduta é proibida, não pode haver a permissão de fazê-la.

E onde se encontram as liberdades negativas ou direitos individuais nessas relações lógico-deônticas?

Como ensina Robert Cooter (2000, p. 245), as liberdades negativas encontram-se nas permissões de fazer e de não fazer ou, mais simplesmente, na faculdade de agir do indivíduo. Em primeiro lugar, o indivíduo que possui alguma dessas liberdades não é obrigado nem proibido de exercê-la. Em segundo lugar, terceiros não podem interferir no exercício dessa liberdade.

É fácil verificar essas assertivas no quadrado acima. Quando se tem a permissão de fazer (Pp) ou de não fazer (P-p) algo, respectivamente não se é proibido nem obrigado ao mesmo. *A liberdade pode ser definida, portanto, como uma permissão protegida* (idem, ibidem).

Os direitos individuais possibilitam, nesse sentido, a estrutura jurídica para o exercício da autonomia do indivíduo. Seu destinatário imediato é o próprio sistema jurídico (direção de ajuste norma-sistema), de modo que não sejam produzidas normas inibidoras daquelas liberdades.

A permissão protegida possibilita a autonomia individual que nada mais é do que a liberdade de escolha. Traduzindo o quadrado de oposição lógica em termos semânticos, percebe-se de forma ainda mais clara a relação entre autonomia e coerção, conforme abaixo:

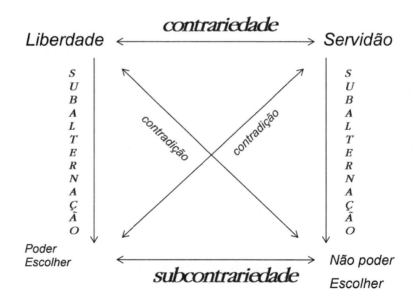

Figura 13. Quadrado lógico da liberdade

No quadrado acima, as situações de liberdade e de servidão são contrárias, o que mostra que é impossível ambas coexistirem em sua total manifestação, mas é possível uma situação em que haja determinado grau de cada. É o que acontece em grande parte dos países cujo sistema político-econômico é a social-democracia, onde existem graus variáveis de limitação de liberdade na esfera privada, por meio de intervencionismo estatal.

As relações de subalternação, por sua vez, demonstram decorrências lógicas das situações de liberdade e servidão. A liberdade implica a possibilidade de escolha por parte do agente racional. Por outro lado, a servidão implica a impossibilidade de escolha.

As relações de contradição ocorrem entre as negações de cada situação. Se liberdade e servidão são contrárias justamente porque é possível existir uma situação intermediária (intervencionismo estatal), a contradição da liberdade é a sua negação, que significa impossibilidade de escolha. Por outra sorte, a negação da servidão é a possibilidade de escolha pelo agente racional.

Finalmente, a relação de subcontrariedade significa que é possível coexistirem as duas situações (poder escolher e não poder escolher), sendo que é impossível ambas serem falsas simultaneamente. Ou eu posso escolher, ou não posso. Não há terceira possibilidade.

Importante perceber que os direitos individuais apresentam-se mediante enunciados normativos, mas não há uma necessária relação de identidade com os princípios jurídicos. Ainda que os direitos individuais relacionem-se com os importantes valores que perfazem o Estado Democrático de Direito, sua consecução se dá tanto por meio de princípios como de regras.

2.12.2. Igualdade ou liberdade?

Dentre os valores que traduzem a civilização moderna encontram-se a igualdade e a liberdade, constando inclusive no lema da revolução francesa: *liberté, égualité, fraternité*.

TEORIA DA DECISÃO TRIBUTÁRIA

Em vista da história das civilizações, a liberdade é um valor universal e atemporal, mencionada[139] já na civilização suméria, aproximadamente no ano 2.350 a.C. Urukagina, o governante da cidade-estado Lagash, implementou diversas reformas políticas que asseguraram direitos de propriedade e garantias jurídicas aos indivíduos contra abusos das autoridades estatais. Muitas dessas reformas visaram principalmente abolir arbitrariedades provenientes de coletores de impostos, o que demonstra a ligação umbilical entre liberdade e tributação, desde tempos remotos. Seja como for, o núcleo de significação do conceito de liberdade é claro, podendo ser definido de forma ainda melhor pela negativa: ausência de coerção.

O conceito de igualdade, por outro lado, sofreu inúmeras concepções e interpretações ao longo dos tempos, encontrando tantas definições quanto pensadores que sobre ela se debruçaram. Fundamentalmente, igualdade é um conceito lógico matemático, do qual provém a palavra "equação", e traduz uma relação de equivalência entre termos: 2+2=4. A equivalência representada por "=" significa que as expressões de cada lado do símbolo podem ser substituídas uma pela outra, que o resultado é o mesmo.

Poder-se-ia considerar que, pelo fato de a significação de base da igualdade ser a mesma tanto para as ciências formais quanto para as sociais, isto é, se dois indivíduos (ou termos e expressões aritméticas) são iguais em determinado contexto, são substituíveis um pelo outro sem que o próprio contexto seja alterado (em um sistema jurídico democrático, por exemplo, diversos indivíduos que cometeram o mesmo ilícito se enquadram igualmente sob a mesma norma punitiva), a sua aplicação seria destituída de dificuldades no campo da razão prática. Ledo engano.

No terreno da filosofia política, permeado de valores, o conceito de igualdade tem grande intimidade com o de justiça e enfrenta grandes dificuldades de consenso quanto a sua definição e implementação.[140]

---

[139] A primeira denominação para "liberdade" data dessa época, sendo "amagi" a palavra cunhada para referi-la. Literalmente significava "retorno à mãe", indicando que a libertação da condição de escravo faria o liberto retornar para casa. A dívida tributária obrigava o indivíduo a trabalhar para o rei e, sendo assim, a palavra referida denotava o fim dessa servidão compulsória por débito tributário. Cf. POSTGATE, 1992, p. 243.

[140] No livro III da Política, o filósofo estagirita afirma, ao mencionar os princípios da justiça e sua relação com os sistemas de governo oligárquico (igualdade proporcional à participação de cada uma na riqueza de uma sociedade) e democrático (igualdade numérica, ou seja,

Para Aristóteles (1985, p. 92), no contexto democrático, justiça é igualdade e depende de os sujeitos serem iguais nos seus aspectos relevantes, o que leva à concepção de igualdade entre iguais e desigualdade entre desiguais.

Hobbes, por sua vez, vê a igualdade na submissão de todos à autoridade central do Estado, enquanto Rousseau, outro contratualista clássico, considera a igualdade como condição da própria liberdade. Para o jacobino, a propriedade privada é o "princípio do mal", uma vez que institui desigualdades entre os homens e é incompatível com qualquer sistema social e político que se pretenda justo.

Os pensadores socialistas e comunistas dos séculos XIX e XX encamparam a ideia de abolição da propriedade e do igualitarismo socioeconômico. O óbvio e custoso fracasso de tais ideias reside, como vimos, na errônea concepção da natureza humana como altruísta, mas que na realidade leva o indivíduo a sempre procurar maximizar o seu bem-estar. Este bem-estar, por sua vez, requer simultaneamente graus de liberdade e de igualdade que muitas vezes entram em *trade off*: para se ter um, é necessário renunciar ao outro. Importante salientar que a escolha por um e a consequente renúncia por outro são marginais e não absolutas.

Se a igualdade for objetivada como redistribuição de renda e aumento da capacidade econômica do indivíduo, a escolha entre esta e a liberdade pode ser verificada graficamente, conforme o gráfico da Figura 14:

critério da maioria): "pensa-se, por exemplo, que justiça é igualdade – de fato é, embora não o seja para todos, mas somente para aqueles que são iguais entre si; também se pensa que a desigualdade pode ser justa, e de fato pode, embora não para todos, mas somente para aqueles que são desiguais entre si". Adverte, no entanto, sobre a dificuldade de saber quando as pessoas são iguais ou desiguais, acarretando na dificuldade de aplicação prática da justiça.

TEORIA DA DECISÃO TRIBUTÁRIA

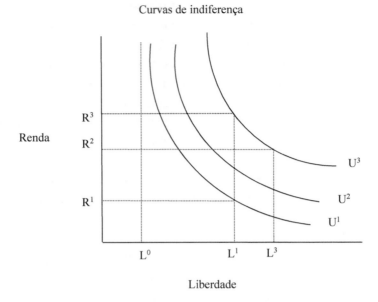

Figura 14. Liberdade como *commodity*

Para a filosofia política tradicional, assim como para a teoria jurídica, soa absurdo colocar preço em um direito "inalienável" como a liberdade. Se liberdade é um valor, todavia, é porque necessariamente vale para alguém. E se vale para alguém, a ela pode ser atribuído um preço – não necessariamente em moeda, mas em algo que o indivíduo esteja disposto a por ela trocar.

Na Figura 14,[141] o eixo vertical representa o nível de renda e o eixo horizontal, o grau de liberdade (*v.g.*, livre expressão). Cada curva de indiferença (ou curva de utilidade) representa a taxa pela qual o indivíduo trocará renda por liberdade enquanto permanece indiferente. O ponto (L^1, R^3) encontra-se na mesma curva de indiferença do ponto (L^2, R^2), significando que o indivíduo passaria de R^3 por R^2 em troca de aumentar sua liberdade de L^2 para L^3. O espaço entre R^3 e R^2 indica o preço que o sujeito pagaria por mais liberdade. Conversamente, o aumento do nível de riqueza de R^2 para R^3 compensaria a perda de liberdade de L^2 para L^1.

[141] Gráfico e exemplo retirado de COOTER, 2000, p. 247

A curva U^1 repousa no ponto R^1, o que demonstra o máximo que o indivíduo, em seu nível de riqueza, pode pagar pela liberdade L^1. Se tiver mais renda, poderia pagar mais pela liberdade (como demonstra a curva U^2), o que faz a curva de indiferença ser uma curva de demanda.

Outras trocas seriam plenamente subsumíveis à mesma lógica acima exposta. Por exemplo, trocar a liberdade por segurança e vice-versa, o que é a própria essência do contrato social, conforme vimos.

Fundamentalmente, o que se pretende aqui argumentar é que as liberdades são bens como quaisquer outros. A sua suposta inalienabilidade é uma imposição prescritiva, tanto ética quanto jurídica, frequente em sistemas constitucionais, mas que não corresponde à natureza do bem. Certamente haverá sujeitos que aceitariam, de bom grado, trocar a sua liberdade por renda ou por segurança, e, em graus distintos, é exatamente isso que ocorre em qualquer sociedade civilizada. A questão que se põe não é de essência, mas de grau: se não posso vender toda a minha liberdade, tornando-me escravo de alguém em troca de dinheiro, não significa que não possa dela abdicar *marginalmente* em troca de outro bem que considere valioso, por exemplo, a segurança.

2.13 Interesse público e externalidades

Os sistemas sociais modernos são complexos. Isso significa que são ordens espontâneas (HAYEK, 1995) formadas pela interação entre os indivíduos dotados de intencionalidade e capazes de comunicação altamente sofisticada. Por serem complexos, são também sistemas adaptativos (GINTIS, 2009), justamente pela sua recepção à informação contínua e incessante de outros sistemas sociais.

Não é preciso muito esforço para perceber que a liberdade individual é condição necessária para que os sistemas sejam evolutivamente eficazes, ou, em outras palavras,, tenham alta capacidade homeostática: possam resistir a ruídos e desvios em seu equilíbrio interno e sejam aptos a manter a sua identidade ou, dependendo da intensidade das perturbações, evoluir para ordens ainda mais complexas (CARVALHO, 2005, p. 83-88).[142]

---

[142] "Homoestase" é o equilíbrio interno de um sistema dinâmico ou complexo. Pode ser abalado por ruídos ocasionados por perturbações externas, dependendo dos seus mecanismos

TEORIA DA DECISÃO TRIBUTÁRIA

Para que o necessário e desejável nível de complexidade ocorra, a liberdade fática na comunicação é imprescindível, o que pressupõe liberdade jurídica de expressão e, por sua vez, liberdade de escolha. Destarte, quanto mais atos comunicativos entre os indivíduos, mais dinâmica será a ordem social, o que significa mais probabilidade de inovação nas ciências, na arte e em todas as manifestações da cultura humana.

A liberdade jurídica, por assim dizer, é uma expressão mais simples para denotar toda a estrutura institucional que implica *status* deônticos para os indivíduos, *i.e.*, a intrincada rede de direitos e deveres correlatos que possibilitam o pleno exercício da autonomia individual.

Como ápice dessa estrutura, ou visto sob outro ângulo, núcleo fundamental, encontram-se, naturalmente, a Constituição e todos os seus princípios e regras que visam garantir o bom funcionamento do sistema. No entanto, pergunta-se: tais liberdades individuais são absolutas?

calibradores do sistema para retornar ao patamar normal. Os mecanismos operam por *feedback*, ou seja, processos de retroalimentação. Por exemplo, em um sistema dinâmico, porém não complexo (o que significa poder se autorregular, porém não se autogerar), como é o caso de um mecanismo de piloto automático em um avião, qualquer perturbação externa (*v.g.*, ventos fortes) que possa desviar da rota será corrigido. A capacidade de correção e retorno ao equilíbrio é, naturalmente, limitada. Em sistemas complexos (autorreguladores e autogeradores) a homeostase é mais sofisticada, pois não é apenas limitada a um pré-programa no sistema, permitindo a evolução em situações extremas. Em sistemas biologicamente vivos, a evolução é uma condição de sobrevivência e se dá à medida que é necessário passar de um equilíbrio homeostático para outro, sob pena de ruptura. Essa passagem leva para ordens mais complexas. Em sistemas comunicacionais, como é o caso de ordens sociais, a capacidade de evolução requer sejam abertas comunicativamente e possam processar informações novas continuamente. Ordens sociais abertas – em outras palavras, sistemas democráticos que permitem o livre intercâmbio de ideias – são naturalmente mais aptas a sobreviver. Em certas situações os seus mecanismos reguladores (*feedback* negativo, que faz retornar ao equilíbrio usual) não suportam o desvio autoalimentado (*feedback* positivo, que ocorre em fenômenos de reação em cadeia, por exemplo, a profecia autorrealizada. A corrida ao banco, *v.g.*, é fenômeno social típico de *feedback* positivo. O boato, fundado ou não, faz com que os correntistas retirem o dinheiro de suas contas, e, quanto mais correntistas o fizerem, mais correntistas correrão ao banco para fazer o mesmo) e alcançam o ponto de bifurcação: ou se rompem ou evoluem para um equilíbrio superior. Em sistemas e subsistemas sociais, rupturas usualmente são denominadas "revoluções", entretanto, o que em rigor ocorre, são saltos evolutivos. Na ciência, as quebras de paradigmas de Thomas Kuhn (1997); na economia, as destruições criadoras, de Joseph Shumpeter (1998); e, no direito, as revoluções sociais propriamente ditas, que, em nível jurídico, significam a substituição de um sistema jurídico por outro. Vide os capítulos 1 e 2 de *Teoria do sistema jurídico. Direito, economia, tributação* (CARVALHO, 2005).

186

DECISÃO DO LEGISLADOR

Usualmente a doutrina costuma defender que princípios constitucionais não são "absolutos" ou que direitos fundamentais não o são. O que deve ser indagado é algo mais fundamental: o exercício da liberdade individual deve ser absoluto ou não? Se não, quando, por que e até que ponto deve ser limitado? Como mensurar tal coisa?

Se considerarmos que a proteção, preservação e necessária limitação da liberdade individual advêm do contrato social e pensarmos no critério utilitarista de Mill, para quem a liberdade só pode ser limitada quando prejudicar a terceiros, torna-se fundamental considerar o problema das externalidades.

Quando o exercício de uma liberdade, que no contexto jurídico institucional de qualquer sociedade contemporânea significa o exercício de algum direito emanado pelo ordenamento jurídico, afetar a liberdade de outrem, estar-se-á diante de uma externalidade. Em outras palavras, o uso desse direito por um indivíduo gera efeitos que ultrapassam o seu raio de autonomia e afeta a liberdade de terceiros.

Quando externalidades geram prejuízo ou custos a terceiros, diz-se que são negativas. *Sendo assim, são nessas situações que o Estado deve intervir de modo a limitar o uso do direito que gere externalidades negativas, e é tão somente nessa medida que as liberdades negativas devem ser relativizadas.*

O abuso de direito ou abuso de formas jurídicas, doutrina criada pelo direito privado, deve ser então vista sob a luz da teoria econômica das externalidades. O uso de um direito passa a ser abusivo justamente quando gera custos a terceiros, custos esses que extrapolam a relação jurídica planejada pelo legislador que criou a norma instituidora do direito. Por exemplo, ao exercer o meu direito de propriedade construindo uma edificação no meu terreno que impeça a luz do sol iluminar o terreno do meu vizinho, estarei gerando uma externalidade que afetará o direito de propriedade de terceiro. Ou, se fumar em locais fechados, a fumaça do meu cigarro será inadvertidamente inalada por terceiros, os chamados fumantes passivos, o que denota outra externalidade negativa.

Em algumas situações é mais eficiente, o que significa mais proveitoso em uma análise custo-benefício, que o Estado regule *ex ante* o exercício de direitos com intuito de evitar externalidades negativas. Nesses casos, criam-se normas que regulam o uso daqueles direitos com o objetivo de evitar ou

TEORIA DA DECISÃO TRIBUTÁRIA

minorar abusos. Outras vezes, contudo, é mais eficiente intervir *ex post*, como é o caso das indenizações em ações por danos materiais ou pessoais.

A tributação também cumpre papel importante no controle de externalidades. A proposta pioneira no controle de externalidades por meio de tributos é do economista Arthur Pigou, e tem o objetivo de internalizar a externalidade, ou seja, por meio da tributação incentivar o indivíduo a incorporar no custo de sua atividade o prejuízo causado a terceiros. A função extrafiscal irradia-se por excelência na tributação pigouviana.

As externalidades positivas, tipicamente emanadas pelos bens públicos, e, portanto, uma das falhas de mercado, também justificam intervenção do Estado sobre a esfera particular. Como já visto, a própria proteção aos direitos individuais é uma externalidade positiva que o mercado não tem incentivos para produzir, ou seja, o Estado – ao menos conceitualmente – é um bem público em si mesmo. Cabe aqui a diferenciação de Douglas North entre instituições e organizações, sendo as primeiras "regras do jogo" e as últimas, os jogadores que agem de acordo com essas regras.[143]

Sendo assim, em termos concretos, as organizações que agem dentro da instituição Estado, a saber, Executivo, Legislativo e Judiciário, têm a função precípua de buscar corrigir externalidades negativas e produzir externalidades positivas que o ambiente interacional denominado mercado não tem incentivos para ofertar.

No que tange ao conflito entre interesses privados e interesse público, o critério das externalidades, senão infalível e livre de controvérsias, ao menos é razoavelmente objetivo e, principalmente, mensurável. Por outro lado, a tradicional teoria jurídica costuma afirmar a importância dos direitos individuais e, simultaneamente, asseverar que estes devem ceder ao interesse público ou

---

[143] Maurice Hariou (2009, p.20-21) propõe a distinção entre instituições-pessoa e instituições-coisa, sendo as primeiras aquelas que se personificam em organizações (Estado, associações, sindicatos etc.) e as últimas se manifestam como ideias que existem no meio social, mas não se corporifica numa corporação. A norma jurídica é uma instituição desse tipo, mas não engendra uma corporação porque ela não é um princípio de ação ou de empresa, mas, ao contrario, um princípio de limitação". Assim, a instituição-pessoa é uma ideia de obra ou de empresa que se realiza e dura juridicamente num meio social, possibilitando uma comunhão entre sujeitos interessados na realização daquela ideia, e essa união ocorre através da estrutura do órgão, suas atribuições de competência e suas regulações de procedimentos. É nessa espécie que Hariou concentra a sua obra *A teoria da instituição e da fundação*.

coletivo. Poucas vezes critérios razoavelmente objetivos são fornecidos e não raro resta confuso se o interesse público é aquele cujo titular é o Estado ou cujo titular é uma entidade amorfa denominada "coletividade".

O critério das externalidades limita sobremodo a possibilidade de intervenção do Estado, em nome do interesse público, na esfera privada do indivíduo. Apenas terá legitimidade a intervenção na liberdade individual quando o exercício desta afetar a liberdade de terceiros, de modo a evitar a sua violação por externalidades negativas, assim como para garanti-las e mesmo incrementá-las por meio de externalidades positivas dos bens públicos. Em todos os outros casos, a supremacia é sempre do interesse individual sobre o coletivo, e não o contrário.

2.14 Tributação e liberdade

Como vimos, os tributos são o preço para vivermos em sociedade civilizada. Deles advêm os recursos financeiros necessários à manutenção do Estado, autoridade detentora do monopólio da violência e garantidora dos direitos individuais.

O mesmo Estado protetor destes direitos pode tornar-se, contudo, o seu usurpador. Essa mudança de identidade, de estado democrático a estado autoritário, pode se dar gradualmente, à medida que a tributação deixa de ser instrumento de garantia de liberdades para ser instrumento de sua violação. Daí a famosa frase do Juiz da Suprema Corte norte-americana, John Marshall:[144] "the power to tax involves the power to destroy".

---

[144] McCulloch v. Maryland, julgado em 1819. No caso, o Estado de Maryland pretendeu tributar o banco federal (*Second Bank of the United States*). James McCulloch, presidente da filial do banco em Maryland, recusou-se a pagar o tributo, alegando sua inconstitucionalidade, sendo que o Estado o processou, argumentando que a Constituição em nada mencionava bancos. O banco foi condenado em primeira instância, e, em segunda instância, a *Court of Appeals* de Maryland manteve a condenação. O caso foi então para a Suprema Corte, cujo voto paradigmático foi de Marshall, que declarou inconstitucional a tributação e estabeleceu, de forma pioneira, o equilíbrio federativo entre Estados e governo federal, assim como a imunidade tributária recíproca.

A História mostra que grande parte das reformas, revoltas e revoluções populares ao longo dos tempos teve como causa a insatisfação com tributos excessivos ou ilegítimos. Desde a civilização Suméria e as reformas tributárias de Urukagina, passando pela independência norte-americana, cujo embrião foi os impostos sobre o chá cobrados pela Coroa Britânica dos colonos americanos, que pagavam sem sequer terem direito a representantes no parlamento inglês (daí a famosa frase "no taxation without representation"), até o escorchante imposto sobre o ouro cobrado pela Coroa portuguesa, que resultou na Inconfidência Mineira, o tributo é o estopim da rebelião. Como diz Alcides Jorge Costa (2008, p. 60), "não conheço nenhuma revolução feita por meio de imposto, embora várias tenham surgido por causa do imposto".

Com efeito, a tributação, entre todos os demais, é o tema jurídico mais ligado à questão da liberdade. Substantivamente, a tributação não é libertária nem autoritária, uma vez que denota apenas um instrumento empregado pelos governos. Desse raciocínio parte um importante argumento para demonstrar que, por exemplo, imunidades tributárias não são direitos fundamentais, tampouco cláusulas pétreas na Constituição brasileira, uma vez que o simples fato de ser tributado não ofende nenhuma garantia fundamental. Não é a natureza do tributo que viola direitos fundamentais, mas sim o grau em que ele é imposto ao indivíduo. Por isso a importância e a necessidade de estabelecer, preservar e aplicar os direitos fundamentais do indivíduo (e de uma de suas espécies, o contribuinte) dispostos pela Carta Magna.

2.14.1 Liberdade econômica, direitos sociais e tributação

O contrato social inevitavelmente coloca em choque dois valores: a liberdade econômica do indivíduo e os direitos sociais. De um lado, liberdades negativas, do outro, liberdades positivas.

Quando a doutrina jurídica tradicional refere-se a direitos individuais, usualmente coloca as chamadas liberdades civis em primazia e as liberdades relativas à riqueza do indivíduo, em segundo plano. Os economistas, por outro lado, percebem que liberdades civis, tais como livre expressão, livre culto e livre associação são tornadas possíveis logicamente por uma liberdade que lhes é condição necessária (ainda que não suficiente): a liberdade econômica.

Não faria sentido erigir liberdades civis como a livre associação e a livre expressão se os meios para expressá-las fossem monopólio do Estado. De que valeria um enunciado constitucional manifestando a liberdade de expressão sem jornais e emissoras de rádio e televisão privadas? Absolutamente nada, pois, sendo elas de titularidade do Estado, tal liberdade seria inócua e sem sentido, como ocorria na extinta União Soviética e ainda acontece em regimes totalitários como o de Cuba.

Note-se que as próprias limitações ao poder de tributar são basicamente proteções à liberdade econômica do indivíduo: capacidade contributiva, não-confisco e mesmo as que preservam a segurança jurídica, como a estrita legalidade, a irretroatividade e a anterioridade.

Por outra sorte, a demanda por direitos sociais exige incremento na arrecadação de tributos. Como o sistema tributário é quase sempre mal desenhado, lacunas e falhas normativas possibilitam deserções (ainda que lícitas) do cumprimento das obrigações tributárias, assim como a evasão pura e simples.

A liberdade de escolha como gênero e a liberdade de atuar no mercado como espécie, são resultantes de uma estrutura institucional que fornece segurança e certeza do direito aos indivíduos. A partir dessa estrutura, o indivíduo sabe o que pode e o que não pode fazer e as consequências jurídicas de seus atos, assim como também sabe que o Estado fará valer as regras a que está sujeito em relação aos demais indivíduos, sem distinções ou privilégios.

A relação entre sistema jurídico e sistema econômico (ou mercado) é íntima, ainda que não haja relação de identidade entre eles. Mas é justamente o jurídico que possibilita a necessária segurança institucional para que o mercado possa funcionar adequadamente – assim como muitas vezes é o sistema jurídico que causa ruído e emperra o funcionamento satisfatório do mercado.

2.15 Segurança jurídica

A doutrina[145] costuma falar no princípio da segurança jurídica, inclusive alçando-o ao *status* de "sobreprincípio" (BARROS CARVALHO, 1991 e 2008,

---

[145] Para um estudo aprofundado sobre o tema, ver duas recentes obras na doutrina brasileira: TORRES, Heleno Taveira. *Direito constitucional tributário e segurança jurídica*. Metódica

p. 263). Tal princípio não se encontra enunciado de forma expressa em nossa carta constitucional, consubstanciando-se em uma ideia, um valor formado pela junção de diversos outros mandamentos.

O princípio da segurança jurídica orienta o sistema jurídico a estabilizar-se em relação ao seu ambiente. É uma diretriz que visa alcançar uma situação fática, um estado de coisas no qual uma comunicação estável entre ordem normativa e sistema social.

Quando alguém diz que a segurança jurídica foi desrespeitada, normalmente quer se referir a um estado de coisas relativas a um determinado ordenamento jurídico, que foram afetadas diretamente por alguma alteração súbita ou por uma constante instabilidade neste, em outras palavras, quando a garantia de expectativas normativas que os indivíduos têm para com o ordenamento é abruptamente perturbada e a certeza das consequências jurídicas para as condutas é rompida.

Max Weber (2004, p.227) enfatiza a necessidade de um Direito racional no sentido de passível de cálculo por parte do agente tomador de decisões. Quando o Direito cessa de ser racional, ou seja, perde sua previsibilidade, o cálculo custo-benefício é prejudicado e os indivíduos se veem desorientados em como agir, pois o sistema de preços normativo – *i.e*, o quanto custa agir conforme e desconforme à ordem jurídica - sofre ruído e cessa de comunicar eficientemente.

Importante perceber que a segurança jurídica é um valor instrumental, sem conteúdo substantivo. É um valor *e* um estado de coisas; valor por ser um objetivo a ser alcançado e mantido, todavia, como um instrumento de possibilitação da interação humana. Disto, decorre o estado de coisas almejado: o sistema jurídico encontra-se em equilíbrio e os seus destinatários sabem como agir e quais são os preços de suas condutas.

Contudo, não tem conteúdo substantivo pelo fato de ser um valor-meio, pelo qual outros valores encontram ambiente para serem concretizados. Ainda que usualmente os Estados Democráticos de Direito sejam identificados com

---

da segurança jurídica do sistema constitucional tributário. *São Paulo: RT, 2011*, e ÁVILA, Humberto. *Segurança jurídica*. Entre permanência, mudança e realização no direito tributário. São Paulo: Malheiros, 2011.

a segurança jurídica, não há óbice lógico para que um estado totalitário tenha também o mesmo tipo de estabilidade normativa.

O fato de frequentemente os regimes autoritários serem caprichosos e pródigos em normatizações *ad hoc* não impede que possa existir um sistema em que total ou parcialmente as imposições sejam antilibertárias, porém estáveis. E, nesses casos, haverá segurança jurídica, ainda que não exista liberdade.

Tal segurança, contudo, não será garantia de preservação de direitos individuais, mas apenas certeza de opressão. Ainda assim, trata-se de algo menos ruim que um sistema de insegurança total, visto que nessa hipótese, não há sequer como decidir e agir assumindo o risco da escolha, pois não há como prever as consequências das condutas. Não há mais escolha sob risco, mas sim *escolha sob incerteza*, sobremaneira mais prejudicial às liberdades individuais. A racionalidade do agente congela-se, pois não é mais possível efetuar qualquer tipo de cálculo sobre as chances de sucesso ou fracasso de qualquer ação.

A neutralidade substantiva da segurança jurídica pode ser mais facilmente constatada quando há normas contrárias a interesses individuais, porém estáveis e contínuas no tempo. Considerando que o direito é um sistema comunicacional cuja função é dirigir condutas intersubjetivas em direção a valores determinados, tanto melhor é para a sua estabilidade e manutenção se os seus destinatários souberem como devem agir, pois assim será mais fácil haver obediência aos comandos.

Poder-se-ia arguir que a própria liberdade de escolha, inerente aos estados democráticos, também é destituída de conteúdo substantivo. Isso é verdade, pois conceder liberdade de escolha aos indivíduos não garante que eles farão escolhas virtuosas, apenas as que farão. Essa liberdade, no entanto, propicia que o sistema social se torne complexo pela multiplicidade de ações e interações entre os agentes sociais, e tal complexidade torna-o mais adaptativo e evolutivo. Não se pode esquecer que a liberdade de escolha e de agir acarreta também a inovação, fundamental para a evolução da civilização humana. Ainda que a liberdade de escolha não tenha, em si mesma, caráter substantivo, pois pode ser utilizada tanto para virtudes quanto para vícios, é benéfica assim mesmo – desde que haja instituições sólidas para incentivar condutas virtuosas e para punir condutas desonestas.

Segurança jurídica é sinônimo de estabilidade normativa. E, como as normas são comandos *ex ante* às condutas humanas, instituindo regras do jogo, instituem preços a serem calculados pelos indivíduos em seu processo de escolha. Por isso, para que possamos planejar a nossa vida é melhor termos regras contrárias aos nossos interesses, porém estáveis no conteúdo, na vigência e na aplicação, do que ter regras ora favoráveis, ora desfavoráveis, ora vigentes, ora revogadas, ora aplicáveis, ora descumpridas pelas próprias autoridades que deveriam aplicá-las. Esse cenário de total insegurança e instabilidade impossibilita o desenvolvimento de qualquer sociedade.

A segurança jurídica, em sistemas democráticos e de economia de mercado, é gerada pelas mesmas instituições que dependem dela para continuar sobrevivendo. Uma estrutura institucional desenvolvida tem origem pela junção de diversos direitos individuais objetivos e, principalmente, aplicados pelas autoridades competentes. Essa combinatória possibilita um ambiente de estabilidade institucional, propício para o desenvolvimento social. Qualquer sistema social desenvolvido tem como condição necessária (não suficiente) a segurança jurídica gerada por esse marco institucional. Não é suficiente porque outros fatores, tais como a iniciativa individual, a educação e condições mínimas de vida dos cidadãos, contribuem também para o desenvolvimento.

De acordo com Canotilho (1996, p. 381),[146] para que a segurança jurídica se efetive plenamente, sua eficácia deve se dar tanto *ex ante* como *ex post*.

A segurança jurídica *ex ante* remete à possibilidade de cálculo do indivíduo em relação aos efeitos jurídicos incidentes sobre sua conduta. Quanto mais claros e objetivos forem os enunciados normativos, assim como a necessária relação entre eles, necessária para a construção interpretativa das regras, mais calculáveis serão as consequências das ações empreendidas pela pessoa. Cláusulas gerais e conceitos indeterminados podem diminuir ou mesmo inviabilizar essa calculabilidade, causando, portanto, insegurança jurídica. Necessário também que as leis não sejam alteradas excessivamente,

---

[146] "As ideias nucleares da segurança jurídica desenvolvem-se em torno de dois conceitos: 1) estabilidade ou eficácia ex post da segurança jurídica: uma vez adoptadas, na forma e procedimento legalmente exigidos, as decisões estaduais não devem poder ser arbitrariamente modificadas, sendo apenas razoável alteração das mesmas quando ocorram pressupostos materiais particularmente relevantes.
2) previsibilidade ou eficácia ex ante do princípio da segurança jurídica que, fundamentalmente, se reconduz à exigência de certeza e calculabilidade, por parte dos cidadãos, em relação aos efeitos jurídicos dos actos normativos."

DECISÃO DO LEGISLADOR

permanecendo por tempo razoável no ordenamento, de modo que os indivíduos possam processá-las e internalizá-las satisfatoriamente como preços às suas escolhas perante o Direito.

No direito tributário, a eficácia *ex ante* da segurança jurídica nem sempre se efetiva, pois não há regras proibitivas suficientes para impedir as mudanças na legislação. Como se trata de matéria de competência legislativa e competência administrativa, respectivamente para criar leis e regulamentos, não há como frear todos os impulsos legiferantes do Estado fiscal. Algumas regras, inclusive de natureza constitucional, são importantes anteparos à sanha normativa, notadamente a estrita legalidade, a irretroatividade e a anterioridade. Limitam-se, no entanto, à instituição e majoração de tributos, sobrando largo espaço para fabricação de regras tributárias em sentido amplo, tais como os deveres instrumentais, tornando o ordenamento jurídico brasileiro um verdadeiro carnaval tributário, na famosa expressão de Alfredo Augusto Becker.

Quanto à eficácia *ex post* da segurança jurídica, é fundamental a estabilidade das relações jurídicas em andamento ou consolidadas. Se a segurança jurídica *ex ante* garante que as regras do jogo não mudarão abruptamente – antes de o jogo começar –, a segurança jurídica *ex post* garante que os resultados não serão alterados ou desconsiderados pelo árbitro do jogo ou por seus próprios jogadores. Aliás, nada soa mais injusto do que alterar *ad hoc* resultados ou mesmo justas expectativas de resultados. O senso comum de todos nós é claro quanto a isso, e mesmo em nossas atividades comezinhas e cotidianas, por exemplo, uma partida de um jogo qualquer entre amigos, nosso sentido de justiça grita revoltado se após vencermos, o adversário, inconformado, tenta reverter o resultado a seu favor. Imagine-se isso no Direito, quando as consequências de um litígio são muito mais graves e definitivas?

No direito brasileiro, e no seu segmento da tributação, a segurança *ex post* é garantida pelas regras constitucionais do direito adquirido, da coisa julgada material e formal, do ato jurídico perfeito e da irretroatividade.[147]

---

[147] Ver o excelente estudo de Leandro Paulsen sobre o tema: *Segurança jurídica, certeza do direito e tributação*. Porto Alegre: Livraria do Advogado, 2006.

2.15.1 Segurança jurídica ex ante: a estrita legalidade

A estrita legalidade (artigo 150, I), regra que impõe a lei formal como veículo introdutor de tributos no sistema, tem por função limitar a criação de novas imposições ao processo legislativo. O fato de um tributo ser criado por lei tem uma razão muito pragmática: evita que essa intervenção no patrimônio individual seja fruto de uma vontade individual, mas sim de um colégio onde a questão será discutida e votada antes de virar realidade.

Portanto, o primeiro valor que a estrita legalidade garante é a democracia, pois remete a criação de tributos ao monopólio do Legislativo.[148] O segundo valor a ser garantido é a segurança jurídica, pois o processo de criar um tributo em órgão colegiado é mais penoso e difícil do que, por exemplo, pelo chefe do Poder Executivo.

Finalmente, protege também o direito de propriedade de arbitrariedades. Uma das formas mais comuns de apropriação abusiva do patrimônio privado se dá por meio de sistemas autoritários de governo, ao bel-prazer do ditador.

Trata-se também de uma cláusula pétrea por ser uma redundância da legalidade geral disposta no artigo 5.º, II. Em outras palavras, fosse revogado o artigo 150, I, da Constituição, não estaria menos protegido o contribuinte, vez que seguiria sob guarida do artigo 5⁰, II da excelsa Carta.[149]

---

[148] Algo relativizado, como tantos outros direitos e garantias na Constituição, pela medida provisória, prevista no artigo 62.

[149] Para Luís Eduardo Schoeuri (2011, p. 277), entretanto, apenas o leitor "desatento" poderia chegar a conclusão acima referida, pois "ao comparar o texto do artigo 50, com o do artigo 150, nota-se que o constituinte não foi redundante quando se tratou de matéria tributária: se em geral um comportamento será exigido 'em virtude de uma lei, nas questões tributárias, tem-se a exigência de a obrigação estar prevista na própria lei. Não há espaço para delegação". No que pese a posição deste tributarista, e ainda que o texto dos dispositivos seja ligeiramente diferente, não há qualquer diferença entre o sentido dos dispositivos constitucionais. Em ambas locuções a presença do veículo legal é imprescindível para a inauguração no sistema de qualquer direito ou dever subjetivo. O que realmente diferencia a estrita legalidade da legalidade geral, não são os referidos dispositivos constitucionais, mas sim a existência do artigo 146, III, da CF e o artigo 97 do Código Tributário, o primeiro atribuindo à Lei Complementar a competência para criar normas gerais em matéria tributária e o último determinando a reserva de lei para estipulação do fato gerador, base de cálculo e alíquota dos tributos.

2.15.2 Segurança jurídica ex ante: a anterioridade

As chamadas limitações ao poder de tributar, compostas de princípios e regras, são quase sempre repetições, ou, no jargão da teoria da comunicação, "redundâncias" dos direitos individuais elencados no artigo 5.º da Constituição. São redundâncias no sentido de reforço da mensagem.

Cabe dizer que regras como a estrita legalidade e a irretroatividade já se encontram no rol dos direitos individuais. Criação de novos direitos e deveres não podem ser instituídos por decreto tampouco sobre fatos pretéritos à sua instituição. Sendo assim, caso alguma emenda constitucional revogasse os incisos I e III, "a", do artigo 150, nem por isso o contribuinte se veria destituído dessas garantias, pois elas permaneceriam válidas e vigentes no artigo 5.º da Constituição. Quis o constituinte reforçar a mensagem veiculada naquele artigo em capítulo específico da tributação, mas não se pode olvidar que os contribuintes são uma subclasse de um gênero maior, quais sejam os indivíduos.

A regra da anterioridade, contudo, é algo a mais.

Normalmente não há impedimento para que uma regra proíba determinado comportamento da noite para o dia, por exemplo, os novos limites de consumo de álcool permitidos ao dirigir automóveis. É de boa técnica legislativa, entretanto, estipular a *vacatio legis*, interregno de vigência da lei que possibilita às pessoas internalizarem psicologicamente as novas imposições às suas condutas. Da norma tributária é exigido, entretanto, ainda mais tempo de adaptação para o contribuinte.

Essa regra determina que os entes federativos não podem instituir ou majorar tributos no mesmo exercício financeiro em que tenha sido criada a lei que os instituiu ou majorou e, além disso, impõe também o lapso mínimo de noventa dias contados da publicação da lei.[150]

---

[150] Art. 150. Sem prejuízo de outras garantias asseguradas ao contribuinte, é vedado à União, aos Estados, ao Distrito Federal e aos Municípios:
[...]
III – cobrar tributos:
b) no mesmo exercício financeiro em que haja sido publicada a lei que os instituiu ou aumentou;
c) antes de decorridos noventa dias da data em que haja sido publicada a lei que os instituiu ou aumentou, observado o disposto na alínea *b*.

TEORIA DA DECISÃO TRIBUTÁRIA

Trata-se de uma regra que visa à segurança jurídica e à preservação da liberdade econômica do contribuinte. É regra e não princípio, por estabelecer um preciso marco temporal, não sujeito a interpretações extensivas de seu conteúdo semântico. Esse marco é objetivo e, portanto, seguro, mas nem por isso atende infalivelmente a segurança jurídica.[151]

2.15.3 : Segurança jurídica ex post: a irretroatividade tributária

Uma vez que o tributo subtrai a propriedade privada, é necessário que o contribuinte saiba de antemão quais das suas escolhas resultarão em custos. Igualmente, instituir tributo sobre alguma conduta passada que até então não sofria nenhuma exação impossibilita qualquer tipo de planejamento prévio, rompendo com a segurança jurídica.

A Constituição veda a imposição de tributos que atinjam fatos pretéritos à sua instituição ou majoração (artigo 150, III, "a").[152]

Essa limitação visa claramente proteger a propriedade privada, por meio da preservação da segurança jurídica, pois restaria impossível evitar incorrer em atividades tributadas se já as tiver realizado antes da criação da exação.

---

[151] O que acaba, perante as diversas exceções do § 1.º do mesmo dispositivo (que retiram dessa limitação o empréstimo compulsório, o imposto de importação, exportação, imposto sobre produtos industrializados, imposto sobre operações de crédito, câmbio, seguro e valores mobiliários, impostos extraordinários de guerra, imposto sobre veículos automotores e imposto sobre propriedade predial e territorial urbana), sendo de efeito bastante limitado. Se o legislador federal quiser, por exemplo, aumentar a alíquota do imposto sobre a renda no dia 31 de dezembro, tal aumento terá vigência já no dia seguinte à sua instituição – 1.º de janeiro – novo exercício financeiro. Ainda que a regra tenha sido obedecida, os valores por ela pretendidos não foram alcançados, quais sejam a segurança jurídica e a liberdade econômica dos contribuintes.

[152] Art. 150. Sem prejuízo de outras garantias asseguradas ao contribuinte, é vedado à União, aos Estados, ao Distrito Federal e aos Municípios:

[...]

III – cobrar tributos:

a) em relação a fatos geradores ocorridos antes do início da vigência da lei que os houver instituído ou aumentado.

2.15.4. Segurança jurídica ex post: direito adquirido, ato jurídico perfeito e coisa julgada em matéria tributária

Não é por acaso que as três garantias acima são enunciadas conjuntamente na Constituição. O ato jurídico perfeito, entendido como a consecução de todos os requisitos formais necessários para que direitos e deveres sejam devidamente constituídos no mundo jurídico. Por exemplo, um contrato celebrado de acordo com os ditames legais, um lançamento tributário lavrado consoante as exigências procedimentais, ou uma sentença exarada de acordo com as regras processuais. O ato jurídico perfeito é condição necessária (porém não suficiente) para a existência de direito adquirido.

A coisa julgada material, por sua vez, é espécie de ato jurídico perfeito, consubstanciando-se em decisão final, irrecorrível, que sedimenta direitos e deveres, cujo conteúdo poderá fazer surgir direito adquirido. Se, por exemplo, contribuinte tem ganho de causa contra o fisco, em ação declaratória de inexistência de relação jurídica tributária, obterá direito adquirido em não mais sofrer incidência daquele tributo que contestou judicialmente.

A garantia do direito adquirido refere-se, nesse sentido, à imutabilidade de situações nas quais os indivíduos obtiveram determinado direito subjetivo em relação ao qual alguém (outros sujeitos, o Estado ou a sociedade) tem o correspectivo dever de não violar.

Algumas vezes esses direitos subjetivos são relacionados a alguma espécie de privilégio conquistado pelo cidadão.

Na seara tributária, o direito adquirido relativo às vezes é relacionado a benefícios tributários, o que é sobremodo limitado pela legislação e pela jurisprudência,[153] especialmente quando estes benefícios são condicionados ao cumprimento de determinados requisitos e obrigações. É o caso das isenções, remissões e anistias (arts. 172, parágrafo único, 179, § 2º, 182, parágrafo único,

---

[153] A exemplo, o Recurso Extraordinário 344.944, julgado pelo plenário do STF, em 25/03/09: "Imposto de renda. Dedução de prejuízos fiscais. Limitações. Arts. 42 e 58 da Lei 8.981/1995. Constitucionalidade. Ausência de violação do disposto nos arts. 150, III, a e b, e 5º, XXXVI, da CB. O direito ao abatimento dos prejuízos fiscais acumulados em exercícios anteriores é expressivo de benefício fiscal em favor do contribuinte. Instrumento de política tributária que pode ser revista pelo Estado. Ausência de direito adquirido. A Lei 8.981/1995 não incide sobre fatos geradores ocorridos antes do início de sua vigência. Prejuízos ocorridos em exercícios anteriores não afetam fato gerador nenhum."

TEORIA DA DECISÃO TRIBUTÁRIA

do CTN). Mesmo algumas imunidades, como a que veda a tributação sobre renda, patrimônio e serviços de entidades de educação e de assistência social sem fins lucrativos (art. 150, VI, c, da CF) requerem o cumprimento de deveres instrumentais por parte dos contribuintes por ela agraciados (art. 14 do CTN).

Por outro lado, haverá igualmente direito adquirido quando, por exemplo, o contribuinte quitar sua dívida para com o fisco, sendo que este não poderá mais dele cobrar aquele mesmo débito. Em rigor, sempre que houver direito subjetivo que não pode ser alterado ou anulado, estar-se-á frente a direito adquirido.

A coisa julgada é prevista no art. 467 do Código de Processo Civil: "denomina-se coisa julgada material a eficácia, que torna imutável e indiscutível a sentença, não mais sujeita a recurso ordinário ou extraordinário."

A estabilidade das relações jurídicas requer a sua imutabilidade, uma vez cumprido o contraditório. Sendo assim, não poderá o Estado – seja através do executivo, legislativo ou judiciário, alterar ou desconstituir situações que tenham sido consolidadas por decisão final em processo judicial, incluindo matéria tributária.

A exceção, todavia, é a ação rescisória, prevista no art. 485 do mesmo diploma, remédio jurídico excepcionalíssimo, que visa desconstituir situações então sedimentadas por decisão final, desde que ocorram as hipóteses elencadas no dispositivo.[154]

---

[154] Art. 485. A sentença de mérito, transitada em julgado, pode ser rescindida quando:
I – se verificar que foi dada por prevaricação, concussão ou corrupção do juiz;
II – proferida por juiz impedido ou absolutamente incompetente;
III – resultar de dolo da parte vencedora em detrimento da parte vencida, ou de colusão entre as partes, a fim de fraudar a lei;
IV – ofender a coisa julgada;
V – violar literal disposição de lei;
Vl – se fundar em prova, cuja falsidade tenha sido apurada em processo criminal ou seja provada na própria ação rescisória;
Vll – depois da sentença, o autor obtiver documento novo, cuja existência ignorava, ou de que não pôde fazer uso, capaz, por si só, de lhe assegurar pronunciamento favorável;
VIII – houver fundamento para invalidar confissão, desistência ou transação, em que se baseou a sentença;
IX – fundada em erro de fato, resultante de atos ou de documentos da causa;

Cabe mencionar que não há coisa julgada em processo administrativo[155] – ainda que o efeito seja símile, nos casos de decisão favorável ao contribuinte. É que nessas situações, seria contraditório que a procuradoria da fazenda pudesse litigar contra posicionamento do próprio órgão fazendário ao qual pertence. Caso isso fosse permitido, haveria um contrassenso no sistema jurídico, sendo então possível as chamadas relações jurídicas reflexivas, nas quais o sujeito pode litigar contra si mesmo (ver introdução ao capítulo V).

Portanto, ainda que não haja propriamente coisa julgada material no processo administrativo, a fazenda não poderá reverter a decisão proferida em favor do contribuinte, uma vez que trata-se de decisão emanada por órgão seu – tribunal administrativo.

2.16 Liberdade econômica e livre-iniciativa

A liberdade econômica manifesta-se, analiticamente, de duas maneiras: pela livre-iniciativa e pelo direito de propriedade.

A livre-iniciativa significa a permissão de entrar, permanecer e sair de um mercado. O direito de propriedade significa a permissão de se apropriar, usufruir e dispor dos frutos da livre-iniciativa.

Cabe ao Estado, pela lógica do contrato social, proteger essas liberdades. Cabe também produzir bens públicos e corrigir falhas de mercado. Fazer mais do que isso, levará à ineficiência alocativa dos recursos, essencialmente escassos, e reduzirá o bem-estar social. Em outras palavras, desviando recursos que seriam mais bem geridos pelo setor privado, capaz de multiplicá-los em vez de simplesmente consumi-los, como faz o governo.

A entrada no mercado se dá por meio da proteção à livre concorrência, fundamental para a preservação de um mercado livre. O Estado deve intervir, então, para coibir e para punir uma das falhas de mercado, que são os monopólios e cartéis. Se a intenção é realmente proteger a liberdade econômica,

---

[155] "A coisa julgada a que se refere o art. 5º, XXXVI, da Carta Magna é, como conceitua o § 3º do art. 6º da Lei de Introdução do Código Civil, a decisão judicial de que já não caiba recurso, e não a denominada coisa julgada administrativa." (RE 144.996, Rel. Min. Moreira Alves, julgamento em 29-4-1997, Primeira Turma, *DJ* de 12-9-1997.)

a única função do Estado é corrigir falhas de mercado. No entanto, ao impor tarifas externas e benefícios fiscais a produtores internos, o Estado acaba por aumentar as falhas de mercado, gerando monopólios institucionalizados e barrando os consumidores de adquirir produtos muitas vezes melhores e/ou mais baratos do exterior – em suma, impossibilitando a livre-iniciativa.

Da mesma forma, os custos de transação inibem a entrada no mercado. O sistema jurídico deve diminuir os custos de transação, por intermédio de instituições sólidas, que se manifestam mediante regras as mais objetivas e estáveis possíveis, e que possam "lubrificar" as relações econômicas.

A permanência em um mercado se dá por meio de uma liberdade decorrente da livre-iniciativa, que é o livre exercício da atividade econômica (art. 170, parágrafo único, da CF). A livre concorrência também opera nesse estágio, reprimindo atos de concentração de mercado, como é o caso dos oligopólios e cartéis. Apesar de esses valores estarem umbilicalmente ligados, é possível entrarem em colisão em casos concretos. Tal pode ocorrer pelo fato de o livre exercício da atividade econômica e o da livre concorrência não serem valores idênticos, apenas com denominação distinta. São conceitualmente distintos.

A permanência em um mercado pode ser afetada pela tributação. Além da carga tributária propriamente dita, o sistema tributário, por sua prolixidade, comumente aumenta os custos de transação, o que se pode perceber pela quantidade de obrigações acessórias que os contribuintes devem cumprir.

Finalmente, a saída de um mercado é importante por possibilitar a dinamicidade no sistema econômico, em que produtores entram e saem de determinados setores, fazendo com que os recursos sejam espontaneamente alocados em posições onde sejam mais valorados. Por exemplo, quando uma indústria fecha as suas portas, isso não significa algo necessariamente ruim. Pelo contrário, denota apenas que aquele produtor, naquela atividade específica, não estava produzindo de acordo com o equilíbrio de oferta e demanda, *i.e.*, alocando recursos ineficientemente. Logo, a eterna tendência ao equilíbrio de uma ordem espontânea faz com que essa indústria seja retirada do mercado, e os recursos sejam novamente realocados onde são mais valorados.

Novamente, o sistema tributário, o nosso em particular, inibe a saída de produtores do mercado. Ao conceder benefícios e incentivos para firmas ineficientes, distorce o sistema econômico, evitando que a ordem espontânea naturalmente aloque os recursos eficientemente. Ao produzir incontáveis regras tributárias, imprecisas e numerosas, retarda sobremodo a saída do mercado, ao menos uma retirada sem custos excessivos. A enorme quantidade de deveres instrumentais para dar cabo de uma empresa é prova cabal disso, acarretando meses, às vezes até anos, para que se consiga encerrar definitivamente uma pessoa jurídica.

2.17 Liberdade econômica e direito de propriedade

Um dos principais fatores para o desenvolvimento econômico em qualquer sociedade é o direito de propriedade. Trata-se de uma instituição social que ultrapassa o seu aspecto jurídico-formal, albergando toda uma dimensão moral que a identifica com a própria idéia de regime livre e democrático.

"Propriedade", por assim dizer, significa um "pacote" de direitos (COOTER E ULEN, 1992, p. 72) incluindo permissão para adquirir, transacionar, alienar, doar e legar bens e direitos relativos. Trata-se, por um lado, de uma permissão protegida e, logicamente por outro, de uma proibição a todos – Estado e terceiros – de violarem esta liberdade negativa.

O(s) direito(s) de propriedade é (são) fundamental(is) para a consecução e manutenção de uma ordem social livre, por criarem incentivos corretos à criação de riqueza e, portanto, bem-estar para a sociedade. Se os indivíduos racionais souberem que poderão se apropriar dos frutos de seu labor, terão estímulos a produzir ao máximo de suas capacidades, o que ocasiona a produção de riqueza. Por outro lado, havendo alguma imposição normativa que lhes vede tal apropriação, dirigindo a apropriação e alocação de bens de forma igualitária, não importando a capacidade e contribuição de cada um para a formação do "bolo", os incentivos serão negativos: não produzir e/ou pegar carona no trabalho do próximo. Nesse sentido, é lapidar a lição de Rachel Sztajn (2005, p. 256):

TEORIA DA DECISÃO TRIBUTÁRIA

"quanto mais seguro for o direito de propriedade, maior será a facilidade para sua regular circulação; inversamente, quanto menos seguro for, quanto mais sujeito à apropriação, menor o incentivo para se esforçar para obtê-lo. Portanto, não basta o título de propriedade, é preciso que as normas garantam a sua manutenção."

O renomado economista e intelectual peruano Hernando de Soto em sua aclamada obra "The Mistery of Capital" (2000, p. 59) salienta que a mais importante contribuição que a instituição formal da propriedade concedeu à humanidade não foi apenas a proteção aos bens privados, pois detentores da posse, condomínios, máfias e mesmo tribos primitivas protegem os seus bens de forma bastante eficiente. A grande inovação dos direitos formais de propriedade, garantidos pelo Estado, é o progresso radical na comunicação dos bens e do seu potencial enquanto geradores de capital. Direitos de propriedade são, nesse sentido, abstrações que elevam a capacidade de conexão entre os indivíduos e consequentemente de geração de riqueza e bem-estar, descolando os bens da suas meras características e limitações físicas. Um bem tradicionalmente físico, *v.g.* um terreno, passa a ser passível de gerar crédito para o seu proprietário, servindo como garantia para outros negócios e multiplicando a sua capacidade econômica. Bens intangíveis ilustram de forma ainda mais clara as possibilidades de desenvolvimento do mercado que os direitos de propriedade permitem.

O grande avanço que a instituição propriedade acarretou, nesse sentido, traduz-se em um fenômeno comunicacional. Por prover direitos objetivos e fungíveis a quaisquer bens passíveis de valor econômico, a propriedade serviu de sustentáculo institucional para o desenvolvimento de mercados impessoais, muito além de relações pessoais de confiança entre vizinhos ou familiares, típicas de sociedade tribais.

A propriedade privada e a tributação sobre ela são inerentes às ordens democráticas. Onde não há propriedade não faz sentido falar em tributação, a não ser que se amplie o conceito desta para incluir também o trabalho forçado do indivíduo ao Estado. Sendo assim, a tributação afeta diretamente a propriedade e, para que se mantenha o núcleo fundamental do contrato social, são necessárias proteções jurídicas para preservá-la.

A ironia é que cabe ao Estado proteger a propriedade (e demais direitos individuais) do próprio Estado. Daí a importância da tripartição dos poderes idealizada por Montesquieu, que, como lembra João Féder (1997, p.39), dividiu o poder, mas não o domesticou. Da mesma forma, essa situação paradoxal leva alguns pensadores ao ceticismo quanto à natureza da propriedade privada, chegando a ponto de considerá-la um "mito" (MURPHY E NAGEL, 2002).

1. De forma a preservar a propriedade individual, o legislador constituinte alçou este direito ao patamar de cláusula pétrea, que não pode ser abolida, revogada ou mesmo modificada sequer por emenda à Constituição. Esse enclave não é formado apenas pelo dispositivo específico do artigo 5.º, XXII ("é garantido o direito de propriedade"), mas também por outros que compõem o seu núcleo duro. O inciso seguinte do mesmo artigo ("a propriedade atenderá a sua função social"), por sua vez, relativiza a garantia objetiva supracitada com a referida cláusula geral (ver item 5.3.6.1). A cláusula geral, com o afã de gerar justiça redistributiva, afetou esse autêntico pilar de qualquer ordem livre e democrática, tal qual o salitre que corrói o mais duro concreto.

As limitações constitucionais ao poder de tributar, notadamente aquelas que são redundâncias dos direitos individuais, são logicamente derivadas do direito de propriedade. As chamadas "limitações" referem-se mediata ou imediatamente ao direito de propriedade, senão vejamos.

2.17.1 Capacidade contributiva

A capacidade contributiva manifesta-se por meio da enunciação de diversas disposições constitucionais e é corolário do direito de propriedade, pois veda a tributação que ultrapasse as condições patrimoniais do indivíduo. É também derivada da isonomia, como ensina Roque Antonio Carraza (2010, p. 97), pois impõe equidade aos tributos.

Pode ser aplicada por meio de duas técnicas: a proporcionalidade e a progressividade.

A proporcionalidade busca cobrar na medida econômica do suporte fático do tributo. Por exemplo, uma alíquota de 1% de IPTU incidente sobre um imóvel que valha R$ 10.000,00 e sobre outro que valha R$ 1.000.000,00, atende a proporcionalidade (e consequentemente à capacidade contributiva), uma vez que, não obstante a alíquota ser a mesma, a base tributável é diferente. Destarte, não importa o tamanho da base, pois proporcional será a tributação sobre ela.

A progressividade, como vimos, é técnica que visa à redistribuição de renda. Impõe exações maiores à medida do acréscimo marginal de renda. Em outras palavras, para cada riqueza marginalmente adquirida, incide uma alíquota marginal. Por exemplo, o imposto sobre a renda pode ser estruturado em faixas de renda, e sempre que o contribuinte alcançar uma faixa superior uma alíquota mais elevada lhe será aplicada. Daí o adjetivo "progressivo" atribuído ao imposto.

Por ter essa função, não se enquadra como uma liberdade negativa ou mesmo uma garantia de justiça fiscal individual.

Alguns autores, como Roque Carrazza (2010, p. 95, n. rodapé n. 46), veem no parágrafo único do artigo 145[156] da Constituição uma autorização para o legislador instituir a progressividade em todos os tributos (com exceção dos impostos indiretos, como o IPI e o ICMS). Em que pese a autoridade científica do citado tributarista, não entendemos assim. A locução "sempre que possível os impostos terão caráter pessoal e serão graduados segundo a capacidade econômica do contribuinte, facultado à administração tributária, especialmente para conferir efetividade a esses objetivos, identificar, respeitados os direitos individuais e nos termos da lei, o patrimônio, os rendimentos e as atividades econômicas do contribuinte" não leva a tal autorização. O objetivo pretendido pelo constituinte é forçar o legislador a desenhar a tributação levando em conta a justiça e igualdade, ou seja, evitar tributos indiferentes às condições

---

[156] Art. 145. [...]
[...]
§ 1.º Sempre que possível, os impostos terão caráter pessoal e serão graduados segundo a capacidade econômica do contribuinte, facultado à administração tributária, especialmente para conferir efetividade a esses objetivos, identificar, respeitados os direitos individuais e nos termos da lei, o patrimônio, os rendimentos e as atividades econômicas do contribuinte.

DECISÃO DO LEGISLADOR

pessoais do contribuinte e, para tanto, permite à autoridade fiscal analisar a realidade financeira do indivíduo pagador de impostos.

Ademais, o constituinte expressamente autorizou apenas três impostos a serem progressivos: o imposto sobre a renda (153, § 2.º, I), imposto territorial rural (153, § 4.º, I) e imposto predial e territorial urbano (156, § 1.º, I, e 182, § 4.º, II). Uma vez que expressamente tenha autorizado a instituição de progressividade a esses impostos, logicamente não autorizou para os demais.

A necessidade de autorização expressa para instituir exações é forma de preservar a liberdade econômica do contribuinte, manifestada pelo seu direito de propriedade.

2.17.2 A vedação ao efeito de confisco

O enunciado constitucional que proíbe os entes federativos de utilizarem tributo com efeito de confisco (artigo 150, IV) é decorrente óbvio do direito de propriedade.

O ato de confiscar o bem do particular denota o exercício do poder de polícia do Estado, *i.e.*, a sua prerrogativa de "limitar ou disciplinar direito, interesse ou liberdade" (artigo 78 do Código Tributário Nacional)[157] em prol do interesse público. Tal ato administrativo deve ter supedâneo legal, sob pena de incorrer em abuso de autoridade. A lei, por sua vez, necessariamente tem de estar de acordo com a Constituição, ou seja, respeitar os direitos individuais. "Confiscar" denota, portanto, o ato exercido pelo poder público que expropria o bem do particular, com intuito de proteger o interesse público. Não se confunde com a retenção de um bem do particular pelo poder público, pois aí o caráter é provisório e revogável, dependendo do atendimento a determinadas condições impostas pela lei.

---

[157] Art. 78. Considera-se poder de polícia atividade da administração pública que, limitando ou disciplinando direito, interesse ou liberdade, regula a prática de ato ou abstenção de fato, em razão de interesse público concernente à segurança, à higiene, à ordem, aos costumes, à disciplina da produção e do mercado, ao exercício de atividades econômicas dependentes de concessão ou autorização do Poder Público, à tranquilidade pública ou ao respeito à propriedade e aos direitos individuais ou coletivos.
Parágrafo único. Considera-se regular o exercício do poder de polícia quando desempenhado pelo órgão competente nos limites da lei aplicável, com observância do processo legal e, tratando-se de atividade que a lei tenha como discricionária, sem abuso ou desvio de poder.

Mas "efeito de confisco" o que seria?

Se o custo do tributo for alto a ponto de não compensar manter o bem sob sua propriedade, poder-se-ia considerar que a tributação é "confiscatória". No entanto, quando se alcançaria esse "ponto sem volta" da tributação?

Em vista do direito individual de propriedade, o confisco seria o ponto a partir do qual o custo imposto pelo Estado ultrapassa não apenas o benefício de ter o bem, como também inviabiliza a sua manutenção. O problema imanente com essa concepção é que o método para aferição seria inevitavelmente curvas de indiferença da escolha do consumidor.

Os casos mais evidentes são aqueles em que a tributação atinge o valor integral do bem. Por exemplo, uma alíquota de 100% sobre um bem móvel ou imóvel teria esse efeito confiscatório, pois, ainda que o contribuinte mantenha-o sobre sua propriedade pagando o tributo, economicamente é como se tivesse sido privado dele. Contudo, o que dizer de alíquotas menores que cem por cento, mas ainda elevadas ou mesmo alíquotas superiores a cem por cento? Haveria confisco nessas últimas e não naquelas primeiras?

Ilustrando melhor:

1) 20% sobre o valor de um imóvel, pagos anualmente, a título de imposto territorial rural (ITR), é confiscatório?

2) 35% (imposto de importação) + 25% (IPI importação) + 18% (ICMS importação em São Paulo) + 9,2% (PIS + Cofins importação) + 0,38% (IOF sobre câmbio) sobre automóvel importado do exterior, totalizando aproximadamente 90% do valor do bem, é confiscatório?[158]

Cabe perceber que a extrafiscalidade é fator que excepciona o tradicional raciocínio sobre o efeito de confisco tributário, ou seja, aquele que o identifica a partir, principalmente, da alíquota. Nessa toada, Renato Lopes Becho (2009, p. 472) adverte que a mera alíquota elevada não é suficiente para identificar confisco, exemplificando com a alíquota de 330% do IPI sobre cigarros. É que o legislador muitas vezes institui exações altíssimas que, nem por isso, podem ser consideradas confiscatórias, considerando que a intenção precípua não

---

[158] O valor é aproximado, para fins meramente ilustrativos, sem considerar taxas aduaneiras, tampouco critérios de cálculo da base tributável.

é tomar para si o bem do particular, mas sim desestimulá-lo a adquiri-lo ou consumi-lo, consoante a finalidade legal.

Na primeira situação do exemplo acima, a alíquota de vinte por cento é extrafiscal. Sua função é estipular um preço alto para a baixa produtividade de uma propriedade rural, de forma a induzir o comportamento na direção contrária. De acordo com a tabela constante da Lei n.º 9.393/1996, propriedades acima de 5.000 hectares com o menor grau de produtividade serão tributadas à alíquota máxima de 20% ao ano.

Poder-se-ia arguir que tal exação sobre uma propriedade improdutiva é confiscatória, uma vez que ela não produz recursos para arcar com o imposto? Ou, igualmente, não possui capacidade contributiva?

Uma vez que cabe à propriedade cumprir a sua função social – que pode ser interpretada de várias formas, mas no contexto do ITR leva ao sentido de produção rural –, a tributação anual sobre grandes propriedades improdutivas à razão da referida alíquota é razoável e eficiente como incentivadora de condutas.

No caso da importação, não há apenas extrafiscalidade envolvida, pois o intuito é também arrecadatório. Ainda que a real eficiência ou mesmo a desejabilidade da tributação sobre importação de bens e serviços em uma economia que se pretenda "de mercado" seja altamente discutível, ao menos o propósito extrafiscal justificar-se-ia como indutor da economia. Todavia, apenas um imposto seria o suficiente para tanto, notadamente o próprio imposto sobre importação e não todos os acima relacionados e, mais importante, deveria haver uma justificativa plausivelmente extrafiscal para tributar elevadamente algum bem ou serviço.

Outrossim, tributação sobre importação que não se justifique pelo interesse público – usualmente como forma de regulação do mercado – e cuja carga seja próxima ou mesmo igual ao valor do bem em si (somados todos os tributos, ainda que de entes federativos distintos), teria efeito de confisco.

Resta, no entanto, a pergunta: em qual nível a tributação passa a ser confiscatória? A resposta dependerá do nível pessoal de utilidade (ou desutilidade) em relação à tributação. A partir do momento em que a tributação sobre determinada atividade (*v.g.*, ser proprietário, prestar serviço, vender mercadoria) tornar-se tão custosa a ponto de superar os benefícios, haverá efeito de confisco. Hugo de Brito Machado (2010, p. 243-244) propõe definição de

TEORIA DA DECISÃO TRIBUTÁRIA

efeito de confisco que se aproxima da noção de utilidade subjetiva, ao dizer que nesses casos o tributo é "sentido como penalidade".

No entanto, essa medida pessoal de utilidade não pode ser medida objetivamente, tornando difícil a análise.

Uma forma de converter em regra o princípio do não confisco seria estabelecer um percentual fixo como limite para a tributação, sendo que a sua ultrapassagem configuraria efeito de confisco. Estevão Horvath (2002, p. 120) pondera que a fixação prévia e abstrata de limites da confiscatoriedade não é a melhor solução, dada as inúmeras peculiaridades de cada tributo. Como vimos, realmente há situações em que um alto percentual não significa, necessariamente, confisco, o que leva a crer que meramente estabelecer esse limite não resolveria o problema. Por outro lado, como salienta o supracitado jurista, eficiente ou não, a fixação objetiva – desde que estabelecida pelo Judiciário – ao menos estabeleceria um marco, pelo qual o legislador teria que se pautar. Até o presente momento, entretanto, estimar o confisco ou não na tributação não passa de uma "rule of thumb", heurística sem margens de definição seguras.

2.17.2.1. Carga tributária , custos de conformidade e efeito de confisco

A doutrina e jurisprudência costumam analisar o efeito de confisco tributo a tributo, sem perceber que a carga tributária geral pode ter efeito confiscatório. Os brasileiros trabalham quase seis meses por ano apenas para pagar tributos, o que torna o sistema tributário um autêntico regime de servidão.[159] O Supremo Tribunal Federal, contudo, já manifestou-se no sentido de atribuir efeito de confisco ao total da carga tributária, ao julgar a ADIn 2010, cujo relator foi o Ministro Celso de Mello, em 2002, em cuja ementa se lê:

> A identificação do efeito confiscatório deve ser feita em função da totalidade da carga tributária, mediante verificação da capacidade de que dispõe o contribuinte - considerado o montante de sua riqueza (renda e capital) - para suportar e sofrer a incidência de todos os tributos que ele deverá pagar, dentro de determinado período,

---

[159] Dado obtido na organização não governamental Instituto Millenium (www.imil.org.br).

à mesma pessoa política que os houver instituído (a União Federal, no caso), condicionando-se, ainda, a aferição do grau de insuportabilidade econômico-financeira, à observância, pelo legislador, de padrões de razoabilidade destinados a neutralizar excessos de ordem fiscal eventualmente praticados pelo Poder Público. Resulta configurado o caráter confiscatório de determinado tributo, sempre que o efeito cumulativo – resultante das múltiplas incidências tributárias estabelecidas pela mesma entidade estatal - afetar, substancialmente, de maneira irrazoável, o patrimônio e/ou os rendimentos do contribuinte."

Além da carga tributária propriamente dita, que significa a soma de todos os tributos em relação ao produto interno bruto, os custos de conformidade também devem ser levados em conta. Estes significam não apenas os custos financeiros do tributo, mas sim o custo necessário que o contribuinte incorre para cumprir com a legislação tributária.

Os custos de conformidade reúnem os custos de informação necessários para que o contribuinte possa compreender as imposições que lhe são dirigidas pelo Estado e os custos de cumprimento propriamente ditos das obrigações tributárias. A alíquota alta de um imposto, por exemplo, não é o único fator a ser considerado no que toca aos custos de conformidade, mas também – muitas vezes principalmente – as dificuldades em cumprir as obrigações fiscais em vista da irracionalidade do sistema tributário. O Brasil é apontado há vários anos consecutivos, pelo Banco Mundial[160], como o país mais difícil do mundo para cumprir obrigações tributárias, sendo esta colocação medida a partir das horas médias anuais necessárias para que as empresas consigam atender a todas as exigências fiscais.

Apesar de esses fatores dificilmente servirem de argumento para ações judiciais movidas pelos contribuintes, podem servir para influenciar reformas tributárias que ao menos minimizem esses problemas.

---

[160] O relatório *Doing Business* 2018, do Banco Mundial, coloca o Brasil como primeiro do pódio há diversos anos, atualmente com 1.958 horas anuais necessárias em média por empresa para o cumprimento das obrigações tributárias. Logo em seguida no ranking vem Bolívia, Líbia, Venezuela e Chade, países que estão distantes de serem exemplos de nações institucional e economicamente desenvolvidas. Relatório disponível em http://portugues.doingbusiness. org/data/exploretopics/paying-taxes. Acesso em 01.04.2018

2.18 Informação, risco moral e direito à privacidade: a questão do sigilo bancário

Um dos direitos individuais que mais se encontram em risco de extinção em razão da era da informação em que vivemos é o direito à privacidade. Mas será que no âmbito econômico e financeiro faz sentido sustentar esse direito perante a tributação?

Se considerarmos que o Estado existe por consequência de um contrato social e que sua função é garantir as liberdades por meio do monopólio da violência, assim como prover bens públicos que a esfera privada não tem incentivos para produzir, a tributação é o meio por excelência para que tal seja possível. Sendo assim, qual seria a justificativa de reservar informações sobre dados financeiros particulares do Estado?

O dilema do prisioneiro nos mostra que é racional "desertar" em situações em que os indivíduos percebem que enfrentarão minimizações de seu bem-estar. Da mesma forma, quando há *assimetria de informação*, *i.e.*, uma das partes guarda para si dados que a outra parte não tem acesso, é provável a ocorrência do chamado "risco moral" (*moral hazard*).[161]

No direito tributário, portanto, é racional que os contribuintes desejem que a "outra parte", qual seja o fisco, não tenha acesso às informações sobre sua realidade financeira. Este fenômeno é ampliado quando há tributações progressivas *ad valorem* (desutilidade marginal em cumprir com a obrigação tributária à medida que a tributação aumenta) ou sobre grandes fortunas, que sofrem maior incidência de tributos à medida que o contribuinte maximiza a sua riqueza. O incentivo plausível, se considerarmos que esses contribuintes sejam racionais, é desertar da tributação, no sentido de evitar compartilhar dados com a autoridade fazendária.

De um ponto de vista estritamente estratégico (não entrando em considerações sobre os direitos dos indivíduos), permitir que haja determinadas privacidades, por exemplo, o sigilo bancário, é incentivar os contribuintes a

---

[161] Cf. Krugman e Wells (2007, p. 807), risco moral é a "situação que pode ocorrer quando um indivíduo sabe mais sobre as implicações de suas próprias ações do que as outras pessoas. Isso leva a uma distorção dos incentivos para tomar cuidados ou para fazer um esforço, sobretudo quando o custo de não tomar cuidado ou de não fazer o esforço é incorrido pelos outros".

não informar toda a verdade sobre os seus ganhos e rendimentos ao Estado – daí a ocorrência do risco moral acima referido.

Determinadas providências normativas no desenho do sistema tributário podem evitar, ou ao menos minimizar, o risco moral. É o caso da responsabilização de terceiros, por meio de mecanismos de retenção de tributos ou da verificação do adimplemento deles. A extinta Contribuição Provisória sobre Movimentações Financeiras – CPMF é um bom exemplo de tributo eficiente no que tange à arrecadação, uma vez que era retida pelas instituições financeiras cuja obrigação era repassá-la à União. A substituição tributária de impostos indiretos como o ICMS e o IPI, principalmente a chamada "substituição para frente", também denota razoável eficiência, ainda que inferior à referida e finada contribuição social. Outras formas não são tão eficientes, mesmo com retenção tributária, como ocorre com o imposto sobre a renda e outras contribuições sociais. As consequências são as inúmeras medidas tomadas pelos contribuintes para evitar ou evadir a tributação, tais como operações transnacionais, paraísos fiscais, *trusts* e outros.

Uma vez que a assimetria de informação potencialmente gera risco moral, o direito à privacidade contra o Estado, mais especificamente o Fisco, não faz sentido do ponto de vista de eficiência administrativa. Mas faria sentido do ponto de vista de direitos individuais? De forma mais precisa, tributos no estilo da revogada CPMF ou mesmo a utilização das movimentações financeiras para fins de fiscalização do imposto sobre a renda deveriam ser considerados inconstitucionais? E a possibilidade de o fiscal, mediante o processo administrativo, requerer a quebra do sigilo diretamente à instituição financeira na qual o contribuinte tem depositados os seus recursos financeiros (LC n.º 105/2001)?[162]

---

[162] A Lei Complementar n.º 105/2001 determina em seu artigo 6.º que "as autoridades e os agentes fiscais tributários da União, dos Estados, do Distrito Federal e dos Municípios somente poderão examinar documentos, livros e registros de instituições financeiras, inclusive os referentes a contas de depósitos e aplicações financeiras, quando houver processo administrativo instaurado ou procedimento fiscal em curso e tais exames sejam considerados indispensáveis pela autoridade administrativa competente".
O Decreto n.º 4.489/2002 e a Instrução Normativa n.º RFB-802/2007 regulamentam inclusive qual valor (R$ 5.000,00 e R$ 10.000,00, por semestre, para pessoas físicas e jurídicas, respectivamente) a partir do qual as instituições financeiras deverão informar a Receita Federal. Trata-se de regulamentação semelhante ao Bank Secrecy Act, dos Estados Unidos da

Para Roque Antonio Carrazza (2010, p. 499-504) esse acesso do Fisco aos dados bancários do contribuinte é inconstitucional, pois viola o direito fundamental à intimidade e à vida privada as pessoas, salvo quando obtido mediante autorização judicial. O jurista paulista adverte que o acesso a esses dados por parte da Administração pode resultar em abuso de poder, uma vez que, a partir disso, se poderão averiguar preferências políticas (no caso de doações a campanhas políticas), religiosas, associativas, situação financeira do cidadão, seus hábitos de lazer etc.[163] Nesse sentido, a invasão do Estado na esfera íntima do indivíduo – mais especificamente, sua privacidade financeira – pode ser utilizada para fins persecutórios. Mesmo que esse perigo seja apenas potencial, a mera possibilidade de o Estado ter acesso aos dados já configuraria intervencionismo exacerbado, contrário aos direitos individuais consagrados na Constituição.

Em um mundo ideal, onde todos os países reger-se-iam pelo mais perfeito e concretizado Estado Democrático de Direito, realmente não haveria qualquer justificativa para o sigilo bancário. O acesso pronto e imediato do governo aos dados bancários do cidadão visaria tão somente a incrementar a administração tributária e sequer se poderia considerar qualquer afronta a direitos fundamentais, uma vez que a arrecadação teria o fim de suprir os cofres estatais que, por sua vez, reverteriam em serviços públicos prestados à coletividade.

Entretanto, a realidade encontra-se longe dessa quimera. Não só o planeta é altamente irregular no tocante às democracias efetivamente instauradas, em termos comparativos, como os próprios países, outrora garantidores de direitos como o sigilo bancário, têm relativizado cada vez mais essa privacidade em prol do interesse público.[164]

América, promulgada em 1970, que impõe a obrigação de informação ao Internal Revenue Service sempre que alguma transação em dinheiro ultrapasse o valor de US$ 10.000,00 no período de um dia.

[163] No mesmo sentido, Charles Adams (2001, p. 188-190), para quem o sigilo bancário (*bank secrecy*) é uma liberdade básica do indivíduo e lembra suas origens no Direito germânico e na *Common Law* inglesa, por meio do princípio "a man's house is his castle" – doutrina pela qual é inviolável a intimidade do cidadão, direito erigido com o fim de proteger a ele e aos seus bens da ganância do Rei.

[164] Como é o caso do *Patriot Act*, lei norte-americana criada após os ataques terroristas de setembro de 2001, que restringiu diversas liberdades individuais sob o argumento da segurança

Ora, nunca se pode esquecer que o Estado não é uma entidade hipostasiada, um ser sobre-humano superior em conhecimento e moralidade aos cidadãos. O Estado é formado tão somente por indivíduos como outros quaisquer, apenas imbuídos de funções distintas daqueles que operam no setor privado. Não apenas as mesmas falhas e limitações de racionalidade e informação se aplicam aos agentes públicos, como muitas vezes as mesmas falhas morais também. É o que nos ensina a Teoria da Escolha Pública, ramo da Economia que analisa as denominadas "falhas de governo".

Nesse sentido, da mesma forma que pode haver incentivos para os contribuintes desertarem de suas obrigações tributárias, podem existir incentivos também para que os agentes públicos nem sempre ajam na forma estrita da lei e cometam abusos. Os que advogam na área sabem bem o que isso significa.

Outrossim, a mesma estrutura adequada de incentivos normativos, leiam-se sanções, deve ser erigida de forma a restringir a ação dos agentes públicos. Se estes cometerem abusos no exercício de suas funções ou fizerem mau uso das informações colhidas dos contribuintes, deverão sofrer sanções severas o suficiente para haver uma eficiente dissuasão de tais condutas.

O *trade off* que ocorre se dá entre a eficiência administrativa na arrecadação – que, em tese, visa ao bem comum – e os direitos individuais. Em essência, o velho conflito entre interesse público e interesse privado. O cômputo custo-benefício dessa escolha pública inclina-se favoravelmente aos direitos individuais, todavia,[165] como demonstra a história das nações que protegeram a intimidade de seus cidadãos e que se desenvolveram institucionalmente, ainda que à custa de eficiência administrativo-tributária.

---

nacional. O título III, subtítulo II, da lei trata justamente do controle do governo sobre as contas e movimentações financeiras e da obrigação das instituições de informarem as autoridades em caso de suspeita de lavagem de dinheiro ou de recursos destinados a financiamento de práticas terroristas.

[165] Trata-se de uma conclusão intuitiva, sem respaldo empírico.

TEORIA DA DECISÃO TRIBUTÁRIA

2.19 Justiça fiscal

2.19.1 Isonomia e igualdade material

A isonomia tributária (artigo 150, II), por sua vez, redundância da isonomia geral, cláusula pétrea disposta no artigo 5.º, busca evitar privilégios injustificados entre contribuintes. Ainda que na prática essa limitação tenha pouco efeito prático, considerados os inúmeros benefícios fiscais na legislação, a sua intenção é vedar favorecimentos por conta de classe ou posição profissional ou social.

Nesse diapasão, protege o direito de propriedade de forma equânime, pois, uma vez que todos sejam tributados da mesma maneira, teoricamente a imposição poderia ser menor.

2.19.2 O tributo ótimo

Em termos de análise normativa, a decisão do legislador deve visar o melhor tributo possível, o que significa o menos distorcivo economicamente e o menos interventor na liberdade econômica do indivíduo.

Richard Posner (1998, p. 533) aponta quatro requisitos para que o tributo alcance o nível ótimo: 1) ter uma base grande de contribuintes; 2) incidir sobre produtos e serviços de demanda inelástica; 3) atenda à isonomia; e 4) ter baixo custo administrativo.

A esses quatro acrescento um quinto requisito: que o tributo seja regulado por poucas regras, e que sejam simples e objetivas. Passemos a analisar um a um dos requisitos:

1) Base grande de contribuintes.

No sistema tributário há tributos que incidem sobre atividades ou situações praticadas por um grande número de pessoas, físicas ou jurídicas, assim como há tributos que atingem apenas determinadas classes de contribuintes. Se o intuito é primordialmente arrecadatório, o legislador pode instituir, dentro das balizas constitucionais, exações sobre atividades de grande relevo financeiro. A tributação sobre ganho de capital, no contexto do imposto sobre a renda, cuja alíquota é de 15% sobre o resultado positivo obtido numa venda de um bem, é um bom exemplo.

Quanto maior a exação, maior será o estímulo para que o contribuinte busque evitá-la, consoante as premissas da escolha racional. Da mesma forma, quanto mais específica e mais relevante do ponto de vista financeiro for a situação sobre a qual o tributo incide, mais recursos os contribuintes terão para contratar profissionais treinados em expedientes elisivos.

Por outro lado, tributos que incidam sobre atividades realizadas indistintamente por um grande número de contribuintes permitem que a carga *per capita* da exação seja relativamente baixa, uma vez que é rateada por todos. Não só isso tem o potencial de gerar grandes receitas para o Estado, como também incentiva o adimplemento das obrigações tributárias. Ora, pelo cálculo custo-benefício, se o tributo é relativamente baixo, todo o ônus envolvido em contestar a cobrança (contratar advogados, ingressar com ação judicial, contingenciar possíveis perdas, etc.) pode não compensar tal medida, sendo mais "barato" simplesmente arcar com a exação.

2) Incidir sobre produtos e serviços de demanda inelástica.

Como vimos, os tributos são distorcivos, pois interferem no sistema de preços e alteram o comportamento dos produtores e consumidores desestabilizando o equilíbrio entre oferta e demanda. Entretanto, se o tributo incidir sobre produtos e serviços com demanda inelástica, *i.e.*, de baixa sensibilidade dos consumidores à alteração nos preços, não ocorrerá o efeito substituição e, consequentemente, não haverá ineficiência alocativa (peso morto). Isso ocorre porque os consumidores continuarão consumindo aquele bem, mesmo com o tributo incorporado ao preço e, consequentemente, possibilitará que o produtor repasse o tributo ao seu produto sem que isso altere a demanda.

A forma de atender a esse critério é tributando bens e serviços dos quais as pessoas não possam abrir mão, não só por sua importância, como também pela falta de bens substitutos. Bens e serviços essenciais (o que é contraintuitivo, uma vez que usualmente se pugna pela isenção desses produtos, como dita a sistemática da essencialidade do IPI e do ICMS), tais como combustíveis, energia, alimentos básicos e serviços bancários, são alguns exemplos.

3) Atenda à isonomia (seja não discriminatório).

Como não é possível, em vista da Constituição, instituir tributos fixos não distorcivos, deve-se aliar a busca pela mínima distorção possível com o simultâneo atendimento aos critérios de justiça tributária, notadamente a isonomia.[166]

Outrossim, os tributos devem atender a capacidade contributiva dos cidadãos, tanto em sua vertente objetiva, demonstrada pelo valor que serve de base ao tributo (*v.g.*, tributos sobre a propriedade, que incidem sobre o valor de bem, o que remete ao critério da tributação proporcional), quanto em sua vertente subjetiva, que leva em conta os aspectos pessoais do contribuinte (artigo 145, § 1.º, da CF).

4) Ter baixo custo administrativo.

A complexidade do sistema tributário não afeta apenas o contribuinte, mas também o próprio Estado. Quanto mais complexo, mais custos são incorridos na administração do tributo (por exemplo, mais agentes administrativos serão necessários para fiscalizar e cobrar os contribuintes), o que leva a um círculo vicioso, como salienta James Buchanan (1975, p. 91): se é mais custoso administrar o tributo, mais recursos, leiam-se tributos, serão necessários para tanto.

Se o tributo tiver uma forma de cobrança e, sobretudo, de fiscalização simples e eficaz, os seus custos de administração serão drasticamente reduzidos. A sistemática de responsabilidade tributária e de retenção resolve parcialmente esse problema, mas não totalmente, como se pode observar em tributos complexos e ineficientes como o PIS, a Cofins e o ICMS.

A extinta Contribuição Provisória sobre Movimentação Financeira (CPMF), por sua vez, gerava baixos custos administrativos, pois a tarefa de fiscalização e arrecadação era praticamente toda atribuída aos responsáveis tributários, as instituições financeiras.

---

[166] Não obstante os tributos sobre consumo serem regressivos. O rico e o pobre que compram a mesma carteira de cigarros terão a sua capacidade contributiva afetada diferentemente pelos tributos que são repassados ao preço da mercadoria.

5) Regras poucas, simples e objetivas.

Em termos empíricos, é extremamente difícil encontrar tributos com regramentos enxutos, simples e de fácil compreensão pelos contribuintes. As legislações do Imposto sobre a Renda dos Estados Unidos da América e do Brasil, apenas para citar dois exemplos, são extensas, frequentemente modificadas e muitas vezes obscuras, ensejando milhares de consultas fiscais à Administração, de modo a aclarar o conteúdo das locuções legais e infralegais. Da mesma forma, a sistemática não cumulativa das contribuições do PIS e da Cofins, por sua vez, dificilmente será superada em nível de complexidade e falta de clareza.

Ainda assim, não é utópica a pretensão de ter legislações parcimoniosas na tributação, desde que a estrutura do tributo assim o permita. O Imposto sobre Serviços, por exemplo, costuma ser regrado por legislações simples, não obstante a atividade econômica sobre a qual ele incide ser a que mais cresce atualmente, em todo o mundo, o que o faz um tributo altamente arrecadatório.

O regramento parcimonioso, simples e objetivo reduz custos de conformidade e, por conseguinte, custos de transação, evitando desperdícios e ineficiências alocativas. Ademais, o caos tributário presta-se também a transferências de renda improdutivas, também conhecidas como *rent seeking*, conforme veremos em tópico posterior. Em outras palavras, a panaceia tributária gera um mercado de serviços – jurídicos, contábeis, financeiros – que não produzem novas riquezas, mas apenas repartem a mesma fatia do bolo. Um ordenamento enxuto e simplificado não necessitaria de inúmeros advogados, contadores e afins, que, em sua lógica racional, alimentam (pois lhes é vantajoso) o sistema com mais demandas e pleitos, o que, por sua vez, requer mais funcionários públicos pelo lado do governo, aumentando os custos públicos – que necessitarão ser arcados por mais tributos. O círculo vicioso nunca cessa.

2.20 O repertório de elementos para a decisão jurídica do operador do Direito

A partir deste ponto, passaremos a analisar mais detidamente os elementos do sistema jurídico e sua relação com o processo de tomada de decisão. Ainda que, *grosso modo*, os elementos para a tomada de decisão – normas, princípios e regras e o seu modo de aplicação – sejam os mesmos para todos os operadores do direito, a saber, contribuintes, agentes administrativos e julgadores, a sua análise será dividida nas seções específicas que lidam com a decisão de cada espécie desses tomadores de decisão. A opção é meramente didática, ou seja, não denota exclusividade de determinados operadores em relação a espécies normativas.

Nesse sentido, o problema da aplicação dos princípios jurídicos é deixado para o tópico "decisão do juiz". No Direito Tributário, grande parte das ações judiciais versa sobre questões de constitucionalidade e justamente nessas contendas é que a argumentação principiológica mais ocorre. Por outro lado, a aplicação subsuntiva das regras será analisada no tópico "decisão do agente fiscal", uma vez que se trata da forma de operação por excelência desse operador do direito.

A questão das sanções tributárias será examinada no tópico "decisão do contribuinte", pelo fato de serem essas sanções o principal motivador das condutas do contribuinte e responsável tributários.

Igualmente cumpre salientar que o legislador não está ao largo das espécies normativas, como a organização tópica desta obra poderia eventualmente fazer crer. O legislador, como qualquer órgão do sistema, tem a obrigação de cumprir com os princípios e as regras formais e materiais que compõem a sua competência como criador de normas. Todavia, a classificação normativa que utilizaremos não é direito positivo, e sim dogmática, campo do conhecimento que influencia notadamente os aplicadores do direito, com especial ênfase nos juízes. O legislador, representante eleito pelo povo, não sofre influência da doutrina jurídica[167] na mesma proporção que os juízes, que detêm formação jurídica tradicional.[168]

---

[167] Para fins de simplificação, não estamos considerando as comissões técnicas formadas, muitas vezes, por juristas, que auxiliam na criação de leis.

[168] Pareceres escritos por juristas e juntados aos processos judiciais têm notória influência na tomada de decisão dos juízes, em nosso país. Nos Estados Unidos da América, por outro lado, acadêmicos jurídicos, assim como de outras áreas, são frequentemente convidados a "depor" nos órgãos legislativos, como o Congresso, de modo a transmitir sua opinião técnica sobre determinada questão a ser legislada.

Sendo assim, ainda que o legislador deva se ater aos ditames do ordenamento, não processa os comandos normativos nas molduras classificatórias que os operadores do Direito, notadamente os juízes, adotam. Por isso a nossa opção em tratar das espécies normativas no contexto dos aplicadores do Direito.

2.20.1 Texto e norma

Os elementos do sistema jurídico são comandos apoiados por sanções estatais ou, utilizando o léxico da filosofia da linguagem, atos de fala diretivos de conduta. Em palavras mais simples, a unidade básica do Direito é a norma. Todavia, essa definição é elementar, referindo-se ao elemento essencial, universal e genérico de toda ordem jurídica.

Utilizei o termo "norma" de forma menos analítica até agora, portanto convém precisar melhor em que sentido emprego a palavra. Como ensina Guastini (2005, p. 24), norma não se confunde com o texto no qual a mensagem é veiculada – *norma é o sentido construído pelo intérprete a partir de sua interação com os textos normativos*.[169]

Em uma concepção generalizada, os elementos do ordenamento são sempre normas, entendidas como o sentido construído a partir da interpretação dos textos jurídicos, porém há diferenças importantes quanto à estrutura linguística e à própria função entre os princípios e as regras.

2.20.2 Princípios e regras

Em um sentido que atende mais a coerência lógica do sistema do que uma verificação empírica, os princípios são enunciados que denotam valores consagrados pelo sistema jurídico, e têm a função de diretivos axiológicos de todo o ordenamento. É que a atribuição de *status* de "princípios" a determinados enunciados e toda a consequente e costumeira sacralização são, em rigor, um fato *ex post* à sua positivação no sistema. Como vimos, o legislador, mesmo o constituinte, simplesmente positiva enunciados que portam comandos (quando muito, têm a noção de estar criando "direitos"), os quais deseja ver

---

[169] Ricardo Guastini abre o seu clássico *Das fontes às normas* (São Paulo: Quartier Latin, 2005) estabelecendo a distinção entre texto normativo e norma jurídica, sendo que esta é o produto da interpretação daquele.

TEORIA DA DECISÃO TRIBUTÁRIA

obedecidos por seus destinatários. Portanto, a usual retórica dos princípios como pontos nucleares, basilares do sistema, cumpre a ideia de coerência sistêmica que o cientista/intérprete deseja que exista na ordem normativa.

Em uma dimensão pragmática, dinâmica, os princípios se manifestam na argumentação jurídica presente nos atos de fala emitidos no percorrer dos incessantes processos de positivação do Direito. Seja nas petições das partes litigantes, no caso tributário, os contribuintes e a Fazenda Pública, seja nas sentenças judiciais, os princípios alcançam a sua expressão máxima, por meio da retórica persuasiva dos operadores do Direito.

Como o termo indica, "princípio" tem a ideia de fundamento, ponto de partida. Isso não significa que já estejam prontos e acabados à espera do operador do Direito. Os textos normativos não costumam enunciar "princípios"; estes são postulados fundamentais descobertos no seio do sistema jurídico, principalmente mediante uma análise axiológica pelo intérprete. Destarte, a função importantíssima dos princípios é servir de integração para o sistema, permitindo soluções em que haja falhas ou lacunas normativas.

Os princípios, vistos como enunciados de valores fundamentais, formam o núcleo estável do sistema jurídico, e, por essa função, dirigem-se imediatamente ao próprio sistema jurídico, ou, mais precisamente, à estrutura autogeradora interna: os órgãos produtores de atos normativos. O seu primeiro receptor é o legislador em sentido amplo; de forma mediata, o destinatário é o cidadão súdito do Estado, não como obrigado, mas como receptor da informação de que não poderão ser criadas normas que violem seus direitos fundamentais.

Também o juiz empregará os princípios como diretivos para a compreensão do sistema jurídico, bem como para fundamentação de suas decisões, sejam as que se utilizam de norma geral preexistente para o caso concreto, seja nos casos de lacuna, quando o julgador necessita construir uma norma geral e abstrata para a situação fática com a qual se depara. Não há que confundir tal norma geral construída pelo julgador com a aplicação direta de um princípio. Esta, no caso em que o ordenamento permita construir norma *ad hoc*, terá fundamentação e legitimação nos princípios jurídicos.[170]

---

[170] No exemplo utilizado por Dworkin (Riggs v. Palmer) em Taking rights seriously, o princípio construído "ninguém pode se locupletar através de sua própria torpeza" foi um diretivo

As regras, por sua vez, são os comandos por excelência de qualquer ordenamento jurídico, constituindo a maioria absoluta de seus elementos. Sejam regras legais, administrativas, contratuais ou judiciais, são estes os diretivos que efetivamente orientam a conduta, pois sua estrutura condicional "se-então" e sua modalização em proibições, obrigações e permissões possuem a objetividade necessária para a compreensão por parte de seus destinatários em relação às suas próprias tomadas de decisão perante as limitações que o Direito impõe às suas liberdades.

2.20.3 Comunicação e interpretação

Ironicamente, a interpretação dos textos normativos não é empreendimento facilmente alcançável pelos seus destinatários, a saber, os atores sociais. Em grande parte das vezes, é necessária a intermediação de especialistas para a decodificação dos textos, depurando as suas elocuções em sentidos normativos completos, que informarão o que o cidadão pode ou não pode fazer perante a ordem jurídica.

A Lei de Introdução ao Código Civil, prevista em seu artigo 3.º, determina: "ninguém se escusa de cumprir a lei, alegando que não a conhece". Trata-se de uma presunção legal[171] que se refere à validade geral do ordenamento, e não à compreensão de algum ato normativo específico. Destarte, como o direito é um sistema comunicacional público e geral, a todos é possibilitado interagir com os seus ditames. No entanto, a compreensão eficiente do seu conteúdo, ou seja, das normas veiculadas pelos atos normativos, é cada vez mais restrita a especialistas, o que certamente desvirtua a função incentivadora do Direito e igualmente gera todo tipo de distorção na ordem social, econômica e mesmo jurídica.

---

que serviu de justificativa para a aplicação de uma regra que vedou a transmissão da herança para o neto homicida.

[171] Não se cuida de uma ficção jurídica como querem alguns autores. É claro que não se trata aqui de todos os indivíduos conhecerem toda a infinidade de atos legais existentes em nosso ordenamento, mas sim do fato de todo ato normativo ser público e disponível a todos os cidadãos. Tampouco se trata de o conteúdo desses atos ser apreendido por todos. É uma presunção porque se refere à situação de possível ocorrência fática, ainda que improvável, ao passo que as ficções são atos de fala que desconectam a linguagem da realidade. Sobre essa distinção, CARVALHO, 2008, item 4.4.14.

TEORIA DA DECISÃO TRIBUTÁRIA

O fenômeno é comum a quase todas as profissões, especialmente aquelas que exigem alto grau de formação e especialização. Por uma questão natural de reserva de mercado e, como ensina Hirschman (1973), alto custo de "entrada", é compreensível que haja corporativismo, inclusive no Direito.[172] Contudo, uma coisa é corporativismo em áreas em que o conhecimento e técnica sobre determinado objeto são naturalmente restritos por sua própria natureza, por exemplo, a Medicina e a Engenharia. Outra, bem diferente, é restringir o acesso de informação à seara que deveria ser, por sua própria origem e evolução histórica, democrática, qual seja, o Direito.[173]

[172] Para uma interessante e inovadora aplicação da teoria de Hirshman ao Direito, especificamente à arbitragem e o processo judicial, ver a obra *Arbitragem empresarial no Brasil*. Uma análise pela nova sociologia do direito, de Rafael Bicca Machado (Porto Alegre, Livraria do Advogado, 2009).

[173] O que lembra a famosa parábola "Diante da Lei", de Franz Kafka, constante de sua obra "O Processo"(São Paulo: Companhia das Letras, 2005. Trad. de Modesto Carone), aqui transcrita:

[...] Diante da lei está um porteiro. Um homem do campo dirige-se a este porteiro e pede para entrar na lei. Mas o porteiro diz que agora não pode permitir-lhe a entrada. O homem do campo reflete e depois pergunta se então não pode entrar mais tarde. "É possível", diz o porteiro, "mas agora não". Uma vez que a porta da lei continua como sempre aberta, e o porteiro se posta ao lado, o homem se inclina para olhar o interior através da porta. Quando nota isso, o porteiro ri e diz: "Se o atrai tanto, tente entrar apesar da minha proibição. Mas veja bem: eu sou poderoso. E sou apenas o último dos porteiros. De sala para sala, porém, existem porteiros cada um mais poderoso que o outro. Nem mesmo eu posso suportar a visão do terceiro", O homem do campo não esperava tais dificuldades: a lei deve ser acessível a todos e a qualquer hora, pensa ele; agora, no entanto, ao examinar mais de perto o porteiro, com o seu casaco de pele, o grande nariz pontudo e a longa barba tártara, rala e preta, ele decide que é melhor aguardar até receber a permissão de entrada. O porteiro lhe dá um banquinho e deixa-o sentar-se ao lado da porta. Ali fica sentado dias e anos. Ele faz muitas tentativas para ser admitido, e cansa o porteiro com os seus pedidos. Muitas vezes o porteiro submete o homem a pequenos interrogatórios pergunta-lhe a respeito da sua terra e de muitas outras coisas, mas são perguntas indiferentes, como as que costumam fazer os grandes senhores, e no final repete-lhe sempre que ainda não pode deixá-lo entrar. O homem, que se havia equipado bem para a viagem, lança mão de tudo, por mais valioso que seja, para subornar o porteiro. Este aceita tudo, mas sempre dizendo: "Eu só aceito para você não achar que deixou de fazer alguma coisa". Durante todos esses anos, o homem observa o porteiro quase sem interrupção. Esquece os outros porteiros e este primeiro parece-lhe o único obstáculo para a entrada na lei. Nos primeiros anos, amaldiçoa em voz alta o acaso infeliz; mais tarde, quando envelhece, apenas resmunga consigo mesmo. Torna-se infantil, e uma vez que, por estudar o porteiro anos a fio, ficou conhecendo até as pulgas da sua gola de pele, pede a estas que o ajudem a fazê-lo mudar de opinião. Finalmente, sua vista enfraquece e ele não sabe se de fato está

O sistema jurídico, enquanto conjunto de normas, existe justamente por conta de um contrato social, o que deveria possibilitar um mais que razoável grau de comunicação efetiva de seus comandos por aqueles a quem eles são dirigidos. Veja que a questão aqui não é a representação em juízo de particulares por seus advogados, pois isso é inerente ao Estado Democrático de Direito. O problema é a necessidade crescente de especialistas para a interpretação propriamente dita do Direito, cuja compreensão deveria (e poderia, ao menos em grau maior do que se verifica) ser de alcance geral.

O fenômeno é denominado *assimetria de informação*, uma das chamadas "falhas de mercado" na teoria econômica. No fenômeno jurídico, e notadamente no direito tributário, tal assimetria gera custo social e alocação de recursos ineficiente, sem falar no problema da "busca de renda" (*rent-seeking*).

Seguindo a premissa de que os indivíduos são racionais e, portanto, maximizadores, incluindo nessa classe os profissionais do Direito, há incentivos para que os próprios juristas busquem manter o sistema tributário impermeável a terceiros. Trata-se do problema do "agente-principal", que ocorre quando há incentivos para que o agente (contratado) não aja em interesse do principal (contratante). (PINDYCK e RUBINFELD, p. 687)

Grosso modo, podemos trazer alguns exemplos gerais, pois situações específicas requereriam pesquisa empírica. Em nível administrativo, órgãos e cargos cuja existência depende em grande parte da manutenção da panaceia legislativa, pois quanto mais complexa e inacessível for a legislação, mais regulamentação, regulamentadores e respectivos fiscais serão necessários. Também não é incomum a participação de juristas nas reformas de códigos e leis gerais, cujo produto final muitas vezes resulta em dispositivos ainda mais ambíguos

escurecendo em volta ou se apenas os olhos o enganam. Contudo, agora reconhece no escuro um brilho que irrompe inextinguível da porta da lei. Mas já não tem mais muito tempo de vida. Antes de morrer, todas as experiências daquele tempo convergem na sua cabeça para uma pergunta que até então não havia feito ao porteiro. Faz-lhe um aceno para que se aproxime, pois não pode mais endireitar o corpo enrijecido. O porteiro precisa curvar-se profundamente até ele, já que a diferença de altura mudou muito em detrimento do homem. "O que é que você ainda quer saber?", pergunta o porteiro, "você é insaciável." "Todos aspiram à lei" diz o homem, "como se explica que, em tantos anos, ninguém além de mim pediu para entrar?" O porteiro percebe que o homem já está no fim, e para ainda alcançar sua audição em declínio, ele berra: "Aqui ninguém mais podia ser admitido, pois esta entrada estava destinada só a você. Agora eu vou embora e fecho-a".

e obscuros, gerando ainda mais controvérsia, requerendo posicionamentos judiciais e fomentando o mercado de consultas e pareceres jurídicos.

Da mesma forma, quanto mais prolixo e confuso o sistema tributário for, mais incentivos para planejamento tributário e ações judiciais haverá. Ainda que o custo de contratação de especialistas na área possa ser menor que o benefício esperado pelos contribuintes ao economizarem ou recuperarem valores que seriam revertidos em tributos, em termos sociais seria inegavelmente mais proveitoso se esses recursos não fossem alocados nestas atividades de *rent seeking*.

A teoria do agente-principal, entretanto, leva a crer que é do interesse de alguns operadores do Direito que este seja ineficiente, ambíguo, prolixo, impreciso e até mesmo violador de direitos individuais, pois é justamente isso que lhes manterá o status quo e a respectiva e necessária fonte de recursos econômicos. No que tange à decisão jurídica, as normas compõem o principal fator de escolha, pois estabelecem custos para aquela. Seja a escolha do legislador, do juiz, do agente fiscal ou do particular, as normas demarcam custos e relativos benefícios, e a forma pela qual a norma é construída afetará diretamente o desempenho do sistema jurídico em face de sua função incentivadora de condutas.

Destarte, a forma pela qual a norma se apresenta influi diretamente no processo de escolha do agente.

Dependendo de como a norma for projetada, diferentes custos dela advirão. Como veremos a seguir, normas podem ser postas como princípios e como regras, e essas diferentes estruturas e funções específicas têm vantagens e desvantagens, assim como podem gerar custos de transação, custos de oportunidade e custos de informação.

2.20.4 Direitos Fundamentais

Usualmente, os direitos fundamentais são ligados à espécie normativa dos princípios, e isso decorre da importância de ambos. Em termos substantivos, os direitos fundamentais, por sua vez, intuitivamente são relacionados às normas principiológicas.

Em primeiro lugar, importante lembrar o que são os direitos fundamentais. Como vimos no tópico 2.12, eles se dividem essencialmente entre liberdades negativas e liberdades positivas. Para alguns doutrinadores, as liberdades negativas seriam os chamados direitos fundamentais de primeira geração, enquanto as positivas encontram-se nos direitos fundamentais de segunda, terceira, e assim por diante. Não entrarei nessa questão por duas razões: 1) a classificação da liberdade berliniana é mais do que o suficiente para dar conta do problema, seguindo a máxima da Navalha de Ockham; e 2) o que importa para a questão tributária são basicamente os direitos individuais (primeira geração) e os direitos sociais (segunda geração). Os primeiros, porque refletem as limitações ao poder de tributar e os segundos, porque indicam a atuação do Estado e sua necessidade de angariar recursos para tanto.[174] Por outro lado, temas como o meio ambiente, importantes para a tributação enquanto instrumento extrafiscal corretor de externalidades negativas, podem ser vistos como decorrentes dos direitos de propriedade – primeira geração, portanto.[175]

O que importa para os fins do presente tópico é apontar a relação de não identidade necessária entre direitos fundamentais e princípios. Como vimos, o legislador – mesmo o constituinte – não se preocupa com definições e classificações teóricas, mas sim em positivar valores por meio de normas, de modo a orientar o Estado e a sociedade a alcançarem determinados fins considerados moralmente desejáveis.

Assim sendo, direitos fundamentais podem ser garantidos tanto por princípios quanto por regras, se quisermos aplicar a classificação. Por exemplo,

---

[174] Os direitos fundamentais de terceira geração comprazem o meio ambiente, paz, direitos do consumidor, da criança, do idoso etc. Os de quarta geração referem-se a bioética, informática, globalização etc. Muitas dessas elocubrações apontam para uma espécie de demagogia jurídico-doutrinária, pouco afeita às exigências mínimas da lógica e do bom senso. Para que haja um direito é necessário haver respectivamente um dever, assim como é imprescindível que tais direitos e deveres possam ser efetivamente aplicados coercitivamente. Nesse sentido, se já é sobremodo difícil justificar logicamente os próprios direitos sociais, uma vez que dificilmente poderei pleitear direitos fundamentais, tais como o direito ao "lazer" (quem tem o dever correspectivo? Em que sentido "lazer"?), quanto mais direitos à paz, ou mesmo à democracia. Se um sistema é antidemocrático e, como cidadão afetado por este regime, sinto os meus direitos fundamentais à paz e à democracia violados, a qual tribunal recorrerei? Em boa parte, trata-se de concepções vazias e paroquiais, destituídas de rigor lógico, realismo ou mesmo de bom senso.

[175] Problemas como a poluição e a degradação do meio ambiente são decorrentes de direitos de propriedade mal definidos, bem como de má alocação produtiva.

o direito fundamental à igualdade, efetivado tanto como liberdade negativa (proibição à discriminação) quanto como positiva (ações afirmativas), dada a sua intensa carga axiológica associada à vagueza típica dos valores abstratos, é juridicizado como um princípio. O direito de propriedade, por outro lado, é um conjunto de regras que visam alcançar outros valores importantíssimos para a democracia, que são as liberdades políticas. Enquanto a igualdade é de difícil definição e aplicação (ainda que não o seja de difícil compreensão), o direito de propriedade, ao contrário, deve ser objetivo e claro. Essa desejada objetividade que reforçaria a instituição do direito de propriedade não ocorre em nosso sistema pela sua sujeição à cláusula geral da função social, como veremos mais adiante.

3. DECISÃO DO CONTRIBUINTE

A decisão do contribuinte em ceder parte de sua liberdade para a manutenção de uma sociedade civilizada é, evidentemente, a condição necessária para a própria existência e viabilidade de um sistema tributário.

Foi dito, nas primeiras páginas deste trabalho, que o enfoque da teoria da decisão seria primordialmente normativo, ou seja, como deve ser a decisão racional, no sentido de contraposto a um enfoque positivo, ou seja, de como as pessoas realmente tomam decisões.

Por esse enfoque, uma teoria da decisão não pode colocar como opção de escolha cometer atos ilícitos, por uma questão ética. Em termos positivos, contudo, os freios morais à conformidade fiscal são baixos. Noções arraigadas do certo e do errado em relação ao pagamento de tributos são muito menos intensas que outras questões morais universais e atemporais, por exemplo, a vida e a liberdade.

Este tópico não visa a estabelecer uma teoria normativa para a decisão do particular, mas apenas a demonstrar alguns fatores que a influenciam. Uma vez identificados esses fatores, a teoria passa a ser normativa do ponto de vista do Estado, *i.e.*, uma vez ciente do que influencia o comportamento do contribuinte, medidas podem ser tomadas de forma a incentivar o cumprimento do dever de pagar tributos.

3.1. Eficácia das sanções tributárias

De forma pouco romântica e mais realista quanto à natureza humana, é forçoso reconhecer que o senso moral é imbuído ao longo do aprendizado por gerações e mais gerações, por meio do método da recompensa e punição. Mesmo virtudes morais como a honestidade, equidade e cumprir com a palavra empenhada não são, nem de perto, absolutas. Se o custo dessas virtudes for demasiado alto e a probabilidade de ser pego descumprindo-as for suficientemente baixo, muitos indivíduos agirão desonestamente (GINTIS, 2009, p. 73).

O agir contra as virtudes se torna ainda mais fácil quando o indivíduo percebe que outros também agem nesse sentido (heurística da imitação), ainda que isso se resuma a certos aspectos de sua vida, como o matrimônio, dirigir no trânsito, receber propinas em sua atividade profissional ou pagar tributos.

Isso é facilmente verificável empiricamente. Em ambientes em que a transgressão é a prática social, os indivíduos tendem a agir tais como os demais agem. Se pensarmos em termos sistêmicos, é mais fácil – e menos custoso – agir de acordo como os outros agem do que ir contra tais comportamentos.

O elemento estranho costuma ser repudiado em um sistema fechado, em que as regras de comportamento levam a determinado equilíbrio. Se em dada repartição, por exemplo, uma repartição pública, a maioria de seus funcionários é corrupta, um sujeito que busque ser honesto imediatamente provocará a resistência, desconfiança e até mesmo retaliação por parte dos demais. Muito provavelmente esse indivíduo será expurgado desse sistema ou acabará adaptando-se à sua *homoestase*, ao seu equilíbrio – passando a agir como os demais para ser aceito.

Note-se que o custo alto de pagar tributos aliado à baixa probabilidade de ser pego descumprindo-os pode levar à norma social de não cumprir com as obrigações de contribuinte.

Portanto, quando se trata de tributos, incentivos passam a ter importância fundamental. A moral consequencialista assume a dianteira e a Deontologia fica em segundo plano. As sanções punitivas e premiais são os incentivos que movem a conduta do contribuinte e a sua manipulação passa a ser o principal fator de sucesso (ou fracasso) de um sistema tributário.

Sanções punitivas gerais e abstratas são condição necessária, porém não suficiente, para obter a obediência dos contribuintes. A efetiva aplicação dessas sanções é o elemento indispensável para que o contribuinte processe a punição como um efetivo preço ao escolher a conduta a ser tomada e assim possa calcular as suas ações. A eficácia das sanções, portanto, preserva também a segurança jurídica.[176]

As fundações da moderna ciência do crime e das sanções se encontram em Beccaria e Bentham. Mas foi Gary Becker o responsável pela simples, porém revolucionária, abordagem econômica do crime. Criminosos, segundo o professor da Universidade de Chicago, agem como qualquer outro indivíduo racional: sopesam custos e benefícios e reagem a incentivos. O criminoso racional não se importa com as *sanções nominais*, mas sim com as *sanções esperadas*, ou seja, não importam penas meramente previstas na legislação, mas sim aquelas que realmente são aplicadas, que percorrem o processo de positivação, da regra geral e abstrata à regra individual e concreta.

Para que se possa obter uma eficiente dissuasão (*deterrence*), é necessário então aplicar os incentivos certos, e estes se formam a partir da combinatória sanção + aplicação da sanção. A fórmula de Becker, como muitas das ideias geniais, é simples: EP = NP X PP.

EP é a penalidade esperada, NP é a penalidade nominal e PP é a probabilidade de a pena ser imposta concretamente. Se o benefício esperado em não pagar tributos superar o custo esperado das sanções tributárias, o contribuinte não cumprirá com a obrigação tributária. Se o custo esperado superar o benefício, o contribuinte então pagará o tributo devido.

Se, por exemplo, a multa administrativa máxima é 150% do tributo devido, em casos de dolo e fraude, mas a probabilidade de aplicação dessa sanção seja, digamos, 20%, a sanção esperada é 30% do valor do tributo.[177]

---

[176] Conforme Joseph Raz (2002, p. 125): "There are cases in which a person who does not guide his behavior by a norm decides to conform to it on a particular occasion because he is aware of a policeman around the corner or a neighbor in the windows upstairs, and knows that since they accept the norm their reaction to his violation of it on this occasion would be such that he better conform to it".

[177] Importante ressaltar que aplicabilidade da sanção não se resume apenas a autuação administrativa, requerendo também a real subtração de patrimônio do particular, que só ocorre com a ação judicial de execução fiscal.

TEORIA DA DECISÃO TRIBUTÁRIA

Supondo que o montante a ser pago seja (tributo + multa) R$ 100.000,00, este valor sofre desconto pela probabilidade, de 20%, de haver concreta exequibilidade dessa sanção, ou seja, apenas R$ 20.000,00. Isso não significa que o infrator receberá multa de vinte mil reais, mas que esse é o valor a ser levado em conta pelo agente em seu cálculo custo-benefício.[178]

Lembre-se que sequer o tempo necessário para a efetiva exequibilidade da sanção foi levado em consideração aqui, o que certamente é um fator importante a ser calculado. Se esse mero 1/5 da sanção nominal ainda tomar, digamos, dez anos para ser levado a cabo, mais barato ainda se torna o ato ilícito: o crime compensa.

Outras formas alternativas de sanção passam a funcionar como paliativos para o Estado. As chamadas "sanções políticas", que incluem cadastro de devedores, necessidade de certidão negativa de débito para diversas atividades dos contribuintes, selos e alvarás de funcionamento, emissão de documentos fiscais apenas quando as empresas estiverem em dia com o fisco e mesmo apreensões e retenções de bens privados passam a funcionar como elemento de pressão para forçar o cumprimento das obrigações tributárias.

3.2 Sanções premiais

O direito funciona como um sistema de incentivos à ação humana, tanto para reprimir condutas indesejadas como para recompensar condutas desejadas. Como denomina Bobbio (2008, p.1-32), esta é a função promocional do direito que, para tanto, se utiliza de *sanções positivas ou premiais*.

As sanções premiais são recompensas concedidas àqueles que cumprem com as condutas determinadas pela lei. Podem ser incentivos tão ou mais fortes que as sanções punitivas.

No direito tributário é frequente a utilização de sanções premiais. Exemplo comum são os descontos de multas veiculados em autos de infração, de modo a convencer o autuado a não impugnar. Como forma de incrementar a arrecadação, vale mencionar a genial instituição de incentivos não aos

[178]

contribuintes, mas a terceiros que adquirem bens daqueles. A Lei Estadual paulista n.º 12.685/2007 criou incentivos fortíssimos para que os consumidores façam as vezes de fiscais do Estado, exigindo a chamada "nota fiscal paulista" ao comprar bens e mercadorias, o que lhes concede dinheiro repassado pelo Estado, depositado em suas contas bancárias. Melhor e mais eficiente privatização da fiscalização tributária não poderia haver, pois, em vez de apelar para razões de ordem moral para os cidadãos exigirem a nota fiscal dos comerciantes, a lei foi muito mais certeira: apelou para o senso de autointeresse maximizador dos cidadãos.

3.3. Sanções esperadas e o cálculo custo-benefício do contribuinte

Levando em conta que a sanção esperada, entendida como o resultado da sanção nominal multiplicada pela probabilidade de sua efetiva aplicação, é um dos principais incentivos que levarão ao cumprimento ou não das obrigações tributárias, cabe ilustrar a tomada de decisão do contribuinte na árvore decisória.

Como se pode ver na figura 15, a sanção esperada influencia diretamente o cálculo racional do contribuinte.

TEORIA DA DECISÃO TRIBUTÁRIA

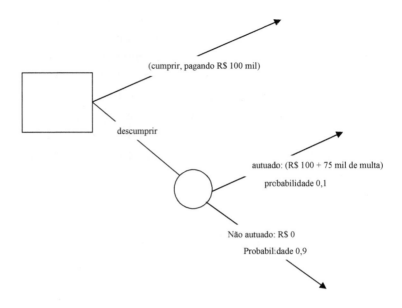

Figura 15. Decisão do contribuinte e sanção esperada

Se o contribuinte cumprir com o dever de pagar o tributo, dispenderá o valor de R$ 100 mil, que é o montante do débito. Se, por outro lado, decidir por descumprir com a obrigação, o nó decisório colocará duas possibilidades: 1) ser autuado no valor do tributo (R$ 100 mil), somado da sanção pelo descumprimento (R$ 75 mil); ou 2) não ser autuado, o que lhe poupará o montante integral que devia.

O ponto fulcral, entretanto, que influenciará a escolha do contribuinte é a atribuição de probabilidades (portanto, uma escolha sob risco) de vir a ser efetivamente apanhado em sua conduta ilícita. Se, na sua avaliação, essa probabilidade for de apenas 10%, o valor a ser considerado é de apenas R$ 17.500,00, o que racionalmente o levaria a descumprir com a prestação que deve ao Estado, uma vez que mediante o cálculo custo benefício, o ônus de pagar o tributo (R$ 100 mil) é consideravelmente maior.

3.4 Novamente os custos de conformidade

As regras tributárias são constantemente comparadas com as regras penais. Os pontos convergentes são muitos: tipo cerrado, irretroatividade a fatos pretéritos à regra, estrita legalidade e, principalmente, limitação da liberdade individual, uma vez aplicados. Mesmo que tributos tecnicamente não sejam sanções por atos ilícitos, dependendo de sua carga onerosa, a sensação psicológica pode vir a ser a mesma.

Por que as regras tributárias costumam gerar mais rejeição social do que as regras penais? Como vimos (tópico 1.6.1), boa parte das pessoas não cometeria diversos dos crimes previstos pela legislação criminal, ainda que os respectivos tipos fossem eventualmente revogados. O sujeito que não é nem nunca foi proxeneta não passará a explorar a prostituição apenas porque não há mais crime previsto para essa atividade. Muito menos a taxa de homicídios aumentaria significativamente caso fosse revogado o artigo 121 do Código Penal brasileiro. A moral individual e a moral coletiva, assim como as normas sociais, funcionam surpreendentemente bem para deter tais condutas. Mas e quanto aos tributos?

Soa como total utopia imaginar que as pessoas contribuiriam espontaneamente, em nome de um abstrato contrato social, para manter o Estado. Mesmo que desejem todos os serviços prestados pelo *welfare state*, os incentivos para desertar e "pegar carona" nos eventuais contribuintes voluntários seriam enormes, o que acabaria por inviabilizar o sistema. Por isso que em qualquer sistema os tributos são obrigatórios.

Será que a rejeição aos tributos se daria apenas pela redução que eles necessariamente implicam na riqueza do cidadão? Será que o único fator que gera custos aos contribuintes são os tributos em si, ou seja, o quanto é obrigatório pagar ao Estado, por exemplo, R$ 1.000,00 a título de Imposto sobre Propriedade de Veículos Automotores?

Indo adiante: será que a rejeição em maior grau em relação a tributos se daria pelo fato de estes serem obrigatórios, enquanto os crimes são proibidos pelo Direito, uma vez que poderia ser mais aceitável psicologicamente ser proibido a algo do que obrigado? Não deveria ser o contrário, uma vez que a tributação se relaciona com atividades lícitas, ao passo que as regras penais tipificam situações tidas como ilícitas pelo legislador?

TEORIA DA DECISÃO TRIBUTÁRIA

Apelando para a interdefinibilidade[179] dos modais deônticos, o obrigatório equivale a proibido não fazer, assim como o proibido equivale a obrigatório não fazer alguma coisa. Outrossim, quando se depreende da regra sancionadora que pune o homicídio a regra dispositiva implícita "proibido matar", por interdefinibilidade chegamos ao "obrigatório não matar". Nesse sentido puramente lógico-deôntico ambas as situações são virtualmente idênticas.

A resposta está nos custos atribuídos aos indivíduos.

Enquanto as regras penais, ainda que implicitamente dispostas, proíbem o indivíduo de fazer algo, as regras tributárias o obrigam a agir. Não matar alguém não costuma implicar custos de oportunidade, ao menos para os cidadãos honestos. Por outro lado, para que se possa cumprir com a obrigação tributária é necessário tomar várias medidas que implicam custos, além do tributo propriamente dito.

Por isso que regras tributárias em sentido estrito requerem diversas outras regras que possibilitem o seu cumprimento. Essas regras tributárias em sentido amplo se referem à arrecadação e fiscalização dos tributos, sendo denominadas usualmente como "obrigações acessórias". Paulo de Barros Carvalho (2010, p. 354-356) prefere a expressão "deveres instrumentais", pois há situações em que não existe nenhuma obrigação principal para que haja acessórias, como são os casos de imunidade e isenção. Seja como for, mesmo quando não há tributo a pagar, o contribuinte ainda é obrigado a fazer algo ao Estado.

Assim, ser contribuinte implica cumprir diversas ações: manter e informar dados pessoais ao Fisco, pagar os tributos e ainda interpretar (ou contratar alguém para fazê-lo) todo o emaranhado de atos normativos, legais e infralegais.

Esses são os custos de conformidade que, por sua vez, geram custos de transação aos contribuintes. Considerando que para realizar negócios, abrir, fechar, comprar ou vender empresas, bem como obter financiamentos e crédito é necessário comprovar a conformidade com a tributação, e essa conformidade é onerosa e difícil, obviamente há altos custos de transação e, consequentemente, ineficiência econômica.

---

[179] Nesse sentido, vide ECHAVE, URQUIJO e GUIBOURG (1995, p. 123-124).

3.5 Evasão, elisão e a Curva de Laffer

A tributação elevada gera incentivos à sua própria deserção. Pela perspectiva da racionalidade custo-benefício, o contribuinte requer benefícios superiores ao custo do tributo cobrado, pois, do contrário, sua provável escolha será a de evitar o ônus tributário. Essa forma de deserção pode se dar de modo lícito ou ilícito. No primeiro caso, trata-se da elisão fiscal; no último, da evasão. A elisão fiscal, na definição de Paulo Ayres Barreto (2008, p. 270), significa o direito subjetivo assegurado ao contribuinte de, por meios lícitos, (i) evitar a ocorrência do fato jurídico tributário; (ii) reduzir o montante devido a título de tributo; ou (iii) postergar sua incidência.

A evasão fiscal, por seu turno, como o próprio nome diz, significa a esquiva do cumprimento de obrigações tributárias, por meio de expedientes ilícitos, tais como a fraude, a simulação e a dissimulação.

O que importa demonstrar é que tributação alta não significa necessariamente arrecadação alta. Na verdade, quanto maior a carga tributária, mais provável será a fuga dos contribuintes, pelos meios de que dispuserem ao seu alcance. Essa fuga, além das acima referidas, pode ser inclusive literal, por meio de mudança física do contribuinte ou de seus recursos para jurisdições com tributação mais favorecida. Nesses casos, impor uma tributação excessiva resulta em um tiro pela culatra, implicando perda de arrecadação.

A Curva de Laffer, modelo proposto pelo economista homônimo norte-americano,[180] demonstra que, em certas situações, quanto maior a alíquota de um tributo, menor será a sua arrecadação. O tributo ótimo estaria no ponto de intersecção entre alíquota e a sua arrecadação. Se a alíquota ultrapassa esse ponto, conforme a figura abaixo, a arrecadação passa a diminuir, pois há incentivos para a deserção do adimplemento do tributo.

---

[180] LAFFER, 1940 - .

TEORIA DA DECISÃO TRIBUTÁRIA

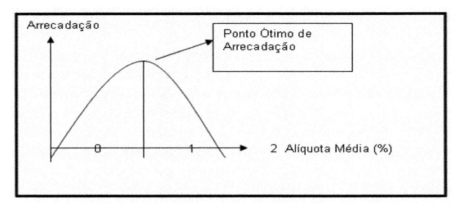

Figura 16: Curva de Laffer

O ponto ótimo específico necessitará, certamente, ser comprovado empiricamente, e isso dependerá de diversos outros fatores particulares de cada sistema particular e mesmo de componentes culturais de cada região, cidade, estado ou país. Mas a lógica por detrás dele é irretocável – independentemente de circunstâncias, cultura ou período histórico, os indivíduos sempre buscaram, buscam e buscarão melhorar a sua própria situação. E, uma vez que se vejam privados de seus recursos para transferi-los compulsoriamente ao Estado, sem contrapartidas que lhes pareçam compensadoras o suficiente, a escolha racional inevitável será fugir dos tributos.

A fuga ilícita ou evasão, pode ser coibida por meio da eficaz e eficiente aplicação de sanções tributárias e penais, assim como pela técnica das sanções premiais. A elisão, por seu turno, pode ser coibida por meio de instituição e aplicação de cláusula geral antielisiva, a qual, conforme veremos no tópico 4.3, não existe em nosso ordenamento.

3.5.1 Planejamento tributário

Como vimos no tópico anterior, se o contribuinte é racional, reagirá aos incentivos normativos que lhe forem destinados. Por esse diapasão, a relação entre tributação excessivamente onerosa[181] e cumprimento das obrigações

---

[181] O que não significa apenas alíquotas altas, mas também os custos de oportunidade e de transação envolvidos no cumprimento de obrigações tributárias.

tributárias é inversa, o que gera o efeito potencial de diminuir a arrecadação à medida que o Estado intensifica a carga tributária.

Quanto mais invasivo for o sistema tributário, mais incentivos serão criados para que o contribuinte não pague tributos. Assim como a carga tributária obviamente conta para esse incentivo, a complexidade do sistema também contribui. Com efeito, um sistema tributário dividido em competências federativas autônomas, com diversos tributos e diversas sistemáticas (não cumulativos, plurifásicos, dedutíveis etc.), inevitavelmente conterá falhas e lacunas normativas, que serão exploradas pelos contribuintes.

Sendo assim, é racional querer pagar menos tributos, e uma das formas de fazê-lo é mediante o planejamento tributário. O planejamento tributário, cuja outra denominação mais técnica é elisão fiscal, denota a exploração racional pelo contribuinte das falhas de previsão pelo legislador tributário, sempre com o intuito de fazê-la pelas vias formalmente lícitas.

Nesse sentido, Heleno Torres (2000, p. 37-38) destaca com precisão o processo racional pelo qual se dá o planejamento, uma vez que o operador busca antecipar as suas consequências jurídico-tributárias, bem como todas as repercussões do sistema jurídico, ultrapassando apenas a incidência da norma tributária estrita, mas também todas as obrigações decorrentes, incluindo os deveres instrumentais e formais e sanções penais. Trata-se de uma análise consequencialista que o planejador necessita realizar com a máxima cautela, uma vez que desse cálculo dependerá o sucesso ou não das operações que realizou visando economia de tributos.

Essa técnica busca explorar falhas do sistema tributário, o que a doutrina norte-americana denomina de *loopholes*, algo próximo ao que no Brasil se chama de "lacunas normativas". Essas falhas ou imprevisões são aproveitadas para a realização de condutas que possibilitam a economia tributária, e é parcialmente por isso que a elisão é considerada lícita. Nesses casos, a licitude se dá porque a elisão é permitida, no sentido de não haver proibição expressa tampouco a própria permissão expressa, constituindo o que Goerg von Wright (1963, p. 86) denominou de "permissão fraca" (*weak permission*).

À parte de sua estrutura lógico-normativa, o planejamento ou elisão também acarreta consequências sociais, que veremos no tópico seguinte.

3.5.2 Elisão e rent seeking

Quando determinados contribuintes recorrem a especialistas em "planejamento tributário", criam também distorções no sistema.

O planejamento tributário (ou elisão fiscal) pode ser visto como uma disputa pelas "fatias do bolo" entre particular e Estado. Considerando, por motivos de simplificação, que a elisão se refere a práticas lícitas do contribuinte que visam evitar ou reduzir a incidência tributária, é necessária a contratação de advogados e contadores por parte dos contribuintes, assim como auditores fiscais por parte do Estado.

Nessa barganha, advogados e contadores, de um lado, e fiscais e auditores, do outro, representam custos de transação incorridos para chegar ao resultado final da divisão do bolo. Tomando como dados estes custos, a solução eficiente é aquela que aloca as fatias do bolo naquele setor (governo ou privado), cujo retorno social é maior.

Ainda assim, os referidos custos de transação significam recursos não produtivos. Em outras palavras, recursos que não estão sendo alocados eficientemente pelo mercado, mas transferidos para setores não produtivos, gerando o efeito da "busca de renda" (*rent seeking*), que ocorre quando nenhum produto ou serviço novo é criado, *i.e.*, não há riqueza nova sendo produzida, apenas os recursos já existentes são repartidos de forma ineficiente. Sempre que não houver criação de riqueza, mas apropriação dela, duas situações poderão surgir: se a apropriação se der de forma ilícita, diz-se que há roubo ou fraude; se ocorrer de forma lícita, há o fenômeno de *rent seeking*.[182]

---

[182] Como muitas expressões econômicas, esta é de difícil tradução, uma vez que pragmaticamente se utiliza a original em língua inglesa. Todavia, mesmo a expressão inglesa, cunhada pela economista Anne Krueger no famoso artigo The Political Economy of the Rent-Seeking Society, publicado no *American Economic Review*, n. 64 (1974) é criticada pelo pai da idéia, Gordon Tullock, em artigo de 1967, intitulado The Welfare Costs of Tariffs, Monopolies, and Theft. *Western Economic Journal*, n. 5. O Professor Tullock (2005, p. 55) define *rent seeking* como "[...] o uso de recursos reais com o fim de gerar renda econômica para as pessoas, sendo que as próprias rendas econômicas provêm de alguma atividade que tem um valor social negativo. Por exemplo, se a indústria automobilística americana investe recursos em persuadir o governo a impor uma tarifa sobre importações de carros coreanos, os cidadãos americanos são prejudicados. Portanto, ainda que as empresas automobilísticas ganhem, o investimento de recursos orienta-se para a *rent seeking*".

Ainda assim, considerando que há uma disputa pelos recursos, cabe verificar em qual setor estes são gerenciados de forma mais eficiente. A teoria econômica indica que é no setor privado que há melhor emprego dos recursos, uma vez que mercados são geralmente eficientes, salvo em relativamente raras exceções denominadas "falhas de mercado".

Mesmo com *rent seeking*, o planejamento tributário seria justificável à medida que permitisse que os recursos fossem alocados pelo setor privado, historicamente mais eficiente que qualquer governo. E, nesse contexto, "eficiente" significa menos desperdício e maior probabilidade de multiplicação dos recursos, gerando, portanto, excedente social e menos "peso morto".

Cabe salientar que apenas pequena parcela do setor privado dispõe de recursos financeiros para contratar especialistas em elisão fiscal, restando para a maioria o dilema cumprir/evadir a tributação. A elisão acaba, nesse sentido, gerando injustiça, vez que redistribui a carga tributária, deslocando o seu peso para aqueles que não possuem meios para empreendê-la.

Considerando que parte do setor privado transfere recursos para a elisão fiscal, e parte dos contribuintes opta pela chamada "informalidade", que nada mais é do que agir à margem da tributação, aos contribuintes que optam pela observância das regras tributárias restam fortes incentivos para a deserção dessa conduta.

O dilema do prisioneiro demonstra que a racionalidade dos indivíduos leva à deserção da conduta, que seria a melhor escolha do ponto de vista individual, mas a pior, do ponto de vista coletivo. Tomando em conta que desde o ano de 2000 já houve quatro grandes moratórias e anistias de débitos federais,[183] sem incluir os diversos estados e municípios que instituíram em suas competências benefícios semelhantes, por que deveriam aqueles contribuintes usualmente cumpridores de seus deveres para com o Estado fiscal seguirem em tal conduta?

---

[183] Quatro refinanciamentos de débitos tributários federais em nove anos resultam em uma média de um a cada 2,25 anos. Se considerarmos que, em média, entre o descumprimento do fato gerador, a fiscalização, autuação e a execução fiscal transcorre um número consideravelmente maior de anos, o governo federal sinaliza aos contribuintes que não é compensador cumprir com as obrigações tributárias.

Note-se que o binômio sanção/aplicação da sanção, um dos principais incentivos ao cumprimento das condutas, acaba sendo parcialmente anulado pela recorrente instituição das referidas moratórias e anistias.[184]

Cumpre salientar que não advogamos a obediência cega às normas tributárias. Cabe ao contribuinte buscar a tutela de seus direitos sempre que os considerar ameaçados ou violados pelo Estado. Porém, não é este o problema em questão. O próprio Estado cria o círculo vicioso de distorções no sistema econômico sempre que a tributação excede os níveis razoáveis de custos diretos e indiretos, e a instituição de benefícios fiscais é apenas outra faceta do mesmo problema.

Benefícios e subsídios acarretam distorções no sistema de preços do mercado, da mesma forma que a tributação. Como se isso não bastasse, grupos de interesse também pressionam os membros do Legislativo para aprovação de privilégios de todo tipo, incluindo os de natureza tributária. Em sua célebre teoria da ação coletiva, Mancur Olson (1965) demonstra que em sistemas democráticos não é a maioria que tiraniza a minoria, mas o oposto: minorias organizadas em grupos de interesse pressionam o Estado, principalmente o Legislativo e Executivo para aprovação de normas que lhes concedam vantagens. Novamente o fenômeno do *rent seeking*, alocando recursos ineficientes à custa da maioria dos contribuintes.

A solução ótima, do ponto de vista de ganho social, é normativa: simplificação radical do sistema tributário e redução drástica de gastos desnecessários pelos governos federal, estaduais e municipais.

3.5.3 Elidir ou não elidir? Norma geral antielisiva e escolha sob incerteza

Como será visto em tópico subsequente, a chamada "norma geral antielisiva", cláusula geral que autoriza a desconsideração de negócios jurídicos com o intuito precípuo de economia fiscal, é expediente que não possui eficácia

---

[184] A Lei n.º 11.941/2009, que instituiu o chamado "refis IV" ou "refis da crise", possibilitou um dos maiores "perdões" até hoje vistos aos contribuintes devedores. Não apenas os débitos tributários propriamente ditos estavam incluídos em seu escopo, como também as sanções, albergando também dívidas em todos os estágios, desde as não fiscalizadas até as em sede de execução fiscal.

técnico sintática, ou seja, falta-lhe regulação por lei ordinária para que possa então ser aplicada pelo agente administrativo fiscal.

Mesmo assim, os fiscais têm desconsiderado operações usualmente permitidas pelo direito privado, simplesmente por acarretarem economia tributária, sem competência normativa para tanto, e os tribunais administrativos (notadamente o CARF) têm mantido as autuações. Levando em conta a notória dificuldade de acesso pelos contribuintes aos julgados do Conselho Administrativo de Recursos Fiscais, assimetria informacional que dificulta um marco jurisprudencial transmissor de previsibilidade para os cidadãos, e ainda a falta de balizas e limites legais para que um negócio jurídico possa ser desconsiderado, o risco inerente à opção pelo planejamento tributário pode vir a converter-se em uma *escolha sob incerteza*.

Como vimos no tópico 1.7.2, a incerteza se manifesta quando não é possível atribuir probabilidades aos eventos. O cálculo custo-benefício do indivíduo torna-se prejudicado, pois sequer uma avaliação subjetiva das chances de sucesso ou fracasso é possível.

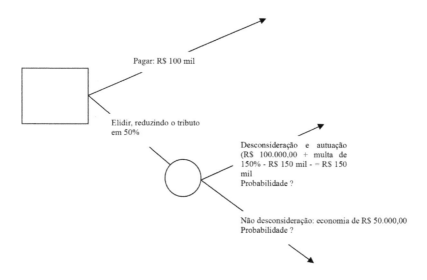

Figura 17. Elisão e escolha sob incerteza

Na figura acima a opção entre pagar o tributo ou recorrer ao planejamento que reduza o mesmo pela metade é cercada de desconhecimento quanto às

TEORIA DA DECISÃO TRIBUTÁRIA

consequências da escolha, o que acarreta insegurança jurídica e viola diretamente a autonomia do indivíduo.

Percebe-se que a escolha sob incerteza é pior que uma escolha sob risco, pois naquela ao menos o contribuinte é capaz de calcular as chances de sofrer sanções por seus atos. Se for avesso ao risco, optará então por evitar planejamentos agressivos, que com grande margem de probabilidade, lhe acarretarão punições. Se for amante do risco, assumirá o mesmo e optará pela elisão. Na escolha sob incerteza, por outro lado, sequer é possível prever o que ocorrerá, dada a falta de informações que permitam o cálculo racional do agente.

A incerteza, portanto, viola diretamente a liberdade, incapacitando o exercício da autonomia individual. Indivíduos racionais devem ser capazes de avaliar os prós e contras de suas escolhas e decidir qual rumo suas ações tomarão. Esta autonomia pressupõe liberdade de escolha, o pilar que identifica o Estado Democrático de Direito e denota a presença de segurança jurídica.

3.6. Os crimes contra a ordem tributária e a extinção da punibilidade pelo pagamento

Além das sanções pecuniárias, outro potente motivador de condutas seria a sanção privativa de liberdade, tipificada pelos artigos 1º e 2º da Lei n.º 8.137/90. Assim como em diversos outros países, o Brasil pune criminalmente, além de tributariamente, o descumprimento de obrigações tributárias, desde que haja o elemento subjetivo (dolo) na conduta do agente, seja este pessoa física ou administrador de pessoa jurídica.

A possibilidade de cumprir pena restritiva da liberdade de ir e vir poderia funcionar como considerável incentivo ao cumprimento de obrigações tributárias pelos contribuintes. Contudo, um fator crucial intervém: a extinção da punibilidade.

A lei n.º 8.137/90 disciplinava a questão em seu artigo 14, o qual condicionava a extinção da punibilidade pelo pagamento da dívida, desde que este fosse realizado antes do recebimento da denúncia pelo Ministério Público. O dispositivo foi revogado pela Lei n.º 8.383/91, o que tornou a sanção ainda mais pesada para o contribuinte, vez que não o pagamento não teria o condão de impedir eventual denúncia fiscal e consequente ação penal.

A Lei n.⁰ 9.245/95 (art. 34) optou por criar incentivo para o pagamento, condicionando, da mesma forma que antes, que este fosse realizado antes do recebimento da denúncia, como única forma de extinção da punibilidade. Considerando que o objetivo principal do Estado seja a arrecadação, fazia sentido que houvesse essa possibilidade, mesclando a sanção punitiva tributária com a sanção penal premial. A faculdade de pagar o tributo para escapar da possibilidade de pena consistia em incentivo eficiente, ao menos em tese.

A situação mudou com a Lei n.⁰ 10.684/03. O diploma retirou o fator temporal como condicionante da extinção, não mais exigindo pagamento prévio à denúncia. Ainda que o legislador tenha silenciado, o Supremo Tribunal Federal[185] firmou posição no sentido de que o pagamento a qualquer tempo – leia-se antes ou depois da denúncia ou mesmo após instauração de processo crime, extingue a punibilidade do agente. Atualmente a questão é disciplinada da mesma forma pela Lei n.⁰ 11.941/09.

O ponto importante é que a legislação em comento eliminou o incentivo então existente, ou seja, a sanção premial que impelia os contribuintes a pagarem o tributo sob pena de sofrerem processo criminal. Ainda que ainda exista motivação ao pagamento como forma de liberação de processo penal, a sanção esperada diminui consideravelmente, pela retirada do condicionante temporal. Se há qualquer momento o contribuinte pode pagar para liberar-se do risco de ir preso, porque então optará por pagar em qualquer momento que não o mais tardar possível?

---

[185] HC 81929 / RJ - RIO DE JANEIRO. Rel. Min. Cezar Peluso. Julgamento: 16.12.2003. DJ 27-02-2004 ÇÃO PENAL. CRIME TRIBUTÁRIO. TRIBUTO. PAGAMENTO APÓS O RECEBIMENTO DA DENÚNCIA. EXTINÇÃO DA PUNIBILIDADE. DECRETAÇÃO. HC CONCEDIDO DE OFÍCIO PARA TAL EFEITO. Aplicação retroativa do art. 9º da Lei federal nº 10.684/03, cc. art. 5º, XL, da CF, e art. 61 do CPP. O pagamento do tributo, a qualquer tempo, ainda que após o recebimento da denúncia, extingue a punibilidade do crime tributário.

4. DECISÃO DO AGENTE FISCAL

No campo das decisões tributárias, os agentes administrativos fiscalizadores cumprem uma das funções mais importantes, pois são os aplicadores por excelência das normas. Tal aplicação é, em rigor, monopólio dos agentes da fiscalização, consoante o *caput* do artigo 142 do Código Tributário Nacional.[186]

A aplicação dá-se mediante o ato administrativo de lançamento, veículo normativo que porta as regras tributárias destinadas aos contribuintes individualmente identificados. A forma por excelência de aplicação se dá por meio do processo de subsunção, uma vez que, pelo regime regente na atividade dos fiscais, a aderência estrita dos fatos às regras é exigência absoluta.

A atividade do agente administrativo responsável pela fiscalização e aplicação dos tributos é, conforme o artigo 3.º do Código Tributário Nacional,[187] *vinculada*. Isso significa que não há margem de escolha para o agente – uma vez deparando-se, em sua atividade fiscalizatória, com fatos ensejadores de tributos, é obrigado a aplicar a legislação.[188]

---

[186] Art. 142. Compete privativamente à autoridade administrativa constituir o crédito tributário pelo lançamento, assim entendido o procedimento administrativo tendente a verificar a ocorrência do fato gerador da obrigação correspondente, determinar a matéria tributável, calcular o montante do tributo devido, identificar o sujeito passivo e, sendo caso, propor a aplicação da penalidade cabível.

[187] Art. 3.º Tributo é toda prestação pecuniária compulsória, em moeda ou cujo valor nela se possa exprimir, que não constitua sanção de ato ilícito, instituída em lei e cobrada mediante atividade administrativa plenamente vinculada.

[188] Com a devida ressalva de Paulo de Barros Carvalho (2010, p. 59): "Se é verdade que atos importantes do procedimento de arrecadação tributária pertencem à classe dos vinculados,

TEORIA DA DECISÃO TRIBUTÁRIA

Por essa restrição à sua escolha – que, de maneira inversa, é a mesma restrição imposta ao contribuinte, forçado a cumprir com a obrigação tributária (uma vez existente, o que deixa a possibilidade de elidi-la, como vimos), igualmente sem margem de escolha –, resta difícil uma abordagem normativa de seu processo de tomada de decisão. A negativa de abordagem é ética, pois não cabe aqui propor protocolos de decisão entre alternativas lícitas e ilícitas ao agente fiscal, da mesma forma que não cabe propor o mesmo ao contribuinte.

Evidentemente, do ponto de vista positivo, a escolha racional do fiscal opera como a de qualquer outro indivíduo. Além de questões morais que também afetam a sua escolha, as sanções têm impacto direto nela, tanto as punitivas, como as que concernem à sua responsabilidade funcional, quanto as premiais, que recompensam seu desempenho em plano de carreira.

4.1 Subsunção e aplicação do direito tributário pelo agente fiscal

Pode parecer estranho que este tópico esteja inserido no capítulo "decisão do agente fiscal", considerando que a imensa maioria dos tributos em nosso sistema é regida pelo chamado "lançamento por homologação", sistema pelo qual cabem ao contribuinte a apuração, formalização e pagamento do débito, sujeito a ulterior confirmação (homologação) pelo fisco.

Não obstante o processo subsuntivo ser inicialmente realizado pelo contribuinte, a partir do qual poderá então expedir o "ato de formalização instrumental", conforme denominação empregada por Eurico de Santi (1996), são os atos de confirmação ou refutação do órgão fazendário os responsáveis pela extinção ou pela constituição do crédito tributário. Seja homologando o "autolançamento", expressa, tácita ou implicitamente,[189] seja lançando de

outros muitos existem, dentro da mesma atividade, em que o administrador está autorizado, pela lei, a integrar com sua vontade ou juízo a norma jurídica, diante do caso concreto, operando com critérios subjetivos próprios, a fim de dar satisfação aos objetivos consagrados no sistema legal".

[189] A homologação expressa e a homologação tácita são dispostas pelo artigo 150 e incisos do CTN. A primeira se dá por meio de um ato administrativo homologatório da formalização e do pagamento realizado pelo contribuinte. A segunda, pelo chamado "silêncio administrativo"(GARNICA, 1990), que opera efeitos pela simples inação da Administração

248

ofício ou autuando, é o processo de decisão e aplicação pelos agentes administrativos que positiva em último grau as normas tributárias no sistema jurídico. Sendo assim, cabe então ao agente da administração aplicar as normas tributárias aos casos concretos.

A forma menos custosa de decisão é a aplicação de regras. Para que isso seja possível, é necessário que haja, por óbvio, regra disponível para a situação fática. A regra aplicável usualmente é uma regra geral e abstrata, o que significa uma hipótese de incidência, que conota situações fáticas de possível ocorrência e um consequente que estabelece os sujeitos de direito em relação jurídica. É abstrata porque a hipótese demarca possíveis eventos no mundo que interessam ao legislador como implicadores de efeitos jurídicos. É geral porque os efeitos jurídicos são direitos e deveres correlatos em uma relação jurídica em que os sujeitos detentores desse *status* deôntico não são identificados.

Na legislação de direito privado, usualmente os sujeitos não se encontram determinados, como é o caso das regras que regem os contratos, bastando defini-los como "contratante e contratado". Na regra tributária, ou regra-matriz de incidência, o sujeito ativo é a exceção, pois é determinado na relação jurídica *in abstracto*: ou o ente federativo que tem a competência legislativa para criar o tributo, que o cobra por meio da sua secretaria da fazenda, ou um terceiro apontado pela lei, no caso da parafiscalidade. O sujeito passivo, por outro lado, não é determinado, constando na regra apenas as conotações que formam a classe daquele sujeito: o prestador de serviço, o comerciante, o industrial, aquele que aufere ganho de capital e assim por diante.

Pública após o decurso de cinco anos contados da ocorrência do fato gerador. Em qualquer dos casos, a homologação pressupõe ter havido a formalização e pagamento por parte do contribuinte, pois, do contrário, não haveria o que homologar. A terceira e última espécie de homologação se perfectiza pelo chamado ato administrativo implícito, aquele pelo qual, conforme ensina Marcello Caetano (1994, p. 1374-1375), "a vontade da Administração se manifesta por meio de um acto onde esteja incluído outro ou mediante factos de que necessariamente se deduza". Quando o contribuinte formaliza e declara as suas atividades tributadas ao fisco, porém não efetua o pagamento, a Fazenda então inscreve o ato de formalização instrumental na dívida ativa, para posterior ajuizamento de ação de execução fiscal. Trata-se de um ato administrativo implícito, pois pela inscrição se opera também outro ato, qual seja de aceitar a apuração do débito realizada pelo contribuinte. É um ato homologatório, ainda que implícito, pois, se não houvesse concordância com a apuração, não se estaria convertendo esta em título executivo extrajudicial, para consequente execução.

A operação mental denominada "subsunção" é uma inclusão de objetos em categorias conceptuais, como trata Kant (1994) em sua *Crítica à razão pura*. Trata-se de atividade mental própria da capacidade de abstração humana, pela qual se estabelecem conceitos gerais e abrangentes, aos quais então se encaixam situações, fatos e objetos concretos. O método é o inferencial dedutivo, pelo qual a premissa menor se subsome à premissa maior. Por exemplo, se o enunciado geral "todos os homens são mortais" é a premissa maior, o enunciado específico "Sócrates é mortal" é a premissa menor, sendo esta última subsumida à primeira. Em lógica, a subsunção envolve regras de definição dos termos. A definição intensional ou conotativa refere-se às propriedades necessárias que, somadas, formam o conceito, entendido este como a ideia substancializada em linguagem. Por exemplo, a definição de "planeta" como "astro que recebe a sua luz do sol, em torno do qual gira", é intensional.[190] A definição extensional, por sua vez, refere-se a termos que se encaixam – ou se subsomem – ao termo definido intensionalmente. Marte, Vênus e Terra são definições extensionais de "planeta".

No contexto jurídico, a subsunção funciona pela mesma operação lógica inferencial-dedutiva. O operador do direito busca nas regras gerais a previsão para a situação específica e concreta com a qual se depara, de forma a subsumir esta às disposições intensionais e conotativas da regra. Na estrutura lógica da regra geral, tanto a sua hipótese quanto o seu consequente são intensionais, ao passo que, na regra individual, o antecedente e o consequente são extensionais.

Deve-se perceber que a *fattispecie* é sempre redutora da imensa diversidade do mundo dos fatos, pois o legislador, tal qual o cientista, reduz a complexidade do real e traduz para o direito apenas o que lhe interessa. A subsunção será realizada levando em conta apenas essas limitadas notas atribuídas pelo legislador na construção da regra geral.

---

[190] Definição extraída do *Dicionário Caldas Aulete*. Trata-se, entretanto, de uma definição bastante falha, por várias razões. Há corpos celestes que orbitam em torno do Sol e são também por ele iluminados, mas não são classificados como planetas, por exemplo, os asteroides e os cometas. Além disso, não é condição necessária para ser planeta que o astro orbite em torno do Sol, podendo fazê-lo em qualquer outra estrela, sendo que os astrônomos têm descoberto mais e mais planetas orbitando em sistemas estelares distintos do nosso. Outras características também deveriam ser levadas em conta, como a incapacidade de gerar energia termonuclear, assim como de atrair corpos celestes menores, como planetoides e luas.

Como necessita solucionar o caso concreto, o aplicador cria então outra regra, que é a tradução, por sua vez, dessa operação lógica de subsunção. Essa é a regra individual e concreta. É concreta por não se tratar mais de uma mera possibilidade fática, mas de um fato descrito no seu antecedente lógico. E é individual porque todos os sujeitos de direito estão devidamente identificados. Não se trata mais de um "prestador de serviço", mas do "joão da silva", indivíduo de carne e osso, com endereço, registro de identidade e de contribuinte.

O mesmo raciocínio se aplica a outras combinatórias, como são as regras gerais e concretas e individuais e abstratas. Esta última é típica dos contratos. Nestes veículos de direitos e deveres, essência das relações privadas, ainda que os sujeitos sejam determinados, as situações ali dispostas projetam-se para o futuro. Um contrato de prestação de serviços, por exemplo, estipula as obrigações mútuas entre as partes (do prestador em realizar o serviço conforme estipulado, e do tomador em pagar pelo serviço prestado) que devem ocorrer para tornarem-se fatos, cumprindo assim a função para a qual o instrumento foi criado. Se o contrato necessitar ser executado, a sua regra individual e abstrata será subsumida a uma regra individual e concreta, com os mesmos sujeitos de direito, porém executando a obrigação não cumprida.

A regra geral e concreta, por seu turno, pode ser criada por diversos propósitos. Por exemplo, a lei que prevê a indenização para os perseguidos pelo regime militar. A regra ali disposta é concreta porque se refere a um fato, com coordenadas de espaço e tempo: o período histórico notabilizado pelo cerceamento de liberdades e garantias individuais. É geral porque não especifica quais os indivíduos se enquadram como credores do Estado, mas apenas estabelece a classe de possíveis sujeitos de direito. Quando o indivíduo aparece pleiteando os seus direitos, uma vez que se enquadre na referida classe, ocorre então a subsunção.

As regras gerais e concretas são mais utilizadas do que pode aparecer à primeira vista, e estão intimamente ligadas ao problema da aplicação. Esta, por sua vez, necessita mais do que as regras de direito material. Não basta apenas a subsunção dos fatos a regras substantivas de direito, mas também é necessário que o aplicador busque também pelas regras de procedimento do sistema. E o que significa aplicar tais regras? Para responder essa questão, é necessário recorrer à Teoria das Fontes do Direito.

4.2 Nomogênese: as fontes do Direito e autogeração do sistema jurídico

Nomogenêse significa o processo de criação dos elementos do sistema jurídico, quais sejam, as normas. Para compreendermos como se dá tal processo, necessário analisar a estrutura do sistema, em sua constante dinâmica de autogeração. Para tanto, o estudo das fontes do Direito faz-se imprescindível.

A estrutura do sistema jurídico é ditada pelas regras secundárias, no léxico hartiano, ou regras de competência, segundo Alf Ross. Utilizo a expressão "metarregras", pois se trata, em rigor, de regras que versam sobre outras regras. Mais precisamente, ditam o procedimento de criação de regras no ordenamento jurídico.

Por razões analíticas, se considerarmos que o sistema jurídico é do tipo dinâmico e complexo, *i.e.*, regula a si próprio e, mais importante, produz seus próprios elementos, adotaremos então a definição de fontes jurídicas de Paulo de Barros Carvalho (2010, p. 79), *verbis*:

> [...] por fontes do direito havemos de compreender os focos ejetores de regras jurídicas, isto é, os órgãos habilitados pelo sistema para produzirem normas, numa organização escalonada, bem como a própria atividade desenvolvida por esses entes, tendo em vista a criação de normas.

Os focos ejetores ou, em outras palavras, os órgãos habilitados pelo sistema para produzir normas exercem a sua respectiva função ao aplicarem metarregras. A competência outorgada pelo sistema para produzir normas necessita, logicamente, ser exercitada, o que ocorre com a efetiva aplicação de metarregras, gerais e abstratas, no exercício da competência legislativa, administrativa, judicial ou privada.

Ser fonte do Direito é exercer o papel de órgão habilitado pelo sistema para produzir a função necessária a fim de mantê-lo vivo, assim como qualquer outro sistema complexo: produzir incessantemente os seus próprios elementos. Diferentemente da teoria luhmaniana, não se quer afirmar aqui que o sistema social e os subsistemas que nele operam sejam ontologicamente independentes dos indivíduos, trata-se, tão somente, de um modelo analítico.

Sistemas não existem *per se*, apartados dos indivíduos. O mesmo sujeito de carne e osso tem o potencial de exercer diversos papéis sociais no dia a dia de sua vida. Pela manhã desempenha o papel de pai de família ao tomar café da manhã com a esposa e os filhos. Ainda pela manhã e à tarde, exercerá o papel de juiz de direito, órgão habilitado pelo sistema a produzir normas e à noite, o papel acadêmico como conferencista em congresso jurídico. A sua racionalidade permanece a mesma, conforme já vimos, ainda que o seu discurso seja traduzido em diferentes códigos. Exercendo o papel de juiz, suas comunicações serão eminentemente prescritivas de condutas, ainda que, para tanto, seja necessário seguir toda uma série de procedimentos para que se possa então cumprir com a função de órgão do sistema.

Se os requisitos para criação de norma não forem absolutamente cumpridos, não haverá sentença, lei, auto de infração ou contrato. Se forem cumpridos parcialmente, provavelmente a norma produzida conterá vício no seu processo de produção, sendo passível de expurgo pelo sistema, após necessário procedimento para tanto. Em sua constante função autogeradora, o sistema jurídico mantém o monopólio de produção de seus próprios elementos, da mesma forma que um organismo vivo produz suas próprias células. Supondo que o Legislativo crie uma lei cujo processo de produção não tenha seguido adequadamente as metarregras respectivas, por exemplo, aprovação de uma lei complementar sem o quórum exigido, de maioria absoluta das duas casas do Congresso, será essa lei "inconstitucional" de plano? Ou, como diriam alguns, "natimorta"?

Ora, por mais inconstitucional que uma lei (ou qualquer outro ato normativo) possa parecer, apenas o próprio sistema tem a competência para declarar o próprio vício de seus elementos. Qualquer manifesto sobre os predicados de um ato normativo, sejam os morais de justo ou injusto, sejam sobre a adequação à ordem jurídica vigente, não passa de opiniões, sem força cogente. Pelo contrário, mesmo aqueles atos normativos cuja inconstitucionalidade é óbvia ululante poderão plenamente surtir efeitos, se aplicados pelo aparato coercitivo do Estado. Apenas o órgão habilitado poderá então expurgar, após todo o cumprimento de metarregras previstas para tanto, o ato normativo – ou parte dele – por meio da expedição de norma específica para tanto. Na contínua dinâmica de autoconstrução são necessárias normas para todas as funções, inclusive a de expurgar elementos defeituosos do sistema.

TEORIA DA DECISÃO TRIBUTÁRIA

Para que seja possível, então, criar, alterar ou extinguir qualquer elemento do ordenamento, é necessário cumprir com as metarregras que ditam o procedimento adequado, e este cumprimento se dá com a aplicação dessas mesmas. Quando se diferencia a competência legislativa do seu exercício, se está, em rigor, distinguindo metarregras abstratas da sua aplicação.

Há diversas espécies de metarregras, em nível constitucional, legal e administrativo. Da mesma forma, há metarregras que dispõem especificamente sobre qual procedimento formal deve ser adotado para a criação de outras normas. Outras metarregras determinam qual a matéria deve ser tratada pela lei a ser criada. Por exemplo, o artigo 69 da Constituição determina que a aprovação de uma lei complementar requer maioria absoluta, portanto é uma metarregra formal. O artigo 146, III, alíneas *a* e *b* determinam quais matérias a lei complementar em matéria tributária deverá tratar, portanto é uma metarregra material. A lei complementar aludida, por sua vez, portará normas gerais de direito tributário, com a mesma função de metarregras. Por esse mesmo diapasão, Eurico Marcos Diniz de Santi (2008, p. 328) as denomina de "sobrenormas", que, *verbis*:

> [...] dirigidas à União, Estados, Municípios e Distrito Federal, visam à realização das funções certeza e segurança do direito, estabelecendo a uniformidade do Sistema Tributário Nacional, em consonância com princípios e limites impostos pela Constituição Federal.

Todas, no entanto, são aplicadas da mesma forma, mediante a concretização da metarregra geral. Por exemplo, o Legislativo aplica metarregras dispostas na Constituição e no Código Tributário ao fazer leis; o juiz aplica metarregras dispostas no Código de Processo Civil ou Penal ao sentenciar; o fiscal aplica metarregras dispostas na legislação que regula o processo administrativo; e os particulares aplicam metarregras dispostas pelo direito privado ao elaborarem contratos. O que importa é que as metarregras gerais e abstratas – cuja hipótese prevê justamente os requisitos necessários para criar o ato normativo e cujo consequente dispõe sobre a ponência de um ato normativo no sistema – são aplicadas por intermédio de uma metarregra geral e concreta.

Essa aplicação de regras de competência ou metarregras leva aos conceitos de regras introdutoras e regras introduzidas. O que se resgata do processo de produção normativa é o seu produto, a norma criada – o que se verifica justamente pela regra introdutora, qual seja a regra geral e concreta que consubstancia o exercício da competência de criar elementos normativos. O primeiro acesso epistêmico do processo de produção normativa verifica-se por meio dos *veículos introdutores de normas no sistema*, ou seja, a lei, o decreto, a sentença, o auto de infração, o contrato etc.

Isso porque registram a ocorrência de um fato muito importante para o ordenamento jurídico, qual seja o exercício da competência de criar normas pelo respectivo órgão autorizado para tanto. Sendo assim, as regras introdutoras são sempre regras gerais e concretas, *i.e.*, gerais porque se referem à sua inclusão no sistema (pertinência a um dado conjunto, o que é sinônimo de validade sintática) e concretas porque relatam aquele exercício de competência citado linhas atrás (CARVALHO, 2005, p. 157). Em suma, o veículo introdutor é o suporte físico da regra introdutora de regras no sistema.

O preâmbulo da Constituição é um exemplo disso. Nas demais leis, o mero enunciado do tipo "Lei Federal n.º 5.172, de 25 de outubro de 1966", além de inserir o veículo e as normas portadas por ele no sistema, ainda relata o acontecimento de sua criação: Lei Federal (Congresso Nacional, que é o órgão competente) n.º 5.172 (o número da lei, que significa a sua colocação cronológica no sistema, o procedimento legislativo, pelo fato de ser lei ordinária), de 25 de outubro de 1966 (a data da sua promulgação). Outros fatos ligados ao processo de produção precisarão ser resgatados em locais, além do mero veículo introdutor, e eventualmente servirão inclusive como provas necessárias para uma eventual expulsão de norma inconstitucional do ordenamento.

Esquematicamente, pode-se representar a subsunção necessária para a aplicação de metarregras na figura abaixo:

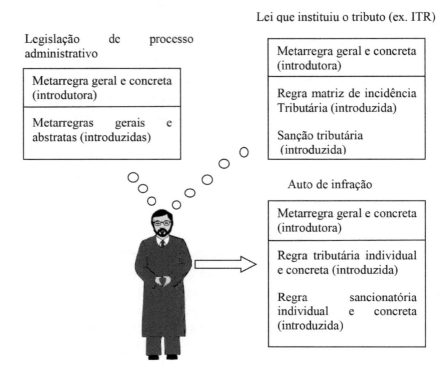

Figura 18. Processo lógico de subsunção e aplicação

Na figura acima, o aplicador do Direito pretende lavrar auto de infração, uma vez que se comprovou com o fato gerador de Imposto sobre Produtos Industrializados, na sua atividade de fiscal de tributos. Para que possa ser bem-sucedido nessa empreitada, necessita, antes de tudo, conhecer as regras aplicáveis para tanto. Deverá saber também qual é a regra-matriz aplicável para a situação, no caso, o IPI, assim como qual a sanção correspondente (pois se trata de auto de infração).

Contudo, não basta apenas conhecer as regras de direito material aplicável sem que tenha ciência das metarregras – condição necessária para a criação do auto de infração, ou de qualquer outra aplicação de norma no ordenamento. Outrossim, são necessárias duas subsunções – 1) a do procedimento concreto para lavrar o auto, que se consubstancia linguisticamente com o próprio veículo, portador da regra geral e concreta, e 2) a das regras de direito material.

Essa metódica é inafastável na dinâmica de autoconstrução do sistema jurídico, e não é possível decidir nada do ponto vista interno do ordenamento sem que seja criada alguma norma para isso, daí a importância fulcral da subsunção e aplicação de metarregras.

No tocante ao direito material, nem sempre as coisas funcionam tão facilmente. Quando não há regra disponível, é necessário utilizar outros expedientes para solucionar o caso concreto, usualmente princípios jurídicos. Nos chamados casos difíceis, muitas vezes implicando conflito de princípios, o método não é a subsunção, mas, sim, a ponderação, conforme veremos a seguir.

4.3 A suposta discricionariedade do agente fiscal: existe cláusula geral antielisiva no Brasil?

Tradicionalmente, a sistemática de aplicação de tributos no Brasil sempre seguiu os ditames da tipicidade cerrada, conforme as disposições pertinentes na Constituição e no Código Tributário Nacional. Desde, pelo menos, a Constituição de 1967, imediatamente posterior à Lei n.º 5.172/1966 (Código Tributário Nacional), que o processo de aplicação das normas tributárias firmou-se pelo critério da estrita subsunção.

No entanto, a tendência mundial parece ser, nos últimos anos, de uma ampliação do espectro hermenêutico do fiscal e, portanto, concessão de discricionariedade em sua atividade. A tradicional limitação acima referida passa a ser supostamente superada por doutrinas como a "substância sobre a forma", "abuso de direito" ou "abuso de formas jurídicas".

A doutrina da *substance over form* tornou-se precedente na Suprema Corte norte-americana em 1935, no caso Gregory v. Helvering[191] em que o planejamento tributário então realizado foi desconsiderado pela corte, cuja decisão foi no sentido de que o que deve ser tomado em conta é a substância dos negócios jurídicos, e não apenas os seus aspectos formais, ou seja, se as estruturas societárias empreendidas pelo contribuinte têm propósito em si mesmas, além da mera economia tributária.

[191] 293 U.S. 465 (1935).

Como dito acima, existe atualmente uma tendência internacional na aplicação desta doutrina ao planejamento tributário[192] e mesmo países onde tradicionalmente o entendimento sobre o tema tendia ao formalismo (por exemplo, a Inglaterra)[193] começam a se inclinar para a preferência sobre a substância e o propósito negocial nas operações com consequências elisivas.

O direito público brasileiro, no entanto, exige a expressa autorização legal para toda e qualquer conduta adotada pelo agente administrativo fiscal no exercício de suas funções. A existência de uma norma ou cláusula geral antielisiva, ainda que pudesse ser altamente discutível em vista de nosso sistema constitucional tributário, possibilitaria que o fiscal exercesse juízos de admissibilidade para fins tributários em relação aos negócios jurídicos realizados pelo contribuinte. Destarte, de forma semelhante à desconsideração da personalidade jurídica e consequente responsabilização pessoal do sócio ou administrador previsto pelo artigo 135 do Código Tributário Nacional,[194] a cláusula geral antielisiva concederia o poder ao fiscal para desconsiderar os negócios jurídicos que tivessem por fim a economia de tributos. Pela mesma mecânica da desconsideração da personalidade jurídica, a desconsideração de negócios se dá pelo emprego de uma ficção jurídica, pela qual o fiscal não desconstitui o negócio em si, *mas para fins tributários é como se ele não tivesse ocorrido.*

---

[192] Cf. Richard Posner (1981, p. 532): "Courts have made some attempt to reduce the social costs of corporate reorganization through the judge-made doctrine of "substance over form", whereby a reorganization or other transaction the sole purpose and effect of which is to beat taxes will be disregarded for tax purposes".

[193] Ver o julgado da House of Lords, Macniven v. Westmoreland Investments Limited [2001] UKHL 6 e os recentes julgados da England and Wales Court of Appeal, John Astall and Graham Edwards v. HMRC [2009] EWCA 1010 e The Comissioners for Her Maesty's Revenue & Customs v. Tower MCashback LLP & Another [2008] EWHC 2387 (Ch). Ambos as decisões, não obstante ressaltarem restrições quanto à aplicação da substância sobre a forma, salientam a importância de superação da interpretação literal do direito tributário em prol de uma averiguação da realidade econômica subjacente às operações visando economia de tributos.

[194] Art. 135. São pessoalmente responsáveis pelos créditos correspondentes a obrigações tributárias resultantes de atos praticados com excesso de poderes ou infração de lei, contrato social ou estatutos:

I – as pessoas referidas no artigo anterior;

II – os mandatários, prepostos e empregados;

III – os diretores, gerentes ou representantes de pessoas jurídicas de direito privado.

Pergunta-se, contudo: existe, de fato, uma cláusula geral antielisiva no Brasil? A cláusula teria sido instituída pela Lei Complementar n.º 104/2001, que inseriu o parágrafo único no artigo 116 do Código Tributário Nacional:

> [...] a autoridade administrativa poderá desconsiderar atos ou negócios jurídicos praticados com a finalidade de **dissimular** a ocorrência do fato gerador do tributo ou a natureza dos elementos constitutivos da obrigação tributária, observados os procedimentos a serem estabelecidos em lei ordinária.

Uma leitura um pouco mais detida do dispositivo demonstra que não estamos diante de nenhuma antielisão, senão vejamos:

1) Quando o dispositivo determina que "a autoridade administrativa poderá desconsiderar atos ou negócios jurídicos praticados com a finalidade de dissimular a ocorrência do fato gerador do tributo ou a natureza dos elementos constitutivos da obrigação tributária", simplesmente enuncia uma redundância. "Dissimular" a ocorrência do fato gerador significa tão somente ocultar, esconder, encobrir o evento ensejador da obrigação tributária (CARVALHO, 2004). Ora, isso nada mais é do que a velha evasão fiscal de sempre, o que já é proibida tanto pela legislação tributária quanto pela legislação penal (Lei n.º 8.137/1990), muito antes do advento da Lei Complementar n.º 104/2001. Outrossim, se realizo algum negócio ou operação jurídica com o fito de sonegar tributos, é óbvio que tais atividades não terão o menor condão de evitar a incidência das normas tributárias e sancionadoras aplicadas pela autoridade administrativa. Mas o dispositivo não tem, repetimos, qualquer eficácia contra elisão fiscal, que difere em essência da "dissimulação" de fatos geradores de tributos.

2) Ainda que, *ad argumentandum tantum*, admitamos que o dispositivo tenha veiculado norma antielisiva, ele seguiria sem eficácia, pois é exigida lei específica que o regule ("observados os procedimentos a serem estabelecidos em lei ordinária"). Como adverte Paulo Ayres Barreto (2008, p. 271), falta eficácia técnica sintática a essa norma, uma vez que até agora não foi editada a necessária lei ordinária.

TEORIA DA DECISÃO TRIBUTÁRIA

Anteriormente, a Medida Provisória n.º 66/2002 chegou a regular a antielisão, definindo situações como "abuso de forma jurídica", "propósito negocial" e afins, bem como procedimentos para a sua aplicação. Entretanto, a conversão da Medida Provisória n.º 66/2002 para a Lei n.º 10.637/2002 não transportou os referidos dispositivos antielisivos para o ordenamento, fazendo-os perderem a validade e a eficácia.

Apesar da falta de norma geral antielisiva, ou, na pior das hipóteses, falta de sua eficácia, os tribunais administrativos – notadamente o então conselho de contribuintes, atual Conselho Administrativo de Recursos Fiscais – têm aplicado a cláusula disfarçadamente, mediante o uso de *simulação*.[195]

Trata-se de outro equívoco, talvez ainda pior, visto que a simulação, nesses casos, refere-se aos negócios jurídicos regidos pelo direito privado. Surpreendentemente, com todas as cláusulas gerais e tipos abertos existentes neste segmento do direito, o instituto da simulação é tipificado da forma mais restrita possível, como se depreende do artigo 167 do Código Civil brasileiro:

> Art. 167. É nulo o negócio jurídico simulado, mas subsistirá o que se dissimulou, se válido for na substância e na forma.
> § 1.º Haverá simulação nos negócios jurídicos quando:
> I – aparentarem conferir ou transmitir direitos a pessoas diversas daquelas às quais realmente se conferem, ou transmitem;
> II – contiverem declaração, confissão, condição ou cláusula não verdadeira;
> III – os instrumentos particulares forem antedatados, ou pós-datados.

Percebe-se cristalinamente que o dispositivo contém *numerus clausus, i.e.*, as hipóteses legais de simulação não são nem mais nem menos as que estão enunciadas. Percebe-se igualmente que a simulação é ilícita e é finamente diferenciada da dissimulação no *caput* do artigo, na esteira da clássica definição de Jean Baudrillard (2000, p. 9): "dissimular é fingir não ter o que se

---

[195] Cf. Paulo Ayres Barreto (2008, p. 258): "essa, aliás, é uma tônica nas mais recentes decisões que envolvem os limites do planejamento tributário. Percebe-se o esforço no sentido de qualificar as operações como tendo caráter simulado, de modo a evitar a discussão em torno da eficácia do parágrafo único do artigo 116 do CTN. Procura-se, com isso, fundamentar a decisão ou no artigo 149, VII, do CTN ou, como se vê neste caso, diretamente no Código Civil".

tem. Simular é fingir ter o que não se tem". Portanto, o negócio falso é considerado nulo e aquele que se quis ocultar, válido, desde que tenha atendido a substância *e* a forma.

A forma como o instituto da simulação vem sendo aplicado vai de encontro ao artigo 110 do Código Tributário Nacional:

> [...] a lei tributária não pode alterar a definição, o conteúdo e o alcance de institutos, conceitos e formas de direito privado, utilizados, expressa ou implicitamente, pela Constituição Federal, pelas Constituições dos Estados, ou pelas Leis Orgânicas do Distrito Federal ou dos Municípios, para definir ou limitar competências tributárias.

Trata-se de uma metarregra antificção jurídica (CARVALHO, 2008, p. 276-278), ou seja, uma vedação disposta por uma norma geral de direito tributário a que o fiscal altere um instituto de direito privado com fins de cobrança de tributo.[196]

Ademais, não tem o agente administrativo a competência para avaliar atividades, operações ou transações realizadas pelo particular dentro da sua esfera de autonomia, no que se refere à simulação. Trata-se de regra de direito privado, prerrogativa de o juiz de direito examinar, quando provocado por uma das partes ou pelo Ministério Público.

Em síntese, a atuação do agente fiscal, enquanto órgão habilitado pelo sistema jurídico a produzir normas, é sobremodo restrito. Suas possibilidades limitam-se apenas a subsumir os fatos verificados às regras aplicáveis, sem poderes para desconsideração de negócios jurídicos, seja por meio de norma

---

[196] É uma metarregra antificção, pois: 1) é uma regra de competência, que dispõe sobre o que o agente administrativo, órgão habilitado pelo sistema a produzir normas, não pode fazer. O prefixo "meta" denota ser uma regra que dispõe sobre outras regras; e 2) proíbe uma classe de ficção jurídica, que é a *ficção de terceiro grau*. Ficções são desconsiderações linguísticas em relação à realidade. Ficções são atos de fala cuja função ilocucionária é fabuladora, *i.e.*, contar uma estória sem função de verdade/falsidade, de comum acordo entre o falante e o ouvinte. As ficções de primeiro grau são desconsiderações da realidade natural; as de segundo grau, desconsiderações da realidade institucional (também linguística); por fim, as ficções de terceiro grau são desconsiderações da realidade jurídica, em outras palavras, dos institutos, formas e conceitos criados pelas normas.

antielisão, que não existe em nosso ordenamento, seja por meio do instituto da simulação, disposto no Código Civil.

4.4 Transação Tributária

O Código Tributário Nacional veicula a norma geral de atribuição de competência para criação de leis específicas, de cada ente federativo, instituidoras da transação tributária:

> Art. 171. A lei pode facultar, nas condições que estabeleça, aos sujeitos ativo e passivo da obrigação tributária celebrar transação que, mediante concessões mútuas, importe em determinação de litígio e consequente extinção de crédito tributário.
>
> Parágrafo único. A lei indicará a autoridade competente para autorizar a transação em cada caso.

A transação, instituto originário do direito privado, é um procedimento pelo qual as partes negociam seus respectivos direitos e deveres, e tem como pressuposto a autonomia das partes na relação jurídica. Uma vez que dois sujeitos privados, em relação contratual voluntária, têm algo a perder e a ganhar com o acordo, há incentivos para que cheguem a um denominador comum.

Havendo baixos custos de transação, espontaneamente as partes chegarão a uma solução eficiente envolvendo direitos de propriedade, e o bem em discussão irá para aquele que o valore mais, alcançando-se a eficiência de Pareto. Trata-se do Teorema de Coase, já abordado neste trabalho, a contribuição seminal do economista inglês homônimo, professor da Escola de Chicago e Nobel de Economia.

Problemas começam a surgir quando um dos litigantes é pessoa de direito público, pois um dos pressupostos desse segmento do sistema é que seus agentes não têm autonomia da vontade, pois representam interesses que não são os seus pessoais. Poder-se-ia argumentar que a situação não é tão distinta de mandatários de empresas privadas, que representam os interesses de sua organização, sendo irrelevantes os seus particulares para o acordo em questão.

O gerente ou diretor de uma pessoa jurídica de direito privado poderá, nesse sentido, representar os interesses do presidente, dos sócios ou dos acionistas da empresa.

Pessoas de Direito Público, por outro lado, administram recursos, como a própria denominação diz, públicos. A autonomia necessária para transigir resta sobremodo limitada, na melhor das hipóteses, vinculada estritamente à lei que instituir a transação. A discricionariedade administrativa, na lição de Celso Antônio Bandeira de Mello (2010 p. 11), é também vinculada ao ordenamento jurídico, que dispõe sobre as possibilidades de escolha do agente administrativo fiscal perante o caso concreto. Cabe à lei específica então definir formas que atendam simultaneamente ao interesse público, entendido como a gestão racional, eficiente e transparente do dinheiro dos contribuintes, e ao interesse privado da parte que transaciona.

Essas e outras limitações inerentes à maquina administrativa, como burocracia e inerente ineficiência comparativa ao setor privado, elevam sobremaneira os custos de transação, dificultando uma solução coseana.

Alguns requisitos são importantes para que a lei de transação cumpra os efeitos desejados, e vale mencioná-los aqui.

Nem sempre o agente fiscal – assim como agentes que representam entidades privadas – agirá no melhor interesse de sua organização. Isso não significa necessariamente que agirá de forma ilícita, mas apenas que tenderá a preservar primeiramente os seus próprios interesses.[197] Conforme vimos, trata-se do problema do "agente-principal", fenômeno pelo qual os agentes (funcionários) contratados pelo principal (empresa, organização) agem em

---

[197] Por exemplo, se o advogado recebe apenas honorários mensais para patrocinar ações judiciais de seu cliente, sem participação em êxito, terá pouco incentivo para agilizar o processo ou mesmo a fazer acordo com a parte adversa. Por outro lado, se recebe um valor fixo, de antemão, o seu incentivo será de se livrar o quanto antes daquele processo, pois, uma vez recebidos os honorários, quanto mais mantiver o caso aos seus auspícios, menor será o valor que recebeu de seu cliente. A mesma lógica funciona para os chamados honorários de "partido", sistemática pela qual o cliente paga um valor fixo ao seu advogado, que em contrapartida fica disponível a prestar todo e qualquer serviço, sem limitação. Há fortes incentivos para que o profissional cobre o valor fixo maior do que o respectivo trabalho que realmente terá. O critério mais eficiente seria, portanto, o de hora-técnica trabalhada, pelo qual o advogado atua exatamente o tempo necessário para o seu cliente. O incentivo para debitar horas excessivas pode ser neutralizado por meio de um relatório detalhado do trabalho realizado naquele período cobrado.

interesse próprio, não coincidente com os interesses de quem os contratou, e assim o fazem pela dificuldade de monitoração de suas condutas, decorrente da assimetria de informação.

Para evitar ou ao menos minorar o problema agente-principal (ou risco moral), a transparência seria requisito imprescindível no processo de transação tributária.

Outro problema, ainda mais grave, é o eventual uso irrestrito de a transação afetar o sistema de preços normativo e, consequentemente, criar incentivos errados aos contribuintes. O expediente não poderia ser uma solução facilmente empregada pelos contribuintes, sempre que se vissem em dificuldades para pagar suas dívidas tributárias, pois, do contrário, o Estado estará sinalizando aos demais contribuintes que facilmente concede benefícios e abdica de seu crédito. A consequência será o incentivo ao inadimplemento geral.

Para evitar o problema acima, importante seria instituir alguma espécie de custo, não necessariamente monetário, aos contribuintes que optassem pela transação. Algo que seja oneroso o suficiente para tornar a transação a última saída possível e viável para o contribuinte saldar os seus débitos e o fisco receber seus créditos. Uma possibilidade é instituir custos de entrada e permanência ao contribuinte optante pela transação, semelhante aos regimes especiais punitivos, previstos nas legislações estaduais de ICMS, pelo qual a monitoração e fiscalização constante, por tempo determinado, seriam impostas ao particular.

Seja como for, a Administração Tributária sempre terá vantagens em um processo de negociação com o contribuinte. Justamente pelo fato de a atuação discricionária de seus agentes ser limitada e circunscrita à lei específica que a sua posição estratégica na transação é reforçada. Trata-se do *jogo do covarde*, conforme vimos no tópico 1.8.2. A tática estratégica se dá à medida que o agente administrativo sinaliza, desde antes do início do jogo, que sua margem de negociação é determinada e inflexível.

5. DECISÃO DO JUIZ

O ato de decisão mais importante do sistema jurídico é o do julgador. Por julgador refiro-me tanto àquele em nível administrativo, *i.e.*, inserido no poder executivo de algum ente da federação, quanto àquele em nível judicial. Não há dúvida de que, em modo geral, é este último o responsável pela calibração do sistema jurídico, mediante decisões que estabilizam o sentido das normas jurídicas. São as decisões judiciais, portanto, que encerram as controvérsias e fixam a significação dos textos normativos.

No contexto tributário brasileiro, a decisão administrativa dos órgãos colegiados também estabiliza controvérsias e fixa sentidos normativos. Não faz coisa julgada, pois isso é prerrogativa do Judiciário, entretanto, ao menos em decisões favoráveis aos contribuintes, a Fazenda fica de mãos atadas. É que não faz sentido, do ponto de vista lógico, que a Fazenda ingresse com ação visando a anular a própria decisão. Relações jurídicas necessitam, como ensina Paulo de Barros Carvalho (2008, p. 104), ser irreflexivas, pois ninguém pode estar em relação jurídica consigo próprio. Ainda que, no exemplo em tela, o conselho que julga (ou a Câmara de Recursos Fiscais) e a procuradoria que ajuíza sejam aparentemente distintos, pertencem ao mesmo órgão do Poder Executivo, qual seja a Fazenda Pública.

O ato de decisão administrativo é premido por diferentes restrições daquelas do ato de decisão judicial, evidentemente. Ainda que os dois tipos de ato tenham o condão de estabilizar o sistema jurídico, o judicial é o único com função realmente definidora em nível semântico e pragmático das normas

TEORIA DA DECISÃO TRIBUTÁRIA

jurídicas. Com efeito, os antigos primeiro e segundo conselhos de contribuintes (agora seções do CARF) publicaram súmulas declarando-se incompetentes para se pronunciarem sobre a inconstitucionalidade de legislação tributária, o que restringe sobremodo o alcance de suas decisões.[198]

Nem por isso a decisão do juiz judicial é livre de restrições. De forma análoga às restrições orçamentárias e de oferta que o consumidor se depara quando vai às compras, o julgador também se vê diante de restrições normativas e fáticas ao decidir (e, para tanto, expedir normas jurídicas) em casos concretos. Neste capítulo concentraremos o enfoque nessa espécie de julgador – o juiz pertencente ao Poder Judiciário – considerando que as suas decisões abrangem todas as questões importantes e, por conseguinte, interessantes do ponto de vista da teoria jurídica. Desde exames de legalidade e constitucionalidade a conflitos entre regras e colisões de princípios, cabe ao Poder Judiciário decidir casos difíceis, muitas vezes limítrofes à capacidade de explicação da dogmática do Direito.

5.1 Princípio do Devido Processo Legal

O devido processo legal é a garantia de direitos morais e jurídicos fundamentais como a vida, a liberdade e a propriedade. Trata-se, em essência, de um anteparo ao poder absoluto do soberano, não obstante não ser condição necessária para um sistema democrático de governo, uma vez que seu conteúdo pode fazer parte de sistemas monárquicos. Sua origem, aliás, deu-se no reinado de João Sem-Terra, na Inglaterra do século XIII, por meio da promulgação da Magna Carta (1215).

O enunciado que introduziu a ideia de devido processo legal fincou o marco do que viria a ser o sustentáculo de todos os posteriores sistemas políticos e jurídicos pautados pela liberdade e proteção dos direitos do indivíduo

---

[198] Restrição essa decorrente direta da separação dos poderes. À Administração cabe tão somente revisar os próprios atos, de modo a manter aqueles consonantes com a lei e expurgar aqueles que lhe são contrários. Naturalmente está além de sua competência o exame de constitucionalidade das leis, prerrogativa constitucional do Judiciário.

perante o Estado, e encontra-se no artigo 39 do documento original, abaixo em tradução livre do original em latim:

> Nenhum homem livre será preso, aprisionado ou privado de sua proprieda-
> de, ou tornado fora-da-lei, ou exilado, ou de maneira alguma destruído,
> nem agiremos contra ele ou mandaremos alguém contra ele, a não ser
> por julgamento legal dos seus pares, ou pela lei da terra.[199]

A expressão *due process of law* foi literalmente disposta pela primeira vez em lei inglesa de 1354, durante o reinado de Eduardo III. Nos Estados Unidos da América, algumas constituições estaduais, como as de Maryland, Pensil-vânia e Massachussets mencionaram a expressão[200], que posteriormente viria a ser consagrada pela Bill of Rights, constituída de emendas à constituição e promulgada em 1791, que assim enuncia: "Nenhuma pessoa [...] será compelida em qualquer caso criminal a testemunhar contra si própria, nem será privada de sua vida, liberdade ou propriedade sem o devido processo legal".[201]

O devido processo legal carrega a poderosa e revolucionária ideia pela qual nenhum soberano – seja o rei de uma antiga monarquia, seja o Estado moderno – pode privar injustificadamente o indivíduo de seus direitos básicos. Ora, a tributação ataca justamente *os meios* pelos quais o indivíduo preserva a sua vida, liberdade e propriedade, e em nossa civilização, como bem aponta a *National Taxpayer Advocate* dos Estados Unidos, Nina E. Olson (2010, p. 227), "o dinheiro são os meios".

Para que a privação desses meios seja justificada, entretanto, não basta ape-nas que exista lei autorizando-a, pois esta mesma pode conter abusos. Dessa forma, não apenas a correição da aplicação da lei aos fatos deve ser posta à discussão, mas também a correição da lei propriamente dita, o que demonstra a dupla dimensão do devido processo: adjetivo e substantivo.

---

[199] No original em latim: "Nullus liber homo capiatur, vel imprisonetur, aut disseisiatur, aut utlagetur, aut exuletur, aut aliquo modo destruatur, nec super cum ibimus, nec super cum mittemus, nisi per legale judicium parium suorum vel per legem terre".

[200] Cf. Nelson Nery Junior (1999, p. 33-34).

[201] No original em inglês: "No person [...] shall be compelled in any criminal case to be a wit-ness against himself, nor be deprived of life, liberty, or property, without due process of law".

5.1.1 Devido processo legal adjetivo

O devido processo adjetivo ou processual encontra-se enunciado expressamente na Constituição brasileira (art. 5.º, LIV), e soa bastante semelhante ao original norte-americano: "ninguém será privado da liberdade ou de seus bens sem o devido processo legal". A referida máxima denota a obrigatoriedade do Estado em prover e o direito do particular em ter acesso a um sistema de revisão das imposições normativas sofridas pelos indivíduos. O sistema é o processual, que a nossa Carta[202] instituiu tanto em nível administrativo quanto judicial, e significa a disposição dos meios para que o cidadão possa contestar a acusação ou o dever que lhe é impingido pela força coativa do Estado, seja o seu postulante o próprio ou outro particular.

De forma a dar efetividade ao princípio, a Constituição dispõe também de diversos outros enunciados, que consubstanciam regras objetivas garantidoras do devido processo: vedação ao juízo ou tribunal de exceção (art. 5.º, XXXVII); a instituição do júri (art. 5.º, XXXVIII); obrigatoriedade de autoridade competente para processar e sentenciar (art. 5.º, LIII); o contraditório e a ampla defesa (art. 5.º, LV); a vedação à utilização de provas ilícitas (art. 5.º, LVI); a necessidade de trânsito em julgado da ação criminal para que o acusado seja considerado culpado (art. 5.º, LVII); a obrigatoriedade de publicidade dos atos processuais (art. 5.º, LX); a obrigatoriedade de flagrante delito ou ordem judicial para a prisão do indivíduo (art. 5.º, LXI); a comunicação da prisão a família ou pessoa indicada pela pessoa (art. 5.º, LXII); a comunicação pela autoridade dos direitos do preso, incluindo assistência da família e de seu advogado (art. 5.º, LXIII); o direito à identificação da autoridade que está lhe prendendo ou interrogando (art. 5.º, LXIV); o relaxamento imediato, pela autoridade judicial, da prisão ilegal (art. 5.º, LXV); o direito à liberdade provisória com ou sem fiança, quando a lei o prever (art. 5.º, LXVI); proibição de prisão civil por dívida (art. 5.º, LXVII); o *habeas corpus* (art. 5.º, LXVIII); o mandado de segurança (art. 5.º, LXIX); a assistência judiciária gratuita, quando comprovada a insuficiência de recursos da pessoa (art. 5.º, LXXIV); a indenização estatal por erro judiciário ou por prisão além do tempo devido

---

[202] "Art. 5.º, LV – aos litigantes, em processo judicial ou administrativo, e aos acusados em geral são assegurados o contraditório e ampla defesa, com os meios e recursos a ela inerentes."

(art. 5.º, LXXV. Além dessas regras, as leis processuais civil, penal e administrativa veiculam centenas de dispositivos regulando inúmeros aspectos e pormenores do processo.

A enunciação de tantos dispositivos tem por finalidade objetivar o princípio do devido processo, consubstanciando-o em regras cogentes para as autoridades estatais. O princípio do devido processo legal adjetivo e todas as regras que o sustentam visam atender o sentimento de justiça do indivíduo perante a supressão (inevitável em algum momento de sua vida) da liberdade que a ordem estabelecida lhe impõe. O devido processo, cumpre ressaltar, não é garantia de perdão, anistia ou absolvição, mas sim de discussão sobre a norma que está a afetar a pessoa e as regras, em sua peculiar eficácia "tudo ou nada", fazem com que o princípio ou seja cumprido ou não o seja, sem graduações ou relativizações.

Epistemicamente, o que se pretende atender com o princípio é a busca da verdade dos fatos que servem de suporte à imposição normativa, e, para tanto, o regramento dos meios de prova, tanto para a imposição quanto para a sua defesa, é imprescindível. Analisando pela teoria dos atos de fala, sabemos que o Direito é regido por um macroato[203] de fala diretivo de condutas, o que significa que a linguagem jurídica tem por fim prescrever comportamentos. Em outras palavras, enquanto linguagem (não como meio para alcançar objetivos concretos), a função ilocucionária global é diretiva, ainda que em seu bojo o Direito Positivo contenha outros atos ilocucionários: assertivos, compromissivos, declarativos, expressivos e ficcionais. Os atos de fala que reconstituem os fatos sobre os quais incidirão as regras são assertivos, pois sua direção de ajuste é palavra-mundo, *i.e.*, a asserção deve corresponder à realidade. É justamente nessa direção que as provas se encaminham, e a sua finalidade é afirmar, confirmar ou infirmar fatos jurídicos.

O devido processo legal requer então que o sistema jurídico se estruture de modo a garantir que seja possível a produção desses atos de fala assertivos. A dinâmica é, *mutatis mutandis*, semelhante à linguagem da ciência: uma vez que o método científico propõe hipóteses confirmadas pelos experimentos, essa verdade é sempre provisória, devendo então ser passível de eventual refutação por outra hipótese mais capaz de explicar a realidade. A mecânica

---

[203] Sobre os macroatos ilocucionários, vide Van Dijk (2001)

é nitidamente evolucionária, sobrevivendo as teorias mais aptas e descartando--se as demais. Não há limites para essa eterna busca da verdade pela ciência, pois o macroato de fala que a dirige é o assertivo, sendo o seu fim último a compreensão e a explicação do mundo. O Direito, por outra sorte, impõe limites à busca da verdade, pois a sua finalidade precípua, como vimos, é prescrever condutas, e não descrever a realidade. Ainda assim, é fundamental para a manutenção e coesão do contrato social que qualquer imputação normativa seja passível de refutação pelo seu destinatário.

5.1.2 Devido processo legal substantivo

A dimensão substantiva do devido processo significa um degrau acima da mera refutação à aplicação das normas aos fatos, mas sim a refutação da norma propriamente dita. O que se quer ao invocar esse mandamento é contestar o conteúdo da norma jurídica, e não questões de erro de fato ou erro de direito.

Os controles de constitucionalidade, difuso e concentrado, são os principais instrumentos do devido processo legal substantivo: o primeiro controle foi inaugurado pela *judicial review* norte-americana, no caso Marbury *vs.* Madison, de 1803, capitaneado pelo *Chief Justice* John Marshall, quando pela primeira vez a Suprema Corte declarou a inconstitucionalidade de uma lei. O último, criação do jurista austríaco Hans Kelsen, foi criado no início do século passado, no sistema constitucional austríaco. É por meio desses dois procedimentos, sendo o primeiro no contexto de uma ação individual ou coletiva, e o último por meio de uma ação direta de inconstitucionalidade que se procura expurgar normas tidas como portadoras de vícios insanáveis, diretamente contrários à Constituição.

O devido processo legal adjetivo e substantivo, além de atender a anseios naturais de justiça, também funciona como mecanismo aperfeiçoador do sistema, uma vez que as asserções e contra-asserções no processo operam de modo a depurar excessos, evitando a criação ou expulsando do ordenamento as regras abusivas, gerais e abstratas e individuais e concretas.

A decisão do juiz tem como condição necessária, portanto, a existência e manutenção do devido processo legal, pois o Judiciário age sempre sob provocação das partes, e, se estas não puderem se manifestar, não haverá sobre o que decidir.

5.2 Voltando aos princípios e às regras

A questão da classificação e diferenciação das normas em princípios e regras só se justifica à medida que seja útil para solução de problemas jurídicos, pois, do contrário, não passa de discussão bizantina. Cumpre lembrar que o Direito é um objeto cultural, de ontologia subjetiva, não um objeto da natureza e, portanto, tem funções a cumprir. Elocubrações teoréticas sobre a sua estrutura só têm sentido se forem úteis no contexto de razão prática do Direito.

Passaremos a examinar as diferenças estruturais, epistêmicas e funcionais entre os princípios e as regras, nos tópicos a seguir.

5.3 Princípios Versus Regras

5.3.1 Gênero próximo e diferenças específicas

Considerando que tanto as regras quanto os princípios pertencem ao gênero norma jurídica, cabe então verificar quais são as diferenças específicas que justificam a classificação.

Robert Alexy (2010, p. 21), um dos mais célebres jusfilósofos a tratar do tema, diferencia princípios de regras pelo critério de interpretação, aplicação e finalidade. Para o jurista alemão, regras são "comandos definitivos", sendo sua forma de aplicação a subsunção. Se a regra é válida, o que ela exige deve ser feito. Para Ronald Dworkin, regras são normas do tipo "tudo ou nada" e, "se duas regras conflitam, uma delas não pode ser uma regra válida" (1997, p. 24).

Mas o que são princípios, afinal?

Conforme argumenta Alexy, princípios são mandamentos ou exigências de otimização e, como tais, podem ser atendidos em variados graus. E o grau de seu atendimento depende não apenas daquilo que é faticamente possível, mas também do que é juridicamente possível.[204] Dworkin, por seu turno, sustenta que princípios têm uma dimensão de "peso", que as regras não possuem.

---

[204] Idem, ibidem.

TEORIA DA DECISÃO TRIBUTÁRIA

Se pensarmos nas liberdades por detrás das normas, cujos fruição e exercício são protegidos ou limitados por elas, vimos que a satisfação dos princípios é diferente quando estamos diante de liberdades negativas e liberdades positivas.

Se liberdades negativas significam abstenção de interferência na autonomia dos indivíduos, basta a inação por parte do Estado ou de outros indivíduos para que sejam atendidas. Todavia, como bem apontam Sunstein e Holmes (1999), mesmo essas liberdades não saem de graça, pois é necessário o contrato social – e a sua cria, o Estado – para protegê-las. E essa proteção, por conseguinte, não se dá binariamente (sim ou não), mas em variados graus. Liberdades positivas típicas do *welfare state*, como direito a emprego, a lazer, à saúde e à educação, são obviamente atendidas em menores graus, tais os custos de sua implementação. Se essas liberdades buscam atender o "princípio da dignidade da pessoa humana", percebe-se que esse mandamento de otimização é sobremaneira mais complicado de alcançar.

Seja como for, os critérios diferenciadores que adotaremos aqui são: 1) quanto à objetividade; 2) estrutura normativa; 3) função; e 4) axiologia.

5.3.2. Diferença quanto à objetividade

As regras são objetivas, ou buscam ser, o que facilita a sua aplicação, poupando o operador do direito do custo que a indeterminação dos princípios acarreta. Por outro lado, por essa mesma objetividade, são limitadas quanto ao atendimento de seus valores subjacentes. Já os princípios se referem a fins que nem sempre são plenamente atendidos, e sua observância se dá na medida em que suas finalidades são passíveis de cumprimento. Em compensação, a sua subjetividade abre o terreno para a argumentação jurídica que muitas vezes opera como instrumento útil para a calibração do sistema, notadamente em solução de casos difíceis.

Cumpre ressaltar que a suposta objetividade das regras não poupa o operador do Direito de esforço hermenêutico. A diferenciação comumente empregada, principalmente por autores norte-americanos, entre *rules* e *standards* parece considerar apenas os enunciados normativos, e não as regras propriamente ditas. Ao aplicar o modelo de interpretação proposto por Paulo

DECISÃO DO JUIZ

de Barros Carvalho (2006, p. 63-84),[205] pelo qual o intérprete necessita interagir com os textos normativos até alcançar o plano das normas, modelo esse denominado de percurso gerativo do sentido, percebe-se que a classificação comumente adotada entre princípios e regras leva em conta os enunciados textuais, e não propriamente a sua significação.

Em alguns segmentos do ordenamento jurídico, a construção do sentido da regra é relativamente simples se comparada a outros segmentos. Todavia, em outros setores – como é o caso da tributação – a construção do sentido completo da regra requer labor interpretativo que ultrapassa em muito a simples leitura de um dispositivo de lei. Um comando como uma regra de trânsito que limita a velocidade máxima é de fácil compreensão. O seu destinatário sabe o limite objetivo da velocidade que pode transitar quando se encontra dirigindo o seu veículo na respectiva rodovia e sabe também a consequência normativa – multa – que receberá caso desobedeça à regra. Uma regra tributária, por outra sorte, requer o entendimento de diversos subcomandos para que seja possível alcançar o sentido completo: qual conduta ou situação faz incidir o tributo; onde a obrigação surgirá; quando surgirá; quem cobrará e a quem é devido; quem é obrigado a pagar; quando se deve pagar; quanto se deve pagar.

Uma vez construída a regra, a sua objetividade certamente a diferencia de um princípio, e a torna um comando definitivo: o motorista não pode ultrapassar oitenta quilômetros horários na rodovia estadual; o tomador deve pagar pelo serviço que contratou; o contribuinte deve pagar o tributo que deve ao Estado. Nem sempre, contudo, essa objetividade resolve determinadas situações complexas, e aí entram os princípios e sua maleabilidade ínsita.[206]

---

[205] O jurista em comento estabelece quatro planos no percurso gerativo do sentido: S1, o plano da literalidade textual; S2, o plano de significação dos enunciados normativos; S3, o domínio articulado das significações normativas; e S4, a forma superior do sistema normativo. O plano das regras, portanto, é o S3, em que a articulação significa a estrutura lógico-condicional, formada por um antecedente e um consequente, que contêm todos os critérios necessários para a completude do comando. No antecedente critério material (conduta prevista), critério temporal (momento da conduta ensejadora da incidência), critério espacial (local onde a conduta ocorre). No consequente: critério pessoal (relação jurídica modalizada) e, nos casos de obrigações pecuniárias, o critério quantitativo.

[206] Celso Fernandes Campilongo (2000, p. 112), ao falar da problemática dos direitos fundamentais, demonstra o quão subjetivos são os chamados princípios jurídicos: "Alguém, por acaso, é contrário ao valor jurídico da igualdade? Alguém é contrário ao valor jurídico

5.3.3 Diferença quanto à estrutura normativa

A diferença entre princípios e regras dá-se em nível estrutural. As regras têm uma formulação implicacional (se *p* então *q*), ao passo que os princípios simplesmente dizem o que se pode e o que não se pode fazer na autogeração jurídica.

As regras são compostas de um antecedente e um consequente. Tomando as regras gerais e abstratas, o antecedente, denominado na literatura como hipótese de incidência, costuma referir-se a alguma situação de fato ou de direito de possível ocorrência. O consequente, por seu turno, dispõe os efeitos jurídicos implicados pela situação prevista hipoteticamente. Por exemplo, se prestar serviço de natureza contratual, bilateral e onerosa (hipótese), ficará o contribuinte obrigado a recolher o imposto sobre serviços de qualquer natureza.

Os princípios, por outro lado, não possuem estrutura lógico-condicional. Como não há uma hipótese de incidência factual definida, princípios são comandos mais simples estruturalmente que as regras.

Regras, por referirem-se necessariamente a acontecimentos de provável ocorrência, sejam situações fáticas, sejam situações normativas, necessitam prever eventos, no caso das regras gerais, ou descrever fatos, no caso das regras concretas. Tanto num caso como no outro, o antecedente – hipotético para as regras gerais e fático para as regras concretas – é *assertivo*.

---

da paz? Alguém é contrário ao valor jurídico da liberdade? Claro que não! Todos nós somos favoráveis aos grandes valores. O problema reside na forma de implementação dos valores, e, aqui, a situação se complica e se complica barbaramente. O professor Barroso, que gosta de falar em pé, é flamenguista e gosta de Direito Constitucional, certamente é um defensor da paz, mas entende que a melhor maneira de garantir a paz, por exemplo, seja adotando uma política antiarmamentista – estou deixando a parte boa para o Barroso. Eu comungo dos mesmos valores, apesar de preferir falar sentado, ser palmeirense e gostar da Sociologia Jurídica, também acho que a paz é um valor essencial, mas, ao contrário do prof. Barroso, no momento de implementar os valores entendo – apenas para exemplificar – que a melhor forma de garantir a paz não é a política antiarmamentista, mas, ao contrário, é me armar até os dentes para me defender dos meus inimigos. Em relação aos valores as nossas posturas são idênticas. Mas na estratégia de implementação dos valores as diferenças são muito grandes".

Por assertivos leiam-se "atos de fala" cuja direção de ajuste é palavra-mundo, pois a asserção bem-sucedida é aquela cujo conteúdo corresponde ao estado de coisas por ela referido.[207] O consequente ou prescritor da regra geral ou individual, por sua vez, é um ato de fala diretivo, cuja direção de ajuste é mundo-palavra. Como se trata de um comando, o mundo – leiam-se as condutas reais que o direito pretende atingir – deve se ajustar ao conteúdo da regra. Como exemplo: "se prestar serviço de qualquer natureza no município de São Paulo, deverá o prestador pagar o montante de 5% sobre o valor do serviço prestado ao município". Note que há dupla direção de ajuste: palavra-mundo, pois a asserção só será bem-sucedida se alguém realmente prestar serviço em São Paulo, e a direção mundo-palavra, pois o comando só será bem-sucedido se o prestador realmente pagar o tributo.

Com os princípios não ocorre o mesmo. Por serem diretivos da própria autogeração do sistema jurídico, ou seja, normas primordialmente endógenas, que operam internamente, são atos de fala puramente diretivos. Seus comandos remetem sempre a algum valor de relevo, que pode relacionar-se a direitos individuais (isonomia, propriedade, devido processo), a direitos sociais (educação, trabalho, saúde), a deveres do Estado (moralidade, impessoalidade, eficiência) ou à estrutura do Estado (república federativa).

Ainda assim, a locução constitucional muitas vezes confunde o intérprete, pois enuncia o que parecem ser regras, mas que, no entanto, não o são. Dispositivos tais como "é vedado à União, aos Estados, ao Distrito Federal e aos Municípios utilizar tributo com efeito de confisco" soam como regra tal a sua imperatividade proibitiva. Como aponta Farnsworth (2009, p. 169), quando cabe às cortes aplicarem essas supostas regras em casos concretos, percebe-se a sua natureza principiológica. No exemplo citado, o chamado "princípio do não confisco" nada mais é que um desdobramento do direito individual de propriedade enunciado no artigo 5.º, XXII.

Humberto Ávila (2005, p. 32-33) critica o que denomina de "caráter hipotético-condicional" como critério diferenciador, uma vez que se trata de mera formulação linguística e, portanto, "não pode ser elemento distintivo

---

[207] Com exceção das ficções jurídicas, cujo conteúdo não corresponde aos estados de coisas reais. Nesses casos, os atos de fala são do tipo ficcionais, com função fabuladora e direção de ajuste nula (CARVALHO, 2008).

de uma espécie normativa". Segundo o autor, pelo fato de ser possível reformular inclusive os princípios com uma estrutura hipotético-condicional, tal caráter não seria "atribuível empiricamente a apenas uma categoria de normas".

Não há dúvida de que é possível reformular muitos dos chamados princípios constitucionais em regras hipotético-condicionais. Mesmo comandos estruturalmente simples como os princípios necessariamente se referem à realidade, seja a natural, seja a institucional. Por exemplo, o princípio da isonomia disposto pelo artigo 5.º, *caput*, da Constituição Federal: "todos são iguais perante a lei, sem distinção de qualquer natureza, garantindo-se aos brasileiros e aos estrangeiros residentes no País a inviolabilidade do direito à vida, à liberdade, à igualdade, à segurança e à propriedade".

Percebe-se a direção de ajuste mundo-palavra, ou, mais precisamente, sistema jurídico-princípio, pois qualquer ato normativo que vier a ser criado não poderá desrespeitar esse comando. Por outro lado, onde está a direção de ajuste palavra-mundo? Não há precisão hipotética tipicamente objetiva e comezinha das regras aqui, mas sim um comando que remete a um valor de fundamental importância para toda a identidade político-filosófica do sistema.

Nem se argumente que seria possível reformular esse ato de fala simples, de uma só direção de ajuste, em um ato complexo, de direção dupla, como são as regras lógico-condicionais. Em primeiro lugar, não existe um "se" aqui, há somente um dever. Trata-se de uma ordem incondicional. Ainda que se reformulasse o princípio da isonomia em uma regra, tal como "se a União Federal, o Distrito Federal, os Estados e os Municípios criarem lei, lhes é vedado discriminar os cidadãos". Mas isso não é mais o comando acima transcrito, é uma regra. Mais precisamente, uma regra ou elemento geral das regras de competência legislativa.

Por outro lado, pretender empírica e objetivamente detectar espécies normativas no texto constitucional equivale a tentar fotografar juízos de valor: uma empresa fadada ao fracasso pela ontologia própria dos objetos em questão.

Como vimos, o direito, em nível de significação, ou seja, no plano das normas, é ontologicamente subjetivo como qualquer outro bem cultural, o que torna sempre a investigação árdua. Ainda que se possa buscar uma epistemologia objetiva, ou seja, livre na medida do possível de opiniões pessoais e juízos de valor subjetivos, o único substrato ontologicamente objetivo do direito são os textos em sua literalidade mais crua. A partir do momento em que o intérprete passa a construir sentido, a ontologia do direito converte--se em subjetiva.

A objetividade da investigação jurídica não se limita a pouco, contudo. A partir dos enunciados prescritivos em conjunto com as decisões judiciais que lhes concretizam faticamente e lhes precisam os significados, podemos ter razoável certeza do que podemos e do que não podemos fazer. Mesmo que existam controvérsias e opiniões distintas sobre constitucionalidade e legalidade dos atos normativos, há razoável consenso sobre as obrigações, proibições e permissões emanadas pelo ordenamento jurídico. Se assim não fosse, não teríamos ordem social mínima que fosse.

O mesmo grau de consenso não ocorre, nem poderia ou necessitaria ocorrer no nível abstrato das classificações.

Quando se fala em princípios e regras, se está a classificar espécies a partir de outra construção arbitrária, que é a própria norma jurídica. O constituinte, de forma irregular, refere-se a princípios em determinados segmentos da Carta, sem, por óbvio, adentrar em especificidades teóricas de natureza, definição e classificação de espécies normativas.

Mesmo a regra-matriz de incidência de Paulo de Barros Carvalho, formidável instrumento de análise da legislação, é conceitual. Não se pode dizer que existam regras-matrizes empiricamente no sistema jurídico – o que existe são meros enunciados, em um emaranhado a partir do qual o analista pode depurar e construir, a partir de um modelo (como o da RMIT) aquilo que irá então considerar como uma regra completa de sentido. Esse modelo será útil à medida que possa servir como expediente explicativo de seu fenômeno--objeto.

Nesse sentido, não há que procurar regras ou princípios na legislação, como se lá estivessem prontos para serem sacados pelo intérprete . O máximo que este poderá fazer é identificar, tendo como ponto de partida os textos normativos, aqueles enunciados que contêm carga axiológica maior do que outros, assim como diferentes níveis de objetividade entre si.

Destarte, espécies normativas são construídas a partir de determinadas propostas classificatórias, determinados modelos analíticos. Tanto assim é que é possível encontrar tanto modelos classificatórios quanto juristas. E o texto constitucional jamais protesta quanto a isso.

Ainda que falemos das regras e dos princípios como pertencentes ao sistema jurídico de forma independente, como se existissem por si sós, não podemos olvidar o fato de que a própria concepção de sistema é também conceitual. "Sistema" significa ordem, padrões e *telos* que insistimos em atribuir a objetos que nem sempre correspondem à nossa consideração. Quem pode ter certeza da finalidade de uma lei ou de um dispositivo legal, quando não há exposição de motivos ou qualquer outra explicação por parte do legislador?[208]

Por esse enfoque, o critério diferenciador de princípios e regras pelo caráter lógico-condicional ou hipotético condicional é tão bom ou tão ruim quanto qualquer outro. Trata-se de escolha do analista jurídico, do modelo por ele proposto ou adotado para modelar o seu objeto, no caso, a miríade de textos e atos normativos. O que definirá a classificação e os seus critérios é tão somente a sua utilidade. Se cumpre os propósitos analíticos para os quais foi criada, é uma classificação útil. Se não cumpre, deve ser descartada.

5.3.4 Diferença quanto à função

A função de toda norma jurídica é prescrever comportamentos humanos. A forma pela qual e a quem, especificamente, a norma buscará dirigir condutas difere em razão de sua espécie.

As regras têm a função precípua de coordenar, objetivamente, as ações dos indivíduos. Praticamente todas as searas da vida humana são regradas, sejam por regras morais, éticas, sociais e jurídicas. Por exemplo, regras de etiqueta, espécies de normas sociais, obrigam, proíbem e permitem determinadas ações nos mais diversos contextos. Para a etiqueta ocidental, ao menos, é considerado inapropriado arrotar à mesa; é considerado de bom-tom mostrar-se atento quando uma pessoa nos explana alguma coisa; é admitido que pessoas de

---

[208] Por exemplo, o artigo 598 do Código Civil, que limita o contrato de prestação de serviços em quatro anos. Qual a razão dessa limitação? Por que não três, cinco ou dez anos?
"Art. 598. A prestação de serviço não se poderá convencionar por mais de quatro anos, embora o contrato tenha por causa o pagamento de dívida de quem o presta, ou se destine à execução de certa e determinada obra. Neste caso, decorridos quatro anos, dar-se-á por findo o contrato, ainda que não concluída a obra."

DECISÃO DO JUIZ

idade avançada ou mulheres grávidas passem na frente dos demais em filas, o que é tido como falta de educação se outros sujeitos o fizerem.

Por outra sorte, costuma-se dizer que pessoas morais são aquelas que vivem por princípios. Ser honesto, íntegro e não prejudicar os outros são algumas dessas máximas, que informalmente consubstanciam-se em regras morais:[209] não se apropriar dos pertences dos outros; não trair a confiança dos amigos e colegas; cumprir com as promessas feitas etc.

Na seara jurídica, as regras também são objetivações de princípios jurídicos. Estes têm a função, portanto, de servir de paradigma axiológico na construção das regras, principalmente por aquele que detém essa tarefa: o legislador. Ao fiscal não cabem exames principiológicos – salvo se regra específica assim o determinar (*v.g.*, artigo 108 do CTN), e ao juiz tampouco, devendo ele aplicar subsuntivamente as regras aos casos, salvo quando elas inexistirem.

Nos casos judiciais difíceis, seja porque não existem regras previstas para eles, seja porque há colisão de direitos fundamentais, os princípios funcionam como mecanismos de calibração do sistema jurídico. A calibração busca equalizar o sistema jurídico com os padrões morais e as expectativas normativas dos cidadãos, de modo a não apenas buscar as decisões mais justas – dentro dos parâmetros mínimos normativos –, como também preservar a própria legitimidade perante a sociedade. Sistemas que não se calibram, ignorando o *feedback* social, podem até manter-se na ativa por algum tempo, por meio de seu aparato coativo, mas o preço a pagar por sua inaptidão homoestática será a inevitável ruptura. Sistemas jurídicos adaptativos, por outro lado, podem manter-se operantes por tempo indeterminado, graças à calibração realizada pelo Legislativo e pelos tribunais.[210]

A função dos princípios, portanto, é operar como vetor na construção do sistema, portanto são *normas endógenas*. As regras, por seu turno, têm a função

---

[209] Que não se confundem com regras éticas, pertencentes a contextos mais específicos e determinados, por exemplo, a ética profissional, artística, científica.

[210] Sistemas regidos pelo direito romano-germânico (Civil Law) não costumam ter a mesma capacidade adaptativa dos sistemas da *Common Law*. Os Estados Unidos da América, com Constituição escrita, e a Inglaterra, de direito consuetudinário, possuem estabilidade em seus sistemas jurídicos muito além dos países de sistema codificado. Enquanto os EUA seguem com o mesmo sistema constitucional desde a sua independência, tal longevidade é rara de encontrar em países de sistema codificado.

de objetivamente determinar condutas, modalizando-as em proibidas, obrigatórias e permitidas, com o fim de alcançar ou preservar valores tidos como desejáveis socialmente. Por "conduta" refiro-me tanto à do órgão produtor de normas, no sentido de delimitar objetivamente a sua competência para tanto, quanto à do cidadão comum.

As regras que determinam a produção de outras regras, ou *metarregras*, restringem a competência do legislador, administrador, juiz e mesmo do particular. O primeiro no fazer leis; o segundo, ao criar normas infralegais; o terceiro, no julgar; e o último, ao celebrar contratos. São condutas, ainda que no sentido de condutas criadoras de normas. Por fim, as regras de comportamento dirigem-se aos cidadãos, nas suas atividades em sociedade, com o fim de coordenar as suas ações e preservar a paz social.

As regras coordenam o comportamento humano e, para tanto, fixam preços para a conduta dos indivíduos, permitindo então que estes possam efetuar cálculos custo-benefício de suas ações perante o Direito.

5.3.5 Diferença quanto à axiologia e quanto à teleologia

Um dos traços diferenciadores mais importantes entre princípios e regras certamente é a sua axiologia, ou conexão com valores.

O Direito, por ser um objeto cultural, portanto, de ontologia subjetiva e pertencente ao domínio do dever-ser, é permeado de valores morais convertidos em jurídicos. Sua teleologia é possibilitar a paz social, por meio da regulação de comportamentos, sempre com os valores como como norte. A segurança e a justiça, possivelmente os dois valores primordiais, raramente ou mesmo nunca são passíveis de satisfação plena. A metáfora mais apropriada é considerar que o Direito é um barco navegando em alto-mar, enquanto a segurança e a justiça encontram-se em um horizonte sem fim. O barco pode avistar e mesmo navegar em direção ao horizonte, mas nunca o alcançará.

Os princípios são a conexão jurídica com esses valores, de origem moral e inspiradores da própria existência do Direito.

Regras, por seu turno, certamente conterão carga valorativa em seus enunciados, vez que pertencendo ao sistema jurídico, partilham de todas a sua ontologia descrita acima. Mas são meros instrumentos para consecução daqueles valores, e com eles não se confundem.

Em síntese, enquanto os princípios são os fins almejados pelo Direito, as regras são os meios para alcançá-los. Enquanto valores que são, jamais serão plenamente satisfeitos – apenas otimizados, conforme Alexy. Nesse sentido, esta distinção axiológica remete a uma teleologia do princípio e a uma teleologia da regra.

A teleologia dos princípios significa a finalidade destes em obter e preservar os grandes valores (morais, econômicos, políticos) que a sociedade almeja e, para tanto, seus membros abdicam de parte de suas liberdades pessoais, transferindo a mesma para o Estado, o monopolizador da força que guiará a todos na direção desejada. O contrato social, em última análise, nada mais é que a construção de uma ordem social amparada numa autoridade central (cujo molde institucional é o Direito) baseada nesses valores, que, por sua vez, refletem os desejos imemoriais da espécie humana, desde o tempo em que habitavam as estepes africanas, há centenas de milhares de anos: paz, segurança e prosperidade.

A teleologia das regras, por sua vez, refere-se à finalidade destas em atender aos princípios, traduções jurídicas daqueles grandes valores, e que também servem de timão para a *Jus Nave* seguir a sua trajetória.

Maria Eduarda Fleck da Rosa (2012, p.86) emprega analogia perfeita para ilustrar a diferença entre princípios e regras, que tanto ilustra sua distinção pelo critério da objetividade, como demonstra o caráter finalístico dos princípios e o caráter instrumental das regras, utilizando para tanto a corriqueira situação de uma consulta médica:

> (...) Após sermos avaliados pelo médico, bem como realizarmos a bateria de exames por ele determinada, nos é dado o diagnóstico: devemos levar uma vida mais saudável. Uma vida mais *saudável*. Mas o que exatamente quer o médico dizer com isso? O que, objetivamente, devemos fazer para conseguirmos cumprir com a determinação médica?
>
> Questionamos, portanto, o médico. Como resposta, surgem uma série de recomendações que deverão ser diariamente por nós observadas, tais como: prática de 30 minutos de exercício aeróbico, ingestão de 3 frutas, inclusão de salada no cardápio, etc. Entretanto, não apenas ações (obrigatoriedades) serão de nós exigidas. Determinará o médico que não poderemos, por exemplo, ingerir bebida alcoólica, fumar

TEORIA DA DECISÃO TRIBUTÁRIA

cigarro ou charuto ou comer gorduras. Serão estas imposições que nos impedirão (proibições) de realizar determinadas tarefas. Por fim, enumerará o médico uma série de prescrições, em relação às quais seremos livres (permissões) para optar se as observaremos ou não, tal como a possibilidade de comermos um chocolate por dia.

Seguindo na ilustração acima apresentada, podemos pensar no predicado "saudável" como um princípio (jurídico) disposto pelo médico (legislador). Há, certamente, um senso comum sobre o que seria viver de forma saudável. Entretanto, apenas a imprecisão do senso comum, não mais que isso. É neste contexto que as determinações médicas, objetivamente a nós prescritas (regras jurídicas), nos permitirão cumprir com as imposições, de acordo com o que o próprio médico (novamente o legislador) compreende por "saudável". Para isso, serão a nós conferidas uma série de recomendações (regras jurídicas proibindo, permitindo e obrigando).

Uma ordem jurídica formada apenas por princípios fracassaria em seus propósito mais básico, que é coordenar a vida humana, justamente pela falta de prescrições instrumentais para lhe dar eficácia. Enquanto os princípios são essencialmente finalísticos, as regras são meramente instrumentais, não obstante terem importância crucial para a própria viabilidade de qualquer sistema.

5.3.5.1 Regras jurídicas como fixadoras de preços

O processo decisório do indivíduo inevitavelmente leva em consideração vantagens e desvantagens que terá por conta de suas escolhas e decorrentes ações. Mesmo que o cálculo racional seja intuitivo em grande parte das situações comezinhas da vida, ou consciente e ponderado em tantas outras, a presença de decisões previamente feitas por outros indivíduos poupa o sujeito de empreendê-las.[211]

---

[211] Por exemplo, não necessito decidir se é apropriado ou não ceder o assento a uma mulher grávida, pois já existe uma regra de boas maneiras que impõe essa conduta. Tampouco preciso ponderar se devo ou não pagar o imposto devido pelo fato gerador que realizei, pois o legislador já decidiu previamente que sim. Posso escolher, como em qualquer situação regrada,

Portanto, as regras têm a função de pré-decidir e limitar as escolhas dos agentes, afastando a controvérsia e as incertezas que surgiriam, caso tais escolhas não tivessem sido feitas previamente.

Nessa esteira, as regras visam a reduzir a arbitrariedade, conquanto restringem a discricionariedade do julgador, não obstante terem o efeito colateral de impedir as soluções que poderiam ser, eventualmente, mais justas, dadas as peculiaridades do caso.

Cumpre apontar que o sistema jurídico se consubstancia em conformador de ambiente institucional no qual os agentes econômicos em sentido *lato* (aí compreendidos, de forma simplificada, as famílias, as empresas e o estado) irão interagir, a fim de buscar o máximo de satisfação possível (ou utilidade, no jargão econômico).

Por essa concepção, podemos perceber os sistemas jurídicos e mais precisamente as regras jurídicas como fixadoras de preços para as ações dos agentes, capazes de dispor e modificar os custos e benefícios relativos das condutas e, portanto, influenciar eficientemente os comportamentos. Contudo, para que as regras jurídicas possam cumprir com a sua função de fixadora de preços para as ações dos indivíduos, é necessário que seja assegurado o caráter de bem público da legislação, de forma a permitir o funcionamento do sistema de incentivos que a mesma compõe.

Como se depreende, as regras jurídicas fazem com que sejam fixados, *ex ante*, os preços das ações, possibilitando que os agentes possam prever o resultado esperado de suas condutas e, com isso, possam buscar maximizar os seus benefícios. Em outras palavras, a legislação estruturada em regras claras e estáveis é o meio de se ter ciência prévia dos preços das ações, permitindo, inclusive, que haja planejamento.

Disse, linhas atrás, que as incessantes disputas jurídicas provocadas por advogados desviam recursos escassos de suas alocações mais eficientes. Todavia, nem sempre tal *rent seeking* é tão negativo assim, pois, ao litigar, o particular provoca os órgãos decisórios por excelência do sistema, no caso da tributação, os conselhos paritários administrativos (TIT, CARF e inúmeros outros conselhos de contribuintes estaduais e municipais) e o Judiciário a se posicionarem

---

cumprir ou não o mandamento, o que, por sua vez, ensejará os devidos efeitos. Em uma regra social, há desaprovação de meus pares. Em uma regra jurídica, há sanção imposta pelo Estado.

TEORIA DA DECISÃO TRIBUTÁRIA

a respeito e, assim, paulatinamente fixarem os sentidos (e preços) normativos. Uma vez fixada a semântica dos textos positivos do direito, mais facilmente a segurança jurídica é alcançada, o que leva à ideia de bem público. E, com isso, a ideia de paz social, de justiça (ao menos) formal e de equilíbrio sistêmico.

5.3.5.2 Caráter de bem público que as regras atribuem ao direito positivo

Como vimos, bens públicos são aqueles não rivais e não excludentes, constituindo uma das externalidades positivas. São também falhas de mercado, pois este não o produz de forma adequada para satisfazer a demanda dos indivíduos.

O direito positivo, principalmente quando firmado por meio de regras claras e objetivas na legislação e jurisprudência estável, também possui características de bem público. Servindo de guia dos limites da ação humana, bem como garantindo expectativas normativas (LUHMANN, 2004), o Direito irradia-se a todos e forma a estrutura institucional necessária para que os agentes interajam. Infelizmente, também pode assumir características de "mal público", à medida que crie externalidades negativas, o que pode ocorrer em vista de normas imprecisas e instáveis, que transmitam insegurança jurídica.

Destarte, são as características de bem público do direito que permitem o funcionamento do sistema de incentivos que o mesmo conforma, criando mecanismos que tanto visam a estimular os comportamentos desejados pelo legislador quanto inibir aquelas condutas sociais inadequadas e prejudiciais ao bem comum.

5.3.6 Natureza dos princípios

Percebe-se uma espécie de mítica em relação aos princípios, o que é compreensível em razão da axiologia intrínseca a todo sistema jurídico. Como a criação de um sistema jurídico pressupõe um contrato social que, por sua vez, impõe um eterno *trade off* entre liberdade individual e bem comum, a demarcação do *quantum* que é permitido avançar sobre a esfera privada, assim como a necessidade de manter a coesão social por meio de restrições às condutas e a constante estabilização mediante solução de conflitos intersubjetivos, toda sorte de paixões vem à tona quando os princípios são invocados.

Não há dúvida de que o tema tem uma porção emocional que se sobressai sobre meras e frias considerações técnicas a respeito do fenômeno jurídico. Ainda que teoricamente se fale em contrato social como a causa primeira dos sistemas normativos, historicamente muitos deles surgiram a partir de insurreições populares, demandas coletivas por justiça e revoltas contra prévios regimes. Mesmo quando tal insurreição é mais simbólica do que fática, a consequência é a porção emotiva consubstanciada em valores insculpidos na ordem jurídica nascente.

Feita essa breve digressão, cumpre então indagar da natureza dos princípios. Qual o substrato extrajurídico que lhes serve de substrato, e qual sua função intra e extrassistêmica?

Eros Roberto Grau (2002, p. 38-39) adota uma visão positivista, no sentido de que os princípios não são transcendentes, ou seja, não preexistem externamente ao ordenamento jurídico. Tampouco são criação jurisprudencial, ainda que o seu sentido e extensão sejam argumentativamente construídos em grande parte pelos juízes. Portanto, princípios são nada mais, nada menos, que normas jurídicas, conforme o jurista gaúcho.

Paulo de Barros Carvalho (2008, p. 253) é também partidário desse enfoque, ao enfatizar a natureza de norma jurídica que os princípios têm,[212] uma vez que a estrutura sintática do direito positivo é homogênea, ainda que ele seja heterogêneo no que se refere à sua porção semântica.[213] Salienta, igualmente, que o Direito é construção do ser humano, sendo, portanto, um produto cultural portador de valores, inerentemente finalístico.

O enfoque colacionado acima busca deixar clara a origem normativa dos princípios. Estes não são transcendentais ao ordenamento, mas existem nele, como obra do legislador. Não há dúvida de que essa posição é correta, pois a ontologia subjetiva do Direito acarreta, necessariamente, a introjeção de valores do legislador na sua obra, o ordenamento.

---

[212] Salientando que a unidimensionalidade do sistema jurídico como norma é para "efeitos dogmáticos" (idem, ibidem). Entendemos essa colocação como uma proposição de um modelo analítico do Direito, que não significa necessariamente a sua ontologia, mas tão somente um enfoque epistêmico, redutor de complexidades.

[213] O que faria os princípios terem estrutura lógico-implicacional, com o que não concordamos. As regras possuem essa estrutura, os princípios são enunciados mais simples, mandamentos *prima facie* do sistema, sem necessidade de condicionamentos.

TEORIA DA DECISÃO TRIBUTÁRIA

Todavia, considerando que os princípios estariam presentes no ordenamento e não fora ou além dele, onde serão buscados pelo juiz, quando este necessitar invocá-los para dar solução a uma controvérsia? Basta ir ao texto constitucional? Em casos em que não há regras expressas tampouco jurisprudência a respeito, onde buscar a eventual solução principiológica?

Adotando uma perspectiva sistêmica, percebe-se que os princípios são a porta aberta do ordenamento para argumentos morais. A conexão entre o sistema jurídico e a Moral (ou talvez, mais realisticamente, os preceitos morais do juiz) se dá na argumentação principiológica. Ainda que formalmente se possa sustentar que os princípios já se encontram no ordenamento, seja por meio de enunciados explícitos ou seja por meio de enunciados implícitos, a sua real concretização ocorre à medida que os aplicadores do Direito os justificam argumentativamente.

Ora, não se pode olvidar que o sentido das mensagens normativas é construído tanto pelo emissor quanto pelo receptor. O sistema jurídico, em termos objetivos, é apenas um emaranhado de textos, mas a sua significação, que lhe outorga o *status* de conjunto de normas, é produzido pelos seus comunicadores: Estado *e* sociedade. Analisando pela teoria dos atos de fala, a comunicação se dá no momento em que os atos de fala são trocados pelos utentes, ou seja, quando o ato ilocucionário (emitido pelo falante) é compreendido e gera reação pelo ouvinte (ato perlocucionário). A comunicação nunca é unilateral, portanto.[214]

Ainda que o Direito se utilize da presunção de que ninguém pode se escusar do cumprimento da lei alegando o seu desconhecimento,[215] o que supostamente dispensaria a participação do receptor na produção do sentido, o sistema jurídico só sobrevive à medida que se calibra com o seu ambiente, a sociedade, o que significa dizer: os valores morais que os indivíduos compartilham, formando padrões sociais de moralidade.

Outrossim, o juiz não apenas injeta em suas decisões principiológicas um *quantum* de ideologia pessoal, como também de ideologia que compartilha

---

[214] A palavra "comunicação" tem origem no latim *comunicatio-onis*, que por sua vez vem de communis, *i.e.*, a comunhão na produção de sentido.

[215] Artigo 3.º da Lei de Introdução ao Código Civil (Decreto-lei n.º 4.657/1942).

com os seus pares, e consegue fazê-lo exatamente pela veia argumentativa que a abertura dos princípios permite.

Essa perspectiva acaba por emprestar certa razão a Kelsen (1996, p. 274-275), para quem a integração de uma lacuna por parte do juiz, uma vez que para o jurista austríaco, a lacuna é aparente. Se algo não é expressamente proibido, é logicamente permitido, ainda que não haja permissão expressa, e, sendo assim, logicamente o sistema é completo. A suposta falta de norma é apenas uma ficção, que permite que o juiz possa fazer juízos ético-políticos subjetivos. Na mesma toada, os realistas jurídicos norte-americanos estavam parcialmente corretos ao desdenhar da concepção formal dedutiva do Direito e enfatizar o seu lado humano e, consequentemente, sujeito às inerentes imperfeições dos seus operadores.[216]

Do ponto de vista estritamente jurídico formal, essa asserção é verdadeira, pois, se há situações em que não há limitação formal para o juiz decidir conforme suas concepções morais do que sejam os princípios jurídicos, verifica-se, no entanto, que em média as decisões não costumam ter desvio-padrão acentuado de uma média ideológica social, que usualmente é mais conservadora, principalmente no que se refere à redistribuição de renda e concessão de direitos fundamentais positivos.[217]

Entretanto, outros fatores contribuem para restringir a liberdade do juiz ao decidir, e essas restrições são de natureza extrajurídica, notadamente *normas sociais*.

Em outras palavras, a discricionariedade do juiz acaba sendo limitada não apenas por eventuais limites normativos – que em certas situações, a bem da verdade, acabam sendo poucos –, mas também por restrições extrajurídicas,

---

[216] Um dos mais famosos realistas jurídicos, o norte-americano Jerome Frank, costuma dizer que a decisão judicial pode ser determinada por aquilo que o juiz comeu em seu café da manhã. Movimento análogo ocorreu na Europa continental, em época semelhante, que foi a ascensão da Jurisprudência dos Interesses sobre a Jurisprudência dos conceitos, sendo a esta um sistema doutrinário fechado, pelo qual o Direito é dedutivo e autossuficiente, enquanto aquela abre-se para penetrações de outras áreas do conhecimento, bem como pela concepção que a decisões são influenciadas por diversos outros fatores extrajurídicos, e não ocorrem apenas subsuntivamente.

[217] Vide o artigo Robin Hood vs. King John Redistribution: How do Local Judges decide cases in Brazil?, de Ivan Cesar Ribeiro, apresentado na XI Alacde (Latin American and Ibberian Association of Law and Economics) Annual Conference, ocorrida em Brasília, DF, 26 a 27 de maio de 2007. Artigo disponível em: <http://escholarship.org/uc/item/4qz0t3p7#page-2>.

que podem ser de todo tipo: aprovação de seus pares (ou receio de desa-provação, que pode resultar em prejuízo de ascensão na carreira), religião, princípios morais etc. Douglas North (1992, p. 17) enfatiza a força que as regras de comportamento informais – não jurídicas, portanto – têm sobre o comportamento dos indivíduos, sejam eles membros de organizações privadas, sejam de organizações públicas.

Em síntese, da mesma forma que o legislador se abre materialmente às expectativas sociais ao formular suas leis, que são produzidas de acordo com as restrições formais (competências) do ordenamento, o juiz também assim procede ao decidir principiologicamente. É certo que essa abertura é muito menor que a legislativa, e se restringe mais e mais à medida que os precedentes fixam o entendimento dos tribunais, mas nem por isso ela cessa de existir. Tampouco se trata de uma anomalia, mas de uma característica inerente a qualquer sistema jurídico.

5.3.7 Hierarquia entre princípios e regras?

Falar de hierarquia em construções interpretativas de como são as normas torna a tarefa epistemológica uma via sem saída. Se definimos normas como produtos da interpretação realizada a partir dos textos do direito positivo, percebe-se que não há relação biunívoca entre dispositivo legal e norma ju-rídica, ou mesmo entre ato ou diploma normativo e norma.

Sendo a norma um comando, emitido no contexto de um sistema comu-nicacional público que a todos pretende alcançar, é necessário que o seu des-tinatário[218] possa compreender a ordem emanada, *i.e.*, o que lhe é exigido em termos de conduta. Ainda que essa compreensão possa ser empreendida a partir de locuções normativas simples, como aquelas contidas em um simples artigo de lei, é frequente a necessidade de percorrer diversos atos normativos, muitas vezes de órgãos distintos, para que se possa finalmente assimilar qual a conduta imposta.

Tal peregrinação textual ocorre mormente no direito tributário, dada a miríade de atos normativos de todos os tipos circulantes em nosso sistema. Por

---

[218] Para fins de simplicidade analítica, não entrarei no mérito de o destinatário ser o cidadão comum ou o profissional jurídico.

exemplo, as inúmeras alíquotas do Imposto sobre Produtos Industrializados (IPI) são dispostas por decreto que institui a Tabela do IPI (TIPI). Para que o industrial possa ter conhecimento de suas obrigações terá que ter ciência não só das leis do imposto, como também dos atos infralegais.

Nesse sentido, a hierarquia não pode ser das normas, mas sim dos atos normativos, ou, no léxico de Paulo de Barros Carvalho (2010), dos veículos introdutores de normas. Consoante o entendimento do referido publicista, os veículos introdutores são também normas, mais precisamente normas (leis, decretos, atos administrativos, sentenças judiciais etc.) que introduzem outras normas no sistema (*v.g.*, o conteúdo dos veículos, por exemplo, a regra-matriz do imposto sobre serviços disposta pela Lei Paulista n.º 6.989/1966 e suas inúmeras alterações legislativas).

Portanto, o que muitas vezes se confunde como hierarquia entre princípios e regras é simplesmente o fato de muitos dos primeiros estarem na Constituição e muitas das últimas estarem na legislação infraconstitucional.

Destarte, não há hierarquia no sentido normativo que leva à construção de espécies como os princípios e as regras. Em suma, o escalonamento do sistema jurídico, na linha de Kelsen, deve ser visto como uma questão de diplomas normativos, e não de seu conteúdo. Assim, *não há hierarquia entre princípios e regras*, mas, sim, de seus veículos.

Entre princípios constitucionais e regras legais a hierarquia refere-se à fonte normativa dos dispositivos. Dispositivos emanados do poder constituinte são hierarquicamente superiores aos dispositivos veiculados pelos poderes legislativos federal, estaduais e municipais.

Certas correntes teóricas comumente agrupadas sob a alcunha "neoconstitucionalismo" propugnam a preponderância dos princípios sobre as regras. Em vez de ater-se aos códigos legais, a solução mais condizente com valores como a justiça social e a dignidade da pessoa humana é superar regras em prol de princípios constitucionais.

Em segmentos do sistema em que há códigos sedimentados e abrangentes, como é o caso do direito civil[219] e do direito penal, tal superação em prol de noções altamente subjetivas de justiça causam extrema insegurança jurídica.

---

[219] Ainda que o atual Código Civil seja recente, os institutos ali dispostos advêm de uma longa tradição, restando basicamente os mesmos em sua estrutura.

TEORIA DA DECISÃO TRIBUTÁRIA

Por outro lado, em outros segmentos, sequer é necessário ser um neoconstitucionalista, pois o próprio legislador constituinte tratou de agir como um.

Ilustrativo é o nosso sistema constitucional tributário. A Constituição Federal de 1988, a primeira em clima democrático de longo período autoritário, reflete essa intensa preocupação em limitar e delimitar a atuação do Estado fiscal. Certamente a Carta de 1988 é uma das mais pródigas e prolixas em matéria tributária, não se contentando apenas em dispor sobre limitações ao poder de tributar, como também estabelecendo rígida e exaustivamente as próprias competências legislativas.

Como tudo o mais na vida, essa opção tem prós e contras ou custos e benefícios. O benefício mais evidente é um suposto freio às investidas do Estado Fiscal, tanto em nível legal quanto em nível administrativo. Os "contras", por sua vez, são vários. Desde o engessamento do sistema, dificultador de qualquer pretensão reformista, ao fomento de frequentes litígios pleiteando inconstitucionalidades a torto e a direito, os custos dessa constitucionalização da tributação parecem ultrapassar os benefícios, mesmo porque os avanços do Estado fiscal, a julgar pelo nível da carga tributária sobre o produto interno bruto brasileiro, só fizeram crescer desde a promulgação da Constituição.

Ironicamente, ao mesmo tempo em que o direito tributário brasileiro é altamente principiológico, literalmente milhares de regras integram a sua estrutura. Disso decorre o constante e antiprodutivo confronto entre as regras e princípios, polarizando *ad infinitum* Administração tributária e contribuinte, ambos naturalmente com seus próprios interesses maximizadores. Parte da culpa é do Legislativo e Executivo, que frequentemente abortam normas eivadas de inconstitucionalidades. Por outro lado, parcela de culpa também cabe aos contribuintes, ou, mais especificamente, aos seus advogados, que buscam incessantemente – em autêntica atividade de *rent seeking* – criar teses jurídicas apelando, em boa parte das vezes, para argumentos principiológicos vulgares. Cabe ao juízes, em inoportuno aumento dos custos do Judiciário, já sobremodo elevados, depurar o joio do trigo, expurgando normas realmente em desacordo com a Carta Magna e mantendo aquelas com ela consonantes.

5.3.8 Os princípios, as cláusulas gerais e os conceitos indeterminados

Como vimos, epistemicamente a diferença mais facilmente verificável entre princípios e regras é o grau de objetividade semântica que cada espécie detém. Por esse prisma, princípios são vagos, ao passo que as regras são objetivas e precisas.

A referida distinção, no entanto, não implica que as regras sejam cristalinas e destituídas de vaguezas e ambiguidades. Longe disso. Poder-se-ia dizer que a vagueza e a ambiguidade encontram-se não nas regras, mas sim nos enunciados que lhes servem de suporte físico. Assim, uma vez que as regras são a construção de sentido dos textos normativos, só se as alcançaria quando não houvesse mais vagueza ou ambiguidade.

Entretanto, se assim fosse, só se poderia considerar como regras aquelas provenientes de decisões dos Tribunais Superiores, que encerram discussões semânticas sobre o Direito.[220] Antes disso, o máximo que o Direito possuiria seriam dispositivos soltos, sem qualquer força coercitiva ou incentivadora de condutas, algo como um relativismo deôntico completo. Reinaria o caos institucional, pois os indivíduos não saberiam como agir ou até onde iria o limite de suas liberdades, pelo menos até o Superior Tribunal de Justiça e o Supremo Tribunal Federal se posicionassem a respeito. No entanto, o sistema jurídico possui um grau de inteligibilidade bastante razoável, o que possibilita a rede institucional que cerca as relações sociais.

As regras, relativamente aos princípios, têm grau superior de objetividade, notadamente no conteúdo da suas hipóteses de incidência e dos seus consequentes. Em determinados segmentos do Direito, tal objetividade se destaca, por exemplo, no Direito Penal. Não são necessários grandes arroubos hermenêuticos para compreendermos que o crime de homicídio resulta em pena de seis a vinte anos de privação de liberdade (artigo 121 do Código Penal). É claro que para entender essa regra, é preciso saber o que é homicídio, o que é pena de privação de liberdade, assim como as exceções cabíveis para a regra, mas nem por isso a regra contém ambiguidades ou indeterminações.

---

[220] Que mesmo assim ainda são expressas em enunciados, também portadores de vaguezas e potenciais ambiguidades. O recurso conhecido como "embargos de declaração" tem o fim de sanar ambiguidades, omissões e contradições nas decisões judiciais, no que nem sempre são bem-sucedidos.

TEORIA DA DECISÃO TRIBUTÁRIA

Essas soem ocorrer na reconstituição dos fatos pelas provas, o que impede então a incidência da regra, sempre em prol da segurança jurídica e da justiça.

Os princípios, como já adiantado cima, são propositadamente abertos, vagos, com as suas bordas semânticas indefinidas. A literatura norte-americana e inglesa costuma se referir a algo parecido com princípios pela alcunha de *standards*, cuja tradução para português é "padrões", e concentra-se basicamente no grau de abertura semântica destes. Assim, a diferença fundamental entre os *standards* e as regras é de grau (de objetividade), e não de natureza.

Por esse entendimento, uma norma que determine a todos "dirigir nas rodovias federais com prudência e razoabilidade" é um *standard*; uma norma que determine "é proibido dirigir acima de oitenta quilômetros horários" é uma regra.

Porém, a mera graduação de objetividade do exemplo acima não é adequada como um diferenciador entre princípios e regras. Ocorre que o *standard* referido tem estrutura implicacional, ainda que seja extremamente vaga e aberta: *se dirigir em rodovias federais, deve ser a obrigação de dirigir com prudência e razoabilidade*. Por mais vago que seja, o standard é uma regra de comportamento dos cidadãos, algo para o qual os princípios não se aplicam, visto sua função ser interna ao sistema jurídico, não projetando-se externamente.

Usualmente, quando há *standards*, não há regras precisas concomitantes para as mesmas situações, pois se trata de uma opção do legislador. Ainda assim, caso haja regra precisa para a mesma situação, a forma de solução para a antinomia é a clássica preponderância da regra específica sobre a geral.

O que ocorre é que mesmo as regras podem ser indeterminadas. No último caso, são os chamados "conceitos indeterminados", aqueles cujo conteúdo e extensão são em largas medida incertos (ENGISH, 1996, p. 208).[221] Em termos estruturais, é um elemento da regra que é indeterminado, e esse elemento pode se encontrar tanto na hipótese de incidência quanto no consequente (ainda que seja mais comum que esteja na hipótese).

---

[221] Para Eros Roberto Grau (1988, p. 76), a indeterminação não é dos conceitos, mas dos termos. Os conceitos jurídicos, segundo o jurista gaúcho, são sempre determinados.

DECISÃO DO JUIZ

Assim, mesmo uma regra de conduta pode ter em seu bojo conceitos indeterminados, que também implicam uma abertura semântica destinada ao intérprete/aplicador. Para Karl English (idem, p. 209-212), os conceitos indeterminados podem ser tanto naturalísticos quanto normativos. Exemplo dos primeiros: "ruído", "perigo", "coisa". Exemplos dos últimos: "mulher honesta", "dignidade", "prudência", "razoabilidade". Os conceitos indeterminados naturalísticos, por assim dizer, têm como referente algo ontologicamente objetivo, independente do observador, ao passo que os conceitos indeterminados normativos são ontologicamente subjetivos, dependentes do observador. Portanto, de ainda mais difícil determinação.[222]

Segundo Tércio Sampaio Ferraz Jr. (1980, p. 96), o sentido dos conceitos indeterminados pede do aplicador uma explícita determinação. Tal colocação é precisa no sentido de que toda linguagem é vaga e potencialmente ambígua, o que requer sempre algum grau de interpretação. A forma de determinar o conceito requer a sua definição conotativa, pois à medida que se enriquecem e detalham as notas que definem o termo (ponto de partida do conceito), mais restrita fica a definição denotativa. Típico exemplo disso é a forma pela qual os contratos são redigidos nos Estados Unidos da América, onde para cada situação ou conceito a definição é exaustiva.

Se determinada expressão, como *fiscal year* (exercício financeiro), é mencionada, logo em seguida é definido o sentido em que ela é utilizada, por exemplo, o período que começa no dia 1.º de outubro e encerra no dia 30 de setembro do ano seguinte, reduzindo assim vaguezas e potenciais ambiguidades que poderiam ser eventualmente exploradas pelas partes ou gerar dificuldades para os juízes ou árbitros.

Veja-se que conceitos têm grau de determinação. Desde os mais determinados, usualmente expressos em termos numéricos, até os mais indeterminados, cujos termos pouca ou nenhuma significação possuem. *Portanto, a diferença entre conceito indeterminado e conceito determinado é de grau, não de natureza.* No exemplo de regra de trânsito que vimos, determinar limites objetivos de velocidade implica utilizar um conceito determinado. Oitenta quilômetros

---

[222] Cf. Engish (1996, p. 212): "Devemos entender como conceitos normativos aqueles que, contrariamente aos conceitos descritivos, visam dados que não são simplesmente perceptíveis pelos sentidos ou percepcionáveis, mas que só em conexão com o mundo das normas se tornam representáveis e compreensíveis".

horários é um marco objetivo, independentemente de avaliações subjetivas, ao contrário do conduzir com "prudência e razoabilidade".[223]

O critério diferenciador da objetividade, portanto, é apenas um dos critérios, ainda que epistemicamente importante. Mas não serve como único tampouco como o principal, como parece querer a doutrina estadunidense.

Já a *cláusula geral* é técnica legislativa que possibilita discricionariedade ao aplicador, submetendo a ela toda uma classe de situações. Trata-se de um critério de interpretação propositadamente aberto. No direito privado, notadamente aberto em suas formulações, as cláusulas são dirigidas aos juízes, que tratarão de concretizá-las em suas decisões, construindo então a jurisprudência que precisará o seu significado.

Há cláusulas gerais, segundo aponta Judith Martins-Costa (1999, p. 323-325), que veiculam valores, tais como os princípios, por exemplo, a boa-fé objetiva, razoabilidade etc.

Em termos sistêmicos, as cláusulas gerais são aberturas que permitem ao operador do direito calibrar o sistema jurídico, de modo a adaptá-lo a situações novas e inesperadas. Todavia, quanto mais vaga e imprecisa em sua significação, maior discricionariedade a cláusula aberta permitirá.

Em relação aos conceitos indeterminados, as cláusulas gerais deles se diferenciam por serem aqueles componentes das normas, enquanto estas são as normas em sua inteireza. Nesse sentido, os conceitos indeterminados permitem menos discricionariedade, uma vez que outros elementos da norma em que se inserem limitam a interpretação. Em termos estruturais, os conceitos indeterminados geram incerteza em relação a aspectos do conteúdo da norma, usualmente na disposição do comportamento a ser adotado, mas não nas consequências do cumprimento ou descumprimento dela. Por exemplo, a regra de trânsito acima citada. Sabe-se que se o motorista não dirigir com *prudência* e

---

[223] A few years ago, for example, the state of Montana eliminated all fixed speed limits, requiring instead only that driving should be "reasonable and prudent". But drivers have widely divergent ideas of what is reasonable and what is prudent, and so do police officers and judges, As a result, there developed wide variations in speed limit enforcement, the consequence being that drivers became highly uncertain about how fast they could go without running afoul of the law. This much uncertainty was too much for the Montana Supreme Court, which struck down the "reasonable and prudent" rule as excessively vague (SHAUER, 2009, p. 16).

razoabilidade, será multado. A consequência advinda da inobservância é clara, residindo o problema na compreensão do comportamento prescrito.

Entretanto, qual a diferença, se é que há, entre cláusula geral e princípio jurídico?

Ora, os princípios são normas vagas, de caráter *prima facie* e intensamente ligada a valores. Funcionam como diretivos axiológicos do sistema, bem como também operam como integradores em situações onde as regras são insuficientes para soluções de casos concretos. Não o são também as cláusulas gerais?

Vejamos duas das chamadas cláusulas gerais ou abertas no Código Civil Brasileiro:

> Art. 113. Os negócios jurídicos devem ser interpretados conforme a boa-fé e os usos do lugar de sua celebração.

> Art. 421. A liberdade de contratar será exercida em razão e nos limites da função social do contrato.

Ambas contém a vagueza típica dos princípios. Ambas são mandamentos *prima facie*, não condicionais a alguma ocorrência fática específica, tal quais os princípios. Servem tanto como diretiva na construção de normas (contratos), como também para interpretação e integração do sistema, assim como os princípios. Ainda que se possa sustentar que a "função social" carece de conexão com algum valor específico, ao menos do ponto de vista técnico e científico, não se pode ignorar que a expressão é comumente relacionada a redistribuição de riqueza, portanto, derivada de valores como justiça social e igualdade material.

A diferença mais significativa, senão a única, passa a ser a hierarquia entre as referidas categorias, visto que os princípios são usualmente identificados como normas constitucionais, ao passo que clausulas gerais têm *status* de lei. Nesse diapasão, não se pode sustentar qualquer hierarquia superior das clausulas gerais em relação às demais normas legais, apenas coordenações horizontais na construção do sentido normativo. Destarte, as clausulas gerais funcionam como auxílio na construção desta interpretação, que em última análise, é a construção das próprias regras jurídicas. Por exemplo, ao se interpretar e decidir sobre o sentido de disposições contratuais, tais clausulas auxiliarão no processo hermenêutico. Nada mais.

No direito tributário, a cláusula geral é sobremodo limitada. Uma vez que este, pelo princípio da segurança jurídica, deve ser sempre formulado com tipos fechados, uma cláusula geral necessita de regulamentação específica, visto não ser autorizado conceder discricionariedade ao seu aplicador, seja o agente administrativo fiscal, seja o juiz. Um exemplo é a cláusula geral antielisiva, contida no parágrafo único do artigo 116 do Código Tributário Nacional. É geral porque submete todo negócio jurídico que tenha, em situações a serem especificadas normativamente, intenção de dissimular ocorrências de fatos geradores.

Note-se que a cláusula geral usualmente se utiliza de conceitos indeterminados, mas nada impede que inclua conceitos determinados. Basta que remeta a sua disposição geral a uma formulação cerrada, precisamente descrita pelo legislador. No direito tributário, as disposições "fraude, dolo e simulação" remetem a conceitos normativos determinados. Dolo é a constatação objetiva do ato de enganar deliberadamente alguém (má-fé), com intuito de obter vantagens às suas custas – conduta ilícita que, por sua vez, é também a definição de fraude. Simulação, por seu turno, refere-se aos negócios jurídicos, e é tipificada em *numerus clausus* no artigo 167, § 1.º, do Código Civil brasileiro. Tratar-se-ia de uma clausula geral fechada, o que demonstra a impropriedade da utilização sinonímica das expressões "clausula geral" e clausula aberta".

A cláusula geral difere também da analogia, pois esta é técnica argumentativa de aplicação do direito e não norma, e é utilizada em casos de lacunas normativas, ou seja, situações fáticas que não foram previstas pelo legislador. No direito tributário, assim como no direito penal, são vedadas analogias para a aplicação de tributos e de penas, sendo obrigatórias as suas previsões expressas.

5.3.8.1 Os custos dos princípios, cláusulas gerais, conceitos indeterminados e a insegurança jurídica

Princípios são valores que informam todas as demais normas do sistema, no sentido de ser o seu fundamento último de validade. Portanto, não há (ou não deveria haver) propriamente uma escolha entre princípios e regras, salvo em determinadas situações de lacunas normativas, de inconformidade entre regras e princípios e de superação de regras por princípios.

Por serem valores fundamentais ao sistema e consonantes com a moralidade vigente, naturalmente tudo converge aos princípios. São como atratores do sistema, não apenas em termos de fundamento de validade, mas também argumentativamente qualquer questão jurídica é passível de redução aos valores veiculados por eles.

Por sua vez, conceitos indeterminados naturalmente requerem concretização de seus significados em nível pós-legislativo. Isso naturalmente gera custos, que não significam necessariamente custos financeiros, mas custos econômicos que podem ser de oportunidade, de informação e de transação.

Conceitos indeterminados naturalísticos, no dizer de English, são inevitáveis. Requerem menos custos para o legislador e ainda têm o benefício de perdurarem por mais tempo em face da realidade, justamente por sua tessitura aberta. Ainda assim, são mais fáceis de objetivar. Por exemplo, "ruído noturno" pode ser arbitrariamente estipulado em número de decibéis, constituindo então um marco objetivo para algo subjetivo.

Conceitos indeterminados normativos guardam problemas maiores, pois são ainda mais vagos, uma vez que se referem a aspectos morais e axiológicos.

Mesmo conceitos tradicionalmente tidos como determinados geram problemas em certas situações. Por exemplo, o conceito nuclear de "livro" é razoavelmente estável, ainda que em seu halo seja difuso. Todos nós temos uma boa noção do que seja um livro, porém uma edição com duas páginas seria um livro? E com dez páginas? A partir de quantas páginas o conceito passa de difuso para sólido?

Conceitos normativos, mesmo em seu núcleo, têm uma vagueza muito maior. Ainda que se tenha um senso comum do que é ser uma pessoa razoável, os limites do conceito são variáveis de indivíduo a indivíduo. No exemplo da rodovia citado linhas atrás, um sujeito que se julgue ótimo motorista pode muito bem achar que é razoável trafegar à velocidade de cento e oitenta quilômetros horários.

Note-se que regras portadoras de conceitos indeterminados normativos reservam alto grau de discricionariedade aos seus aplicadores. Não apenas o destinatário não conseguirá cumprir o mandamento com segurança, como também quem aplicar a norma ao caso concreto poderá decidir o significado *ad hoc* daquele conceito.

Como salienta Schauer (2009, p. 195), o *trade off* fundamental na escolha entre regras, princípios, cláusulas gerais e conceitos indeterminados se dá na alocação da tomada de decisão entre o presente e o futuro. Como pontua ele, diretivas altamente específicas – regras – maximizam a certeza e a previsibilidade, mas ao custo de nem sempre ser possível obter a solução mais correta em casos ou situações imprevistas. Diretivas vagas – os *standards* – possibilitam ao tomador de decisões jurídicas alcançar a decisão certa, porém ao custo de prover pouca certeza, previsibilidade e controle de discricionariedade do julgador.

Outrossim, quando os cidadãos não têm ciência objetiva dos limites da sua liberdade, a sua capacidade de cálculo custo-benefício fica prejudicada. Consequentemente, a eficácia incentivacional da própria norma também resta molestada e aumentam os custos de transação (e consequente perda de excedente social), o que é nocivo para toda a sociedade. Portanto, como sustenta Louis Kaplow (1992, p. 596), as regras tendem a ser preferíveis no que tange ao comportamento do indivíduo, uma vez que este necessitará despender menos recursos para compreender o Direito, tendo assim maior e melhor ciência dos comandos a ele dirigidos e, consequentemente, portar-se de acordo.

As cláusulas gerais indeterminadas são ainda piores nesse sentido. São tão abertas que se tornam virtualmente destituídas de sentido, o que potencialmente pode conduzir a arbitrariedades e levar à grande insegurança jurídica. Nisso diferem dos princípios, pois, ainda que estes sejam uma flexibilização do sistema, referem-se, como dito acima, aos seus valores fundamentais. Mesmo princípios difíceis de determinação como a igualdade são mais facilmente digeríveis pelo senso comum do que cláusulas de difícil determinação de significado, como é o caso da boa-fé objetiva e da função social da propriedade e dos contratos. Tal imprecisão pode acarretar a inviabilização do cálculo racional do indivíduo, tornando a sua escolha sob incerteza – gerando insegurança jurídica.

No que concerne ao uso do adjetivo "social" em conceitos morais e jurídicos, Friedrich Hayek, Nobel de Economia, dedicou todo o segundo volume (intitulado *The mirage of social justice*) de sua trilogia *Law, Legislation and Liberty*, apontando o que considera como as falácias da denominada "justiça social".

DECISÃO DO JUIZ

Segundo o filósofo, jurista e economista austríaco, o problema da expressão "justiça social" decorre da colocação do adjetivo "social" ao substantivo "justiça". Conforme Hayek, "social" é uma palavra doninha[224] (*weasel word*) que tem a aptidão de esvaziar o conceito original das palavras às quais se liga. Seja qual for o termo, tal como "justiça", "função", responsabilidade", "direito", "valor", ou qualquer outro, a simples ligação com a palavra "social" imediatamente acarreta o efeito de desvirtuar o conceito original do primeiro vocábulo, sugerindo uma significação sobremodo mais elevada, com algo de sublime.

É certo que a expressão "justiça social" tem um razoável significado hodierno, que leva à ideia de redistribuição de riqueza, e nessa direção a jurisprudência tem se firmado mais e mais. No entanto, trata-se de uma distorção do termo "social", que significa, de forma pura, apenas algo ligado a um fenômeno de intencionalidade coletiva. Nesse sentido, uma partida de futebol é tão "social" quanto qualquer outro fenômeno que envolva estados intencionais coletivos. Justiça, por sua vez, é um fenômeno intrinsecamente coletivo, sendo impossível a sua existência de um ponto de vista apenas individual. É velho o exemplo, porém dificilmente superável: enquanto Robinson Crusoé encontrava-se sozinho na ilha em que naufragou, não era necessário nenhum sistema de normas de conduta social. Bastou que Sexta-Feira chegasse e pronto, surgiu a necessidade de normas, uma vez que a liberdade dos dois já restava diminuída, simplesmente pela necessidade de convivência.

Conforme vimos, ainda pior é a expressão "função social", utilizada pela Constituição (*v.g.*, artigo 5.º, XXIII), no tocante ao direito de propriedade, e pelo Código Civil (artigo 421), para os contratos. Qual é a função social de qualquer coisa que seja? Se a justiça, enquanto instituição e organização, ou seja, conjunto de regras e órgãos aplicadores delas, tem uma função social, qual seria? Resolver imparcialmente as questões que lhes são colocadas a dirimir ou intervir ativamente de modo a redistribuir recursos da forma que considerar mais equitativa?

---

[224] As doninhas costumam fazer pequenos furos em ovos de galinha e sugar todo o seu recheio, deixando intactos, todavia, os invólucros.

5.3.8.2 *Análise normativa: proposta de interpretação para a cláusula função social*

A expressão "função social" aparece sete vezes na Constituição Federal de 1988 e, salvo uma menção concernente às empresas públicas (artigo 173, § 1.º, I), todas as demais aparições referem-se à propriedade, urbana e rural. No que tange à propriedade urbana, a cláusula tem tom legalista, pois simplesmente atribui como cumpridora da função social a propriedade que cumprir com "as exigências fundamentais de ordenação da cidade expressas no plano diretor" (artigo 182, § 2.º). Em outras palavras, terá atendido a cláusula simplesmente cumprindo os ditames da lei municipal que institui o plano diretor.

A propriedade rural, por sua vez, tem critérios enunciados no artigo 186 da Constituição:

> Art. 186. A função social é cumprida quando a propriedade rural atende, simultaneamente, segundo critérios e graus de exigência estabelecidos em lei, aos seguintes requisitos:
> I – aproveitamento racional e adequado;
> II – utilização adequada dos recursos naturais disponíveis e preservação do meio ambiente;
> III – observância das disposições que regulam as relações de trabalho;
> IV – exploração que favoreça o bem-estar dos proprietários e dos trabalhadores.

Tais critérios são funcionalistas e podem ser interpretados à luz de uma visão consequencialista do Direito. O inciso I ordena a exploração da propriedade de modo racional e adequado, o que significa sustentável. Esta ideia é seguida pelo inciso seguinte, que determina a "utilização adequada dos recursos naturais disponíveis e preservação do meio ambiente". O inciso terceiro refere-se apenas à observância das normas trabalhistas, com o intuito de evitar exploração de trabalho desumano e escravo no campo. O quarto e último inciso exige a "exploração que favoreça o bem-estar dos proprietários e dos trabalhadores".

Com exceção possível do inciso terceiro, os demais visam metas a serem cumpridas, as quais, uma vez atendidas de fato, terão concretizado a função social da propriedade. O que podemos extrair, como denominadores comuns, são as *externalidades e a eficiência*, como critérios de interpretação da cláusula.

Se lembrarmos que a propriedade é um direito individual, manifestação de uma liberdade negativa fundamental para o Estado Democrático de Direito, a forma de interpretar a função social é pensá-la justamente nesse contexto. A liberdade do indivíduo é sempre o bem supremo em qualquer regime que se pretenda "democrático de direito". Contudo, o contrato social que logicamente antecede a sociedade civilizada exige renúncia parcial dessa liberdade, mas tão somente na medida em que essa abstinência garanta a liberdade do maior número possível de indivíduos.

A fórmula aqui é limitar a autonomia do indivíduo apenas quando o seu exercício invadir a esfera de autonomia do próximo (a liberdade de um termina quando começa a do outro), e a única forma razoavelmente objetiva de verificar isso se dá pela análise das externalidades.

Ora, o uso do direito de propriedade por um indivíduo pode tornar-se ilícito quando passa a ocorrer o chamado abuso de direito, como determina o artigo 187 do Código Civil.[225] Esse abuso acontece porque o uso do livre direito de propriedade acaba afetando terceiro, no exemplo citado, o vizinho. No caso da propriedade rural, o uso adequado significa não esgotar os recursos e também não gerar externalidades negativas, como a poluição. Igualmente, "gerar bem-estar" leva à ideia de uso eficiente dos recursos, intimamente conectada também com externalidades, como lembra a clássica "tragédia dos comuns", de Garret Hardin (1968).[226]

---

[225] Art. 187. Também comete ato ilícito o titular de um direito que, ao exercê-lo, excede manifestamente os limites impostos pelo seu fim econômico ou social, pela boa-fé ou pelos bons costumes.

[226] Garret Hardin publicou na revista *Science*, em 1968, um dos artigos mais influentes nas ciências sociais da segunda metade do século passado. Utilizando um cenário do século XIX, em que pastores camponeses (*commons*) partilham o uso dos pastos para alimentar os seus animais. A "tragédia" ocorre justamente pela racionalidade custo/benefício individual, em que os benefícios são internalizados (o gado de cada um engorda), mas os custos não. O caso ilustra exemplo de bens coletivos (*common pool resources*), que são aqueles de uso rival porém não excludente, ou seja, assim como o dilema do prisioneiro, é racional deixar os seus animais consumirem o máximo possível daqueles recursos compartilhados, pressupondo que os outros pastores farão o mesmo. O resultado social, no entanto, é trágico, pois se esgotam os recursos para todos.

A função social da propriedade rural é, em síntese, umbilicalmente ligada à eficiência econômica. A propriedade rural cumprirá a função social ao produzir adequadamente (eficiência de produção), não causar externalidades negativas (esgotamento dos recursos naturais, poluição) e gerar bem-estar social (eficiência alocativa de recursos).

Quanto à função social dos contratos, disposta pelo artigo 421 do Código Civil, não há determinação da cláusula, restando à discricionariedade hermenêutica dos juízes construir o seu sentido.[227] Entretanto, a mesma lógica pode ser aplicada ali.

Considerando a liberdade contratual, condição necessária para que os indivíduos interajam no ambiente denominado "mercado", restrições a essa autonomia também apenas são justificáveis do ponto de vista da eficiência de produção e de alocação de recursos.

Contratos que descumprem a sua função social serão aqueles que geram externalidades negativas a terceiros. O exemplo da poluição novamente vem a calhar, pois uma relação jurídica entre um produtor e seus consumidores (natureza contratual, ao menos em sentido amplo) que causar prejuízos a outros terá descumprido a sua função social.

Outro exemplo, bastante comum, é o da casa de espetáculos que cobra ingressos de seus espectadores, ambos dentro da lógica custo-benefício. O público paga pelo ingresso, pois entende que o benefício de assistir ao *show* é maior que o preço da entrada, e o promotor do evento o realiza por pretender auferir lucro ao final. Todavia, o barulho do *show*, que primeiramente é um contrato entre a casa de espetáculos e os seus clientes, ultrapassa suas fronteiras e incomoda toda a vizinhança. Esse custo arcado pelos vizinhos, que preferem a paz e o sossego do silêncio, não foi contabilizado nos custos do produtor ao realizar o espetáculo.

Essa relação ou relações contratuais geraram externalidades que extrapolaram (*spill over*) a mera relação original entre as partes atingiram terceiros, portanto violaram a sua função social.

---

[227] Para uma análise da função social dos contratos sob a perspectiva do Direito e Economia, ver o artigo "Ainda sobre função social do direito contratual no Código Civil brasileiro: justiça distributiva VS. eficiência econômica." In: TIMM, Luciano Benneti (org.). *Direito e Economia*. Porto Alegre: Livraria do Advogado, 2a ed., 2008.

5.3.9 Discricionariedade ou solução por princípios?

Um sistema ideal do ponto de vista juspositivista seria aquele pelo qual toda e qualquer controvérsia seria solucionada por regras objetivas, que obrigam, proíbem ou permitem. Infelizmente ou felizmente, a depender da perspectiva, é impossível para o legislador prever toda a miríade de inovações decorrentes da ação humana. Ao contrário da ordem espontânea da sociedade, o Direito é sempre artificial (BECKER, 1999, p. 49) e, por isso, atrasado em sua eterna corrida para regular a vida humana. Lacunas normativas ou regramentos em defasagem com o mundo atual, portanto, são inevitáveis e sempre existirão.

Para positivistas como Kelsen e Hart, sempre que as regras não bastarem para solucionar casos, sobrará a discricionariedade do juiz, que decide a questão utilizando seus critérios pessoais de justiça e equidade. Tal liberdade de criar soluções *ad hoc*, diga-se de passagem, é algo que sempre incomodou pensadores mais afeitos ao controle de arbítrios judiciais, desde Bentham até os atuais "interpretativistas" jurídicos.[228]

Cabe dizer que tal discricionariedade não é tão ampla assim. Nos chamados casos difíceis, em que o juiz necessita encontrar alguma solução não prevista cristalinamente nas regras do repertório jurídico, e, portanto necessita apelar para alguma saída dada a sua obrigatoriedade de encerrar o litígio, a resposta está nos princípios. Logo, não há arbitrariedade judicial, pois a única forma de resolver é por meio de princípios jurídicos, o que para Dworkin (2006, p. 75) significa "uma exigência de justiça ou equidade ou outra forma de dimensão de moralidade".

Não há dúvida de que é muito mais fácil decidir quando o trabalho maior já foi realizado pelo legislador, ou seja, a legislação previu satisfatoriamente as situações do mundo real ensejadoras de efeitos jurídicos. Quando é preciso solucionar a questão apelando para expedientes extrarregras, a argumentação passa a cumprir função legitimadora da decisão.

---

[228] Ou ativistas judiciais, corrente doutrinária norte-americana que propugna a interpretação de uma Constituição "viva", *i.e.*, adaptável a sociedade em constante mutação. A corrente contrária é chamada de "textualismo", que defende uma interpretação literal e histórica da Constituição, e teve dentre os seus maiores representantes o juiz da Suprema Corte, Antonin Scalia (1936-2016).

A estrutura tripartida de Estado, somada aos graus de jurisdição e às regras processuais, contribui para que os juízes sejam premidos a fundamentarem suas decisões, principalmente quando não há solução fácil. Mesmo que a fundamentação das sentenças seja sempre obrigatória, ela passa a exigir argumentação convincente nos casos difíceis, sob pena de reforma por grau superior de jurisdição e sob pena de descrédito social.

Entretanto, a argumentação que visa justificar uma solução principiológica deve buscar suas razões no próprio sistema. Ainda que essa linha argumentativa soe muitas vezes retórica, uma vez que em certos princípios praticamente qualquer interpretação é possível, ao menos se justifica perante valores importantes como a separação dos poderes e o Estado Democrático de Direito. Se o julgador foi ao próprio sistema encontrar a solução para o caso, *a contrario sensu* não decidiu de acordo com os seus critérios pessoais e subjetivos de justiça.

Consequentemente, apelar para princípios não deve ser considerado como raciocínio "moral" (*moral reasoning*), como diz Dworkin (1997), e sim raciocínio apoiado em princípios contidos no próprio sistema. Ainda que, segundo o referido autor, os juízes não possam julgar de acordo com suas preferências pessoais, devendo se ater a padrões públicos de moralidade, resta altamente perigosa a apelação à moral. Ainda que conceitos abstratos e gerais do que é moral e imoral sejam razoavelmente uniformes e de senso comum, aplicações desses conceitos a casos concretos geralmente acarreta controvérsias.

Os próprios exemplos trazidos por Dworkin, como o caso Riggs *vs*. Palmer, não geram unanimidade quanto à solução encontrada pela Corte de Apelação de Nova Iorque. Há quem entenda que, não obstante a punição pelo homicídio ser adequada, Elmore Riggs deveria ter recebido a herança, simplesmente por não haver regras que proibissem aquilo. Assim, em prol da segurança jurídica e da estabilidade das relações sociais, a solução menos gravosa seria permitir que o herdeiro assassino ficasse com os bens legados por sua vítima. Como as regras válidas e vigentes teriam permitido tal contrassenso, então a melhor solução seria simplesmente alterá-las. Alterar-se-iam as regras legislativamente, pois esse seria o procedimento adequado pela ótica da tripartição dos poderes e do próprio Estado Democrático de Direito.

Sendo assim, apelar para juízos de moralidade extrajurídicos como expedientes integrativos do sistema é questionável. Alterando-se o discurso, as consequências relevantes para o sistema jurídico são outras. Em vez de negar o sistema e decidir *ad hoc*, deve o juiz recorrer ao próprio ordenamento, em busca de algum princípio que possa solucionar aquilo que é insolucionável pelas regras.

É certo que os princípios constituem uma abertura para juízos e ponderações morais, mas apenas porque o próprio sistema o permite, e não por uma discricionariedade suprassistêmica do juiz.

5.3.10 Superação de regras por princípios

Dissemos que a classificação de normas em subespécies "princípios" e "regras" é doutrinária e arbitrária, ou seja, é construção do jurista. Em termos práticos, o legislador estabelece atos de fala que visam ser bem-sucedidos, *i.e.*, comandos que pretendem ser obedecidos. E, por esse diapasão, usualmente esses comandos buscam ser claros e objetivos, de modo a não gerar excessivas dúvidas e hesitações quanto aos seus destinatários.

Ocorre que, em algumas situações práticas, os aplicadores desejam "superar" esses comandos objetivos por mandamentos genéricos e vagos, quais sejam, os princípios jurídicos. Essa superação sempre é justificada com a intenção de assim atender a valores sobranceiros do ordenamento, como a justiça e a equidade. Assim, alguns juízes deixam de aplicar as regras jurídicas a determinados casos concretos e aplicam, em seu lugar, decisões baseadas nos princípios que entendem adequados.

O problema dessa prática é que os aplicadores do Direito, como a própria denominação indica, não são (ou não deveriam ser) os seus criadores. Em um Estado Democrático de Direito, cabe ao legislador, eleito pelo voto popular, representar a coletividade ao produzir leis que criam novos direitos e deveres, por delegação dos cidadãos que representam nos parlamentos. E a legislação, uma vez razoavelmente estável e bem-sucedida, institui um sistema de incentivos eficiente das condutas, ou, em outras palavras, um *sistema de preços normativo*, do qual decorrem, como visto linhas acima, externalidades positivas.

Portanto, a superação contumaz de regras por princípios faz com que seja enfraquecido aquele caráter de bem público das regras jurídicas, diminuindo o poder de influência no comportamento social. Em outras palavras, a não efetivação das normas por parte da jurisdição faz com que, em última instância, a própria lei (a legislação de modo geral) perca a sua credibilidade e finalidade, destituindo-a de sua função de orientar a conduta intersubjetiva. A lei perde então a sua função de instituidora de preços à escolha dos agentes racionais, que, por sua vez, se veem impossibilitados de efetuar cálculos custo-benefício para as suas ações perante o ordenamento jurídico. Em suma, impera a insegurança jurídica.

Sendo assim, as regras, em vista de sua razoável objetividade e previsibilidade, possibilitam o cálculo racional dos indivíduos, diminuindo custos de transação e lubrificando as relações e trocas sociais.[229] Poder prever o que me acontecerá em vista das minhas escolhas e respectivas ações é o que me possibilita viver em uma sociedade civilizada, onde conheço os limites do meu agir.[230]

Além disso, considerando que as regras estabelecem *ex ante* soluções para conflitos entre interesses antagônicos, se o aplicador do Direito pretender substituir as ponderações já realizadas pelo legislador pelas suas, estará violando a própria Constituição, por desrespeito ao princípio da separação dos poderes.

Outrossim, as regras têm função também objetivadora dos princípios, porquanto vários dos ideais cuja realização é por eles determinada já se encontram positivados, não cabendo ao julgador concretizar o ideal constitucional de modo diferente daquele previsto pela Constituição e, por delegação, ao legislador. Por exemplo, o princípio do devido processo legal é conduzido objetivamente por regras constitucionais, tais como a vedação ao tribunal

---

[229] O casuísmo judicial, portanto, torna ineficaz o sistema de incentivos do Direito, contribuindo para o comportamento errático dos agentes sociais e colocando em cheque todo o sistema jurídico. Destarte, não há por que privilegiar princípios em detrimento de regras, pois, como bem observa Humberto Ávila (2007, p. 114), que "ao contrário do que a atual exaltação dos princípios poderia fazer pensar, as regras não são normas de segunda categoria. Bem ao contrário, elas desempenham uma função importantíssima de solução previsível, eficiente e geralmente equânime de solução dos conflitos sociais".

[230] Conforme Shauer (2002, p. 140): "When I know what is going to happen, the value of reliance is tangible, thereby do things I could not otherwise have done. Thus the ability to predict the sanction-imposing decisions of others opens up otherwise less available options for action. If the penalty for speeding is severe and I am risk averse, I will likely drive faster under a regime of Speed Limit 55 than if I am required simply to 'drive safely'. Predictability of legal enforcement of contracts, wills, trusts and other legal instruments is often the only thing that makes the transaction possible".

de exceção (artigo 5.º, XXXVII) e a do contraditório e a da ampla defesa (artigo 5.º, LV).

Diz-se que essas regras são "objetivas" porque a definitividade de seu comando, para utilizar a definição de Alexy, se dá uma vez que, obedecido, não há qualquer "otimização" a ser feita. A observância a essas regras pode ser verificada diretamente, sem quaisquer ponderações ou juízos subjetivos: basta verificar se determinada imposição qualquer, como um auto de infração, permite direito de defesa adequada, ou se determinado juízo ou tribunal foi instituído após o fato que será por ele decidido.

Ademais, admitindo-se que as regras são instrumentos de solução, geralmente, previsível, eficiente e equânime dos conflitos, sua superação será tanto mais custosa quanto mais imprevisibilidade, ineficiência e desigualdade geral a sua inobservância puder provocar. Portanto, tanto mais difícil será a sua superação, quanto mais potencial houver de comprometimento do valor ou valores substanciais específicos que a regra objetiva promover, bem como do funcionamento do sistema de incentivos da qual a mesma faz parte (CARVALHO, TRINDADE, 2010, p. 96).

Importante frisar que *o valor subjacente à regra vincula o grau de resistência à sua superação*. Nesse sentido, a possibilidade da superação das regras está inversamente relacionada ao comprometimento do fim que as justifica, ou seja, implica a ponderação dos resultados que a inobservância irá gerar perante os objetivos que justificam a sua criação. A função é de proporção inversa: quanto maior a possibilidade de prejuízo dos fins subjacentes à regra, menos viável será a sua superação.

Como a eventual superação é casuística, assim também será a avaliação de seus possíveis prejuízos para o sistema jurídico. Considerando que as regras fixam preços para as ações dos indivíduos, ao se pretender suplantar a aplicação de uma regra em um caso específico, é necessário aferir se essa inobservância não criará externalidades negativas, modificando os preços relativos para todos os demais destinatários da regra. A superação inadvertida pode vir a tornar o descumprimento da regra "barato" para os demais, alterando o equilíbrio do sistema de preços normativo e prejudicando os efeitos almejados pelo legislador.

Novamente percebe-se o *trade off* entre equidade e segurança jurídica. Usualmente o argumento para superar a regra apela para a justiça e razoabilidade, ou seja, a sua aplicação objetiva em determinada situação invoca a sensação de que a lei é inflexível e desumana.[231]A manutenção da aplicação, como sistemática geral, por outra sorte, preserva a previsibilidade do sistema jurídico, garantindo a segurança aos cidadãos, pois o sistema de incentivos do Direito queda-se íntegro.

Outrossim, a decisão deverá demonstrar que a superação da regra não provocará insegurança jurídica. Assim, lembrando que as regras são meios criados *ex ante* pelo Poder Legislativo para reduzir controvérsias, incertezas e arbitrariedades, assim como para evitar problemas de coordenação, deliberação e conhecimento (e, portanto, custos de transação), deve ser nitidamente demonstrado que o sistema de incentivos jurídico não será afetado pela superação. Contrariamente, o prejuízo à coletividade será francamente maior do que o benefício alcançado no caso específico, não justificando a superação.

Por fim, atendidos os dois requisitos anteriores, quais sejam: não afetar a finalidade subjacente da regra e não prejudicar o equilíbrio no sistema de preços normativos, para que seja admitida a superação, deverá, ainda, haver comprovação de obtenção de maior eficiência, em termos econômicos. Dessa forma, exige-se que a situação resultante de eventual superação de regra jurídica seja mais eficiente economicamente, isto é, não resulte em custo individual ou social.

Se o juiz decidir por não aplicar determinada sanção por considerá-la irrazoável no contexto do caso concreto e verificar que sua decisão não prejudicará a finalidade da regra tampouco gerará repercussões nos preços relativos às

---

[231] Exemplo literário clássico é o romance *Os miseráveis*, de Victor Hugo. A pena de trabalhos forçados que o personagem principal Jean Valjean sofre e cumpre se deve ao furto de um pão para alimentar a sua família. Esta obra-prima do Romantismo busca denunciar a desumanidade do sistema então vigente na França do século dezenove, período do Código Civil Napoleônico e da Escola da Exegese, propugnadora da interpretação restrita e literal da lei, sem qualquer margem de liberdade hermenêutica para o juiz. O tema da Lei vs. Justiça se repete em outras partes da narrativa, com destaque para o conflito entre o dever (regra) que se impõe ao inspetor Javert e o seu senso de equidade (princípio, ainda que mais moral do que jurídico, no contexto do livro) quando está prestes a prender Jean Valjean, então fugitivo, mas que lhe havia salvado a vida pouco antes, durante o confronto nas Comunas de Paris. Javert sabe que necessita aplicar – e cumprir ele próprio – a regra que determina a prisão de seu salvador, mas tampouco consegue fazê-lo. A única solução é libertar Jean Valjean e suicidar-se, jogando-se no Rio Sena.

ações dos demais indivíduos, deve verificar igualmente se sua escolha não resulta em desperdício de recursos ou, preferencialmente, gera aumento de riqueza social.

Esses requisitos limitam sobremodo as possibilidades práticas de superação de regras por princípios, mas nem por isso significam a sua impraticabilidade.[232]

5.4 Argumentação e justificação na construção e aplicação de regras pelos juízes

Como vimos, as regras exigem raciocínio subsuntivo para a sua aplicação, ou seja, a partir da previsão geral da regra, verifica-se se os fatos nela se incluem. No direito tributário, em tese, o raciocínio subsuntivo é relativamente simples, dada a tipificação exclusiva das regras tributárias.

Cabe salientar, entretanto, que a aplicação precípua de regras tributárias aos casos concretos é atividade privativa do agente administrativo fiscal, ao expedir o lançamento tributário (artigo 142 do CTN), bem como também obrigação dos próprios contribuintes em todos os tributos regidos pelo sistema de homologação. Questões tributárias que chegam ao Judiciário são relativas ao exame de legalidade e constitucionalidade na aplicação das regras, portanto. Não pode o juiz exercer a função de agente fiscal e lançar tributos,

---

[232] Humberto Ávila (2005, p. 115) colaciona interessante exemplo de superação de regra que condiz com os requisitos apresentados neste tópico. O exemplo refere-se a uma regra que condicionava o ingresso em um programa simplificado de tributos federais à ausência de produtos estrangeiros. Assim, os participantes do programa não poderiam efetuar operações de importação, sob pena de exclusão. Contudo, uma pequena fábrica de sofás efetuou uma importação e, portanto, foi sumariamente excluída do programa. A referida importação dizia respeito, tão somente, a quatro pés de sofás, para um só sofá, uma única vez. No caso, foi justificada a possibilidade da superação da regra porquanto, em suma, não foi comprometida a promoção da finalidade subjacente à regra (seja ela o estímulo à produção nacional por pequenas empresas), bem como não prejudicava a promoção da segurança jurídica, uma vez que a circunstância particular não seria facilmente reproduzida, alegável ou demonstrada por outros contribuintes. Por fim, a superação acarretou inclusive a produção de uma unidade do bem a mais, gerando riqueza adicional e, portanto, eficácia produtiva. Por outro lado, o Estado em nada perdeu com a superação, pois neste caso não se trata de perda ou renúncia de receita, mas sim de comportamento indesejado replicado por outros contribuintes na mesma situação, o que não ocorreria, dada a especificidade da situação.

TEORIA DA DECISÃO TRIBUTÁRIA

mas pode – e essa é a sua prerrogativa – dizer se o tributo ou a sua aplicação ao caso concreto é legítimo.

O exame da regra, contudo, não é tarefa isenta de dificuldades. Se determinada questão é passível de litígio judicial, é porque há disputa entre as possíveis significações das regras e sua aplicação à situação específica. A fundamentação exigida do juiz requer esforço hermenêutico para fixar o sentido das diversas locuções que perfazem a regra tributária e do alcance dela ao caso em exame. Por exemplo, qual a significação de "renda" para fins do respectivo imposto? É a renda "produto" entendida como o fruto do capital e do trabalho, a renda "acréscimo" considerada como o resultado positivo no patrimônio do contribuinte em determinado lapso temporal, ou seria a renda aquilo que o legislador disser que é? O artigo 43, incisos I e II, do Código Tributário Nacional deixa margem a diversas interpretações, que afetam a regra-matriz do imposto. Por exemplo, recursos oriundos de um *trust* localizado no exterior a residente no Brasil devem ser considerados como renda para fins de tributação pelo imposto ou não? Não havendo regularidade na recepção desses valores ou, ainda, se estes forem recebidos a título de um *discretionary trust*, pelo qual o beneficiário desse fundo não tem qualquer ingerência (portanto não há contrapartida de sua parte), deveriam tais valores serem tributados pelo imposto sobre a renda ou pelo imposto sobre doações?

Note-se que, mesmo havendo regras supostamente inclusivas e objetivas, o julgador não se livra do ônus hermenêutico, tampouco do argumentativo. O sistema jurídico oferece algumas possibilidades para a interpretação, aplicação e justificação das regras, que veremos a seguir.

5.4.1 Teoria da Argumentação

A técnica da argumentação é fundamental para o Direito. Este, enquanto campo da razão prática, requer legitimidade e persuasão para que possa mover eficientemente as condutas humanas nas direções que pretende, de modo a alcançar as metas pretendidas.

A argumentação faz parte da pragmática da comunicação humana, técnica ou arte pela qual os indivíduos usam a linguagem para se comunicarem e influenciarem mutuamente e, por conseguinte, viverem em sociedade.

DECISÃO DO JUIZ

O critério diferenciador que nos aparta de todas as demais espécies animais são justamente as habilidades linguísticas, monopólio da espécie humana. Por isso, outra forma, talvez até mais precisa, de definição aristotélica *genum et differentia* é dizer que somos não apenas animais racionais, *mas também animais falantes.*

Nesse sentido, somos os únicos seres vivos no planeta com a habilidade de proferir sofisticados atos de fala, com todas as suas respectivas funções ilocucionárias: assertiva, diretiva, compromissiva, declaratória, expressiva e ficcional.[233]

A função ilocucionária refere-se à intenção de uso da linguagem por parte do falante, independentemente do conteúdo proposicional da elocução ou mesmo da sua forma. Por exemplo, uma frase proferida por uma dona de casa à sua empregada: "a cozinha está imunda". O conteúdo da frase aparenta ser uma asserção, e, de fato, o seu conteúdo proposional o é. Entretanto, a sua força ilocucionária é diretiva, *i.e.*, o que o falante pretende é que o ouvinte aja de certa forma, no caso, limpe a cozinha.

O Direito opera por meio normas e, por isso, diz-se que o macroato de fala que rege o sistema jurídico é de força ilocucionária diretiva. Entretanto, no bojo do ordenamento existem atos de fala de todos os tipos. As hipóteses de incidência, bem como os antecedentes das regras individuais e concretas, são atos assertivos; os contratos contêm atos compromissivos (promessas mútuas entre os contratantes); regras individuais e concretas também têm força de ato declaratório, como ocorre quando o juiz condena o réu por algum crime cometido, o que altera o estado de coisas no mundo (houve, portanto, um crime e respectivo autor) e institui *status* deôntico (réu deve cumprir pena de dez anos de reclusão); há momentos procedimentais em que atos expressivos também surgem, como é o caso de exaltações em audiências, que podem inclusive eventualmente constar da transcrição em ata; e finalmente, as ficções

---

[233] Trata-se da Teoria dos Atos de Fala, criada pelo filósofo analítico inglês John Langshaw Austin e posteriormente continuada e desenvolvida em sua plenitude máxima pelo norte--americano John R. Searle. Para esse autores, ver, respectivamente: How to do things with words (2. ed., 16.ª reimpressão, Boston: Harvard University Press, 1999) e Speech Acts. An Essay in the Philosophy of Language (21.ª reimpressão, Cambridge: Cambridge University Press, 1969).
A função ilocucionária ficcional, entretanto, é contribuição nossa, cf. CARVALHO 2008.

TEORIA DA DECISÃO TRIBUTÁRIA

jurídicas, atos de fala de força ilocucionária ficcional, quando o emissor desconsidera a correspondência entre linguagem e realidade com o fim de obter determinados efeitos que não seriam possíveis de outra forma.

Seja qual for o tipo de ato ilocucionário, o elemento persuasivo da linguagem sempre opera, em maior ou menor grau. Hipóteses e teorias científicas, legítimos atos de fala assertivos, também pretendem convencer o seu público de que correspondem aos fatos que buscam explicar. A forma que um cientista tem para persuadir os seus pares de que sua teoria está correta é expor fatos que a corroborem, mediante resultados robustos obtidos por meio de experimentos controláveis e repetíveis.

Atos de fala diretivos, por sua vez, necessitam de outros expedientes persuasivos. Um pedido ou uma ordem serão bem-sucedidos a depender da legitimidade e autoridade de quem os emitiu. No famoso exemplo de Kelsen (1996, p. 9), uma ordem de um assaltante de estrada pode funcionar no sentido de obter, pela ameaça da força, as posses da vítima, porém não terá legitimidade nem autoridade institucional. Um agente estatal, por outro lado, pode até mesmo subtrair a mesma (ou até maior) riqueza do indivíduo, mas sua ação terá todo o arcabouço institucional para lhe dar apoio.

Os diversos tipos de atos normativos, ainda que tenham como denominador comum serem atos de fala diretivos, requerem igualmente expedientes persuasivos em diferentes graus. *E a forma pela qual se persuade é por meio da argumentação.* Por exemplo, a exposição de motivos que antecede uma lei é uma forma de argumentação pela qual o legislador pretende expor as razões, calcadas em fatos e em objetivos, pelas quais a lei necessitou ser criada.

Um auto de infração tributário, por mais subsuntivo que possa ser, também necessita ser fundamentado, sendo esta uma das condições de sua validade. A fundamentação se compõe de argumentos que buscam expor as razões (e, portanto, convencer os demais) que ensejaram a sua expedição. E essa argumentação não busca persuadir apenas o contribuinte, mas também (talvez, principalmente) os próprios órgãos do sistema, mormente aqueles superiores que eventualmente revisarem o auto.

As decisões de julgadores precisam igualmente de argumentação. Importante perceber que, mesmo havendo simples subsunção de fatos às normas, é necessário argumentar para persuadir todos de que a aplicação daquela norma ao caso é correta, revestindo-a de legitimidade institucional. Outrossim, como aponta Friedrich Müller (1999, p. 52), a fundamentação pública da decisão deve convencer os seus atingidos, assim como tornar a decisão controlável por meio de reexames de tribunais hierarquicamente superiores, de modo a possibilitar sua eventual reforma e também consonância com a Constituição.

A argumentação por parte de julgadores judiciais é ainda mais importante e requer mais recursos persuasivos do que demandam as decisões provenientes de julgadores singulares ou colegiados administrativos. percebe-se claramente que a última palavra sempre cabe aos tribunais judiciais, pois são estes que fecham o sistema e encerram as controvérsias, sempre no afã de estabilizar o sistema jurídico – e, assim, estabilizar as expectativas normativas, como insiste Luhmann.

Na distribuição de funções dos tribunais, em nosso ordenamento, as questões de "fato", isto é, envolvendo provas, são usualmente solucionadas nas jurisdições de segunda instância, estaduais e federais. Questões unicamente de "direito", isto é, interpretação e fixação dos sentidos normativos, são atribuídas aos tribunais superiores, especificamente ao Superior Tribunal de Justiça (artigo 103, inciso II e alíneas, da CF), em relação à legislação federal, e o Supremo Tribunal Federal (artigo 102 da CF), em relação à Constituição.

Ainda que a palavra desses tribunais seja a final, pois não cabe mais recurso de suas decisões, nem por isso são isentos do ônus argumentativo. Pelo contrário, por terem a prerrogativa da decisão final é que seus acórdãos exigem argumentações até mais convincentes do que as produzidas por tribunais inferiores. As decisões emanadas pelos tribunais superiores, por seu caráter final, funcionam como sinalizadores para toda a sociedade, gerando externalidades positivas ou, infelizmente, negativas, conforme veremos mais adiante.

No processo de tomada de decisão, a argumentação cumpre uma função de convencimento tanto das partes como também de toda a sociedade, considerando que a regra geral é a da publicidade dos processos.

5.4.2 Estrutura do argumento

A lógica não formal estabelece critérios para que argumentos possuam a devida estrutura. A contribuição considerada mais influente para tanto é a de Stephen E. Toulmin, filósofo inglês influenciado por Ludwig Wittgenstein (em sua segunda fase, a das "Investigações Filosóficas") e dedicado ao uso pragmático da linguagem.

A obra *Os usos do argumento* (2006), de Toulmin, estabelece a adequada estrutura (*lay out*) para os argumentos, seja para qual campo específico eles foram utilizados. Há seis componentes inter-relacionados para serem verificados em um argumento: 1) Alegação (*claim*), ou seja, aquilo que se quer provar; 2) Dados (*data*), que são fatos e provas trazidos para sustentar a alegação; 3) Garantias (*warrant*), que são hipóteses ou premissas gerais e padrões e cânones argumentativos que funcionam como pontes entre os dados e a alegação. Estes três componentes são essenciais, devendo estar presentes em toda argumentação. Há outros três componentes que funcionam como complementares:

4) Apoio (*backing*), que serve de aval que legitima oficialmente as garantias. No contexto jurídico, a menção às leis e à jurisprudência, por exemplo; 5) Refutação (*rebuttal*), declarações que demonstram exceções à alegação; e 6) Qualificador (*qualifier*), modais que indicam o grau de força da alegação: possivelmente, certamente, presumivelmente.

O mapa do argumento oferecido por Toulmin pode ser assim esquematizado:

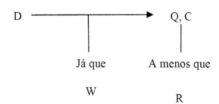

Figura 19. Mapa do argumento

Aplicando a estrutura à decisão no direito tributário, teríamos o seguinte mapa:

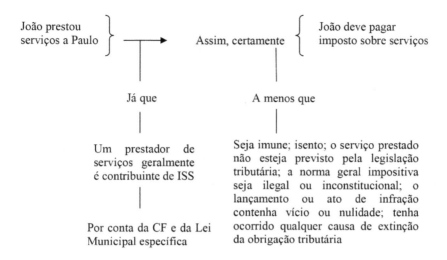

Figura 20. Mapa do argumento tributário

Essa é a estrutura essencial da argumentação jurídica, que deve estar presente em toda fundamentação decisória. Por ser essencial, é também simples e universal.

Passemos agora a examinar espécies de argumentos especificamente jurídicos, que podem ou não podem ser aplicados na decisão tributária.

5.4.3 Argumento da literalidade da lei

Ainda que as palavras possam ser vagas e mesmo ambíguas em determinadas situações, existe um sentido literal para as palavras em relação à sua definição. Se a palavra "vela" pode se referir a, por exemplo, pelo menos três sentidos possíveis (vela de automóvel, vela de cera ou vela de embarcação), o seu uso pode ser literal ou figurado. Por exemplo, posso usar a palavra "vela" em um de seus sentidos literais, o de objeto feito de cera e dotado de um pavio, cuja finalidade é iluminar ambientes. Posso também usar essa mesma palavra, ligada à sua definição de dicionário, porém em sentido figurado, como é o caso da expressão "segurar vela", empregada para referir à situação que ocorre quando um solteiro acompanha um casal enamorado.

TEORIA DA DECISÃO TRIBUTÁRIA

No contexto jurídico, o argumento pela literalidade significa restringir o alcance da regra perante os casos possíveis de sua abrangência e aplicação, como contraposição a interpretações ampliativas, analógicas ou ficcionais. Nesse âmbito, o artigo 111 do Código Tributário Nacional determina a interpretação literal da legislação tributária que dispuser sobre suspensão do crédito tributário, isenção, anistia e dispensa do cumprimento de obrigações tributárias acessórias.

O argumento pela literalidade busca a objetividade das regras jurídicas e, por conseguinte, a segurança jurídica.[234] A segurança jurídica pode entrar em *trade off* com a justiça, o que nem sempre torna a literalidade o argumento mais adequado. No entanto, é o argumento que mais se identifica com a própria essência e função da espécie normativa da regra jurídica.

5.4.4 O argumento da intenção do legislador

A retórica da intenção do legislador é um dos argumentos mais utilizados pelos operadores do Direito e, ao mesmo tempo, um dos mais frágeis. De certa forma, a intenção do legislador, ainda que não se confunda, tem relação com a teleologia da lei, ou seja, para qual finalidade ela foi criada. Ambas apresentam-se, no entanto, difíceis de ser resgatadas.

Ainda que, obviamente, toda lei tenha sido criada para alcançar determinado fim, nem sempre o legislador explicita as suas intenções, ao contrário dos aplicadores como os juízes e fiscais, que necessitam fundamentar seus atos normativos. A lei que contém a exposição de motivos de sua criação possibilita o conhecimento do contexto em que o diploma foi criado, auxiliando o operador do Direito a interpretar e aplicar a norma.

Todavia, ainda que se possa encontrar a verdadeira intenção do legislador, não é incomum que esta sucumba ao próprio sistema jurídico, na sua estrutura vertical e horizontal de normas. É que a intenção do legislador pode ser até mesmo contrária aos valores que regem o ordenamento, não apenas os

---

[234] Interessante notar que os advogados costumam empregar fartamente o argumento quando se trata de evitar a incidência tributária, alegando a tipicidade cerrada, a estrita legalidade etc. Muitas vezes, contudo, quando se trata de obter o que comumente se denomina de desonerações tributárias, tais como imunidades e isenções, ou mesmo subsídios, a literalidade passa a ser vilã e a interpretação ampliativa passa a ser a adequada.

historicamente insculpidos pelo constituinte, mas principalmente aqueles construídos e firmados pelos tribunais ao longo dos anos.

No direito tributário brasileiro isso ocorre frequentemente, quando, por exemplo, o legislador cria lei com o intuito de alterar critérios da regra-matriz de algum tributo, para fins de incremento arrecadatório. Inúmeros exemplos poderiam ser citados, entre eles a alteração da base de cálculo das contribuições do PIS e da Cofins pela Lei n.º 9.718/1998, "definindo" como faturamento toda a receita bruta da pessoa jurídica (artigo 3.º, § 1.º), ensejando milhares de ações judiciais e culminando com a declaração de inconstitucionalidade pelo Supremo Tribunal Federal (RE 346.084/PR, 09.11.2005).

Outro exemplo é a imunidade dos livros, jornais, periódicos e o papel destinado a sua impressão, disposta pelo artigo 150, III, *d*, da Constituição. Considerando o estado de coisas na tecnologia do ano 1988, o constituinte meramente repetiu a mesma limitação à competência tributária já anteriormente disposta na Carta de 1967 (vide tópico 2.3), daí a complementação do "papel destinado a sua impressão". Teria sido esta a sua intenção, qual seja limitar a imunidade apenas a veículos impressos – excluindo, portanto, todos os demais, incluindo os atuais livros e jornais eletrônicos e *on-line*, ou simplesmente não previu a tecnologia que estava por vir, em muito breve?

Portanto, a compreensão da intenção do legislador pode ser útil para situar a lei no contexto adequado, principalmente no sentido histórico-evolutivo, consoante a clássica lição de Carlos Maximiliano (1995), mas não é garantia de correta aplicação ao caso concreto. Portanto, não é o argumento mais eficiente.

5.4.5 *Argumento da finalidade da lei*

A finalidade ou teleologia da norma é um argumento menos insatisfatório que a literalidade, pois não depende de aspectos históricos e psicológicos como a intenção do legislador e pode ser construída a partir da interpretação sistemática e de sua estabilização pela doutrina e jurisprudência. Ainda assim, é tarefa difícil e sujeita a contaminações de juízos pessoais e ideológicos do intérprete. Um exemplo clássico é o trazido por H. L. Hart (2009, p. 167), de uma regra que proíba transitar com veículos dentro de um parque público. A proibição é clara, mas qual a sua finalidade? Evitar poluição ou garantir a

TEORIA DA DECISÃO TRIBUTÁRIA

tranquilidade e segurança física dos usuários do parque? Carrinho de bebê é também um veículo proibido de circular no parque, uma vez que não polui nem gera ameaça à integridade física de ninguém? Bicicletas, por sua vez, não poluem, mas podem vir a machucar outras pessoas em caso de colisão. Como fica a interpretação desse dispositivo em vista das possíveis finalidades normativas?

E quanto ao embate entre literalidade e finalidade, no caso mencionado da imunidade do livro? A literalidade do enunciado leva à ideia de que apenas os veículos impressos em papel seriam imunes. A finalidade, por outro lado, demonstra que a regra imunizadora cumpre o papel de servir a valores, qual seja de garantir a livre expressão, a livre imprensa e a cultura.

Exemplo recente e perfeito de literalidade *vs.* finalidade ou formalismo *vs.* funcionalismo é a questão da imunidade sobre receitas decorrentes de exportação para tributação por contribuições sociais (artigo 149, § 2.º, I, da CF). Pela literalidade do enunciado, a imunidade refere-se apenas às contribuições que incidem estritamente sobre receita, quais sejam PIS e Cofins, deixando a Contribuição Social sobre o Lucro Líquido (CSLL), por exemplo, ao alcance da tributação. Novamente, vê-se o embate entre a letra fria do enunciado *versus* a finalidade da lei.

O Supremo Tribunal Federal, por seis votos a cinco, decidiu pela incidência da CSLL sobre as receitas decorrentes da exportação em três recursos extraordinários (julgados em 12.08.2010). O argumento vencedor é simples e assim pode ser sintetizado: a imunidade é regra objetiva, portanto de interpretação restritiva. Quisesse o legislador constituinte derivado ter imunizado também o lucro líquido resultante das exportações, deveria tê-lo feito expressamente. Ainda que o lucro seja um resultado possível (receitas menos despesas) nas operações de exportação, seu conceito é diferente do conceito de receita. É o perfeito argumento pela literalidade (leia-se objetividade e alcance restritivo) da regra de imunidade tributária.

O argumento contrário é puramente finalístico e assim pode ser sumarizado: se o lucro não for imunizado da respectiva contribuição social, perde eficácia a teleologia da imunidade, qual seja desonerar as exportações e assim incentivá-las.

Trata-se, sem dúvida, de uma escolha difícil. Tanto assim é que o caso foi decidido por um voto de desempate, da lavra do Ministro Joaquim Barbosa.

DECISÃO DO JUIZ

Em essência, o *trade off* se dá entre garantir a segurança jurídica e fazer justiça aos fins normativos. Não se trata sequer da intenção do legislador, pois esta parece apoiar a própria literalidade, como vimos acima. Por outro lado, a defesa da finalidade é sempre expediente arriscado e tendente a contaminações de valores subjetivos, pessoais e ideológicos, que contrastam com o ideal de imparcialidade do juiz.

Outros argumentos podem servir de fortes aliados ao argumento da literalidade. A separação dos poderes, instituto que visa preservar, por meio dos freios e contrapesos, o Estado Democrático de Direito, vai ao encontro da preferência pela literalidade, pois, se a regra é clara ao limitar a imunidade para determinados tributos apenas, a prerrogativa para alterá-la, ou não, é unicamente do legislador – não do juiz. Interpretações arguindo supostas finalidades da norma podem acabar inovando o sistema jurídico, criando direitos e deveres *ex nihilo*.

Em suma, o argumento pela literalidade busca assegurar a objetividade, o que por sua vez garante a previsibilidade necessária à segurança jurídica, entretanto ao custo de nem sempre se obter a decisão mais justa. Por outra sorte, o argumento pela finalidade almeja alcançar a decisão mais justa, porém ao custo de não se ter segurança jurídica.

A discussão remonta ao próprio dilema princípio *vs.* regra, visto que preferir a finalidade da regra em prol dos valores que ela busca é, outrossim, superá-la em prol de um princípio. Ainda que não se argumente dessa forma, em essência trata-se da mesma coisa, uma vez que, se toda regra almeja alcançar a consecução de valores, estes necessitam estar inseridos no ordenamento, e a sua inserção se dá por meio de princípios.

5.5.6 O argumento por analogia

O raciocínio analógico é uma das mais eficazes ferramentas cognitivas do indivíduo e demonstra a capacidade de raciocínio abstrato que apenas o animal racional Homem possui.

A palavra "analogia" tem pelo menos dois significados fundamentais: a) o significado restrito, que se refere ao uso lógico-matemático de igualdade de relações ou proporções; e b) o sentido de extensão provável do conhecimento, mediante o uso de semelhanças genéricas que se podem aduzir em situações diversas (ABBAGNANO, 1998, p. 55).

No sentido lógico-matemático, a analogia refere-se mais especificamente à teoria das relações, particularmente às relações transitivas: se x é maior que y e y é maior que z, logo x é maior que z.

No sentido não formal, a analogia é uma maneira de raciocínio indutivo, que busca uma relação entre uma proposição e uma realidade não referida por ela, mas semelhante. Nesse sentido, o raciocínio por analogia é mais uma semelhança de relações do que uma relação de semelhança.[235] Chaïm Perelman (1997, p. 334) define analogia como similitude de relações, via de regra no esquema "A está para B assim como C está para D".[236]

As analogias também podem existir em esquemas de três variáveis, ou, em outras palavras, uma inferência que leva à seguinte conclusão de que aquilo que é verdade em todas as situações a também o pode ser nas situações b, pois a e b compartilham de determinada característica c. Por exemplo, se ursos são perigosos, porque têm garras e dentes afiados, os tigres também o são, pois possuem as mesmas características. O raciocínio indutivo analógico busca colocar, sobre um mesmo gênero maior, duas ou mais espécies distintas, e essas são as analogias típicas para resolver o problema das lacunas normativas.

No direito privado, o emprego de analogias é um recurso relativamente comum. Suponhamos que o regulamento de um clube social proíba os seus sócios de circularem em suas dependências acompanhados de "cães". Sem entrar na discussão se a finalidade da regra é preservar os demais sócios de serem eventualmente atacados pelo animal ou se é preservar a limpeza do local, o fato é que, se porventura algum frequentador do recinto chegar conduzindo um tigre pela coleira, o regulamento não prevê tal situação. Seja qual for a finalidade acima referida, a direção do local poderá utilizar de uma analogia para barrar o ingresso do tigre. Se cães potencialmente ameaçam a

---

[235] Ver M. Cazals (Apud Perelman e Olbrechts-Tyteca: 2002, p. 424).

[236] Se substituirmos as variáveis, poderíamos ter, por exemplo, a seguinte analogia: *os indivíduos são para o Estado o que as células são para o corpo humano*. Esse exemplo denota uma analogia argumentativa com vias a justificar a filosofia de regimes totalitários, pois é enfatizada a importância do todo em detrimento das partes, visto que as células morrem e são substituídas sem causar qualquer prejuízo maior ao corpo – analogamente, portanto, os indivíduos considerados como tal pouco importam diante do Estado. Note-se que não é necessário, nem sequer é regra, que as analogias expressem verdades, mas, sim, argumentos didáticos persuasivos.

DECISÃO DO JUIZ

segurança dos sócios ou mesmo podem sujar o local, quanto mais um tigre, animal muito maior e mais perigoso.

E no direito tributário?

Aproveitando o mesmo exemplo, supondo que houvesse uma tributação sobre a propriedade de cães ferozes, talvez como medida extrafiscal para o desincentivo a tal prática, poderia o imposto ser aplicado ao proprietário do tigre? Afinal, a finalidade é a mesma, qual seja tributar com o fito de não incentivar a conduta.

A resposta é negativa.

Como a tributação é o segmento que mais afeta a liberdade do indivíduo, a segurança jurídica tem primazia em um Estado Democrático de Direito. Como forma de instrumentalizar esse princípio, as regras da estrita legalidade e da tipicidade cerrada[237], dispostas tanto na Constituição quanto no Código

[237] Importante mencionar que a expressão "tipo", na lição de Misabel Derzi, no seu clássico *Direito tributário, direito penal e tipo* (São Paulo: RT, 1988, capítulo 2) é utilizada de forma equivocada na doutrina ibérica e latino-americana, proveniente de uma tradução livre do termo alemão *tatbestand* como "tipo". Há uma confusão entre três entidades, o tipo propriamente dito, o conceito determinado erroneamente chamado de "tipo" pela referida doutrina e a hipótese de incidência, antecedente lógico do consequente normativo da regra jurídica. O vocábulo alemão refere-se, adverte a jurista mineira, a descrição legal do fato jurígeno, i.e, hipótese de incidência, que não se confunde com tipo, no sentido correto do termo. Aquela, por sua vez, pode conter tipos ou conceitos determinados, definitórios, classificatórios ("tipo", na acepção que vingou por aqui). Assim, no sentido original e correto, todo tipo é necessariamente aberto, pois não se trata de um conceito classificatório. Quando o Direito fecha o tipo, converte-o em conceito determinado, conforme ressalta Derzi.
No mesmo sentido, Luís Eduardo Schoeuri (2011, p. 250-251) exemplifica de forma perfeita a distinção entre tipo e conceito, *verbis*:
"imagine-se que um professor queira se referir a uma realidade que ele conhece: seus alunos. Ele pode fazê-lo de um modo tipológico ou conceitual. Pela última aproximação, ele dirá: 'meus alunos são aqueles que, neste semestre, estão regularmente matriculados na turma X, excluídos aqueles que porventura tenham sido reprovados nas disciplinas que sejam pré--requisitos para a minha disciplina'. A aproximação tipológica será diferente: 'meus alunos são aqueles que já adotaram um conhecimento de fundamentos de minha disciplina: são jovens de 20 anos que se interessam por tributos em todas as suas feições: jurídica, econômica, política e social'. No último caso, o professor terá descrito um aluno 'típico', despindo-o do aspecto espacial ou temporal".
Com a devida consideração pelas lições acima, o fato é que a doutrina a jurisprudência pátrias sedimentaram o uso do vocábulo "tipo" como sinônimo de conceito fechado ou aberto na construção das hipóteses de incidência normativas. Como exemplo, ver Alberto Xavier, *Tipicidade da tributação, simulação e norma antielisiva* (São Paulo: Dialética, 2001).

Tributário – o diploma infraconstitucional por excelência do sistema tributário brasileiro –, proíbem o uso da analogia, vedação inclusive expressa pelo § 1.º do artigo 108 do Código Tributário Nacional:

> Art. 108.
> [...]
> § 1.º O emprego da analogia não poderá resultar na exigência de tributo não previsto em lei.

O mesmo dispositivo autoriza, no entanto, a integração da lacuna normativa com o emprego da analogia[238] (artigo 108, I), como prioridade entre as demais formas integrativas, como os princípios gerais de direito tributário, os princípios gerais de direito público e a equidade. Haverá uma contradição entre os enunciados?

Se nos ativermos ao ponto de que a vedação ao emprego da analogia é válida apenas para aplicação da regra tributária em sentido estrito, a resposta será não. Para todas as demais questões tributárias que não envolvam a cobrança do tributo propriamente dito, *i.e.*, regras concernentes à fiscalização e à arrecadação, o argumento da analogia é perfeitamente aplicável.

5.4.7 O argumento consequencialista

Diz-se que uma pessoa é responsável e sensata quando avalia cuidadosamente as consequências de seus atos. Mesmo os indivíduos altamente morais, assim entendidos aqueles que orientam suas ações a partir de rígidos princípios e códigos de conduta éticos, também se preocupam com as consequências de seus atos. Por que não deveriam logo os juízes, cujas sentenças decidem a vida de tantos, levarem as consequências a sério?

---

[238] Art. 108. Na ausência de disposição expressa, a autoridade competente para aplicar a legislação tributária utilizará sucessivamente, na ordem indicada:
I – a analogia;
II – os princípios gerais de direito tributário;
III – os princípios gerais de direito público;
IV – a equidade.
§ 1.º O emprego da analogia não poderá resultar na exigência de tributo não previsto em lei.
§ 2.º O emprego da equidade não poderá resultar na dispensa do pagamento de tributo devido.

O senso comum é que o legislador deve preocupar-se com o futuro, enquanto o juiz cuida do passado. Em outras palavras, a lei dirige-se para os eventos futuros, ao passo que cabe às cortes examinar eventos passados e solucionar conflitos presentes. Será mesmo?

O principal objetivo do Direito é motivar comportamentos, de modo a orientar a conduta humana para que a sociedade se estruture e coordene em prol de valores morais, como a liberdade e a justiça. Se é motivar comportamentos, os incentivos produzidos pelas normas buscam alterar condutas dos destinatários, uma vez que estes recebam as mensagens normativas. Decorrem disso o pressuposto lógico da publicidade das leis e as desejáveis clareza e objetividade de seu conteúdo. Nesse sentido, sejam para alterar estados de coisas, sejam para solucionar conflitos concretos, as normas sempre se projetam no tempo.

Alguns poderiam argumentar também que a diferença entre a lei e a decisão judicial é que, enquanto aquela se dirige a todos, de forma indistinta, esta se dirige apenas às partes que integram a relação jurídica, objeto da sentença. É certo que os efeitos específicos da decisão judicial, tais como a condenação do réu ou o indeferimento do pedido do autor, afetam diretamente as partes envolvidas no processo, porém, enquanto motivadora de comportamentos, a decisão afeta a toda a sociedade. No direito tributário percebe-se isso claramente, não apenas com as decisões judiciais, mas também com as administrativas, funcionando como balizas para o comportamento dos contribuintes.

Nesse sentido, as decisões judiciais, quando orientadas em uma determinada posição, formam a jurisprudência, que, por seu caráter público, passa a ser tão potente motivadora de comportamentos quanto às leis. Com efeito, percebe-se que a jurisprudência tem caráter de bem público, no sentido econômico, uma vez que irradia externalidades positivas – ainda que apenas os sujeitos da relação jurídica tenham participado do processo judicial, a decisão acaba por atingir a toda a coletividade. Também pode receber, por outro lado, a característica de "mal público" – infelizmente algo bastante comum em nossa desorientada jurisprudência – irradiando externalidades negativas, como sói ocorrer em sentenças e acórdãos que relativizam direitos de propriedade ou que entram em conflito umas com as outras. Apenas para ilustrar o caráter público da jurisprudência, as decisões arbitrais, pelo contrário,

TEORIA DA DECISÃO TRIBUTÁRIA

têm características de bens privados, pois não são publicizadas, restringindo sua irradiação apenas para as partes envolvidas no litígio.

Considerando a repercussão inevitável que as sentenças e acórdãos judiciais possuem, a preocupação com suas consequências deveria ser presente na tomada de decisão jurisdicional. O que se percebe, no entanto, é o império do nobre, porém ingênuo (e às vezes, irresponsável) aforismo do *fiat justitia et pereat mundus* (faça-se justiça ainda que pereça o mundo), ou seja, satisfazer este anseio tão humano quanto imemorial, independentemente das consequências. O problema óbvio nessa ideologia é que, se o mundo perecer, não sobrará ninguém para se beneficiar deste nobre ideal.

Quando se diz que o Supremo Tribunal Federal é um tribunal "político", o correto é perceber essa adjetivação como determinando a preocupação que a excelsa corte necessita ter para com suas decisões, que, por fecharem o sistema jurídico estabilizando definitivamente as significações dos institutos jurídicos, acaba por afetar toda a sociedade.

Por isso a filtragem criada pela Emenda Constitucional n.º 45/2004, que impõe o critério da repercussão geral das questões constitucionais trazidas para exame da Suprema Corte. Em síntese, apenas matérias que por sua natureza potencialmente acarretem externalidades serão apreciadas, o que demonstra, de forma cabal, a natureza de tribunal político do Supremo.

Mas, e as demais instâncias judiciais, estariam livres de quaisquer considerações com as consequências? Penso que não, pois muitas vezes acabam por emitir decisões definitivas.

Outrossim, um dos vícios mais frequentes de raciocínio dos juízes e dos juristas é confundir os direitos sociais com os direitos individuais. Os direitos sociais não podem ser convertidos inconsequentemente em direitos individuais, o que ocorre quando algum particular pleiteia no Judiciário algum direito social para si. Um exemplo são as irresponsáveis decisões judiciais, infelizmente com apoio recente do próprio Supremo Tribunal, ao decidirem que o Estado (leia-se SUS) tem o dever de custear tratamento médico de alto custo. Infelizmente, a realidade sempre prevalece e nos faz lembrar, dolorosamente, que os recursos são escassos. Se o Estado, custeado pelos tributos pagos por todos nós, é obrigado a custear medicamentos ou tratamentos caríssimos para poucos cidadãos, a consequência (de uma obviedade ululante) é que a maior parte da população se verá privada da prestação de serviços de saúde mais básicos.

Sendo assim, ainda que primordialmente caiba ao juiz a análise do caso concreto, deve aliar a preocupação com as consequências de sua decisão à retidão desta. Como vimos, o consequencialismo só se justifica à medida que atende à consecução de direitos individuais, pois, do contrário, nada mais é do que utilitarismo. Todavia, a necessidade de consequencialismo é muito mais premente do que se imagina, pois a busca da justiça muitas vezes descamba na mais abjeta injustiça. Destarte, decisões inconsequentes são também ineficientes, e ineficiência, como adverte Posner (1998, p. 30), é sinônimo de injustiça nesses casos, pois denota desperdício de recursos tão valiosos quanto escassos.

Quanto ao argumento consequencialista, a sua estrutura, conforme Huhn (2008, p. 63), sempre se divide em: 1) uma análise preditiva das possíveis consequências que advirão ao dar determinada interpretação à lei, e 2) uma avaliação de quais consequências atendem melhor aos valores consagrados pelo Direito. Outra forma de nominar essa estrutura bipartida é a análise positiva e a análise normativa das consequências. A primeira analisa, descreve e prediz as possíveis consequências; a segunda propõe a melhor alternativa possível, dentro das premissas adotadas pelo tomador de decisões.

5.4.7.1 Análise positiva das consequências

Levar as consequências da decisão judicial em consideração significa avaliar as possíveis mudanças nos estados de coisas no mundo. Uma simples escolha do julgador pode acarretar as mais imprevisíveis consequências para a realidade social e para o próprio sistema jurídico. Qualquer escolha do juiz que leve as possíveis implicações de sua decisão em conta é uma *escolha sob risco*, uma vez que somente pode atribuir probabilidade às consequências previstas.

O risco, entretanto, pode ser mensurado. Ainda que façamos isso intuitivamente no dia a dia de nossas vidas, há procedimentos específicos de avaliação de risco, envolvendo métodos quantitativos, como a Econometria e a Estatística, assim como modelos de interação entre indivíduos racionais, propostos pela Teoria dos Jogos.

Sendo assim, para decidir eficientemente é importante prever quais possíveis resultados decorrentes da escolha que resultarão numa sentença ou acórdão. Para que esta norma judicial seja um bem e não um mal público, é necessário que ela gere externalidades positivas, e não negativas. Isso é empiricamente passível de aferição pelo comportamento dos indivíduos e essa epistemologia é realizável por meio de regressões econométricas a partir de dados disponíveis provenientes de casos passados ou simulações de interação estratégica. Por exemplo, decisões que flexibilizam os requisitos aos contribuintes para ingresso em planos de refinanciamento de dívidas fiscais, permitindo-lhes seguir discutindo débitos ou pleiteando créditos sem cumprir com as desistências impostas pela lei, podem mostrar-se altamente ineficientes, no sentido de gerarem incentivos errados. Perde o sentido o benefício fiscal se nenhum dos seus beneficiados tiver de cumprir os requisitos e renúncias exigidos legalmente.

5.4.7.2 Análise normativa das consequências

Pode parecer bizantina a sugestão de que os juízes devam aplicar métodos quantitativos ou de teoria dos jogos. Mesmo considerações quanto a quaisquer efeitos que extrapolem o âmbito do litígio entre as partes são vistas como requerimentos irrazoáveis e mesmo descabidos por muitos dos julgadores, que consideram como seu dever avaliar apenas o caso concreto. Não há dúvida de que, na maior parte das situações, realmente não cabem considerações consequencialistas na hora de decidir uma contenda jurídica, uma vez que o legislador foi capaz de prever tais situações ao criar leis que versem sobre elas. Apenas – e é crucial frisar isso – nos chamados casos difíceis é que o juiz deve ponderar as consequências.

Uma vez avaliadas as possíveis consequências de cada opção possível na tomada de decisão em um caso difícil, deverá então o julgador optar por aquela que resulte na melhor escolha possível – levando em conta não apenas as partes envolvidas no litígio, mas também toda a sociedade. Por exemplo, em um processo tributário que envolva não a simples subsunção de uma regra, mas princípios igualmente importantes em ambos os lados do conflito, o julgador deve considerar como os demais indivíduos estranhos à relação jurídica processual reagirão a partir da definição dada pela decisão.

5.4.7.3 Conclusão

Vimos, linhas acima, que a preocupação com as consequências é importante, senão fundamental. Ainda assim, tal preocupação não pode ser tida como um valor absoluto. Em rigor, o argumento consequencialista é uma faca de dois gumes e requer rédeas curtas para o seu controle. Uma vez deixado ao léu, o argumento consequencialista pode extrapolar as fronteiras do Direito e descambar para linhas suprajurídicas, no estilo direito alternativo ou justiça com as próprias mãos, tendências abominavelmente antidemocráticas.

Se o juiz pretender ignorar o direito posto, seja aquele emanado pelo legislador, seja aquele exarado pelo juiz, e decidir segundo as suas concepções particulares de justiça, alegando para argumentos consequencialistas, estará promovendo políticas públicas. Entretanto, está além de sua competência constitucional fazê-lo. A regra da separação dos poderes o impede, atribuindo exclusivamente ao legislador a prerrogativa para tanto. Não se pode olvidar que este foi eleito pelo povo, por meio do sufrágio universal, periódico e secreto, para representá-lo. As assembleias e câmaras legislativas são compostas por indivíduos que representam a vontade coletiva – por mais ficta que esta seja – e suas deliberações resultam de intensa discussão e negociação, até realmente virarem leis.

Estamos diante de um impasse. Se o juiz deve se preocupar com as consequências de suas decisões, mas, ao mesmo tempo, não pode ser um político, sob pena de violar a Constituição, como poderá satisfazer ambas as coisas? A resposta é simples: princípios.

Se o juiz não pode extrapolar a sua restrição normativa, *i.e.*, ir além do que lhe permite o Direito e as respectivas regras que lhe concedem competência como órgão produtor de normas, ele deve se pautar pelo repertório jurídico-normativo de que dispõe. Sempre que houver regras previstas para o caso concreto, será obrigado a aplicá-las, pois, do contrário, estará julgando *contra legem*. Portanto, por mais que deseje, não poderá decidir com o fim de promover políticas públicas (*v.g.*, redistribuição de renda ou concessão de isenções e benefícios não previstos em lei). A função de promover políticas públicas é prerrogativa do legislador, sendo algo defeso ao juiz, em um sistema que se pauta pela separação dos poderes. A saída é buscar no próprio sistema as possibilidades de decidir de forma consequencialista, e a porta aberta para isso reside nos princípios jurídicos.

Poder-se-ia sustentar que as regras também carecem de argumentação consequencialista, especialmente no que tange à sua finalidade subjacente e quais as consequências dela advindas. No direito tributário, a apreciação da finalidade deve ser restrita, pois a natureza de suas normas – as que mais afetam a liberdade individual – impõe limites na sua interpretação, vigorando a restritiva. O consequencialismo nas regras deve ser praticado pelo legislador, ao exercer sua competência de criar leis.

5.4.8 O argumento principiológico

Muitos dos operadores e estudiosos do Direito costumam referir aos princípios quase como se estes fossem objetos ou entidades corpóreas, sustentando o sistema jurídico, em uma visão literal das usuais metáforas "pilares", "fundações" e afins. Essa substancialização de metáforas faz com que pareça que o sistema possua, concretamente, anteparos que impeçam a violação de direitos. Por isso, quando algum direito fundamental é supostamente violado, é alegada a ofensa ao princípio respectivo, como se automaticamente a ofensa – na forma de uma norma ou de uma ação – fosse imediatamente convertida em inconstitucional.

Sendo mais realista, para não dizer cético, a verdade é que no direito vivo, aquele praticado dia a dia nos tribunais, os princípios não são entidades, mas *argumentos*. A invocação aos princípios pelos operadores do Direito, sejam advogados, agentes administrativos, contribuintes e mesmo juízes, é retórica. Não há ente localizado no tempo e no espaço, denominado de princípio, do qual se possa verificar objetivamente a ofensa ou violação.

Retomando as premissas assumidas no início deste trabalho, o Direito é subjetivamente construído – a sua ontologia é subjetiva, portanto, ainda que o seu conhecimento, a sua epistemologia, possa ser objetiva. Assim, quando em um processo uma das partes invoca algum princípio – a parte adversa muitas vezes invoca outro princípio ou até o mesmo –, o que se tem é pura retórica. Mesmo que os fatos apontem para a violação daqueles direitos e garantias fundamentais dispostos pela Constituição, será necessário persuadir argumentativamente o julgador para que ele então declare, em seus poderes de decisor, a ofensa àquele princípio invocado.

Alguns poderiam argumentar que, uma vez convencido o julgador, então objetivamente se verificou a ofensa ao princípio, sendo que o juiz então descobriu a verdade. E quando a decisão do juiz for revertida por algum tribunal superior? Percebe-se então que até mesmo em decisão irreversível por falta de tribunal hierarquicamente superior, como é o caso dos julgados do Supremo Tribunal Federal, estamos lidando com retórica.

Tanto assim é que os próprios tribunais superiores mudam de posicionamento ao longo dos tempos sobre diversas questões – se os princípios fossem objetivos, isso simplesmente não seria possível, da mesma forma que a constante matemática π é, sempre foi e sempre será o número irracional 3.141593, cuja notação decimal é infinita. Se a humanidade for varrida do universo, em nada a referida constante será alterada, ao passo que os princípios ou a sua significação (o que dá no mesmo) evoluem com o Direito e com o seu principal substrato, a cultura.

Ao contrário do que muitos pensam, a argumentação com base em princípios é mais fraca, em termos de força ilocucionária, do que a argumentação com base em regras. Utilizando a teoria dos atos de fala, comparemos a força ilocucionária de duas asserções, por exemplo: 1) existiu a cidade-estado na Antiguidade chamada Troia; 2) houve realmente uma guerra entre os gregos e troianos, que serviu de inspiração para o poema *As Ilíadas*, de Homero.

A asserção 1 é factualmente objetiva, ao passo que para a asserção 2 existem meras suposições, não comprovadas.

Quanto aos atos de fala jurídicos, a objetividade também reforça a força ilocucionária. Uma coisa é argumentar que um princípio foi violado, outra bem diferente é demonstrar que uma regra foi descumprida. Por exemplo, qual argumentação é mais forte, a de que o princípio da segurança jurídica foi violado ou a de que a regra da estrita legalidade foi desobedecida? Para a verificação desta, basta ver se a instituição do tributo ou sua majoração foi veiculada por lei formal ou por qualquer diploma infralegal. Uma vez demonstrado isso, resta pouca margem para contestação.

A argumentação principiológica, dada a subjetividade que lhe é inerente, é menos eficiente que a argumentação baseada em regras objetivas. Sejam empregados por advogados, sejam por juízes, os princípios deveriam ser a exceção na retórica jurídica. O que ocorre hodiernamente, entretanto, é exatamente o oposto, havendo o que Ronaldo Porto Macedo denomina de "farra principiológica": a cada dia mais e mais "princípios" são trazidos para os debates acadêmicos e para as controvérsias judiciais. Quem perde, no final, é a objetividade da Ciência Jurídica.

Em termos de análise normativa do Direito, os princípios deveriam ser invocados em último caso, somente quando não houver regras disponíveis para solução dos problemas. Em todos os demais, é preferível que sigam repousando no Olimpo retórico a que pertencem.

5.5 Princípios Versus Princípios

5.5.1 Colisão de princípios ou de direitos fundamentais?

O tomador de decisões jurídicas é premido por seu repertório de alternativas. A sua restrição normativa lhe impõe as possibilidades de normas aplicáveis ao caso concreto, assim como os procedimentos cabíveis.

Quando determinado caso concreto envolve princípios jurídicos em conflito (ou, utilizando a metáfora em voga pela doutrina, "em colisão"), métodos usuais de aplicação, como a subsunção, não funcionam. Da mesma forma, critérios tradicionais para solução de antinomias, tais como norma específica/norma genérica, hierarquia das leis e lei posterior/lei anterior, não resolvem a questão. Não se trata de um problema de antinomia ou contradição entre regras, mas de valores jurídicos em conflito.

Mas cabe a pergunta: a colisão se dá entre princípios ou entre direitos fundamentais?

Como vimos, há direitos fundamentais que se expressam por meio de regras jurídicas. Por exemplo, a regra disposta no artigo 5.º, XXXVI, pelo qual "a lei não prejudicará o direito adquirido, o ato jurídico perfeito e a coisa julgada". E nos casos em que, uma vez transcorrido o prazo para ajuizamento de ação rescisória (artigo 465 do CPC), a própria lei que embasou a coisa julgada é declarada inconstitucional por violação a algum princípio? Mesmo nessas situações, a questão pode ser reduzida a princípios, no caso, a segurança jurídica, que apoia a inviolabilidade da coisa julgada e a justiça (ou o interesse público), que permitiria a sua relativização. Em outras palavras, os argumentos que servem de supedâneo à manutenção da decisão transitada em julgado são principiológicos, pois não basta que a conservação de uma regra justifique-se por ela própria, em termos argumentativos.

Inúmeros exemplos podem ser utilizados para ilustrar essa querela. Recentemente a União Federal ingressou com recurso extraordinário (n.º 590880) no Supremo Tribunal Federal, contra decisão do Tribunal Superior do Trabalho que negou a possibilidade de desconstituir decisão já transitada em julgado, cujo teor foi estender aos servidores da Justiça Eleitoral do Ceará reajuste salarial. O Tribunal Superior do Trabalho fundamentou sua decisão pelo fato de a União não ter sequer ingressado com a competente ação rescisória (artigo 485 do CPC), apropriada para anular a sentença transitada.

Ainda que o argumento trazido pela União seja de inconstitucionalidade, pela incompetência do Tribunal Superior do Trabalho em julgar a questão, quatro[239] dos sete ministros que votaram em sessão plenária posicionaram-se pela impossibilidade de alterar a decisão transitada em julgado por meio de recurso extraordinário. O recurso aguarda decisão final.

Note-se que o argumento da maioria dos ministros que votaram até agora sustenta fundamentalmente a segurança jurídica. No entanto, os argumentos da União reclamam que o Tribunal Superior do Trabalho era incompetente para julgar a questão, após o advento da Lei n.º 8.112/1990 (que instituiu o regime jurídico único dos servidores públicos federais), portanto desrespeita a separação dos poderes, a legalidade e o devido processo legal. Ademais, alega que o Tribunal Superior do Trabalho desconsiderou a invalidade de coisa julgada inconstitucional (artigo 884, § 5.º, da Consolidação das Leis do Trabalho), uma vez que o Supremo Tribunal Federal já havia decidido anteriormente pela inexistência de direito adquirido ao reajuste (MS 21216/DF). A colisão dos direitos fundamentais se dá entre diversos princípios, portanto.

Outro exemplo recente, e mais drástico, foi a decisão do STF (RE 377.457, 2008) pela constitucionalidade da cobrança de Cofins das sociedades de profissão regulamentada, disposta pela Lei n.º 9.430/1996 (artigo 56, que revogou a isenção disposta pela Lei Complementar n.º 70/1991). No entanto, diversas

---

[239] Os Ministros Eros Grau, Ayres Britto, Cezar Peluso e Marco Aurélio. Os Ministros Ellen Gracie (relatora), Carmem Lúcia Rocha e Ricardo Lewandowski votaram no sentido de modificar a decisão transitada em julgado. O Ministro Gilmar Mendes pediu vista e o Ministro Dias Toffoli se declarou impedido.

TEORIA DA DECISÃO TRIBUTÁRIA

sociedades que ingressaram com ações judiciais obtiveram coisa julgada favorável a elas, e a União não ingressou com ação rescisória no tempo hábil. Ainda assim, a coisa julgada tem sido relativizada por outros expedientes, por exemplo, levantamento de depósitos judiciais. O argumento é o da invalidade da coisa julgada inconstitucional, consoante o artigo 741 do Código de Processo Civil, instituído pela Lei n.º 11.232/2005, nos casos em que o Supremo Tribunal Federal já tiver se posicionado contrariamente à norma que embasou a coisa julgada. Novamente a decisão pode ser reduzida aos princípios da segurança jurídica (em prol da coisa julgada) e da justiça e equidade (pois, se a norma na qual se embasou a decisão transitada é inconstitucional, fere a justiça que ela possa valer e gerar efeitos).

Com efeito, sempre que considerarmos que direitos fundamentais estão em colisão e é necessário escolher entre eles, só faz sentido argumentar reduzindo o tema aos princípios, ainda que aparentemente o embate se dê entre um princípio e uma regra constitucional.

5.5.2 Ponderação entre princípios

Como decidir entre qual princípio quando há mais de um aplicável ao mesmo caso? Não há solução aparentemente fácil e objetiva como na antinomia entre regras.

Ronald Dworkin (1997, p. 26) é célebre pela metáfora do "peso" entre os princípios, enquanto Robert Alexy utiliza o termo "ponderação" ou "sopesamento". Metáforas à parte, cabe indagar se os métodos propostos solucionam o problema decisório complexo que ocorre em situações de conflito entre princípios.

Dworkin (2006, p. 27) objeta a ponderação entre princípios, por colocar o problema de conflito entre princípios como uma questão moral, que requer a decisão correta para o caso. Jürgen Habermas (1992, p. 332), por seu turno, critica a ponderação por ela ser "irracional", uma vez que não existem "medidas inequívocas" para avaliar bens ou valores jurídicos – o necessário, consoante o filósofo alemão, para que a ponderação seja um método racional, pois do contrário, tratar-se-ia de uma forma irrestrita e arbitrária de decisionismo e casuísmo judicial.

DECISÃO DO JUIZ

Frederick Schauer (2010, p. 35) aponta a diferença entre racionalidade e subjetivismo, ao esclarecer o caráter racional que a ponderação, especialmente a de Alexy, baseada na proporcionalidade, possui. Segundo o jusfilósofo norte-americano, o caráter subjetivo da apreciação ou valoração, ou mesmo a crítica de um bem qualquer (*v.g.*, comida, livros, vinhos, teatro, arte, ou o próprio Direito) não equivale à irracionalidade.[240] Entretanto, como bem aponta, o fato de a ponderação ser racional não significa que seja objetiva. É exatamente esse o problema da teoria da ponderação de Alexy. Vamos a ela.

Segundo o jurista germânico, o método da ponderação entre princípios colidentes opera pelo *princípio da proporcionalidade*, que, por sua vez, deve atender a três subprincípios: o da adequação, o da necessidade e o da proporcionalidade em sentido estrito. O princípio da proporcionalidade opera como uma balança da justiça, de modo a permitir a decisão sobre qual princípio deve prevalecer em um caso concreto – ou, em última instância, qual interesse particular das partes em litígio deverá preponderar, desde que circunscrito e condizente com um valor do ordenamento jurídico.

Os dois primeiros subprincípios, adequação e necessidade, referem-se a questões fáticas, ou seja, análise dos custos e benefícios relativos à escolha de um princípio colidente pelo outro (ALEXY, 2010, p. 28). A adequação funciona sopesando a medida adotada para privilegiar um dos princípios e a medida adotada, para privilegiar o outro. Se uma delas atender ao princípio em questão sem prejudicar o outro princípio, e a outra implicar custo para a otimização do segundo princípio, deve prevalecer a primeira. Trata-se do critério de eficiência de Pareto, em que a troca deixa uma das partes melhor sem deixar a outra em pior situação (ALEXY, 2008, p. 588-590)

A necessidade opera de forma semelhante. A medida escolhida para privilegiar um dos princípios que, simultaneamente, intervir menos no outro é que deve ser a escolhida.

---

[240] No que Habermas provavelmente coloca como conceito de racionalidade, qual seja o consenso comunitário (da mesma forma que o seu critério de verdade), as teorias predominantes colocam como forma de processamento de informações em nível conceitual, mediante o uso da linguagem, e premido por regras lógicas.

O terceiro é normativo e envolve uma fórmula de sopesamento para a tomada de decisão:

$$W^{i,j} = \frac{I^i}{I^j}$$

Na fórmula acima, W é o peso entre os princípios, I^i é a intensidade de interferência com o princípio P^i; I^j denota a importância de satisfazer o princípio colidente P^j. De modo a provar que seu método é racional, Alexy propõe este método inferencial, em que $W^{i,j}$ é o peso concreto do princípio cuja violação está sendo avaliada (P^i), *i.e.*, o quociente da intensidade da interferência no princípio P^i e a importância concreta do princípio que com ele compete (P^j).

O nível de intensidade proposto é semântico e gradual, do tipo leve, moderado, grave. Assim, a intensidade de violar o princípio P^i pode ser leve, ao passo que a importância de preponderar o princípio P^j é grave. Se forem atribuídos números a essa graduação semântica, por exemplo, 1 para leve, 2 para moderado e 4 para grave, o cálculo ficaria favorável à preponderância do princípio P^j.

Enquanto os dois primeiros subprincípios apontam para fatos, o terceiro inevitavelmente implica subjetivismo. Por mais que a inferência seja objetiva, a atribuição de valores é inerentemente subjetiva. É claro que tal *quantum* de subjetividade é ontológico no direito e, por decorrência, na sua interpretação, mas a pergunta pertinente é: será suficiente mesmo tal expediente inferencial?

A questão que se coloca é que, além da análise custo-benefício relativa ao caso concreto, devem ser também avaliadas consequências que poderão advir da decisão. Casos difíceis servem de precedente e de marcos para criação de incentivos sociais. Nesse sentido, o efeito da decisão claramente ultrapassa os interesses em jogo, constituindo externalidades. O comportamento futuro, não apenas das partes envolvidas, mas de outros indivíduos, também deve entrar no cômputo da decisão. E, sendo assim, devem ser preferidas externalidades positivas a negativas, ou, em outras palavras, como os demais indivíduos se comportarão a partir da escolha do julgador.

5.5.3 *Princípio da proporcionalidade: análise custo-benefício e externalidades*

Alexy pontua a preocupação em obter a eficiência paretiana na ponderação entre princípios, com sua inovadora fórmula de sopesamento. A devida preocupação com aspectos de eficiência econômica por parte de um jusfilósofo continental europeu é, não se pode negar, incomum e igualmente salutar. Por isso mesmo, talvez seja um pouco demais pedir o que me parece fundamental, todavia: aumentar o foco, ultrapassando o mero caso concreto, que diz respeito apenas às partes e aos princípios abstratos envolvidos e olhar para as consequências gerais que a decisão pode acarretar.

Nesse diapasão, é necessário igualmente lembrar que a eficiência Kaldor Hicks também deve ser levada em conta, pois é um critério mais plausível, em vista das inevitáveis externalidades geradas em casos dessa natureza. Ainda que paretianamente possa não haver prejuízo se olharmos apenas para o caso ao decidir, é muito provável que a decisão tenha efeitos para terceiros à relação jurídica.

Pelo critério Kaldor Hicks, ainda que uma das partes (assim como em dado momento a própria coletividade) saia desfavorável na decisão, é possível que ela, bem como a própria sociedade, seja (potencialmente) recompensada, pois o ganho social superará o custo social. A despeito de ser uma questão verificável empiricamente, no caso de uma decisão prestigiar um dos princípios, por exemplo, o princípio da livre expressão em detrimento do princípio da privacidade, deverão ser avaliadas as consequências que afetarão as demais pessoas.

A proporcionalidade, na linha de Alexy, é um metaprincípio, pois sua função é regular a aplicação de outros princípios. Qual a racionalidade por trás dessa aplicação?

Considerando que a decisão do juiz, notadamente os que integram as supremas cortes e tribunais constitucionais, é uma escolha pública, a racionalidade subjacente a esta deve ser a ponderação custo-benefício. Quando há colisão de princípios, a escolha de um implica a renúncia de outro e, consequentemente, há um custo envolvido. O custo de oportunidade referente ao princípio preterido deve se inferir ao benefício alcançável com o princípio preferido, caso contrário, a escolha será ineficiente. Por exemplo, se o juiz ou tribunal decide priorizar a liberdade de expressão em troca do direito à privacidade,

TEORIA DA DECISÃO TRIBUTÁRIA

deve avaliar se esta escolha não será passível de gerar repercussão que extrapole o mero caso concreto. Poderão ocorrer abusos por parte da imprensa se a sinalização do Judiciário indicar uma carta branca para a invasão da vida privada dos cidadãos? E, se a decisão for no sentido de sobrestar a livre expressão em prol do direito à privacidade, isso não poderá incentivar o surgimento da censura?[241]

Certamente, a análise não é uma empreitada simples, uma vez que diversas variáveis devem ser consideradas e calculadas. Por difícil que seja, porém, trata-se de empreendimento fundamental a ser levado a cabo, pois o Direito é razão prática, não razão pura, ou seja, afeta a vida de todos os seus destinatários. É sempre a sociedade que arcará com os custos e externalidades geradas pelas decisões judiciais, portanto é obrigação do tomador de decisões levar a sério as consequências de sua escolha.

5.5.4 Repercussão geral e externalidades

Quanto maior for a hierarquia do julgador, maior será sua capacidade de gerar tanto bem público quanto mal público com suas decisões. Da mesma forma que ao decidirmos coisas sem importância não empreendemos o mesmo

---

[241] No infame caso Cicarelli vs. Youtube (Apelação Civil n.º 556.090.4/4-00), o Tribunal de Justiça de São Paulo decidiu pela proibição de veiculação das imagens da coautora da ação em cenas íntimas com o namorado em uma praia pública. O argumento foi pela preservação do "direito fundamental à imagem, privacidade e intimidade", "ainda que uma das personagens tenha alguma notoriedade". Esta última ressalva é interessante, pois se refere justamente à possibilidade de relativização do direito à intimidade quando o indivíduo afetado é pessoa pública. O interesse público, que consiste na imprensa veicular aspectos íntimos do indivíduo, busca atender à transparência exigível mesmo em determinados aspectos da vida privada de certas pessoas. Políticos e funcionários públicos, por exemplo, que lidam com recursos públicos e cujas ações afetam potencial ou diretamente a vida de terceiros, não podem ter direito ao mesmo grau de privacidade das demais pessoas. Por outro lado, a relativização a esse direito individual necessita ser justificado pelo interesse público na divulgação de informações. No caso em tela, não parece haver qualquer interesse público na divulgação de imagens ao vivo de sexo entre os envolvidos, devendo prevalecer o direito à intimidade e privacidade, desde que isso não signifique censurar a divulgação do fato em si. Não se pode esquecer que os autores não se furtaram de praticar atos íntimos em um local público, e, considerando que um deles era pessoa célebre, obviamente isso é notícia (não levando em conta os aspectos ilícitos de praticar ato sexual em uma praia pública), e qualquer tentativa de censurá-la atentaria contra outro direito fundamental, aquele previsto no artigo 5.º, IX, da Constituição Federal.

esforço cognitivo quando nos deparamos com escolhas difíceis, quanto mais alto subir um caso, presumidamente mais importante ele é. Muito embora essa não tenha sido a realidade em nosso sistema judicial, visto que a cada ano milhares de novos processos sobem aos tribunais superiores,[242] recentemente algumas medidas salutares foram tomadas nesse sentido.

A Emenda Constitucional n.º 45/2004 instituiu a chamada repercussão geral como critério de admissibilidade de recursos extraordinários, no controle difuso de constitucionalidade. Assim, com o artigo 102, § 3.º, da Constituição, acrescido pela Emenda, bem como os artigos 543-A e 543-B do Código de Processo Civil, acrescidos pela Lei n.º 11.418/2006, o Supremo Tribunal Federal só julgará "questões relevantes do ponto de vista econômico, político, social ou jurídico, que ultrapassem os interesses subjetivos da causa" (§ 1.º do artigo 543-B). Não poderia haver uma definição mais precisa e concisa para externalidades do que esta.

A repercussão geral, como filtro de admissibilidade de recursos, tem importância fundamental para a manutenção do sistema jurídico como gerador de externalidades positivas. A possibilidade de a Suprema Corte dedicar-se a poucos processos que, por sua natureza, atinjam a muitos, ajuda na fabricação de decisões coerentes e estáveis, que irradiem a generalização congruente de expectativas normativas, no dizer de Luhmann.

Além das externalidades positivas geradas apenas pela jurisprudência estável e da consequente estabilização dos sentidos normativos, obviamente é fundamental levar em conta as externalidades decorrentes da solução específica para o litígio, que servirá de regra geral para todos os demais indivíduos. Principalmente nos casos que envolvam colisão de princípios, devem ser ponderadas, como já visto linhas atrás, as consequências possíveis de cada decisão, pois elas alcançarão inúmeros outros indivíduos, além das partes do processo.

O Supremo Tribunal Federal deve, portanto, ser capaz de analisar cuidadosamente as externalidades envolvidas nas questões que lhe cabem julgar – não apenas para admiti-las, mas para decidi-las também. Não faz sentido filtrar os recursos com esse critério para depois ignorá-lo ao decidir.

---

[242] A título comparativo, a Suprema Corte americana julga cerca de noventa casos por ano, enquanto o nosso Supremo Tribunal Federal tem julgado mais de cem mil anualmente.

TEORIA DA DECISÃO TRIBUTÁRIA

5.5.5 Modulação dos efeitos da decisão pelo Supremo Tribunal Federal

A partir da Lei n.º 9.868/1999,[243] o Supremo Tribunal Federal passou a modular os efeitos de suas decisões no controle abstrato de constitucionalidade. Destarte, o Supremo Tribunal Federal pode atribuir efeitos *ex nunc* (prospectivos) e *ex tunc* (retrospectivos) às suas decisões, sendo possível inclusive modular efeitos que passam a valer no futuro, a partir de determinado momento fixado pelo tribunal. Essa técnica passou a ser aplicada, pela referida corte, também aos recursos extraordinários, ainda que a lei a limite às ações diretas de inconstitucionalidade e declaratórias de constitucionalidade.

Em termos puramente jurídico-teoréticos, causa espécie a modulação, pois, se a norma foi declarada inconstitucional, isso significa que desde o momento de sua criação havia vício insanável no processo de produção normativo. A declaração de inconstitucionalidade é sempre constitutiva, no sentido de gerar efeitos a partir do momento de sua emissão, ainda que estes busquem reparar danos já ocorridos. Tecnicamente é errada a concepção da lei inconstitucional "natimorta", caso contrário, jamais seria necessário procedimento tão penoso como o controle abstrato para expurgá-la do sistema: como reza o ditado, "não se chuta cachorro morto". É por isso que Kelsen (1996, p. 306--308) nos ensina que, em rigor, não existe nulidade da norma, mas tão somente anulabilidade retroativa.

Ainda assim, a declaração demonstra que, não obstante a norma ter sido posta em desatino com a Carta Magna, permaneceu válida e gerando efeitos concretos até o momento de sua expulsão. E é justamente por isso que a modulação soa injusta no momento em que permite ao julgador não compensar os danos já causados pela norma que ele próprio considerou digna de expurgo.

Trata-se de uma visão consequencialista, não há dúvida. O dispositivo que autoriza modular os efeitos da decisão menciona "segurança jurídica" e "excepcional interesse social", expressão esta bastante vaga, diga-se de passagem.

---

[243] Art. 27. Ao declarar a inconstitucionalidade de lei ou ato normativo, e tendo em vista razões de segurança jurídica ou de excepcional interesse social, poderá o Supremo Tribunal Federal, por maioria de dois terços de seus membros, restringir os efeitos daquela declaração ou decidir que ela só tenha eficácia a partir de seu trânsito em julgado ou de outro momento que venha a ser fixado.

DECISÃO DO JUIZ

O critério a ser ponderado, novamente, são as externalidades. Por exemplo, se o efeito *ex tunc* gerar uma crise sistêmica, por exemplo, paralisar ou quebrar o Estado com uma dívida impagável a título de restituição de tributos, a norma então autoriza a Suprema Corte a graduar o alcance de sua decisão.

Por outro lado, não podemos esquecer que os indivíduos racionais agem movidos por incentivos. Tampouco podemos olvidar que os agentes públicos – sejam políticos, executivos ou juízes – também são indivíduos autointeressados e que muitas vezes as suas escolhas, ainda que públicas, tenderão a buscar a sua maximização pessoal de utilidade. *Consequentemente, o uso constante da modulação terá o condão de gerar incentivos para que os entes tributantes sigam criando tributos inconstitucionais.*

Se considerarmos o tempo médio que uma questão leva para ser julgada no Supremo Tribunal Federal, pode valer a pena seguir instituindo exações inconstitucionais que, no entanto, geram receitas que não necessitarão ser devolvidas aos contribuintes. A modulação, ou pelo menos o seu uso irrestrito, incentivaria os entes federativos a paulatinamente violar a Constituição, uma vez que a sanção que funcionaria como barreira, qual seja o custo econômico-financeiro de devolução dos tributos recolhidos indevidamente, é neutralizada.[244]

O Supremo Tribunal Federal, com a possibilidade de modulação, vê-se diante de um *trade off*: ou preserva a situação financeira do Estado, ou cria incentivos corretos para que não se instituam mais leis e dispositivos inconstitucionais. Em prol do interesse público, a análise dos ministros não pode se limitar a apenas à tradicional teoria jurídica, mediante juízos de justiça no caso concreto, mas deve avaliar os custos de oportunidade envolvidos nessa troca.

---

[244] Nos Recursos Extraordinários n.º 556.664, 559.882 e 559.943, julgados em 2008, relativos aos prazos decadencial e prescricional de dez anos, dispostos pela Lei n.º 8.212/1991 (portanto inconstitucionais, uma vez que consoante o artigo 146, III, b, da CF), o Supremo Tribunal Federal modulou os efeitos de suas declarações de inconstitucionalidade. As decisões tornaram-se a Súmula vinculante n.º 8: "são inconstitucionais o parágrafo único do artigo 5.º do Decreto-lei n.º 1.569/1977 e os artigos 45 e 46 da Lei n.º 8.212/1991, que tratam de prescrição e decadência de crédito tributário".

TEORIA DA DECISÃO TRIBUTÁRIA

5.6 Decisão do juiz e a construção de regras: restrição normativa e curvas de indiferença

Por mais que se fale em princípios, o fato é que eles não bastam para dirigir a conduta intersubjetiva na decisão de um caso concreto. Os princípios servem como fundamento e se justificam à medida que o julgador os utiliza como argumentação para a construção de uma regra específica, essa sim determinando a alocação de direitos e deveres na solução de um conflito entre partes litigantes.

A decisão que contiver apenas uma exposição principiológica de nada servirá. Em uma ação de mandado de segurança, em que o contribuinte sustente que, *v.g.*, a alíquota progressiva do Imposto sobre Transmissão *Causa Mortis* e Doação de quaisquer Bens ou Direitos (ITCD) é inconstitucional, pois viola a capacidade contributiva pessoal, e o juiz entenda por conceder a segurança pleiteada em decisão de mérito, não basta apenas se fundamentar no referido princípio. Será imprescindível, sob pena de não existência da sentença, a parte dispositiva (artigo 458 do Código de Processo Civil)[245] – que nada mais é do que a regra específica para o caso. Quando o juiz expede a regra, está "concedendo a segurança", dispondo exatamente os direitos e deveres correlatos e quais os itens dos pedidos que acolhe (provimento total ou parcial).

Outrossim, mesmo que decisão não tenha se dado por meio de uma subsunção dos fatos a uma regra geral e abstrata, e sim em argumentos principiológicos, inevitavelmente a parte dispositiva da sentença deverá conter uma regra individual e concreta. Do contrário, as partes não saberão o que devem fazer perante o comando.

Portanto, caberá ao julgador construir uma regra a partir do repertório disponível para a situação que lhe cabe decidir. E a sua escolha levará em conta os argumentos de ambas as partes do processo à luz da legislação e da jurisprudência. Na maior parte dos casos encontrará regras gerais subsuntivas, porém em algumas situações terá que construir a regra para o caso

---

[245] Art. 458. São requisitos essenciais da sentença:

I – o relatório, que conterá os nomes das partes, a suma do pedido e da resposta do réu, bem como o registro das principais ocorrências havidas no andamento do processo;

II – os fundamentos, em que o juiz analisará as questões de fato e de direito;

III – o dispositivo, em que o juiz resolverá as questões, que as partes lhe submeterem.

específico, utilizando-se de sua competência e de argumentação baseada em outros elementos do sistema, tais como os princípios jurídicos, assim como em argumentos analógicos (sobremodo mais limitados no direito tributário, como veremos).

Importa, neste tópico, analisar como se dá o processo de construção das regras para o caso concreto, diante do repertório de elementos que constituem a restrição normativa do juiz. Em um litígio, por definição, sempre haverá interesses conflitantes, calcados igualmente em argumentos. Cada parte utilizará também dos elementos do sistema para persuadir o árbitro de que lhe assiste razão, apresentando então possibilidades de escolha para a decisão.

Para tanto, aplicaremos a Teoria da Escolha do Consumidor, oriunda da Microeconomia. Esta subárea econômica analisa como os indivíduos enfrentam *trade offs* (MANKIW, 2005, p. 453) ao escolherem aquilo que lhes dá maior satisfação como consumidores. A analogia com a escolha do juiz pode soar estranha em um primeiro momento, dada a natureza distinta dos bens em questão. Contudo, as premissas básicas da escolha racional – da qual decorre a escolha do consumidor – também se aplicam à escolha do julgador, que, afinal de contas, também é um indivíduo racional. É claro que o juiz não estará escolhendo bens de consumo em prateleiras de supermercado ao proferir suas decisões, que afetam diretamente as partes litigantes. Ainda assim, o juiz, como indivíduo racional, buscará maximizar a sua utilidade no sentido de proferir a decisão que considere mais acertada para o caso – por assim dizer, a decisão "correta". Trata-se de uma análise normativa da decisão e não positiva, ou seja, não importam – para fins desse enfoque – fatores psicológicos, morais ou sociais que eventualmente influenciem a decisão.[246]

Por uma questão de simplificação analítica, a escolha costuma ser representada tendo dois bens, representados nos dois eixos do gráfico, conforme a figura abaixo:

---

[246] Para uma análise positiva de a decisão judicial, ver a excelente obra de Richard Posner, *How the Judges Think*, Cambridge: Harvard University Press, 2008.

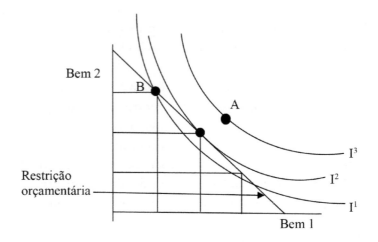

Figura 21. Curvas de indiferença

Os eixos vertical e horizontal representam dois bens ou combinação de bens que o consumidor pode adquirir, em face dos seus recursos limitados, ou sua restrição orçamentária. Como as pessoas têm recursos limitados, em maior ou menor grau, elas têm de escolher como utilizar esses recursos para consumir os bens e serviços que desejam, ou, de forma mais simples ainda, o consumidor não pode gastar mais que o total da renda de que dispõe.[247]

Na Figura 19, a restrição orçamentária aparece como uma reta que conecta os dois eixos, demonstrando os limites de recursos que o consumidor dispõe, dentro da qual as diversas combinações entre os bens localizados nos dois eixos podem ser feitas. Considerando essa restrição, não se pode olvidar que o consumidor sempre procurará, como indivíduo racional, maximizar a sua utilidade, *i.e.*, efetuar escolhas que lhe tragam mais satisfação e bem-estar.

A curva de indiferença que toca a reta da restrição orçamentária informa as diversas combinações de bens que fornecem um determinado nível de bem-estar, e, quanto mais afastada da origem, maior é o nível de bem-estar obtido. Diz-se que é de "indiferença" porque ela indica as combinações de consumo que proporcionam ao consumidor o mesmo nível de satisfação (MANKIW,

[247] KRUGMAN E WELLS (2007, p. 104).

2005, p. 456). Em outras palavras, o indivíduo pode preferir uma cesta onde há mais do Bem 1 do que do Bem 2, e nesse ponto de intersecção é onde a curva tocará. Importante salientar que, pela premissa da maximização racional, quanto mais elevada se encontrar a curva de indiferença, maior será o bem-estar do consumidor. Entretanto, o máximo possível a alcançar é quando a reta está sobre a linha da restrição orçamentária, pois isso demonstra que o consumidor empregou toda a sua renda para adquirir o que mais lhe trará satisfação (PINDICK e RUBINFELD, 2002, p. 79).

Lembrando que o consumidor tem orçamento definido e limitado, e pode preferir um bem ao outro, a inclinação em qualquer ponto da curva de indiferença equivale à quantidade de um bem que um consumidor deseja deixar de consumir para obter uma unidade adicionando outra. Esta é a taxa marginal de substituição (TMS). Portanto, se ele consome mais do Bem 1 é porque desiste do Bem 2 (*trade off*), e a TMS mede quantas unidades do Bem 1 serão necessárias para compensar a desistência do Bem 2.

Da mesma forma, a curva de indiferença não pode estar fora da linha da restrição orçamentária, pois isso implica escolhas que não são passíveis de ser obtidas pelos seus recursos escassos. Ou seja, o consumidor não pode atingir níveis de satisfação mais altos do que aqueles representados pela curva de indiferença cheia, na Figura 19. Todavia, dentro da restrição orçamentária, o consumidor pode realizar escolhas ótimas ou subótimas.

No gráfico da Figura 19, a curva I^1 toca o ponto B, onde o consumidor prefere mais do Bem 2 do que do Bem 1. Não é uma escolha ótima, pois a curva não tangencia a reta da restrição orçamentária em sua altura máxima, não maximizando então a utilidade do consumidor. A curva I^3, por sua vez, é a curva mais alta entre todas, o que geraria o maior bem-estar para o consumidor. Todavia, está acima da linha da restrição orçamentária, logo, não pode ser arcada pelo consumidor. Por exemplo, o consumidor, que tem orçamento de R$ 50.000,00 para comprar um automóvel sofisticado (ex. carro esportivo) ou prático (ex. uma *van*, onde caiba toda a família do motorista), não pode adquirir uma Ferrari. Ainda que esse automóvel lhe traga enorme satisfação, está além da sua restrição orçamentária.

Finalmente, a curva que tangencia a restrição orçamentária é a escolha ótima do consumidor, pois é a curva mais elevada de indiferença que o consumidor consegue alcançar, dados os seus recursos.

Há situações em que o indivíduo prefere consumir apenas um dos bens, ainda que o outro tenha o seu preço reduzido. Trata-se de uma situação pouco comum, dado que usualmente o preço tem relação inversa com a demanda de um bem. Essa situação é denominada "solução de canto", e ocorre quando a taxa marginal de substituição de um consumidor não se iguala entre os preços em nenhum nível de consumo (PINDICK e RUBINFELD, 2002, p. 85).

A curva de indiferença tracejada na Figura 20 representa uma *solução de canto*. Nesses casos, ainda que o preço de um dos bens caia, o consumidor continuará adquirindo apenas o outro bem, deslocando a curva de indiferença para um dos cantos do gráfico. O indivíduo pode optar por não consumir determinada mercadoria por diversas razões (morais, religiosas etc.), e a variação no preço dela não causará diferença na sua preferência.

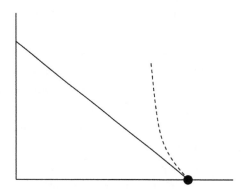

Figura 22. Solução de canto

Aplicando essas categorias no Direito, temos a *restrição normativa*, que significa o limite da competência de que dispõe o aplicador/construtor de regras ao expedir suas decisões. Trata-se do raio deôntico de obrigações, proibições e permissões, a partir do qual o juiz tem discricionariedade para decidir. A restrição normativa é, *mutatis mutandis*, o "orçamento" de que dispõe o juiz para proferir sua decisão, no sentido de competência formal e material enquanto órgão produtor de normas do sistema jurídico.

DECISÃO DO JUIZ

Vimos, linhas atrás, que o juiz, como qualquer outro indivíduo, é um agente racional que busca maximizar a sua utilidade. Isso não significa, saliente-se, que o juiz queira se beneficiar de suas decisões em um sentido imoral ou ilícito, mas sim que busca alcançar a decisão que lhe pareça a mais adequada, a mais justa e equânime possível no contexto do conflito de interesses que deve dirimir.

Desse modo, o juiz tem de optar por uma decisão possível, uma regra para o caso concreto que aplique os valores (ou a combinação deles) que ele entenda ser a solução ótima, dentro das possibilidades permitidas pelo direito. Não poderá o juiz construir uma regra concreta que não tenha base no ordenamento, ainda que isso lhe traga mais satisfação, pois estará indo além da restrição normativa (a sua curva de indiferença não tocaria a reta da restrição).

Como exemplo, a restrição não autoriza o juiz a conceder remissões ou anistias não previstas em lei, ou tampouco aplicar sanções não dispostas legalmente,[248] por mais que deseje fazê-lo.

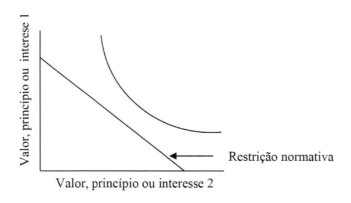

Figura 23. Curva de indiferença fora da restrição normativa

A restrição normativa é, portanto, o campo de decisões possíveis que o juiz ou o aplicador do direito pode realizar, de acordo com o ordenamento jurídico (CARVALHO e MATTOS, 2008, p. 36) Esse campo reúne metarregras e regras de direito

---

[248] Veja que, de acordo com essas premissas, quaisquer considerações em prol de um direito natural ou de um direito alternativo são prontamente afastadas.

345

material, ou seja, procedimentos referentes à expedição do veículo formal da sentença ou do acórdão, bem como os direitos substantivos aplicáveis.

Como se percebe no gráfico acima, os eixos representam valores, princípios ou interesses do caso em questão. São estes, portanto, os elementos que o julgador levará em conta ao decidir, e pode ocorrer de haver conciliação entre os mesmos ou não. Importante perceber que primordialmente trata-se de interesses conflitantes – e, pela argumentação das partes em litígio, esses interesses podem vir fundamentados por princípios, regras ou mesmo questões fáticas.

Podem ocorrer, entretanto, *soluções de canto* nessas escolhas dos julgadores. Como o Direito, ainda que não se confunda com a Moral, tem estreita relação com ela, posições ideológicas rígidas dos juízes são mais comuns do que se poderia esperar. A depender de sua ideologia, poderá, por exemplo, tender sempre a privilegiar os direitos individuais do contribuinte em detrimento do interesse público ou vice-versa. Quando as decisões não são monocráticas, mas provenientes de colegiados, o choque ideológico se verifica de forma ainda mais clara.[249]

Igualmente, determinados segmentos do ordenamento jurídico são mais flexíveis e aptos para a obtenção de soluções ponderadas, que consigam conciliar os valores e interesses conflitantes. O direito privado, por meio da autonomia de vontade das partes, possibilita acordos e transações, o que já é sobremodo dificultado no direito público. Neste, imperam o interesse público e a vontade da lei, restando pouca margem – salvo havendo lei específica, como é o caso da transação tributária (tópico 4.5). *Destarte, em vista da rigidez peculiar do direito tributário, as conciliações são raras e as soluções de canto, frequentes.*

Na figura 22, podem-se ver dois valores que conflitam dada uma situação concreta qualquer que exige uma decisão do juiz. Apelando para o surrado exemplo da colisão entre direito à privacidade e direito à liberdade de

---

[249] Nas Supremas Cortes, o ingresso de juízes com acentuadas preferências ideológicas pode mudar a orientação dos julgamentos em uma ou em outra direção. O mapeamento ideológico dos juízes da Suprema Corte americana é prática comum entre os analistas, que costumam utilizar esse critério para prever se, dependendo do número de juízes conservadores ou de juízes mais à esquerda, o Tribunal vai se inclinar em uma ou em outra posição a respeito de temas polêmicos, como o aborto ou o direito de portar armas de fogo.

informação, no eixo vertical, temos o valor "privacidade" e no eixo horizontal, o valor "livre imprensa". A partir da combinação desses valores, o juiz (em tese) poderá construir diversas regras aplicáveis ao caso, que privilegiem mais ou menos um dos valores (R1, R2 e R3, por exemplo, como combinações entre os dois). Se o juiz for um amante apaixonado da privacidade, ou um entusiasta radical da liberdade de imprensa, poderá negligenciar totalmente o valor que não lhe é caro, por meio de uma solução de canto (R0 ou R4).

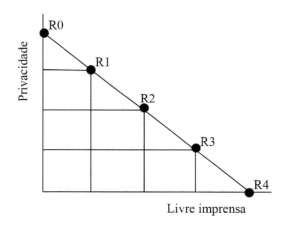

Figura 24. Possíveis regras na solução em colisão de princípios

Por outro lado, a solução não extremada (R2) que atenda da melhor forma possível os interesses em conflito seria mais facilmente alcançada por meio da barganha entre as partes. Para que tal barganha seja possível, é necessário haver custos de transação suficientemente baixos, que não a emperrem, conforme nos ensina o Teorema de Coase.

5.7 Protocolo Decisório

Neste tópico será proposto um protocolo para tomada de decisões pelo juiz. Trata-se de um modelo simples, inspirado pela árvore decisória da teoria clássica, adaptada ao repertório e à restrição normativa a que está premido o julgador. Devemos lembrar que o juiz depara-se com argumentos de ambas as partes, que buscam persuadi-lo de que têm razão em seus pedidos. Ainda assim, o juiz é obrigado a decidir, aplicando o Direito ao caso, tarefa nem sempre simples.

O modelo baseia-se nas diversas escolhas com as quais o julgador se depara, de forma binária. Para cada escolha possível há sempre uma renúncia, tão inevitável quanto necessária. Trata-se de um esquema básico e objetivo, pois, sem a devida redução e simplificação da realidade, qualquer modelo perde a sua funcionalidade.

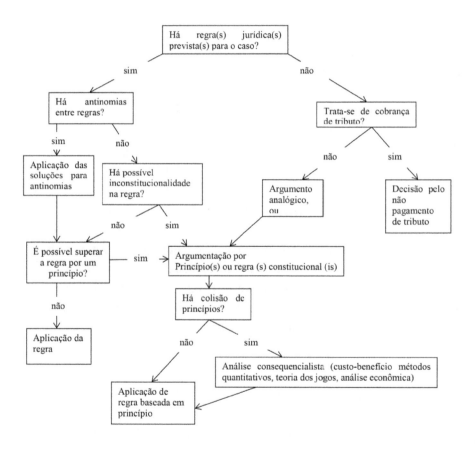

Figura 25. Protocolo decisório judicial

O ponto de partida do protocolo é saber se há regra específica para o caso. Não apenas deve ser assim em qualquer área do Direito, como, principalmente, no campo tributário, dada a necessidade de regras específicas para a incidência de tributo. Não havendo regra, a árvore indaga se se trata de cobrança de tributo. Se a resposta for positiva, ou seja, não há regra prevista para aquela situação, a decisão só pode ser no sentido de não haver cobrança de tributo. Se a resposta for negativa, por exemplo, uma situação que envolva fiscalização e arrecadação, a árvore indica a possibilidade de argumento por analogia. Desde que não envolva exigência de tributo não previsto em lei, o juiz pode utilizar-se de raciocínio analógico. Sucessivamente, de acordo com o disposto no artigo 108 do Código Tributário Nacional, poderá também empregar argumentos principiológicos para resolução do caso.

Retornando ao início da árvore, se a opção for pela existência de regra ou de regras, cabe então verificar qual se aplica. Se houver antinomia, os critérios de resolução para ela deverão ser utilizados: regra posterior revoga anterior, regra de mais alta hierarquia ou regra mais específica prepondera sobre a de mais baixa hierarquia ou regra geral, respectivamente. Uma vez solucionada a antinomia (se houver), cabe indagar se no caso específico há eventual necessidade de superação da regra por princípio. São casos em que a razoabilidade pode e deve imperar, desde que os critérios necessários para tanto sejam atendidos: 1) que a finalidade da regra não seja alterada; 2) que o equilíbrio no sistema de preços normativo não seja afetado; e 3) que haja obtenção de maior eficiência econômica. Se esses critérios não forem todos respeitados, a superação não é possível e, então, aplica-se a regra apropriada.

Novamente retrocedendo à árvore, havendo ou não antinomia entre regras, cumpre verificar se houve argumentação das partes quanto à inconstitucionalidade da regra. Se a resposta for positiva, então o princípio que estiver sendo violado pela regra será o caminho argumentativo.

Neste momento, também cabe constatar se há colisão de princípios ou de direitos fundamentais no caso. Em caso negativo, simplesmente constrói-se a regra baseada no princípio adequado. Se a resposta for positiva, deve-se então utilizar do metaprincípio da proporcionalidade para escolha do princípio preponderante, por meio da análise consequencialista, que responderá qual dos princípios colidentes informará a decisão do julgador.

5.8 O caso "American Virginia"

De forma a ilustrar possíveis aplicações de algumas das ferramentas aqui apresentadas, utilizaremos o caso em epígrafe, julgado no Supremo Tribunal Federal,[250] onde se verifica colisão de direitos fundamentais, mais especificamente entre o livre exercício de atividade econômica e a livre concorrência. O caso já foi por nós abordado em outra ocasião (CARVALHO E MATTOS, 2008), porém sem a aplicação de alguns instrumentos que serão agora empregados, como é o caso do protocolo decisório e da teoria dos jogos.

Usualmente, os referidos direitos fundamentais são confundidos como um só, visto que ambos estão intimamente ligados à liberdade econômica, que, por sua vez, decorre diretamente da liberdade de escolha, ínsita a todos nós, indivíduos dotados de racionalidade. Entretanto, não se confundem, e o fato é que tais direitos fundamentais têm identidade própria e podem, inclusive, entrar em conflito.

Tercio Sampaio Ferraz Jr. (2007, p. 156), ao distinguir a livre-iniciativa da livre concorrência, ensina:

> [...] é importante assinalar que livre-iniciativa (CF. art. 170, *caput*) e livre concorrência (CF. art. 170, IV) não coincidem necessariamente. Ou seja, livre concorrência nem sempre conduz à livre-iniciativa e vice-versa. Daí a necessária presença do Estado regulador e fiscalizador, capaz de disciplinar a competitividade enquanto fator relevante na formação de preços, do dinamismo tecnológico, do uso adequado de economia de escala etc., impedindo, porém, que se torne instrumento de restrição estratégica à capacidade de iniciativa dos concorrentes.

Com efeito, o livre exercício de atividade econômica (ou livre-iniciativa) e a livre concorrência são valores complementares, porém não idênticos. Há ocasiões em que estes princípios colidem, e a opção por um ou outro desses valores de magnitude constitucional gerará consequências econômicas que podem inclusive afetar terceiros externos ao caso concreto.

---

[250] Tribunal Pleno, AC-MC 1657/RJ, Rel. Min. Joaquim Barbosa, Relator p/ Acórdão Min. Cezar Peluso, j. 27.06.2007, DJe 092 30.08.2007.

No caso específico, a empresa "American Virginia Indústria e Comércio, Importação e Exportação de Tabacos Ltda." teve o seu registro especial, previsto pelo Decreto-lei n.º 1.593/1977, cancelado, por contumaz não recolhimento de imposto sobre produtos industrializados. O referido registro é condição necessária para que se fabriquem cigarros, e o não pagamento de tributos administrados pela Secretaria da Receita Federal é hipótese de seu cancelamento (artigo 2.º do Decreto-lei n.º 1.593/1977, com redação dada pela Lei n.º 9.822/1999).

No curso do processo administrativo, a Receita Federal concedeu à American Virginia o prazo de dez dias para regularização de sua situação tributária, o que significava o recolhimento imediato de todos os débitos pendentes. A empresa, então, ingressou com medida cautelar para assegurar o seu direito ao livre exercício da atividade econômica, alegando que o Estado estaria aplicando uma sanção política, ou seja, coagindo indiretamente ao pagamento de tributo, o que é vedado pela Constituição Federal e por súmulas do Supremo Tribunal Federal (n.º 70, 323 e 547). A própria constitucionalidade do Decreto-lei n.º 1.593/1977 foi posta em cheque, sob o argumento de que este não teria sido recepcionado pela Constituição Federal de 1988 (artigo 5.º, XIII e LIV e 170), uma vez que significaria autêntica sanção política.

A medida cautelar foi concedida e, depois, ajuizada a ação principal, cuja sentença foi favorável à empresa. A União apelou, e a sentença foi reformada pelo Tribunal Regional da 3.ª Região. A empresa então ingressou com ação cautelar no Supremo, visando obter efeito suspensivo ao seu recurso extraordinário, de modo a impedir a paralisação de suas atividades.

O Supremo Tribunal Federal, em plenário, decidiu por não conceder a cautelar. Os Ministros Joaquim Barbosa (relator), Marco Aurélio Mello, Celso de Mello e Sepúlveda Pertence votaram no sentido de deferir a cautelar. Os Ministros Gilmar Mendes, Eros Grau, Ricardo Lewandowski, Carlos Britto, Cezar Peluso, Carmen Lúcia e Ellen Gracie votaram pelo indeferimento da cautelar.

O denominador comum nos votos foi a colisão entre os direitos fundamentais ao livre exercício da atividade econômica e à livre concorrência. Também foi levantado o interesse público na arrecadação do imposto, uma vez que o cigarro acarreta danos à saúde pública, o que requer os necessários recursos para a prestação de serviços públicos de saúde.

O argumento em prol da livre-iniciativa foi no sentido de evitar a utilização de sanções políticas para coagir o particular a pagar seus débitos tributários, prática vedada pela Constituição e pelas súmulas do Supremo Tribunal Federal. Por outro lado, o argumento em prol da livre concorrência foi no sentido de evitar conferir vantagem injusta à empresa que não paga tributos, responsáveis por grande parte do preço do cigarro. O Ministro Joaquim Barbosa apontou a orientação da Suprema Corte em rechaçar sanções políticas, concedendo a liminar por receio de irreversibilidade das consequências advindas do cancelamento das atividades da empresa. O Ministro Cezar Peluso, por sua vez, ressaltou a excepcionalidade de concessão de liminar em recurso que de regra não é suspensivo, e salientou os aspectos anticoncorrenciais que surgiram ao permitir o contumaz não pagamento de um tributo, cuja constitucionalidade sequer estava sendo discutida. Ademais, lembrou que dentre "as treze ou catorze empresas do setor" apenas esta não recolhe o IPI.

Ambos os argumentos são potentes, mas ainda permanecem como a maioria das teses estritamente jurídicas, no campo da retórica. Pergunta-se, então, há formas de tornar esses argumentos mais objetivos e, portanto, mais convincentes?

Comecemos aplicando o protocolo decisório exposto no tópico anterior, conforme figura abaixo:

DECISÃO DO JUIZ

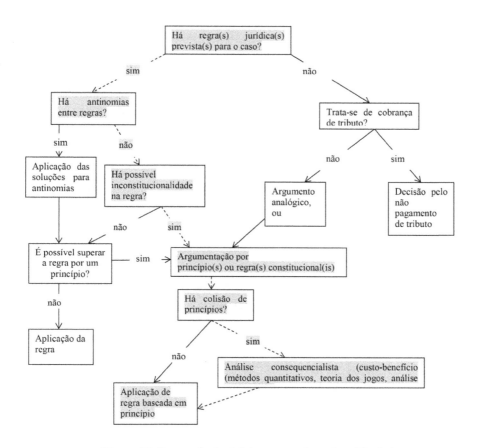

Figura 26. Protocolo decisório no caso American Virginia

As áreas sombreadas e as setas pontilhadas indicam o caminho decisório a ser tomado (e que de certa forma, o foi, ainda que sem as ferramentas aqui apresentadas), senão vejamos: 1) havia regra específica para o caso? A resposta é positiva, pois a Receita Federal aplicou o artigo 2.º do Decreto--lei n.º 1.593/1977, com redação dada pela Lei n.º 9.822/1999; 2) Há antinomia entre regras? Não, o que faz com que sigamos no protocolo; 3) Há possível inconstitucionalidade na regra? Sim, no presente exemplo, o caso chegou ao Supremo Tribunal Federal, a corte constitucional brasileira; 4) Cabe então verificar quais princípios ou regras constitucionais estariam sendo violadas. Consoante o argumento do autor da medida cautelar é que a sanção que lhe

353

cassou a licença para produzir cigarros fere o seu direito fundamental ao livre exercício da atividade econômica; 5) Há colisão de princípios? Sim, pois a parte contrária, a União Federal, alega que se a sanção não fosse aplicada e a Autora seguisse produzindo suas mercadorias sem pagar imposto, imediatamente colocaria as demais empresas do setor em desvantagem competitiva injusta. Portanto, restaria ferido o princípio da livre concorrência; 6) No caso de colisão de princípios, valores fundamentais do ordenamento, entra a análise consequencialista. Não foi o que fizeram os Ministros do STF, apelando para a tradicional retórica jurídica, ainda que intuitivamente tenham chegado à decisão mais correta do ponto de vista da eficiência e do cálculo custo-benefício. Caso tivessem recorrido aos métodos que propugnamos nesse livro, seu enfoque seria na análise do mercado específico que atua a autora da ação e seus concorrentes, bem como também modelariam as possíveis interações estratégicas entre eles.

Ora, se os argumentos conflitantes resultantes da colisão de princípios envolvem a atividade tanto da empresa (livre exercício) quanto das demais empresas do setor (livre concorrência), é fundamental então examinar como efetivamente funciona o mercado de cigarros.

Note-se que a preocupação com a livre concorrência no setor denota a importância da consideração das possíveis externalidades envolvidas, portanto análise consequencialista. Nesse sentido, podem-se propor pelo menos dois enfoques: análise do mercado propriamente dito, no que se refere à oferta e à demanda, assim como modelos de comportamento estratégico das demais empresas do setor, a partir da sinalização emitida pela decisão do tribunal. Vamos a eles.

a) Análise do mercado

A análise da situação do mercado específico é retrospectiva e prospectiva, pois visa constatar se a empresa inadimplente tem adquirido vantagens competitivas entre as demais empresas do setor tabageiro, assim como ilustrar as vantagens que passará a usufruir se puder seguir com suas atividades. Sendo assim, é argumento que necessita de dados concretos, relativos ao mercado em tela.

Os tributos incidentes nos cigarros são diretamente repassados ao preço, mesmo porque a tributação pretende ser extrafiscal nesse caso. A análise que

DECISÃO DO JUIZ

necessita ser feita é se há elasticidade de preço cruzada entre os concorrentes, *i.e.*, se a possível diminuição do preço daquele produtor que não recolhe os impostos fará com que os consumidores de outras marcas migrem para o seu produto.

Os dados deveriam cobrir lapso temporal entre o período de adimplência e o período que a empresa deixou de pagar tributos, de modo a verificar se houve o efeito substituição pelos consumidores, ou seja, se passaram a consumir os cigarros da America Virginia. Todavia, ainda que a empresa tenha seguido com os mesmos preços que praticava, mesmo sem recolher tributos, tem vantagem competitiva entre as demais do setor. Apesar disso, a verificação da elasticidade cruzada reforçaria ainda mais os argumentos pela livre concorrência.

São argumentos que a própria União, como recorrente que alega a violação da livre concorrência, deveria colacionar aos autos, com o apoio de dados objetivos.

b) Teoria dos Jogos

Além do exame do mercado de cigarros e de como o comportamento de um produtor vem afetando os demais, a análise das consequências das possíveis decisões a serem proferidas é prospectiva e deve basear-se em simulações de comportamento dos contribuintes.

Quanto maior a hierarquia de um julgador, maior influência terá a sua decisão. Em outras palavras, maior sinalização a sua decisão será capaz de irradiar, com potenciais de gerar externalidades positivas ou negativas. Considerando que uma decisão da Suprema Corte estabiliza os sentidos normativos e encerra discussões jurídicas, funciona como parâmetro normativo para o comportamento das pessoas, e justamente por isso é que devem ser avaliadas, com o devido cuidado, as suas possíveis decorrências.

A forma por excelência de modelar possíveis comportamentos futuros é estabelecer interações estratégicas com respectivas recompensas. A Teoria dos Jogos pode se mostrar bastante útil para esta empreitada.

Para o problema em tela, pode-se propor um jogo que ilustre a competitividade no mercado em análise, a depender da decisão a ser tomada. Se a decisão for benéfica ao contribuinte inadimplente contumaz, a sua sinalização poderá informar os demais contribuintes do setor que é compensador seguir a mesma conduta. De modo a simplificar o modelo, os *pay offs* estão colocados semanticamente (e não numericamente), indicando a vantagem (em não pagar tributo) e o custo (em pagar o tributo). O símbolo negador "-" colocado no custo serve para demonstrar que no jogo abaixo pagar tributos é desvantajoso, pois não há punição para quem não o faz – logo, a escolha racional é não pagar tributos e buscar vantagem (ou equiparação) em relação aos demais concorrentes do setor.

Situação na qual as empresas inadimplentes não são punidas:

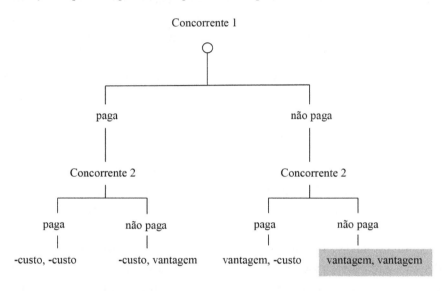

Figura 27. Jogo concorrencial – contribuintes não são punidos

Como se pode observar, o jogo é bastante simples e busca esquematizar uma situação na qual não há sanções para o comportamento da empresa que não paga os seus tributos. Por ocorrer isso, os *pay offs* (colocados semanticamente) pela conduta ilícita são, obviamente, vantajosos. Para agravar a situação, no momento em que a Suprema Corte decida favoravelmente ao contribuinte inadimplente, o elemento de risco que havia até então para a conduta ilícita diminui consideravelmente, tornando-se um jogo de informação completa. Em outras palavras, os jogadores saberão quais as consequências de suas ações.

No jogo acima, o equilíbrio de Nash (caixa sombreada) ocorre quando nenhum dos concorrentes paga os seus impostos, uma vez que é a escolha em que a recompensa é maior. A solução beira à tautologia, pois parece ser óbvio que as empresas escolherão não cumprir com suas obrigações tributárias, porém a decisão de uma corte superior confere esse elemento de certeza das recompensas. A consequência para a coletividade de uma decisão nesse sentido são externalidades negativas.

O argumento contrário, que defende o livre exercício da atividade econômica, é colocado deontologicamente pela parte, ou seja, independentemente das consequências, enfocando-o como um direito fundamental *prima facie*, sem preocupação com quaisquer efeitos prospectivos.

Vejamos a situação na qual o Estado, mediante o Judiciário, sinaliza aos contribuintes a efetiva aplicação (*enforcement*) das sanções pelo descumprimento das obrigações tributárias, conforme figura abaixo.

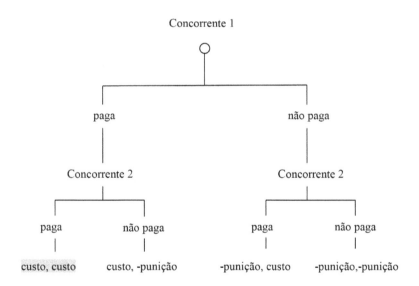

Figura 28. Jogo dinâmico concorrencial – contribuintes são puníveis

Note-se que no jogo acima, a conduta ilícita é punida, logo, os símbolos negativos "-" encontram-se ligados às punições – e não mais aos custos. Mesmo que ao pagar tributos os contribuintes encontrem-se em situação financeira pior do que estavam antes do encargo, a opção de não pagar é desvantajosa, pois serão sancionados por tal escolha. O equilíbrio de Nash (área sombreada) encontra-se na situação em que ambos os jogadores-empresas satisfazem suas obrigações tributárias.

Os dois jogos acima ilustrados demonstram que a sinalização do comportamento do Estado, ao instituir e aplicar os incentivos adequados (leia-se sanções) influencia, por seu turno, o comportamento dos contribuintes. Estes, como indivíduos racionais que são, agirão levando em conta as recompensas ou punições que lhes são destinadas, incentivos estes que são firmados, de forma definitiva, pela decisão do Estado-juiz.

CONCLUSÕES

1 – Ontologia é a forma de existência das coisas. Epistemologia é a forma como conhecemos as coisas. A ontologia e epistemologia podem ser objetivas e subjetivas. Objetos naturais têm ontologia objetiva, sua existência independe do observador, ao passo que objetos culturais têm ontologia subjetiva, sua existência depende do sujeito cognoscente. A epistemologia pode ser tanto objetiva quanto subjetiva, esta última referindo-se a preferências pessoais, e a primeira, à analise imparcial do objeto.

2 – É possível uma epistemologia objetiva de objetos culturais. A neutralidade axiológica do positivismo jurídico busca analisar objetivamente o Direito, espécie de objeto cultural, portanto de ontologia subjetiva.

3 – A análise positiva tem por fim verificar como Direito é. A análise normativa busca propor como o Direito *deveria ser*. Enquanto a primeira procura ser objetiva e isenta de juízos de valor, a última pretende incorporar valores ao objeto de estudo, de modo a obter determinados fins. Ainda que a análise normativa usualmente seja permeada de valorações pessoais, nada impede que seja realizada de forma objetiva, no sentido de propor alterações nas leis, que venham a alcançar dado fim, ainda que o proponente reprove moralmente aquele objetivo.

4 – A intencionalidade humana, que é a capacidade de projetar os estados conscientes da mente para mundo, aliada ao pensamento racional abstrato e à linguagem, foi capaz de criar a realidade institucional. A realidade institucional tem ontologia subjetiva, pois depende da linguagem e da intencionalidade coletiva como condição de sua existência.

TEORIA DA DECISÃO TRIBUTÁRIA

5 – As instituições restringem e delimitam a ação humana em sociedade. São constituídas por regras formais, informais e por mecanismos responsáveis pela eficácia dessas regras. As instituições implicam *status* deônticos para os indivíduos e organizações que agem em seu contexto, o que significam direitos e deveres correlatos.

6 – A linguagem e a comunicação são imprescindíveis para a tomada de decisão. A linguagem é o aparato simbólico pelo qual a racionalidade opera, e a comunicação é o instrumento de interação entre os seres racionais. A Teoria dos Atos de Fala analisa a dinâmica comunicacional humana, isolando o seu elemento fundamental o ato ilocucionário, a unidade mínima da comunicação humana responsável pela externalização social da decisão.

7 – Os atos ilocucionários, portanto, denotam a intenção do falante ao utilizar a linguagem: afirmar, perguntar, ordenar, descrever, expressar um desejo etc. É a forma pela qual o utente usa a linguagem no contexto comunicacional. Os atos perlocucionários, por seu turno, denotam os efeitos que os atos ilocucionários causam nos ouvintes.

8 – "Racionalidade" comporta várias acepções: lucidez, razoabilidade ou reflexão não emocional. No contexto da Teoria da Decisão, a racionalidade significa a adequação dos meios aos fins pretendidos pelo agente, por isso trata-se de uma *racionalidade instrumental.*

9 – A Teoria da Escolha Racional busca modelar matematicamente as escolhas dos indivíduos, sendo o paradigma predominante nas ciências sociais, notadamente a Economia. Os seus postulados fundamentais são: 1) os indivíduos são autointeressados, o que significa que agem no sentido de maximizar o seu bem-estar (ou *utilidade,* conforme o jargão empregado pela teoria), em face dos recursos limitados de que dispõem; 2) os indivíduos realizam escolhas consistentes, mediante a informação de que dispõem, em relação às alternativas possíveis para alcançar os objetivos pretendidos; 3) os indivíduos reagem a incentivos.

10 – O *input* epistêmico da Escolha Racional são as *preferências reveladas* dos indivíduos, observadas mediante os seus comportamentos. Essas preferências precisam ser estáveis e consistentes. E, para que sejam consistentes, necessitam ser completas, assimétricas e transitivas.

11 – Valor denota o objetivo de uma ação, orientando-a em direção àquilo que pretende adquirir e/ou conservar. Valor tem ontologia subjetiva, sua

existência depende de um sujeito dotado de consciência e intencionalidade. Outra forma de se referir a valor é a "utilidade", a medida abstrata de satisfação que o indivíduo obtém perante certas situações, pessoas, bens e serviços.

12 – Toda escolha gera custo de oportunidade, que é o valor da opção que renunciamos ao escolher. O custo de oportunidade, portanto, é o valor da segunda melhor opção. A escolha racional deve levar em conta os custos de oportunidade, e uma das formas é pela análise custo-benefício.

13 – Eficiência é um valor instrumental e significa alcançar os melhores resultados possíveis a partir de recursos limitados. A eficiência alocativa de Pareto ocorre quando em uma interação ao menos um indivíduo resulta em situação melhor do que antes, e nenhum indivíduo em situação pior. A eficiência é "Pareto ótimo" quando não é mais possível alterar uma alocação de recursos sem que um dos indivíduos resulte em situação pior do que antes. A eficiência Kaldor-Hicks se dá quando em uma interação uma das partes resulta em situação pior do que antes, mas ainda assim é potencialmente recompensável pela parte que resultou em situação melhor.

14 – A escolha racional é um modelo analítico, simplificador da realidade. Empiricamente, as pessoas têm racionalidade limitada, informação incompleta e vieses cognitivos. Em grande parte das situações, quando o custo marginal da informação excede o seu benefício, os indivíduos utilizam heurísticas para avaliar alternativas e decidir, ou seja, estimativas e métodos intuitivos (*rules of thumb*) adquiridos e desenvolvidos em um longo processo evolutivo. Entretanto, o uso de heurísticas em determinadas situações pode levar a erros sistemáticos de avaliação e resultados subótimos.

15 – Questões morais afetam a tomada de decisão. A Deontologia é a filosofia moral que defende a escolha baseada em regras e deveres aprioristicamente considerados corretos. Já para o consequencialismo a ênfase deve ser dada aos possíveis resultados ou aos fins pretendidos pelo agente, ou seja, um ato não é moral ou imoral *a priori*, mas será um ou outro, a depender das consequências dele resultantes. O utilitarismo deve ser visto como uma espécie de consequencialismo, mas não se confunde com ele, uma vez que não se preocupa com a análise pura e simples das consequências, mas sim almeja consequências específicas: uma ação é moralmente correta se o seu resultado alcança a maior satisfação possível para o maior número de pessoas.

16 – O Direito deve refletir valores morais por meio de princípios e regras jurídicas. Cabe ao legislador efetuar cálculos consequencialistas de modo que suas leis alcancem os resultados pretendidos, devendo ser estes de índole moralmente correta. O consequencialismo opera, nesse sentido, a serviço da deontologia.

17 – A teoria da decisão é o campo de estudo, baseado na racionalidade, que visa obter os melhores resultados por meio de um processo organizado e metódico. É uma teoria normativa, pela qual se procura analisar como as decisões *devem ser*, em vez de como elas realmente ocorrem.

18 – A teoria dos jogos incorpora a estratégia à decisão. Ao agir, o jogador deve levar em conta as possíveis ações e reações de seus oponentes, de modo a obter as melhores recompensas (*pay offs*). A teoria modela situações estratégicas em jogos que podem ser cooperativos, não cooperativos, estáticos, dinâmicos, de informação completa ou incompleta.

19 – Dentre os jogos clássicos, encontram-se: 1) o *caça ao cervo*, que ilustra o contrato social, dada a possibilidade de cooperação entre os indivíduos para alcançar o melhor resultado para todos; 2) o *dilema do prisioneiro*, que demonstra situações não cooperativas, em que há incentivos para deserção pelos indivíduos, ainda que resulte em situação pior para todos; 3) *jogo do covarde*, interação não cooperativa que ilustra situações de conflito e negociação.

20 – O sistema jurídico, enquanto objeto cultural – portanto, ontologicamente subjetivo –, permite epistemologia objetiva, sendo esta a grande contribuição do positivismo jurídico. Não obstante, é inafastável a visão funcionalista do Direito, inerente a todo objeto cultural. Enfoques estruturalistas e funcionalistas são, portanto, complementares e igualmente importantes para a ciência do Direito.

21 – O contrato social implica renúncia parcial da liberdade individual em prol de uma autoridade central com poder equânime sobre todos. Os tributos são a forma concreta por excelência de renúncia da liberdade individual em prol do contrato social.

22 – A renúncia à liberdade individual em forma de tributos justifica-se pela geração de receitas para que o Estado possa prover bens públicos aos cidadãos. Bens públicos são aqueles cujo uso é não rival e não excludente e, portanto, não há incentivos para que o setor privado os produza eficientemente, devendo então o Estado intervir para corrigir essa falha de mercado.

CONCLUSÕES

23 – O tributo necessita ser compulsório, pois a racionalidade impõe a deserção ao seu pagamento. A tributação é uma interação social não cooperativa, ainda que seja a condição necessária para a manutenção do Estado, que é o guardião do contrato social.

24 – É possível, porém difícil, converter a interação não cooperativa da tributação em uma interação cooperativa, em que os contribuintes seriam incentivados a sempre cumprir com suas obrigações tributárias. Para tanto, seria necessário: 1) estimular a confiança entre Estado e particular e entre particulares, por meio de normas sociais de cooperação e de sanções jurídicas premiais; 2) estruturar os *pay offs* de modo que seja mais vantajoso pagar tributos do que ser oportunista, mediante: a) informação aos contribuintes relativa ao custo dos tributos em bens e serviços, e dos gastos públicos pelos governos; b) racionalização e simplificação do sistema tributário, tornando-o mais fácil de compreender e cumprir, diminuindo custos de transação; c) evitar conceder moratórias, remissões e anistias recorrentes, que geram incentivos ao não cumprimento das obrigações tributárias.

25 – Na estruturação do sistema tributário, a igualdade e a eficiência costumam entrar em conflito. Os tributos costumam ser distorcivos, alterando comportamentos do consumidor e incentivando o efeito-substituição e criando ineficiência alocativa, denominada "peso-morto". Uma das formas de corrigir essa ineficiência é a de tributos fixos, o que por sua vez é contrário aos princípios da igualdade e da capacidade contributiva.

26 – Liberdades negativas e liberdades positivas, respectivamente direitos individuais e direitos sociais, acarretam custos para serem providos pelo Estado, que necessita de tributos para tanto. Mesmo as liberdades negativas, que significam a não interferência do Estado ou de particulares na esfera privada do indivíduo, requerem a proteção do poder público. Entretanto, a proteção aos direitos individuais exige custos muito menores que prover direitos sociais aos cidadãos, portanto menos tributação.

27 – A inalienabilidade das liberdades fundamentais é imposição normativa. O contrato social e a tributação retiram marginalmente as liberdades dos indivíduos, cabendo aos direitos individuais e aos órgãos encarregados de aplicá-los barrarem a retirada em excesso das liberdades.

28 – O sobreprincípio da segurança jurídica é substantivamente neutro, mas funciona como estabilizador do ambiente institucional necessário ao

desenvolvimento. A segurança jurídica se manifesta *ex ante* e *ex post*: a primeira significa a possibilidade de cálculo racional do indivíduo em relação às consequências jurídicas de suas escolhas, ou seja, preservar a estabilidade das regras do jogo. A última significa preservar as relações jurídicas em andamento ou consolidadas. Regras constitucionais como a estrita legalidade, a irretroatividade, a anterioridade e a coisa julgada visam objetivar a segurança jurídica no sistema tributário.

29 – A vedação ao efeito de confisco é decorrente do direito de propriedade e deve ser analisada não só tributo a tributo, mas também globalmente. Os custos de conformidade também necessitam ser levados em consideração na análise do efeito confiscatório.

30 – O direito à privacidade do contribuinte incentiva o risco moral e impede a máxima eficiência administrativa tributária. No entanto, o acesso aos dados do contribuinte diretamente pelo agente administrativo fiscal pode incentivar também abusos e arbitrariedades, considerando a racionalidade do administrador. O *trade off* entre eficiência arrecadatória e direitos individuais se faz necessário, sem, contudo, conceder privilégios absolutos a qualquer deles.

31 – O tributo ótimo necessita: 1) ter uma base grande de contribuintes; 2) incidir sobre produtos e serviços de demanda inelástica; 3) atender à isonomia; 4) ter baixo custo administrativo; e 5) ser regulado por poucas regras, simples e objetivas.

32 – O repertório da decisão é formado por normas jurídicas, gênero cujas espécies são os princípios e as regras. A classificação é arbitrária, pois empiricamente o que se verifica são comandos normativos construídos pelo receptor a partir dos textos do direito positivo. No entanto, é uma classificação útil para a solução de problemas jurídicos.

33 – Os direitos fundamentais são expressos tanto por princípios quanto por regras.

34 – A complexidade da tributação prejudica a comunicação do sistema jurídico, inviabilizando a compreensão efetiva de seus comandos por seus destinatários, o que afeta a eficiência socioeconômica e incentiva a busca de renda (*rent seeking*) por profissionais da área. A busca de renda é patologia econômica, oriunda de grupos de interesse, que denota a redistribuição de riqueza, em vez de sua criação.

CONCLUSÕES

35 – A decisão do contribuinte em cumprir ou não com a legislação tributária é motivada principalmente pelas sanções jurídicas. O cálculo custo-benefício leva em conta não apenas as sanções formais, mas também a probabilidade de sua aplicação efetiva, cujo resultado é a *sanção esperada*. As sanções premiais também desempenham um importante papel para incentivar o cumprimento das obrigações tributárias.

36 – O planejamento tributário ou elisão é técnica que visa explorar falhas (*loopholes*) do sistema tributário, sempre pelas vias formalmente lícitas, principalmente por meio de "permissões fracas". A elisão acarreta consequências negativas e positivas para a sociedade. As negativas incluem incentivos ao *rent seeking*, o uso de recursos produtivos para a exploração de falhas legislativas e a injustiça no deslocamento da carga tributária para aqueles que não têm recursos para contratar especialistas em planejamento fiscal. As positivas decorrem dos recursos econômico-financeiros que permanecem no setor privado, via de regra mais eficiente que o setor público.

37 – Em vista da atividade plenamente vinculada do agente fiscal, o seu método de aplicação da legislação tributária é o subsuntivo, que significa a aplicação de regras aos fatos, quando estes reúnem os elementos expressamente previstos por aquelas.

38 – A aplicação de regras tributárias opera pela subsunção tanto das regras materiais quanto das regras formais ou metarregras, que ditam a autoprodução do sistema jurídico.

39 – Não há norma geral antielisiva no sistema tributário brasileiro, pois o parágrafo único do artigo 116 do Código Tributário utiliza o verbo "dissimular", o que denota evasão e não elisão, o que sempre foi vedado pelo ordenamento. Além disso, falta eficácia sintática à cláusula geral, pois não foram editadas regras legais que a regulem.

40 – A transação no Direito Tributário poderia gerar eficiência alocativa, porém custos de transação, o problema do agente-principal e possíveis incentivos errados aos demais contribuintes tornam sobremodo difícil a inserção deste instituto previsto pelo artigo 171 do Código Tributário Nacional. Todavia, consoante a teoria dos jogos, a Administração sempre teria vantagem em uma barganha com o particular.

41 – O devido processo legal adjetivo e substantivo, além de atender a anseios naturais de justiça, também funciona como mecanismo aperfeiçoador do

TEORIA DA DECISÃO TRIBUTÁRIA

sistema, uma vez que as asserções e contra-asserções no processo operam de forma a depurar excessos, evitando a criação ou expulsando do ordenamento as regras abusivas, gerais e abstratas e individuais e concretas. A decisão do juiz tem como condição necessária, portanto, a existência e manutenção do devido processo legal, pois o Judiciário age sempre sob provocação das partes, e, se estas não puderem se manifestar, não haverá sobre o que decidir.

42 – A decisão do juiz é premida por restrições normativas, que são as competências formais e materiais que limitam o seu campo de escolha. O repertório da decisão do julgador é formado por todos os elementos do sistema, a saber, princípios e regras jurídicas.

43 – Do ponto de vista estrutural e regras são mandamentos com implicação condicional e que prescrevem condutas obrigatórias, proibidas e permitidas. Princípios são mandamentos *prima facie,* de alta carga axiológica, traduções jurídicas de valores sociais. Do ponto de vista epistêmico, as regras são comandos que pretendem ser objetivos, ainda que em seu bojo possam conter elementos vagos ou mesmo ambíguos. Princípios são propositadamente abertos e genéricos, de modo a permitir construções hermenêuticas por seus intérpretes. Do ponto de vista funcional, as regras coordenam a ação humana, fixando preços para as condutas do indivíduo. Já os princípios operam como vetores na construção do sistema e como calibradores de sua dinâmica, permitindo soluções em situações nas quais não há regras ou são elas insuficientes ou ineficientes para a solução do problema. São, portanto, normas endógenas, ao passo que as regras podem ser tanto endógenas (metarregras) quanto exógenas (regras de conduta).

44 – As regras dispostas por lei e aplicadas pelo juiz conferem caráter de bem público ao direito positivo, gerando externalidades positivas que resultam em segurança jurídica. A relativização das regras e a sua superação por argumentos principiológicos afeta o caráter de bem público, gerando insegurança e distorcendo o sistema de preços normativo.

45 – Regras sempre devem ter primazia sobre os princípios no processo de positivação do sistema jurídico e na tomada de decisão dos julgadores, pois esta prevalência mantém a segurança jurídica. As exceções ocorrem quando não há regras previstas para o caso concreto ou a regra existente mostra-se inadequada.

CONCLUSÕES

46 – A superação de uma regra por um princípio só se justifica quando: 1) não afetar a finalidade subjacente à regra; 2) não distorcer o sistema de preços normativo, *i.e*, a irradiação de externalidades positivas pelo caráter de bem público do direito positivo; 3) a superação gerar eficiência alocativa.

47 – A argumentação é ponto basilar para a decisão judicial, fundamentando-a e legitimando-a. Funciona na aplicação de regras e, principalmente, na aplicação de princípios. A argumentação principiológica é a porta aberta do sistema para a análise consequencialista do Direito.

48 – Quando direitos fundamentais conflitam em um caso concreto, trata-se de problema de colisão de princípios. O princípio da proporcionalidade funciona como argumento de ponderação entre direitos fundamentais colidentes, mas deve ir além do mero caso concreto e avaliar também as externalidades possivelmente decorrentes da decisão.

49 – Dada a rigidez do sistema tributário, em casos de colisão de direitos fundamentais é mais frequente a ocorrência de soluções de canto, quando o juiz opta por apenas um dos valores e interesses colidentes no caso, sem que haja possibilidade de uma solução ótima, de confluência dos princípios.

50 – Na escolha por um dos princípios colidentes, a análise consequencialista pode se valer de exame econômico do mercado especificamente atingido pelas repercussões possíveis da decisão judicial porvir, assim como também de simulações de comportamento estratégico dos agentes desse mercado, uma vez afetados pela sinalização emitida pela norma judicial.

REFERÊNCIAS

ABBAGNANO, Nicola. *Dicionário de Filosofia*. Tradução de Alfredo Bosi. São Paulo: Martins Fontes, 1998.

ADAMS, Charles. *For good and evil*. The impact of taxes on the course of civilization. 2. ed. Lanham: Madison Books, 2001.

ALEXANDER, Larry; SHERWIN, Emily. *Demystifying legal reasoning*. Cambridge: Cambridge University Press, 2008.

ALEXY, Robert. *Teoria dos direitos fundamentais*. Tradução de Virgílio Afonso da Silva. São Paulo: Malheiros, 2008.

------. The construction of constitutional rights. *Law, Ethics and Human Rights*, Berkeley: Berkeley Electronic Press, v. 4, n. 1, 2010.

ARISTÓTELES. *Política*. 3. ed. Tradução de Mário da Gama Kury. Brasília: Editora UnB, 1997.

------. Ética a Nicômano. Tradução de Edson Bini.São Paulo: Edipro, 2002.

------. *Metafísica*. Tradução de Edson Bini. São Paulo: Edipro, 2006.

ARROW, Kenneth J. *Elección social y valores individuales*. Tradução de Eusebio Aparicio Aufion.Buenos Aires: Planeta Agostini, 1994.

AUSTIN, John Langshaw. *How to do things with words*. 2. ed. Boston: Harvard University Press, 1999.

AUSTIN, John. *The province of jurisprudence determined*. New York: Prometeus Books, 2000.

ÁVILA, Humberto. *Segurança jurídica*. Entre permanência, mudança e realização no direito tributário. São Paulo: Malheiros, 2011.

------. *Teoria dos princípios*. Da definição à aplicação dos princípios jurídicos. 4. ed. São Paulo: Malheiros, 2005.

AXELROD, Robert. *The evolution of cooperation*. Cambridge: Basic Books, 1984.

BAIRD, Douglas G.; GERTNER, Robert H.; PICKER, Randal C. *Game theory and the law*. Cambridge: Harvard University Press, 1994.

BARRETO, Paulo Ayres. *Elisão tributária*. Limites normativos. 2008. Tese (Livre-docência) – Faculdade de Direito da Universidade de São Paulo, São Paulo.

BAUDRILLARD, Jean. *Simulacros e simulação*. Tradução de Maria João da Costa Pereira. Lisboa: Relógio D'Água, 1981.

BECCARIA, Cesare. *On crime and punishment*. Tradução de David Young.

Indianapolis: Hackett Publishing & Co, 1986.

BECHO, Renato Lopes. *Filosofia do direito tributário*. São Paulo: Saraiva, 2009.

BECKER, Alfredo Augusto. *Teoria geral do direito tributário*. São Paulo: Saraiva, 1963.

——. *Carnaval tributário*. 2. ed. São Paulo: Lejus, 1999.

BECKER, Gary. Crime and punishment: an economic approach. *The economic approach to human behavior*. Chicago: The University of Chicago Press, 1978.

——. The economic approach to human behavior. *The economic approach to human behavior*. Chicago: The University of Chicago Press, 1978.

BENTHAM, Jeremy. *The principles of morals and legislation*. New York: Prometeu Books, 1988.

BERLIN, Isaiah. *Four essays on liberty*. Oxford: Oxford University Press, [s.d.].

BERNSTEIN, Lisa. Opting out of the legal system: extralegal contractual relations in the diamond industry. *The Journal of Legal Studies*, vol. 21, n. 1, Chicago: University of Chicago Press, 1992.

BERNSTEIN, Peter L. *Desafio aos deuses*. A fascinante história do risco. Tradução de Ivo Korylowski. 23ª ed. São Paulo: Elsevier, 1997.

BIDERMAN, Ciro; ARVATE, Paulo (Org.). *Economia do setor público no Brasil*. São Paulo: Campus, 2005.

BINMORE, Ken. *Rational decisions*. Princeton: Princeton University Press, 2009.

BOBBIO, Norberto. *Teoria do ordenamento jurídico*. Tradução de Maria Celeste Cordeiro Leite dos Santos. 7. ed. São Paulo: UnB, 1996.

——. *Da estrutura à função*. Barueri: Manole, 2007.

BUCHANAN, James. *The limits of liberty*. Between anarchy and Leviathan. Chicago: The University of Chicago Press, 1975.

——. *Custo e escolha*. Uma indagação em teoria econômica. Tradução de Luis Antonio Pedroso Rafael. Rio de Janeiro: Instituto Liberal, 1993.

BURKE, Edmund. *Reflections on the Revolution in France*. Oxford: Oxfor University Press, 1992.

CAETANO, Marcello. *Manual de direito administrativo*. 10. ed. Coimbra: Almedina, 1994.

CALIENDO, Paulo. *Direito tributário e análise econômica do direito. Uma visão crítica*. São Paulo: Campus: 2009.

CAMPILONGO, Celso Fernandes. *O direito na sociedade complexa*. São Paulo: Max Limonad, 2000.

CANARIS, Claus-Wilhelm. *Pensamento sistemático e conceito de sistema na ciência do direito*. Trad. de A . Menezes Cordeiro. 2ª ed. Lisboa: Fundação Calouste Gulbenkiam.

CANOTILHO, J.J. Gomes. *Direito constitucional*. 6. ed. Coimbra: Almedina, 1996.

CARRAZZA, Roque Antonio. *Curso de direito constitucional tributário*. 26. ed. São Paulo: Malheiros, 2010.

CARVALHO, Cristiano. Análise econômica do direito tributário: uma introdução. In: LIMA, Maria Lucia de Pádua (org.). *Direito e economia. 30 anos de Brasil. Agenda contemporânea*. Tomo 3. São Paulo: Saraiva, 2012.

——. Breves Considerações sobre Elisão e Evasão Fiscais. In: PEIXOTO, Marcelo Magalhães. *Planejamento tributário*. (coord.). São Paulo: Quartier Latin, 2004.

——. *Ficções jurídicas no direito tributário*. São Paulo: Noeses, 2008

——. *Teoria do sistema jurídico, direito, economia, tributação*. São Paulo: Quartier Latin, 2005.

REFERÊNCIAS

------; MATTOS, Ely José de. Entre princípios e regras: uma proposta de análise econômica no direito tributário. *Revista Dialética de Direito Tributário*, São Paulo: Dialética, n. 157, 2008.

------; TRINDADE, Manoel Gustavo Neubarth. A superação de regras por princípios jurídicos na atividade jurisdicional: um enfoque pela análise econômica do Direito. *Revista de Direito Tributário*. São Paulo: Malheiros, n. 109, 2010.

CARVALHO, Paulo de Barros. Sobre os princípios constitucionais tributários. *Revista de Direito Tributário*, São Paulo: RT, n. 55, 1991.

------. *Direito tributário*. Fundamentos jurídicos da incidência. 4. ed. São Paulo: Saraiva, 2006.

------. *Direito tributário, linguagem e método*. São Paulo: Noeses, 2008.

------. *Curso de direito tributário*. 22. ed. São Paulo: Saraiva, 2010.

CHERNOFF, Herman; MOSES, Lincoln E. *Elementary decision theory*. Nova York: John Wiley & Sons, 1959.

COASE, Ronald. *The Firm, the Market and the Law*. Chicago: The University of Chicago Press, 1988.

COOTER, Robert D. *The strategic constitution*. Princeton: Princeton University Press, 2000.

------; ULEN, Thomas. *Law and economics*. New York: Addison Wesley, 1992.

COSTA, Alcides Jorge. História da tributação: do Brasil-Colônia ao Imperial. In: SANTI, Eurico Marcos Diniz de (Coord.). *Curso de direito tributário e finanças públicas*. Do fato à norma, da realidade ao conceito jurídico. São Paulo: Saraiva, 2008.

DERSHOWITZ, Alan M. *Is there a right to remain silent?* Coercive interrogation and the fifth amendment after 9/11. Oxford: Oxford University Press, 2008.

DERZI, Misabel Abreu Machado. *Direito tributário, direito penal e tipo*. São Paulo: RT, 1988.

------;*Modificações da jurisprudência no direito tributário*. São Paulo: Noeses, 2009.

DWORKIN, Ronald. *Taking rights seriously*. 16. ed. Cambridge: Harvard University Press, 1997.

EATWELL, John; MILGATE, Murray; NEWMAN, Peter. *Game theory*. Nova Iorque: W.W. Norton, 1989.

ECHAVE, Delia Teresa; URQUIJO, Maria Eugenia; GUIBOURG, Ricardo. *Lógica, proposición y norma*. Buenos Aires: Astrea, 1995.

ELLICKSON, Robert C. *Order without law*. How neighbours settle disputes. Cambridge: Harvard University Press, 1991.

ENGEL, Christoph; GIGERENZER, Gerd. Law and heuristics: an interdisciplinary venture. In: ------; ------. *Heuristics and the law*. Cambridge: The MIT Press, 2006.

ENGISH, Karl. *Introdução ao pensamento jurídico*. Tradução de João Baptista Machado. 7. ed. Lisboa: Fundação Calouste Gulbenkian, 1996.

FARNSWORTH, Ward. *The Legal Analyst*. A toolkit for thinking about the law. Chicago: The University of Chicago Press, 1999.

FÉDER, João. *Estado sem poder*. São Paulo: Max Limonad, 1997.

FERRAZ JR., Tercio Sampaio. *A ciência do direito*. São Paulo: Atlas, 1980.

------. *Introdução ao estudo do direito*. Técnica, decisão e dominação. 2. ed. São Paulo: Atlas, 1996.

------. Tributação e concorrência. *Revista de Direito Tributário da APET*, São Paulo: MP, n. 16, 2007.

FRANK, Robert H. The status of moral emotions in consequentialist moral reasoning. In ZAK, Paul J. (Ed.). *Moral*

Markets. The critical role of values in the economy. Princeton: Princeton University Press, 2008.

FRIEDMAN, David. D. *Law's order*. What economics has to do with Law and why it matters. Princeton: Princeton University Press, 2000.

FRIEDMAN, Milton. *Essays in positive economics*. Chicago: University of Chicago Press: 1953.

————; FRIEDMAN, Rose. *Liberdade de escolher*. Tradução de Ruy Jungmann. Rio de Janeiro: Record, 1980.

GAMA, Tácio Lacerda. *Competência tributária*. Fundamentos para uma teoria da nulidade. São Paulo: Noeses, 2009.

GARLAND, Brent. *Neuroscience and the law. Brain, mind, and the scales of justice*. Nova Iorque: Dana Press, 2004.

GARNICA, Ernesto Garcia Trevijano. *El silencio administrativo en el derecho español*. Madrid: Civitas, 1990.

GEORGAKOPOULOS, Nicholas L. *Principles and methods of law and economics. Basic tools for normative reasoning*. Cambridge: Cambridge University Press, 2005.

GIGERENZER, Gerd. Heuristics. In: ————; ENGEL, Christoph. *Heuristics and the law*. Cambridge: The MIT Press, 2006.

GILBOA, Itzhak. *Theory of decision under uncertainty*. Cambridge: Cambridge University Press, 2009.

GINTIS, Herbert. *The bound of reason*. Game theory and the unification of the behavioral sciences. Princeton: Princeton University Press, 2009.

GLANNON, Walter (Ed.). *Defining right and wrong in brain science*. Essential readings in neuroethics. Nova Iorque: Dana Press, 2005.

GOMES, Luiz Flavio Autran Monteiro. *Teoria da decisão*. São Paulo: Thomson, 2007.

GRAU, Eros Roberto. *Direito, conceitos e normas jurídicas*. São Paulo: RT, 1988.

————. *Ensaio e discurso sobre a interpretação/aplicação do direito*. São Paulo, Malheiros, 2002.

GUASTINI, Riccardo. *Das fontes às normas*. Tradução de Edson Bini.São Paulo: Quartier Latin, 2005.

HABERMAS, Jürgen. *Direito e democracia*: entre facticidade e validade. Tradução de Flávio Beno Siebeneichier. Rio de Janeiro: Tempo Brasileiro, 1987. 2 v.

HARDIN, Garret. The tragedy of the commons. *Science*, Vol. 162. no. 3859. Dezembro de 1968. Artigo disponível em: < http://www.sciencemag.org/cgi/content/full/162/3859/1243> Acesso em 03.04.2010.

HARE, R.M. *A linguagem da moral*. Tradução de Eduardo Pereira e Ferreira. São Paulo: Martins Fontes, 1996.

HART, Herbert L. A. *O conceito de direito*. Tradução de A. Ribeiro Mendes. São Paulo: Martins Fontes, 2009.

————. Positivism and the separation of law and morals. In: FEINBERG, Joel; GROSS, Hyman (Ed.). *Philosophy of law*. 2. ed. Belmont: Waldsworth Publishing, 1978.

HAUSER, Marc D. *Moral minds. The nature of right and wrong*. Nova Iorque: Harper, 2007.

HAYEK, Friedrich. *Individualism and economic order*. Chicago: University of Chicago Press, 1984.

————. *The fatal conceit*. The errors of socialism. Chicago: The University of Chicago Press, 1991.

————. *Law, legislation and liberty*. The mirage of social justice. Chicago: University of Chicago Press, 1995. v. 2.

HESSEN, Johannes. *Filosofia dos valores*. Tradução de L. Cabral de Moncada. São Paulo: Saraiva, 1946.

HIRSCHMAN, Albert. *Saída, voz e lealdade*. São Paulo: Perspectiva, 1970.

HOBBES, Thomas. *Leviatã*. Tradução de João Paulo Monteiro e Maria Beatriz Nizza da Silva. São Paulo: Martins Fontes, 2008.

HOLMES, Stephen; SUNSTEIN, Cass R. *The cost of rights*. Why liberty depend on taxes. Nova Iorque: W.W. Norton & Company, 2000.

HORVATH, Estevão. *O princípio do não confisco no direito tributário*. São Paulo: Dialética, 2002.

HUHN, Wilson. *The five types of legal argument*. 2. ed. Durham: Carolina Academic Press, 2008.

HUME, David. *Treatise of human nature*. New York: Prometheus, 1992.

JEFFREY, Richard C. *The logic of decision*. 2. ed. Chicago: University of Chicago Press, 1983.

JHERING, Rudolph von. *A luta pelo Direito*. Tradução de João Vasconcellos. 23. ed. São Paulo: Martins Fontes, 2004.

JOLLS, Christine; SUNSTEIN, Cass R.; THALER, Richard H. A behavioral approach to law and economics. In: SUNSTEIN, Cass R. (Ed.). *Behavioral law & economics*. Cambridge: Cambridge University Press, 2000.

KAFKA, Franz. *O processo*. Tradução de Modesto Carone. São Paulo: Companha das Letras, 2005.

KANT, Immanuel. *Crítica da razão pura*. Tradução de Manuela Pinto dos Santos. 3. ed. Lisboa: Fundação Calouste Gulbenkian, 1994.

------. *Crítica da razão prática*. Tradução de Valerio Rohden. São Paulo: Martins Fontes, 2003.

------. *A metafísica dos costumes*. Tradução de Edson Bini. 2. ed. São Paulo: Edipro, 2010.

KAPLAN, Mark. *Decision theory as philosophy*. Cambridge: Cambridge University Press, 1996.

KAPLOW, Louis. Rules and standards. An economic analysis. *Duke Law Journal*, Durham: Duke University School of Law, v. 42, n. 3, 1992.

------. *The theory of taxation and public economics*. Princeton: Princeton University Press, 2008.

KAPLOW, Louis; SHAVELL, Steven. Should legal rules favor the poor? Clarifying the role of legal rules and the income tax in redistributing income. *Journal of Legal Studies*, Chicago: University of Chicago, 2000.

------; ------. Fairness versus welfare. Notes on the Pareto principle, preferences and distributive justice. *Journal of Legal Studies*, Chicago: Chicago University Press, n. 32, 2003.

------; ------. *Decision analysis, game theory and information*. Nova York: Foundation Press, 2004.

------; ------. *Microeconomics*. Nova Iorque: Foundation Press, 2004.

KELSEN, Hans. *Teoria pura do direito*. Tradução de João Baptista Machado. 2. ed. São Paulo: Martins Fontes, 1996.

KNIGHT, Frank H. *Inteligência e ação democrática*. Tradução de Francisco J. Berali. Rio de Janeiro: Instituto Liberal, 1989.

KRUGMAN, Paul; WELLS, Robin. *Introdução à economia*. Tradução de Helga Hoffman. São Paulo: Campus, 2007.

LARENZ, Karl. *Metodologia da ciência do direito*. Tradução de José Lamego. 5ª ed. Lisboa: Fundação Calouste Gulbenkiam, 2009.

LINDLEY, D.V. *Making decisions*. 2. ed. Londres: John Wiley & Sons, 1988.

LOCKE, John. *An essay concerning human understanding*. Nova Iorque: Prometheus Books, 1995.

------; *Segundo tratado sobre o governo civil e outros escritos*. Tradução de Magda Lopes e Marisa Lobo da Costa. Petrópolis: Vozes, 1994.

LUCE, R. Duncan; RAIFFA, Howard. *Games and decisions*. Introduction and critical survey. Nova Iorque: Dover, 1985.

LUHMANN, Niklas. *Law as a social system*. Tradução para a língua inglesa de Klaus A. Ziegert. Oxford: Oxford University Press, 2004.

MacCORMICK, Neil. *Legal reasoning and legal theory*. Oxford: Clarendon Press, 1978.

MACHADO, Hugo de Brito. *Curso de direito tributário*. 31. ed. São Paulo: Malheiros, 2010.

MACHADO, Rafael Bicca. *Arbitragem empresarial no Brasil*. Uma análise pela nova sociologia do Direito. Porto Alegre, Livraria do Advogado, 2009.

MACINTYRE, Alasdair. *Depois da virtude*. Tradução de Jussara Simões. Bauru: Edusc, 2001.

MANKIW, N. Gregory. *Princípios de microeconomia*. Tradução de Allan Vidigal Hastings. 3. ed. São Paulo: Thomson, 2005.

MARTINS, Ives Gandra da Silva. *Teoria da imposição tributária*. São Paulo: Saraiva, 1983.

MARTINS-COSTA, Judith. *A boa-fé no direito privado*. Sistema e tópica no processo obrigacional. São Paulo: RT, 1999.

MAXIMILIANO, Carlos. Hermenêutica e aplicação do direito. 15ª ed. Rio de Janeiro: Forense, 1995.

MISES, Ludwig von. *Ação humana*. Um tratado de economia. Tradução de Donald Stewart Jr. 2. ed. Rio de Janeiro: Instituto Liberal, 1995.

MITCHELL, Gregory. Libertarian paternalism is an oxymoron. Artigo inédito. *Vanderbilt School of Law*, [s.d.].

MLODINOW, Leonard. O andar do bêbado. Tradução de Diego Alfaro. Rio de Janeiro: Jorge Zahar Editor, 2008.

MÜLLER, Friedrich. *Direito, linguagem e violência*. Elementos de uma teoria constitucional. Tradução de Peter Naumaun. Porto Alegre: Fabris, 1995.

------. *Métodos de trabalho do direito constitucional*. Tradução de Peter Naumann. 2. ed. São Paulo: Max Limonad, 2000.

MURPHY, Liam; NAGEL, Thomas. *The myth of ownership*. Taxes and justice. Oxford: Oxford University Press, 2005.

NAGEL, Thomas. *Mortal questions*. Cambridge: Cambridge University Press, 1997.

NERY JUNIOR, Nelson. *Princípios do processo civil na constituição federal*. 5ª ed. São Paulo: RT, 1999.

NEVES, Marcelo. *Entre Têmis e Leviatã*: uma relação difícil. São Paulo: Martins Fontes, 2006.

NORTH, Douglas C. *Institutions, institutional change and economic performance*. Cambridge: Cambridge University Press, 1990.

------. *Custos de transação, instituições e desempenho econômico*. Tradução de Elizabete Hart. Rio de Janeiro: Instituto Liberal, 1998.

NOZICK, Robert. *The nature of rationality*. Princeton: Princeton University Press, 1993.

------. *Anarquia, Estado e utopia*. Tradução de Ruy Jungmann. Rio de Janeiro: Jorge Zahar 1994.

OGDEN, C.K. *Bentham's theory of fictions*. New Jersey: Littlefield, Adams & Co., 1959.

OLIVEIRA, Régis Fernandes. *Ato administrativo*. São Paulo: RT, 1978.

OLSON, Mancur. Dictatorship, democracy and development. In: The American Political Science Review, vol. 87, n. 3, 1993.

_____. *The logic of collective action*. Public goods and the theory of groups.

Cambridge: Harvard University Press, 1965.

OLSON, Nina E. 2010 Erwin N. Griswold lecture before the American College of Tax Counsel: Talking the bull by its horns: Some thoughts on constitutional due process in tax collection. *The Tax Lawyer*, Washington: American Bar Association, v. 63, 2010.

PARETO, Vilfredo. *Manual de economia política*. Trad. de João Guilherme Vargas Neto. São Paulo: Nova Cultura, 1988.

PARSONS, Talcott; SHILS, Edward A. *Toward a general theory of action*. Theoretical foundations for the social sciences. London: Transaction Publishers, 2001.

PAULSEN, Leandro. *Segurança jurídica, certeza do direito e tributação*. Porto Alegre: Livraria do Advogado, 2006.

PERELMAN, Chaïm. Retóricas. Tradução de Maria Ermantina Galvão G. Pereira. São Paulo: Martins Fontes, 1997.

PERELMAN, Chaïm; OLBRECHTS-TYTECA, Lucie. *Tratado da argumentação*. A nova retórica. Tradução de Maria Ermantina Galvão G. Pereira. São Paulo: Martins Fontes, 2002.

PETERSON, Martin. *An introduction to decision theory*. Cambridge: Cambridge University Press, 2009.

PINDICK, Robert, S.; RUBINFELD, Daniel L. *Microeconomia*. Tradução de Eleutério Prado. 5. ed. São Paulo: Prentice Hall, 2002.

POLITZER, Peter. *Neuroconomics*. A guide to a new science of making choices. Oxford: Oxford University Press, 2008.

POPPER, Karl. *A lógica da pesquisa científica*. Tradução de Leônidas Hegenberg e Octanny Silveira da Mota. São Paulo: Cultrix, 1996.

POSNER, Eric A. *Law and social norms*. Cambridge: Harvard University Press, 2000.

POSNER, Richard. *The economics of justice*. Cambridge: Harvard University Press, 1983.

------. *The problems of jurisprudence*. Cambridge: Harvard University Press, 1990.

------. *Law, pragmatism and democracy*. Cambridge: Harvard University Press, 2003.

------. *Not a suicide pact*. The Constitution in a time of national emergency. Oxford: Oxford University Press, 2006.

Economic analysis of law. New York: Wolters Kluwer Law & Business, 2007.

------. *How judges think*. Cambridge: Harvard University Press, 2008.

RAMSEY, Frank Pluton. A Contribution to the Theory of Taxation. *The Economic Journal*, 37, n. 145. Chicago: University of Chicago, 1927.

RASKOLNIKOV, Alex. Crime and punishment in taxation: deceit, deterrence, and self –adjusting penalty. Columbia University School of Law, 2007. Artigo inédito.

RAZ, Joseph. *Practical reason and norms*. 2. ed. Oxford: Oxford University Press, 1999.

RAWLS, John. *Uma teoria da justiça*. Tradução de Almiro Pisetta e Lenita M.R. Esteves. São Paulo: Martins Fontes, 1996.

RESKIK, Michael D. Choices. *An introduction to decision theory*. Minneapolis: University of Minnesota Press, 1987.

RIANI, Flávio. *Economia do setor público*. Uma abordagem introdutória. 5. ed. Rio de Janeiro: LTC, 2009.

ROSS, Alf. *Uma teoria da justiça*. Tradução de Almiro Pisetta e Lenita M.R. Esteves. São Paulo: Martins Fontes, 1997.

------. *Direito e justiça*. Tradução de Edson Bini.São Paulo: Edipro, 2000.

ROUSSEAU, Jean Jacques. *Discurso sobre esta questão proposta pela Academia de Dijon*: qual é a origem da desigualdade entre os homens, e se é autorizada pela lei natural. Livro disponível em: <http://www.dominiopublico.gov.br/download/texto/cv000053.pdf>. Acesso em: 02.02.2010

——. *O contrato social*. Tradução de Edson Bini. São Paulo: Edipro, 2000.

SANDEL, Michael J. *Liberalism and the limits of justice*. 2ª ed. Cambridge: Cambridge University Press, 1998.

SANTI, Eurico Marcos Diniz de. *Lançamento tributário*. São Paulo: Max Limonad, 1996.

——. O Código tributário nacional e as normas gerais de direito tributário. In: —— (Coord.). *Curso de direito tributário e finanças públicas*. Do fato à norma, da realidade ao conceito jurídico. São Paulo: Saraiva, 2008.

SCHAUER, Frederick. *Playing by the rules*. A philosophical examination of rule-based decision-making in law and in life. Oxford: Clarendon Press, 2002.

——. *Thinking like a lawyer*. A new introduction to legal reasoning. Cambridge: Harvard University Press, 2009.

——. Balancing, subsumption and the constraining role of legal text. *Law & Ethics of Human Rights*, Berkeley: Berkeley Electronic Press, v. 4, n. 1, 2010.

SCHELLING, Thomas C. *The strategy of conflict*. Cambridge: Harvard University Press, 1980.

SCHICK, Frederic. *Making Choices. A recasting of decision theory*. Cambridge: Cambridge University Press, 1997.

SCHOEURI, Luís Eduardo. *Normas tributárias indutoras e intervenção econômica*. Rio de Janeiro: Forense, 2005.

——; *Direito tributário*. São Paulo: Saraiva, 2011.

SEARLE, John R. *Speech Acts*. An Essay in the philosophy of language. Cambridge: Cambridge University Press, 1968.

——. *The Construction of social reality*. New York: The Free Press, 1995.

——. *Mente, linguagem e sociedade*. Filosofia no mundo real. Tradução de F. Rangel. Rio de Janeiro: Rocco, 2000.

——. *Rationality in action*. Cambridge: MIT Press, 2001.

——. *Intencionalidade*. Tradução de Julio Fischer e Tomás Rosa Bueno. 2. ed. São Paulo: Martins Fontes, 2002.

——. *Philosophy in a new century*. Cambridge: Cambridge University Press, 2010.

SEN, Amartya. Rational fools: a critique of the behavioral foundations of economic theory. *Philosophy and Public Affairs*, Nova Iorque: Blackwell Publishing, v. 6, n. 4, 1977.

——. *Rationality and freedom*. Cambridge: The Belknap Press of Harvard University Press, 2002.

SHAVELL, Steven. *Economic analysis of law*. New York: Foundation Press, 1994.

SILVA, Virgílio Afonso. *Direitos fundamentais*. Conteúdo essencial, restrições e eficácia. 2. ed. São Paulo: Malheiros, 2010.

SKYRMS, Brian. *The stag hunt and the evolution of social structure*. Cambridge: Cambridge University Press, 2004.

SMITH, Adam. *Inquérito sobre a natureza e as causas da riqueza das nações*. Tradução de Luís Cristóvão de Aguiar. 2. ed. Lisboa: Fundação Calouste Gulbenkian, 1989. 2 v.

SOTO, Hernando de. *The mystery of capital*. Why capitalism triumphs in the west and fails everywhere else. Nova Iorque: Basic Books, 2000.

SOUTO MAIOR BORGES, José. *Introdução ao direito financeiro*. 2. ed. São Paulo: Max Limonad, 1998.

STEINBRUNER, John D. *The cybernetic theory of decision*. New dimensions of

REFERÊNCIAS

political analysis. 2. ed. Princeton: Princeton University Press, 2001.

STIEGLER, Steven M. *The history of statistics*. Cambridge: Haravrd University Press, 1986.

SZTAJN, Rachel. Externalidades e custos de transação. A redistribuição de direitos no novo código civil. *Revista de Direito Privado*, São Paulo: RT, n. 22, 2005.

TIMM, Luciano Benetti. Ainda sobre função social do direito contratual no Código Civil brasileiro: justiça distributiva Vs. eficiência econômica. In: TIMM, Luciano Benneti (org.). *Direito e Economia*. Porto Alegre: Livraria do Advogado, 2ª ed., 2008.

TORRES, Heleno. *Direito tributário internacional*. Planejamento tributário e operações transnacionais. São Paulo: RT, 2000.

------. *Direito constitucional tributário e segurança jurídica*. Metódica da segurança jurídica do sistema constitucional tributário. *São Paulo: RT, 2011*

TORRES, Ricardo Lobo. *A idéia de liberdade no estado patrimonial e no estado fiscal*. Rio de Janeiro: Renovar, 1991.

TOULMIN, Stephen E. *Os usos do argumento*. Tradução de Reinaldo Guarany. 2. ed. São Paulo: Martins Fontes, 2006.

TULLOCK, Gordon; SELDON, Arthur; BRADY, Gordon L. *Falhas de governo*. Uma introdução à teoria da escolha pública. Tradução de Robert Fendt. Rio de Janeiro: Instituto Liberal, 2005.

TVERSKY, Amos; KANEHMANN, Daniel. Judgment under uncertainty. Heuristics and biases. In: ------; ------; SLOVIC, Paul; (Ed.). *Judgment under uncertainty*. Heuristics and biases. Cambridge: Cambridge University Press, 2008.

VAN DIJK, Teun A. *Text and context*. Explorations in the semantics and pragmatics of discourse. London: Longman, 2001.

VILANOVA, Lourival. *Estruturas lógicas e o sistema de direito positivo*. 3. ed. São Paulo, 2005.

WAAL, Frans de. *Primates and philosophers*. How morality evolved. Princeton: Princeton University Press, 2006.

WHITE, D.J. *Decision theory*. Londres: Aldine Transaction, 2007.

WEBER, Max. *Economia e sociedade*, Vol. 1. Trad. de Regis Barbosa e Karen Elsabe Barbosa. 4ª ed. Brasília: Editora UNB, 2004.

Wright, Georg Henrik von. *Norm and action*. A logical enquiry. Londres: Routledge & Kegan Paul, 1963.

ÍNDICE

APRESENTAÇÃO 9

NOTA DO AUTOR 11

PREFÁCIO 19

PRÓLOGO 23

ÍNDICE DE FIGURAS 25

SUMÁRIO. 27

INTRODUÇÃO. 33

1. TEORIA GERAL DA DECISÃO 37

2. DECISÃO DO LEGISLADOR 123

3. DECISÃO DO CONTRIBUINTE 229

4. DECISÃO DO AGENTE FISCAL 247

5. DECISÃO DO JUIZ. 265

CONCLUSÕES 359

REFERÊNCIAS. 369